MÉMOIRES
DU
PRINCE EUGÈNE

OUVRAGES DU MÊME AUTEUR

FORMAT IN-8°.

Mémoires du Roi Joseph, 10 vol.
Suite des Mémoires du Roi Joseph, 3 vol.
Album des Mémoires du Roi Joseph.

MÉMOIRES
ET CORRESPONDANCE
POLITIQUE ET MILITAIRE
DU
PRINCE EUGÈNE

PUBLIÉS, ANNOTÉS ET MIS EN ORDRE

PAR

A. DU CASSE
AUTEUR DES MÉMOIRES DU ROI JOSEPH

« Eugène ne m'a jamais causé aucun chagrin. »
Paroles de Napoléon *à Sainte-Hélène.*

TOME PREMIER

PARIS
MICHEL LÉVY FRÈRES, LIBRAIRES-ÉDITEURS
2 BIS, RUE VIVIENNE.

1858

Reproduction et traduction réservées.

PRÉFACE

Plusieurs ouvrages concernant le prince Eugène ont déjà été publiés à différentes épɔques. Celui que nous livrons aujourd'hui aux lecteurs sera aussi complet que possible. Nous avons pensé qu'il n'était pas sans intérêt de faire connaître la filière par laquelle sont passés les documents dont nous nous sommes servi pour le rédiger, et ceux que nous donnons *in extenso*.

En 1822, vers la fin de sa vie, le prince Eugène songea à rédiger ses Mémoires. Il en dicta les premières pages à M. Henin, ex-trésorier de la couronne d'Italie, puis le reste à M. Planat de la Faye, officier d'ordonnance de Napoléon ; c'est la notice qui commence en 1781, et s'arrête malheureusement en 1805, à l'époque où le royaume d'Italie fut constitué. Il dicta aussi un aperçu de la campagne de 1809.

On trouvera ces deux fragments dans notre ouvrage, nous avons cru de notre devoir de n'y introduire aucune modification.

En 1827, la princesse Auguste, duchesse de Leuchtenberg, veuve du prince, fut informée par M. Planat de la Faye qu'un article sans nom d'auteur, mais écrit par le général d'Anthouard, ou du moins rédigé d'après ses inspirations, venait de paraître au *Spectateur militaire*.

Cet article sans documents, sans date et qui ne précise rien, appelait cependant une réfutation immédiate. M. Planat fit cette réfutation, qui fut insérée dans le *Journal des sciences militaires*, le *Spectateur* ayant refusé de le recevoir.

Cette première tentative pour porter atteinte à la belle réputation du prince Eugène fit comprendre à sa veuve qu'il y avait nécessité de rassembler et de coordonner les documents nécessaires, sinon pour publier immédiatement un ouvrage capable de venger le vice-roi, du moins pour que sa famille pût, au moment opportun, détruire avec des preuves authentiques les assertions fausses qui viendraient à se produire de nouveau.

M. Planat de la Faye, chargé de cette mission, commença un long et difficile travail de recherche et de classification ; travail d'autant plus pénible, en effet, que les archives du prince se trouvaient dispersées.

En 1836, M. Planat, de retour à Paris, apprit qu'un mémoire manuscrit, attentatoire à la réputation du prince Eugène, avait été déposé aux archives de la guerre. Il se hâta d'en prévenir la duchesse de Leuchtenberg par la lettre suivante :

« Madame,

« Le colonel Koch, mon ancien camarade, officier d'état-major de beaucoup de mérite, a publié en 1816 une histoire de la campagne de 1814, ouvrage justement estimé, mais qui offre de nombreuses lacunes, surtout en ce qui concerne les opérations du prince Eugène en Italie. Cela s'explique par l'époque de la publication trop rapprochée des événements pour avoir permis à l'auteur de consulter les documents qui lui étaient nécessaires. Cet officier supérieur se propose aujourd'hui de publier une nouvelle édition de son ouvrage, entièrement refondue, et aussi complète que possible. Il m'a lu plusieurs passages d'un manuscrit relatif aux affaires d'Italie, dans lequel la conduite du prince et ses rapports avec l'Empereur étaient présentés sous le jour le plus faux et le plus propre à faire suspecter sa bonne foi. J'ai fait tout ce qui était en mon pouvoir pour détromper le colonel Koch, et lui ai communiqué toutes les notes que j'ai prises à Munich sur cette époque si intéressante de la vie du prince; mais les documents officiels me manquent, et ceux qu'il a trouvés au ministère de la guerre sont incomplets. Cependant, comme ils ne justifient en rien les assertions du colonel Koch, je l'ai pressé de me faire savoir à quelle source il avait puisé. Il s'en est défendu longtemps; mais enfin il m'a confié que le général d'Anthouard, persistant dans son inconcevable système de calomnie, avait déposé dans les archives de la guerre un mémoire qui est tenu très-secret, et qui lui a été confié pour deux heures par le garde des archives. D'après les extraits qu'il m'en a lus, le général d'Anthouard y établit que le prince Eugène, de concert avec Votre Altesse Royale, trahissait l'Empereur et s'entendait avec les souverains alliés, qui l'en ont récompensé en lui conservant sa fortune. Mais, comme tout cela est basé sur des

PRÉFACE.

doutes et des faits évidemment faux, il s'agit de rétablir la vérité des uns et des autres d'une manière irrécusable. Tel est le but de la note ci-jointe, que j'ai l'honneur de remettre à Votre Altesse Royale. Le colonel Koch, qui est un parfait honnête homme, et qui ne recherche que la vérité dans l'exposé des faits qu'il présente, attendra la décision de Votre Altesse avant de rédiger la partie de son ouvrage qui traite des opérations du prince Eugène. Quelle que soit cette décision, je crois avoir du moins jeté assez de doute dans son esprit sur la véracité des témoignages du général d'Anthouard, pour être persuadé qu'il n'admettra rien dans son ouvrage qui soit injurieux à la mémoire du prince. Malheureusement le général d'Anthouard ne s'est pas borné au dépôt clandestin de ce mémoire, qui un jour sera un document historique; il poursuit dans les salons du grand monde son œuvre de dénigrement et de calomnie. La plupart des pairs et des députés influents en sont imbus[1], et je ne

---

[1] Rien ne nous est plus facile aujourd'hui que de réduire à néant toutes les assertions contenues dans le rapport du général d'Anthouard, c'est ce que nous ferons au volume où il sera question des affaires de 1814. Nous irons même, à l'aide de documents irrécusables, jusqu'à prouver que la fameuse note dictée par l'Empereur, au dire du général, et qu'on croyait brûlée, existe, et n'est point du tout celle donnée par M. d'Anthouard. Nous prouverons que ce dernier n'a pas été à Munich

suis ni assez important ni assez répandu pour le combattre avec avantage. Quelques amis sincères de la mémoire du prince, qui seraient en position de le faire avec succès, sont peut-être trop occupés de leurs intérêts personnels pour y mettre cette suite et ce dévouement qu'exigerait une telle tâche. »

La duchesse de Leuchtenberg répondit, le 10 octobre de la même année 1836 :

« Monsieur le chevalier Planat de la Faye, je viens de recevoir votre lettre du 5, et me hâte de vous remercier de la nouvelle preuve d'attachement que vous donnez à la mémoire du prince Eugène en me prévenant de la fausse et outrageante opinion qu'on a donnée au colonel Koch sur sa conduite dans la dernière campagne, qui était si glorieuse et si belle dans ses plus petits détails. Il est vrai qu'il n'a fait que son devoir en agissant comme il a agi; mais, comme peu de personnes sont restées fidèles comme lui et ont conservé cette réputation sans tache qui fait

---

après 1814, et n'a pu avoir avec le prince Eugène la moindre conversation. Enfin nous publierons certaines lettres qui laisseront aux lecteurs l'appréciation des motifs qui ont poussé le général à agir comme il a cru devoir le faire. Nous combattrons le général d'Anthouard *avec ses propres armes.*

toute la gloire de sa famille, il est permis à sa veuve d'en être fière et de réclamer contre une si horrible injustice. Je suis indignée des calomnies du général d'Anthouard; mais elles ne m'étonnent pas, car il s'est conduit avec bien de l'ingratitude envers le prince auquel il devait tant, et ne m'a jamais pardonné que je n'aie pas été la dupe de ses intrigues, ni au prince de ce qu'il lui avait fait défendre pendant un mois l'entrée de mon salon. Cela a blessé son amour-propre, et de là cette haine qui ne respecte pas même la mort. Je suis à la campagne en ce moment, et je compte y rester aussi longtemps que le beau temps le permettra. J'irai pourtant à Munich cette semaine pour m'occuper d'une première recherche, et je vous enverrai le plus tôt possible copie des pièces les plus essentielles. Quant aux autres, elles me paraissent si nombreuses, qu'il serait peut-être difficile de les envoyer toutes; mais, sur demandes spéciales de vous, on pourra sûrement vous adresser des analyses qui répondront à tout. Voyez si vous jugez que cela suffira.

« Dites au colonel Koch, quoique je n'aie pas le plaisir de le connaître, que, s'il y avait à rougir de la conduite du prince Eugène au moment où la fortune abandonnait l'empereur Napoléon, je n'aurais pas eu la force de survivre à tous les malheurs dont j'ai été frappée ; force que j'ai puisée dans la certitude qu'il avait agi avec honneur et fidélité. Dites que j'ai le cœur français comme il l'avait jusqu'à son dernier soupir, et que, si je n'ose réclamer l'amour et l'attachement des Français, j'ose au moins réclamer leur justice et celle des hommes de bien ; c'est pour cela que je compte sur lui et qu'il ne dira que la vérité que je ne crains pas.

« Si vous saviez comme je suis émue en écrivant ces lignes ! Il me semble que toutes les plaies de mon cœur saignent de nouveau ; cette belle réputation, qui est notre trésor, a été même respectée par les ennemis, et c'est un Français, un ancien aide de camp du prince, qui a le courage de dire des mensonges pour le noircir ! C'est affreux !... Si j'avais été intrigante, comme le général d'Anthouard le dit, j'aurais pu procurer à ma famille une autre existence que celle qu'elle a ici. Mais ma conduite n'a jamais varié, elle a été digne de la veuve du prince Eugène. »

La lettre de la princesse Auguste fut communiquée au colonel Koch par M. Planat, qui écrivit de nouveau à Munich pour avoir des documents officiels. La duchesse répondit en envoyant les pièces qu'on lui demandait et qui furent publiées successivement en 1857 par M. Planat dans sa brochure en réponse au 6ᵉ volume des *Mémoires du duc de Raguse*.

Ces différentes circonstances firent comprendre l'urgence de redoubler d'ardeur pour arrive à un travail complet des documents sur 1814. La duchesse, ne voulant confier à personne des matériaux si précieux, se décida à les copier elle-même. Pendant trois années elle eut la constance de continuer ce travail.

En 1841, M. Derode fut chargé de se rendre à Munich pour commencer la rédaction des Mémoires.

Par suite de différents motifs inutiles à rapporter ici, la mission de M. Derode n'aboutit pas. La veuve du prince Eugène mourut. Son fils aîné était mort avant elle; son second fils, le prince Max, ayant épousé une princesse russe, fit venir les archives de son père à Saint-Pétersbourg; il ne tarda pas à suivre sa mère dans la tombe, en sorte que les documents restèrent sous la garde d'un conseil de tutelle.

Au commencement de 1857, les enfants du prince Eugène apprirent en même temps par la brochure de M. Planat de la Faye, et les attaques dirigées contre leur père par les Mémoires posthumes du duc de Raguse, et l'œuvre de pieuse prévoyance accomplie par leur auguste mère[1].

Il devenait urgent de faire connaître l'ancien vice-roi d'Italie, en mettant au jour ses actions par des pièces authentiques, telles que sa correspondance et celle de l'empereur Napoléon. C'était pour ses enfants un devoir sacré que de venger une noble mémoire, calomniée outrageusement. Grâce aux soins de leur mère, ils en avaient enfin la possibilité.

C'est alors que le général comte Tascher de la Pagerie, grand maître de la maison de l'Impératrice des Français, et parent du prince Eugène, voulut bien nous témoigner le désir de nous voir remplir la tâche honorable de coordonner et de publier les Mémoires de l'ancien vice-roi d'Italie. Les membres de la famille du prince non-seulement donnèrent leur assentiment à ce projet, mais ils nous en ont facilité l'exécution par les documents précieux qu'ils ont autorisé que l'on mît à notre disposition. Papiers de famille, papiers officiels

---

[1] On sait que cette partie des *Mémoires du duc de Raguse* donna lieu, non-seulement à un recueil de pièces authentiques publié par M. Planat, mais à une brochure du comte Tascher de la Pagerie, et devint la cause d'un procès gagné par la famille du prince Eugène. Aujourd'hui c'est au jugement de l'histoire, et les preuves en main, que nous en appelons.

existant aux archives de Munich et de Saint-Pétersbourg, on a bien voulu tout nous confier.

En outre, M. le comte Tascher de la Pagerie, longtemps attaché à la personne du vice-roi en qualité d'aide de camp, ayant fait avec lui toutes les campagnes depuis 1809, nous a secondé de ses souvenirs et de ses conseils.

C'est à l'aide de ces moyens que nous essayons d'élever aujourd'hui au prince le plus vertueux un monument qui fera tomber une à une, nous en avons la conviction, toutes les calomnies intéressées d'hommes et même d'officiers généraux qui n'ont pas craint de chercher à flétrir la mémoire d'un prince-soldat à qui le grand empereur, dans l'exil, avait donné pour devise ces deux mots :

HONNEUR ET FIDÉLITÉ.

Il nous sera facile, grâce aux documents irrécusables dont nous disposons, de prouver la fausseté des reproches adressés au vice-roi. Il nous sera tout aussi facile de mettre à nu sa belle âme, ses qualités solides et brillantes comme administrateur et comme général. Certes, il serait à désirer pour les détracteurs du prince Eugène, pour ceux qui n'ont pas reculé devant la pensée sacrilége d'essayer de ternir la réputation la plus irréprochable, de sortir des mains de l'histoire aussi purs que celui dont ils ont voulu faire leur victime.

Au nombre des ouvrages que nous avons consultés, nous n'oublierons pas ceux du général Guillaume de Vaudoncourt. Nous devons à sa veuve plusieurs pièces importantes.

Nous avons cru pouvoir adopter pour les *Mémoires et la Correspondance politique et militaire* du prince Eugène une forme identique à celle dont nous avions fait déjà une heureuse expérience pour les *Mémoires du roi Joseph*.

Les résumés rédigés par nous et qui précèdent la correspondance, ainsi que les notes, n'ont d'autre but que d'aider à la lecture, de procurer une connaissance parfaite, et de faire juger et apprécier sainement les documents authentiques. Qu'on ne s'étonne donc pas si nous nous montrons d'une grande simplicité d'exposition et de style, d'une grande sobriété d'observations. Nous ne reculerons devant rien pour mettre à nu la vérité tout entière. L'histoire a des droits que nous respecterons dans les *Mémoires du prince Eugène*, comme nous les avons respectés dans les *Mémoires du roi Joseph*.

Pour l'ouvrage nouveau dont nous commençons la publication, nous n'avons élagué que les personnalités blessantes, inutiles, soit pour la cause que nous défendons ou plutôt que nous exposons, soit pour les grands enseignements historiques.

Les lettres de Napoléon Ier à son fils adoptif sont nombreuses. Elles portent toutes un cachet de grandeur d'idée, de profondeur de politique, que l'on chercherait en vain à un degré aussi éminent dans toute correspondance autre que celle de ce génie prodigieux. Toutefois il faut, pour lire de telles lettres, pour juger l'homme d'après ces écrits souvent intimes, se placer à un point de vue des plus élevés. Il faut envisager la plus grande figure des temps anciens et modernes autrement qu'on envisage habituellement l'humanité.

Les lettres du prince Eugène sont simples, ont moins de portée que celles de l'Empereur; mais elles sont empreintes d'une véritable loyauté, d'une franchise admirable et d'un désir constant d'être utile aux grands desseins de Napoléon Ier. On reconnaîtra chez le prince, au commencement du gouvernement de sa vice-royauté, la volonté du jeune homme qui cherche à s'instruire aux leçons du maître et à prouver sa reconnaissance au bienfaiteur; vers 1809, l'aplomb du souverain qui peut voler de ses propres ailes, les talents du général qui a vite appris à gagner des batailles; à la fin de l'Empire, le héros résigné qui lutte contre la fortune, préférant le sort obscur d'un prince déchu au sort brillant d'un roi sur le trône, mais parjure à sa patrie et à son père adoptif.

Un assez grand nombre de pages, notamment celles qui retracent l'histoire du prince depuis sa naissance jusqu'à 1805, et celles relatives à la campagne de 1809, ayant été *dictées par le vice-roi lui-même*, nous avons pensé que cet ouvrage pouvait porter le titre de *Mémoires*. L'empereur Napoléon Ier s'est chargé de nous fournir l'épigraphe en disant à Sainte-Hélène :

« *Eugène ne m'a jamais causé aucun chagrin.* »

Nous ferons suivre cette courte préface d'un exposé sommaire des différentes transformations de l'Italie, de 1796 à 1806, époque où fut consolidé le royaume dont Napoléon mit la couronne sur sa tête, et confia le gouvernement effectif au prince vice-roi. Cette notice renfermera la géographie politique de la Péninsule. Viendront ensuite les différents *livres* de l'ouvrage, coupés par époques distinctes et suivis chacun de la correspondance qui leur est relative.

Après 1814, nous donnerons une notice sur

les dernières années du prince Eugène et sa correspondance avec les souverains étrangers.

Nous ne saurions douter qu'après avoir lu cet ouvrage et les documents qu'il renferme, tout homme impartial ne pense et ne répète avec nous que, si le prince Eugène est resté populaire en France, si ce prince lui-même est encore la personnification de l'honneur dans notre pays, ce n'est point sans raison.

Le fils adoptif de l'empereur Napoléon 1er, grâce aux services qu'il a rendus, grâce à ses talents, s'il n'eût été qu'un des lieutenants du grand capitaine, passerait encore, à juste titre, pour un des hommes les plus remarquables de ceux qu'a fait surgir l'épopée impériale.

C'est bien le prince Eugène que l'on peut appeler le Bayard de l'Empire.

Paris, 30 janvier 1858.

MODIFICATIONS

SURVENUES DANS LA GÉOGRAPHIE POLITIQUE DE L'ITALIE
DE 1796 A 1806

Lorsque, en 1796, le général Bonaparte entra en Italie pour combattre la Sardaigne, alliée de l'Autriche, cette presqu'ile était fractionnée de la manière suivante :

Le *royaume de Sardaigne*, comprenant la Savoie, le comté de Nice, le Piémont proprement dit, et l'ile de Sardaigne.

La *république de Gênes*, constituée par Doria, ayant environ cent mille habitants.

La *république de Lucques*, enclavée dans la Toscane et ayant cent quarante mille habitants.

Le *grand-duché de Toscane*, gouverné par un archiduc d'Autriche, ayant un million d'âmes et six mille soldats.

Les *États de l'Église*, occupant les deux versants de l'Apennin. Ces provinces, mal administrées, avaient deux millions de population, et quatre à cinq mille soldats. Le pape en était le chef.

Le *royaume de Naples*, occupant l'extrémité de la Péninsule et la Sicile. Cet État, le plus vaste et le plus puissant de l'Italie, avait six millions d'habitants et une armée de soixante mille hommes. Il était mal administré.

Le *duché de Piombino* et le *duché de Modène*, petits États enclavés, pour ainsi dire, dans les États de l'Église.

Le *duché de Parme, Plaisance et Guastalla*, sur la rive droite du Pô, entre la Lombardie ou duché de Milan et la Toscane. Cet État avait cinq cent mille habitants, entretenait trois mille soldats, et avait pour chef un prince espagnol.

La *république de Venise*, possédant trois millions d'habitants, s'étendant jusqu'auprès du Tyrol d'un côté, et jusqu'aux États de l'Église d'un autre; touchant aux possessions autrichiennes de l'Illyrie au sud-est. La république de Venise, bien déchue de sa splendeur passée, vivait sur son ancienne réputation; elle n'était plus redoutable pour ses voisins, bien qu'elle pût encore mettre sur pied cinquante mille hommes de bonnes troupes.

La *Lombardie*, située entre le Piémont et les États vénitiens, sur la rive gauche du Pô, magnifique pays gouverné par un archiduc d'Autriche. Ce duché contenait douze cent mille habitants.

Après les victoires de Montenotte, de Dégo et de Mondovi, le général Bonaparte consentit à un armistice avec le roi de Sardaigne, l'armistice de Chérasco (28 avril 1796).

Cet armistice, suivi, le 15 mai, d'un traité de paix entre la République française et la Sardaigne, introduisit les modifications suivantes dans la constitution géographique de l'Italie :

La France reçut la *Savoie*, les comtés de *Nice*, de *Tende* et de *Beuil*.

Là ne devaient pas s'arrêter les modifications; au contraire, elles se succédèrent avec une rapidité telle, qu'on peut dire qu'elles ne discontinuèrent pas jusqu'en 1806. Nous allons les résumer le plus brièvement possible.

A la suite des victoires éclatantes du général Bonaparte, à la suite soit d'actes agressifs commis ou par la France ou par différents États, soit de questions litigieuses soulevées par le Directoire, pendant le cours de 1796 :

1° Les États de l'Église perdirent (20 juin) les légations de *Bologne* et de *Ferrare*, ainsi que la citadelle d'*Ancône*.

2° La *Toscane* vit la ville de Livourne occupée par la division Vaubois (27 juin).

3° La république de *Gênes* livra aux Français, sur son territoire, les postes nécessaires pour mettre ses côtes à l'abri de l'insulte des Anglais.

Ainsi, à la fin de cette année 1796, la France avait augmenté son territoire vers les Alpes et commençait à s'étendre sur le littoral et au cœur de la Péninsule.

Le 19 février 1797, fut signé le traité de Tolentino, en vertu duquel le pape céda à la France : *Avignon*, le comtat *Venaissin*, et définitivement les légations de *Bologne*, de *Ferrare* et de la *Romagne*. Le Saint-Père abandonnait en outre Ancône à la République, jusqu'à la paix continentale.

La neutralité de la Toscane ayant été admise, *Livourne* fut évacué par les Français, *Porto-Ferrajo* par les Anglais.

Le 18 *avril* 1797, les préliminaires de Léoben voulurent faire admettre :

1° La renonciation de l'Autriche à la Lombardie, et la transformation de ce pays en république;

2° La cession à l'Autriche de la partie de la terre ferme des États vénitiens comprise entre l'Oglio, le Pô, la mer Adriatique et les États héréditaires, la Dalmatie et l'Istrie vénitienne;

3° L'annexion du reste des États vénitiens à la république nouvelle fondée pour la Lombardie.

(En sorte que Venise se trouvait réduite à son territoire autour de la ville, augmenté des légations cédées par le pape.)

4° Le duc de Modène cédait ses États à la France sous la réserve d'être indemnisé en Allemagne à la paix générale.

Venise n'accepta pas cet ordre de choses; mais un traité, signé entre cette république et la République française, le

16 mai 1797, rendit cette dernière maîtresse de Venise, des îles de Corfou, Zante, Céphalonie, Cérigo et Sainte-Maure (îles vénitiennes). Le gouvernement autrichien prit possession de l'Istrie et de la Dalmatie.

Le 29 juin, la république cisalpine fut définitivement établie, et le 17 octobre, après la paix d'Udine ou de Campo-Formio, signée ce jour-là, l'Italie fut constituée de la manière suivante :

Le *royaume de Sardaigne*, réduit comme il avait été stipulé le 15 mars 1796;

La *république ligurienne* (Gênes, augmenté des fiefs impériaux);

La *république de Lucques* (ancien duché de Lucques);

Le *grand-duché de Toscane;*

Le *duché de Parme;*

La *principauté de Piombino;*

Les *États de l'Église* (moins les légations et la ville d'Ancône;

La *république cisalpine* (formée de la Lombardie autrichienne, du Bergamasque, du Bressan, du Crémasque, du Mantouan, de Peschiera, de la partie ouest des États vénitiens, du Modénois de la principauté de Massa, et des trois légations);

Le *royaume des Deux-Siciles.*

Venise et la partie de terre ferme des États vénitiens furent données à l'Autriche. Les îles vénitiennes du Levant (Corfou, Zante, Céphalonie, Sainte-Maure, Cérigo, Buitrinto, Larta, Venitza et tous les établissements ci-devant vénitiens en Albanie, situés plus bas que le golfe de Lodrino) furent donnés à la France.

Ainsi, en résumé, à la fin de 1797 :

1° Du côté des Alpes, la Sardaigne, amoindrie au profit de

la France, n'était plus, sous le titre d'alliée, que la vassale du Directoire;

2° Dans la Lombardie, l'Autriche et la maison d'Est dépouillées avaient laissé convertir leurs provinces et celles de la Valteline, des Grisons, les dépouilles du pape et de Venise, en une république vassale également, par le fait, de la République française.

De nouveaux changements ne tardèrent pas à se produire dès le commencement de 1798.

Le 15 février, la *république* fut proclamée à Rome.

Le 28 juin, la *Sardaigne* remit la citadelle de Turin aux mains des Français. Vers la fin de l'année, le Piémont devint pour ainsi dire province française.

La guerre avait été déclarée par la France au roi des Deux-Siciles, à la fin de 1798. Le 23 janvier 1799, le général Championnet, à la suite de plusieurs affaires sérieuses, étant entré à Naples, proclama la *république parthénopéenne* à la tête de laquelle fut placé le prince de Moliterni.

L'homme qui avait changé par ses victoires la face des choses en Italie, le général Bonaparte, s'étant embarqué en 1798 pour l'Égypte, nos succès des années précédentes se changèrent vite en revers dans la péninsule, pendant l'année 1799.

Le 1er mars, Corfou tomba au pouvoir des Russes.

Le 13 avril, Naples fut pris par le cardinal Ruffo.

Le 30 septembre, ce fut le tour de Rome.

En sorte que les républiques romaine et parthénopéenne, à peine créées, cessèrent d'exister. Quant aux îles Ioniennes, en vertu d'une convention conclue le 21 mars 1800 entre la Russie et la Turquie, elles formèrent une république semblable à celle de Raguse, et soumise, à titre de suzeraineté, à la Sublime-Porte, sous le nom de république des *Sept-Îles-Unies*

(*Corfou, Zante, Céphalonie, Sainte-Maure, Ithaque, Paxo* et *Cérigo*).

Prevesa, Parga, Venitza et *Butrinto*, ayant appartenu à la république de Venise, furent incorporées à l'empire ottoman.

Lorsque le général Bonaparte revint d'Égypte, les choses étaient donc bien changées en Italie.

La campagne de 1800 et la bataille de Marengo nous rendirent notre prépondérance. La paix de Lunéville (9 février 1801), qui fut la conséquence de ces nouvelles victoires du jeune général, devenu premier consul, établit pour quelque temps une sorte de stabilité dans la Péninsule.

Les articles du traité de Campo-Formio, en ce qui concerne l'Italie, reçurent peu de modifications.

Cependant :

La limite entre les États autrichiens et la république cisalpine fut déterminée d'une manière plus avantageuse pour la première de ces deux puissances. Elle fut formée par le talweg de l'Adige depuis sa sortie du Tyrol jusqu'à son embouchure, partageant Vérone et Porto-Legnago.

La Toscane et la partie de l'île d'Elbe qui en dépendait furent donnés à l'Infant duc de Parme, qui prit le nom de roi d'*Étrurie*.

Le 25 octobre 1802, la France, en vertu du traité de Madrid du 21 mars 1801, et après la mort du duc régnant de Parme, prit possession des duchés de Parme, Plaisance et Guastalla.

Le 28 mars 1801, le roi de Naples avait cédé, par un traité fait avec la France à cette dernière puissance : Porto-Longone dans l'île d'Elbe, la principauté de Piombino [1] et les Présides de la Toscane, comprenant le port d'Orbitello.

---

[1] Cette principauté fut érigée en fief de l'Empire français, le 5 mars 1805, et donnée par Napoléon à sa sœur Élisa.

Par suite des traités de Lunéville, de Madrid et de celui fait avec Naples, l'Italie se trouva composée des États suivants :

République ligurienne;

République italienne (ancienne république cisalpine, ayant pour président le premier consul);

Royaume d'Étrurie;

Royaume de Naples;

Principauté de Piombino;

États de l'Église.

Le roi de Sardaigne n'avait plus pour État que l'île de Sardaigne, ses autres possessions ayant été réunies à la France.

Telle était à peu près la situation politique et géographique de l'Italie, lorsque le changement de la forme du gouvernement en France fit modifier celui de la république italienne. Napoléon plaça sur sa tête la couronne de fer des rois lombards, et nomma Eugène vice-roi de ce nouveau royaume.

Ce changement de la république italienne en royaume eut lieu le 15 mars 1805.

Le 5 juin, la république ligurienne cessa d'exister par la réunion de Gênes à la France, et celle de Lucques, convertie en principauté, fut donnée le 23 juin au prince Baciocchi, époux d'Élisa Bonaparte; enfin les États de Parme, de Plaisance et Guastalla, qui, avec Gênes, devaient former un dédommagement pour le roi de Sardaigne, furent également réunis à l'Empire français.

Par suite de ces nouvelles modifications à la géographie politique du pays, lorsque le prince Eugène fut proclamé vice-roi d'Italie, la Péninsule se trouvait constituée de la manière suivante [1] :

---

[1] Nous n'avons pas parlé de la république de Saint-Marin, qui avait plus de treize siècles d'existence, ne possédait que 7,000 habitants, et se trouvait enclavée dans les États de l'Église.

1° Le royaume d'Italie ;

2° Le royaume d'Étrurie ;

3° Les États de l'Église ;

4° Le royaume des Deux-Siciles ;

5° La principauté de Lucques et le pays de Piombino ;

6° Le royaume de Sardaigne.

Le royaume d'Italie comprenait, en 1805, et avant le traité de Presbourg :

1° Le Milanais (Milan) et le Mantouan (Mantoue), jadis à la maison d'Autriche ;

2° Le duché de Modène (Modène) et le duché de la Mirandole (Mirandola), jadis au duc de Modène, transporté en Allemagne ;

3° Le Ferrarois (Ferrare), le Bolonois (Bologne), la Romagne (Ravenne), jadis au pape, qui perdit ces trois provinces ou légations situées au nord de ses États ;

4° La Valteline (Chiavonne).

Le royaume d'Étrurie comprenait : le grand-duché de Toscane (Florence et Livourne), jadis au grand-duc de Toscane transporté en Allemagne, et donné au duc de Parme.

Les États de l'Église (Rome), anciens États du pape, moins les légations.

Le royaume des Deux-Siciles, constitué comme par le passé, sauf quelques territoires en Toscane, perdus par le roi.

La principauté de Lucques, ainsi que le pays de Piombino (Lucques), donné en souveraineté à la famille Baciocchi, dans la personne de la princesse Élisa, une des sœurs de Napoléon.

La Sardaigne, royaume réduit à l'île de Sardaigne (Cagliari).

Le territoire français s'était accru des provinces ci-dessous, prises à l'Italie :

1° La Savoie (Chambéry), le Piémont (Turin), le comté de Nice (Nice), le Montferrat (Casal), jadis au roi de Sardaigne;

2° Le territoire génois, avec Oneille et les fiefs impériaux (Gênes, Savone, Oneille), jadis à la république de Gênes, qui s'était donnée à la France.

3° Le duché de Parme, Plaisance et Guastalla (Parme, Plaisance et Guastalla), jadis au duc de Parme, devenu roi d'Étrurie.

Le traité de Presbourg donna lieu, en 1806, à des changement considérables dans la péninsule italique, qui devint, par suite, tout entière, partie fédérative de l'Empire français.

1° Naples vit changer sa dynastie;

2° Le royaume d'Italie s'accrut des États vénitiens au nord et à l'est de l'Adige et de la Dalmatie (Brescia, Crema, Venise, Vérone, Capo-d'Istria, Zara);

3° Les domaines du prince de Piombino furent augmentés du duché de Massa-Carrara;

4° Bénévent et Ponte-Corvo, érigés en souverainetés particulières, furent donnés à M. de Talleyrand et au maréchal Bernadotte.

L'Empire français se trouvait alors fractionné en cent onze départements, savoir :

Quatre-vingt-cinq provenant du territoire de la France avant la Révolution de 1789;

Dix-huit, réunis et reconnus par le traité de Lunéville : Lys (Bruges), Escaut (Gand), Jemmapes (Mons), Dyle (Bruxelles), Deux-Nèthes (Anvers), Forêts (Luxembourg), Sambre-et-Meuse (Namur), Meuse-Inférieure (Maëstricht), Ourthe (Liège), Sarre (Trèves), Rhin-et-Moselle (Coblentz), Roër (Aix-la-Chapelle), Mont-Tonnerre (Mayence), Mont-Terrible (Porentruy), Vaucluse (Avignon), Léman (Genève), Mont-Blanc (Chambéry), Alpes-Maritimes (Nice).

Huit, annexés depuis le traité de Lunéville : Doire (Ivrée),

Marengo (Alexandrie), Pô (Turin), Sesia (Verceil), Stura (Coni), Apennins (Chiavari), Gênes (Gênes), Montenotte (Savone).

En outre la France avait des colonies :

En Amérique : Saint-Domingue, les Petites-Antilles, la Guyane, Cayenne, Saint-Pierre, Miquelon;

En Afrique : l'Ile de France, l'Ile de la Réunion, le Sénégal ;

En Asie, Chandernagor dans le Bengale, Pondichéry sur la côte de Malabar, Mahé sur celle de Coromandel.

On adopta pour le royaume d'Italie la division en départements, au nombre de vingt-deux, savoir : Adda (Sondrio), Adige (Vérone), Adriatico (Venise), Agogna (Novarre), Alto-Pô (Crémone), Basso-Pô (Ferrare), Bacchiglione (Vicence), Brenta (Padoue), Crostolo (Reggio), Lario (Côme), Mella (Brescia), Mincio (Mantoue), Olona (Milan), Panaro (Modène), Passeriano (Udine), Piava (Bellune), Reno (Bologne), Rubicone (Rimini), Serio (Bergame), Tagliamento (Trévise), Istrie (Capo d'Istria), Dalmatie (Zara).

Ces départements eurent à leur tête des préfets comme en France, à l'exception du département de la Dalmatie, qui fut administré, comme au temps des Vénitiens, par un *provéditeur général*.

Le Véronais, à la gauche de l'Adige, fit partie du département de l'Adige; le pays de Massa-Carrara et le canton de Garfagnana, tous deux situés au delà des Apennins, furent réunis à la principauté de Lucques, qui céda celle de Guastalla au royaume d'Italie.

MÉMOIRES
ET CORRESPONDANCE
POLITIQUE ET MILITAIRE
DU
PRINCE EUGÈNE

LIVRE PREMIER

EUGÈNE DE BEAUHARNAIS. — DE 1781 A 1805

Naissance et premières années d'Eugène de Beauharnais. — Il est placé près du général Hoche. — Mariage du général Bonaparte avec madame de Beauharnais. — Eugène rejoint le général Bonaparte en Italie (1796). — Sa mission après le traité de Campo-Formio. — Il manque d'être assassiné à Corfou. — Son arrivée à Rome. — Affaire du général Duphot. — Son départ pour l'Égypte (1798). — Campagnes d'Égypte et de Syrie. — Siége de Saint-Jean d'Acre. — Retraite. — Départ pour la France. — Débarquement à Fréjus. — Lyon. — Paris. — 18 brumaire. — Eugène capitaine des chasseurs à cheval de la garde du premier consul. — Hiver de 1799. — Campagne de 1800. — Marengo (14 juin). — Retour à Paris. — Conspirations. — Affaire du duc d'Enghien. — L'Empire. — Eugène colonel des chasseurs de la garde, puis général de brigade. — Il est créé prince (1805). — Message de l'Empereur au sénat à ce sujet.

Je suis né à Paris le 3 septembre 1781[1]. Mon père était le vicomte Alexandre de Beauharnais. Il

---

[1] Ainsi que nous l'avons dit dans notre préface, le commencement

s'était fait remarquer de bonne heure par les grâces de son esprit et de sa personne autant que par son mérite et son amabilité. Entré fort jeune dans la carrière militaire, il avait eu occasion de s'y distinguer. Ma mère, Joséphine Tascher de la Pagerie, était née à la Martinique. Sa famille et celle de mon père étaient unies depuis longtemps par les liens de l'amitié, mon grand-père, chef d'escadre de la marine royale, avait été autrefois gouverneur dans les Antilles. Ma mère avait à peine quatorze ans lorsqu'elle épousa le vicomte de Beauharnais. Ces mariages précoces ne sont pas rares avec les créoles, qui sont nubiles bien avant les Européennes.

Je fus placé fort jeune avec un gouverneur au collége d'Harcourt, et j'y restai jusqu'au moment où, par suite des événements de la Révolution, les colléges furent dissous. Je crois me rappeler que c'est à l'époque du 14 juillet 1790. Quoique je fusse alors bien jeune et que trente-quatre années se soient écoulées depuis, j'ai encore très-présents à l'esprit, et tous les préparatifs de la Fédération du Champ de Mars, et la pompe de cette fête, et l'exaltation qui était alors dans toutes les têtes. Je me rappelle aussi avoir assisté à plusieurs séances de l'Assemblée constituante, où mon père, qui avait embrassé les principes de la Révolution, siégeait au côté gauche, tandis que son frère aîné, le marquis François de Beauharnais, siégeait au côté droit. Il m'était arrivé quelquefois de me trouver près du poêle qui était au

des *Mémoires du prince Eugène* a été dicté par lui à MM. Hénin et Planat de la Faye, à Eischtet, en 1822.

centre de la salle des séances, donnant une main à mon père et l'autre à mon oncle, sans qu'ils s'adressassent la parole entre eux.

Lorsque la guerre fut déclarée (en .....), mon père partit pour l'armée et nous nous rendîmes à Fontainebleau, où mon grand-père, déjà dans un âge avancé, vivait tranquille et retiré. Mon éducation était bien retardée, et, malgré les soins que mon grand-père prit pour mon instruction, elle éprouva de nouvelles lacunes à cause de maux d'yeux qui me survinrent et qui durèrent très-longtemps.

Mon père présidait l'Assemblée constituante au moment où Louis XVI quitta Paris et sembla abandonner la France, on se le rappelle. Nous étions encore à Fontainebleau lors de ce grand événement, et nous y apprîmes les détails de cette mémorable séance. Le rôle que mon père se trouvait jouer dans ce moment comme président de l'Assemblée constituante attira l'attention sur nous. En effet, il se trouvait, par l'absence du gouvernement royal, le premier personnage de la France, et je me rappelle qu'on me montrait dans les rues de Fontainebleau, en disant : Voilà le Dauphin !

Mon père, d'abord employé à l'armée du Nord, passa à l'armée du Rhin, qu'il commanda après le départ de Custine. Il profita de cette circonstance pour me rapprocher de lui, et me mit au collége à Strasbourg. Je fis plusieurs courses au quartier général de Wissembourg. Tout y respirait l'amour de la gloire et de la patrie, et c'est là que se développèrent en moi, pour la première fois, les impressions de ces sentiments.

Pendant le régime de la Terreur, mon père quitta l'armée et se retira dans ses terres. Mais la faction cruelle qui désolait la France ne l'y laissa pas longtemps. Je revins à Paris pour être témoin du plus grand malheur qui devait m'arriver. Mon père et ma mère furent successivement emprisonnés, et, quatre jours avant la chute de Robespierre, c'est-à-dire le 5 thermidor an III, mon père perdit la vie sur l'échafaud. Il était, dans toute l'acception du mot, ce que l'on nommait alors un patriote constitutionnel ; il avait embrassé avec chaleur les principes de la Révolution, parce qu'il connaissait les abus qui l'avaient amenée. Il périt, comme une partie de l'élite de la France, victime de son attachement à des principes dont tant d'honnêtes gens se promettaient pour la France un bonheur et une gloire sans taches. Ses derniers vœux furent pour le retour de l'ordre et de la justice dans sa patrie et pour la réhabilitation de sa mémoire et de celle de tant d'autres illustres victimes de cette époque : l'histoire s'est chargée d'accomplir ce dernier vœu.

Ma mère ne fut rendue à la liberté que quelque temps après ; et il m'est permis de nommer ici l'homme aux bontés duquel nous dûmes ce bienfait : ce fut le député Tallien. J'en ai conservé une profonde reconnaissance, et j'ai été assez heureux pour lui en donner constamment des preuves dont, à l'époque de sa mort, d'autres ont voulu se faire un mérite.

J'étais trop jeune alors pour apprécier dans toute leur étendue les malheurs de ma patrie; mais je sentis bien vivement la perte que je venais de faire. Par suite d'un arrêté du gouvernement qui obligeait les enfants des nobles à apprendre un métier, je fus mis en apprentissage chez un menuisier, et ma sœur Hortense chez une couturière. Je ne sortis de là que pour être placé près du général Hoche, auquel mon père m'avait recommandé peu de temps avant sa mort. Je fis pendant plusieurs mois le service d'officier d'ordonnance près de ce général, et je commençai alors, pendant qu'il commanda l'armée des côtes de Cherbourg, et plus tard celle de l'Ouest, à pratiquer la vie de soldat. Le maître était sévère, et l'école, pour avoir été dure, n'en a pas été moins bonne.

Quelque temps avant l'affaire de Quiberon, le général Hoche m'envoya près de ma mère, qui avait témoigné le désir de me voir. Dans l'année qui suivit, il se passa un événement qui eut la plus grande influence sur ma destinée. Ma mère songea à se remarier avec le général Bonaparte, qui commandait alors à Paris, et dont les destinées rempliront tant de pages glorieuses dans l'histoire. Il n'avait pas alors la réputation qu'il s'acquit peu de temps après et qui lui valut le surnom de *héros de l'Italie*. Je fus moi-même l'occasion de sa première entrevue avec ma mère. A la suite du 13 vendémiaire, un ordre du jour défendit, sous peine de mort, aux habitants de Paris de conserver des armes. Je ne pus me faire à l'idée de me séparer du sabre que mon père avait porté et qu'il avait illustré par d'honorables et d'éclatants services. Je conçus l'espoir d'obtenir la permission de pouvoir garder ce sabre, et je fis des démarches en conséquence auprès du général Bonaparte. L'entrevue qu'il m'accorda fut d'autant plus touchante, qu'elle réveilla en moi le souvenir de la perte encore récente que j'avais faite. Ma sensibilité et quelques réponses heureuses que je fis au général lui firent naître le désir de connaître l'intérieur de ma famille, et il vint lui-même le lendemain me porter l'autorisation que j'avais si vivement désirée. Ma mère l'en remercia avec grâce et sensibilité. Il demanda la permission de revenir nous voir et parut se plaire de plus en plus dans la société de ma mère. Je dois dire que, peu de mois après, nous nous aperçûmes de l'intention où le général Bonaparte pourrait être d'unir son sort à celui de notre mère, et toute la splendeur qui depuis environna Napoléon, alors général Bonaparte, n'a pu me faire oublier toute la peine que je ressentis quand je vis ma mère décidée à former de nouveaux liens. Il me semblait qu'un second mariage, quel qu'il fût, était une profanation, une atteinte portée à la mémoire de mon père.

Le général Bonaparte, déjà habitué de la maison, prenait intérêt à tout ce qui s'y passait, et ne dédaignait pas de s'occuper, avec un soin particulier, de l'éducation de deux enfants dont il espérait bientôt épouser la mère; mais on connaissait l'éloignement que nous avions déjà manifesté, ma sœur et moi, pour un nouveau mariage de ma mère, et l'on prétexta le besoin que nous avions l'un et l'autre d'achever notre éducation pour nous placer dans deux pensionnats à Saint-Germain.

Nous ne tardâmes pas à apprendre à la fois et le mariage de ma mère avec le général Bonaparte et la nomination de ce général au commandement de l'armée d'Italie, et enfin le prochain départ de ma mère pour suivre son mari. Toutes ces nouvelles m'auraient peu satisfait, si le général Bonaparte, en partant pour l'Italie, ne m'eût laissé entrevoir une consolation bien flatteuse : il promettait de m'appeler près de lui dès que, par un travail assidu et fructueux, j'aurais réparé le temps que les circonstances m'avaient fait perdre. Je me mis au travail avec une nouvelle ardeur pour obtenir la récompense tant désirée, car, dès ma plus tendre jeunesse, j'ai eu une vocation décidée pour l'état militaire. Pendant quinze mois que je restai à Saint-Germain, les mathématiques, l'histoire, la géographie et la langue anglaise furent l'objet de mes occupations les plus suivies, et j'appris enfin avec un bonheur et une joie inexprimable, que j'allais recevoir incessamment le prix de mes efforts et de mon assiduité. Je reçus en effet, avec l'ordre de mon départ pour l'armée d'Italie, un brevet de sous-lieutenant au 1er régiment de hussards, sous la date du ..... J'avais alors quinze ans.

Peu de temps après mon arrivée en Italie, le général Bonaparte voulut bien m'attacher à sa personne comme aide de camp, afin de pouvoir diriger lui-même mes premiers pas dans la carrière de la gloire et de l'honneur, qu'il venait de parcourir d'une manière si brillante.

Le traité de Campo-Formio suivit de quelques mois mon arrivée à l'armée d'Italie. Pendant le temps que durèrent les négociations, je fus chargé de diverses reconnaissances et levées de terrain, tant sur l'Isonzo que dans les montagnes qui séparent la Drave du Tagliamento. Je fus ensuite chargé d'une mission près du gouvernement des îles Ioniennes, que le nouveau traité reconnaissait comme République des Sept-Iles. Je m'embarquai à cet effet sur le brick l'*Alerte*, et, après vingt-quatre jours de traversée, pendant lesquels nous essuyâmes plusieurs forts coups de vent, j'arrivai à Corfou. J'y trouvai le général Gentili, qui me traita avec beaucoup de bonté. Les autorités municipales, touchées comme elles devaient l'être de voir l'existence de leur pays assurée par le traité dont j'étais porteur, voulurent me donner un témoignage de leur reconnaissance, et décidèrent qu'il me serait offert un sabre avec une inscription analogue à la circonstance. Je ne restai que quinze jours à Corfou. Durant mon séjour dans cette île, je m'étais répandu dans la société, cherchant le plaisir, comme cela était naturel à mon âge. J'étais logé dans la maison du gouverneur, dont l'entrée donnait sur une espèce de cul-de-sac. Un soir que j'étais encore dans la société, trois individus inconnus, mais qui, à leur mine, pouvaient être pris pour des forçats, s'introduisirent dans mon appartement à l'aide de fausses clefs. Mon domestique, qui couchait dans la première pièce, effrayé de cette apparition, se tint immobile dans son lit. Les trois hommes, armés de poignards, traversèrent cette chambre sans s'inquiéter du domestique pour entrer dans la seconde, que j'habitais. Voyant que mon lit était vide, ils se retirèrent sans mot dire, et sans toucher à rien. Étant rentré dans la nuit, le domestique, encore plein d'effroi, me fit le récit de cette aventure, que je m'empressai de communiquer le lendemain au gouverneur. J'appris de lui que l'action de ces trois hommes était probablement une vengeance méditée contre un officier français qui habitait cet appartement avant moi, et qui, depuis deux jours seulement, avait dû quitter l'île par ordre du gouverneur. Cette circonstance singulière m'aurait ainsi rendu victime d'une erreur si je m'étais trouvé dans mon appartement lorsque les assassins s'y introduisirent.

Le même brick de guerre qui m'avait transporté à Corfou fut chargé de me débarquer sur la côte du royaume de Naples. Mes ordres me prescrivant de rejoindre mon général en passant par Naples, Rome et Florence, je ne m'arrêtai que dix jours à Naples. J'employai ce temps à parcourir et à visiter tout ce que cette ville et ses environs ont de remarquable et d'enchanteur. Je partis pour Rome, où je ne devais rester que quinze jours, et où j'employai mon temps de la même manière qu'à Naples. J'y trouvai Joseph Bonaparte, frère de mon général, et alors ambassadeur de la République française près la cour de Rome. Il avait avec lui sa femme et sa belle-sœur, mademoiselle Désirée Clari, qui devait épouser dans quelques jours le général Duphot. On me pressa d'y rester pour assister au mariage, et, sur les instances du général lui-même, je retardai mon départ de quelques jours. Mais il survint au même moment un événement tumultueux dont ce général fut victime, et qui faillit coûter la vie à tous les Français qui se trouvaient à Rome.

La Révolution française avait déjà jeté des racines assez profondes et assez étendues ; les idées de liberté et d'égalité commençaient à germer dans les têtes romaines et s'y mêlaient au souvenir de leur antique splendeur. Quelques-uns des plus exaltés se réunirent et s'échauffèrent au point de rêver le rétablissement de l'ancienne république. Leurs chefs eurent des entrevues avec le général Duphot, brave homme, mais plein d'exaltation, et qui partageait tout à fait leurs sentiments. Il est même permis de croire (sans pouvoir l'affirmer) que ce général leur fit espérer qu'ils seraient soutenus par le gouvernement français. Quoi qu'il en soit, ces républicains s'assemblèrent en tumulte le 27 décembre 1797, et se portèrent en masse et en grand nombre sous les fenêtres du palais de l'ambassade de France. Leur dessein était de proclamer et d'établir de suite la République, persuadés qu'ils étaient que le gouvernement pontifical n'était point instruit de leurs menées et serait renversé par surprise. Mais ce gouvernement les suivait et les surveillait de près. Il envoya de suite vers le lieu du rassemblement un détachement d'infanterie et un piquet de cavalerie avec ordre de le dissiper et de faire main basse dessus en cas de résistance. La cavalerie, arrivée la première, fut reçue aux cris de : *Vive la République !* auxquels elle répondit en chargeant sur l'attroupement et sabrant tout ce qui se trouvait à sa portée. Environ quarante personnes furent blessées. La foule alors se précipita dans les cours du palais de l'ambassadeur de France pour y chercher un refuge. Les officiers français présents à Rome se trouvaient en ce moment réunis chez l'ambassadeur, et nous allions nous mettre à dîner lorsque cette scène tumultueuse eut lieu. Le général Duphot, qui était d'un caractère bouillant, crut y voir une insulte pour son gouvernement. Il mit le sabre à la main, nous ordonna d'en faire autant et de le suivre. Chacun de nous, et l'ambassadeur lui-même, était persuadé qu'il ne s'agissait de notre part que de faire des efforts pour apaiser le tumulte et concilier les esprits; mais l'infanterie papale, qui avait pris poste à la porte de Transtevere, n'en jugea pas de même, et, voyant arriver vers elle cinq officiers français, le sabre à la main (suivis, à la vérité, par l'attroupement qui avait reflué dans le palais), elle nous accueillit par une fusillade assez vive qui atteignit mortellement le général Duphot et blessa une vingtaine de personnes parmi celles qui étaient derrière nous. Voyant qu'il n'y avait pas moyen de se faire entendre, l'ambassadeur se retira avec nous dans son palais, en profitant, pour opérer sa retraite, d'une petite ruelle qui communiquait avec les jardins. Rentrés dans l'hôtel de l'ambassade, nous fîmes barricader les portes et préparer nos armes, craignant d'avoir à soutenir une espèce de siége. Cependant les portes du palais furent respectées;

seulement quelques coups de fusil furent tirés contre les fenêtres. Pendant la nuit, l'ambassadeur fit demander ses passe-ports au gouvernement romain, et, les ayant obtenus, non sans peine, nous partîmes de Rome avant le jour. Une particularité assez remarquable dans la scène de la veille, c'est qu'en voulant contenir les républicains exaltés qui s'étaient réfugiés dans les cours du palais de France je frappai plusieurs fois du plat de mon sabre sur un des plus furibonds, nommé Ceracchi, qui, plus tard, périt sur l'échafaud pour avoir attenté à la vie du premier consul.

J'accompagnai l'ambassadeur jusqu'à Paris, où je séjournai quelque temps; car, dans les premiers jours d'avril, je reçus l'ordre de partir, avec plusieurs de mes camarades, pour Toulon. Le général Bonaparte y arriva le 9 mai; huit jours après, nous étions embarqués à bord du vaisseau l'*Orient*, de cent vingt canons, et, le 20 mai, tous les bâtiments de la flotte mirent à la voile. C'était un coup d'œil magnifique que ce spectacle de plus de quatre cents voiles, protégées par trente vaisseaux de ligne ou frégates, s'éloignant du rivage de la France pour courir après la gloire et les hasards d'une expédition lointaine, dont le but était encore ignoré de la plupart d'entre nous. Au bout de vingt jours, nous arrivâmes à la vue de Malte, et, le lendemain, après quelques pourparlers avec la cité Valette, on débarqua sur deux points différents, à l'est et à l'ouest de cette place, en même temps qu'une autre colonne opérait aussi un débarquement à l'île de Gozo. Je fus envoyé, le 11 juin au matin, près du général Desaix, et, le soir, près du chef de brigade Marmont. Je me trouvais avec ce dernier au moment d'une sortie assez nombreuse que fit la garnison; elle fut repoussée avec perte; cinq drapeaux furent enlevés à l'ennemi, et j'eus le bonheur d'en prendre un. Après l'affaire, je fus chargé par le chef de brigade Marmont de porter les cinq drapeaux au général Bonaparte, qui était à bord de l'*Orient*. Le lendemain on entama des négociations avec la place, et nous y entrâmes le 13.

Le général en chef visita les fortifications, et je me rappelle très-bien avoir entendu le général Dufalgua, commandant le génie de l'armée, lui faire, en plaisantant, son compliment de ce qu'il s'était trouvé quelqu'un dans la forteresse pour lui en ouvrir les portes.

Le général Bonaparte ne resta dans cette île que le temps nécessaire pour en prendre possession et en organiser l'administration et la défense. Cinq jours après notre descente à Malte, nous avions déjà remis à la voile, nous dirigeant vers les côtes d'Égypte. Le 2 juillet, nous aperçûmes les côtes plates et sablonneuses de cette nouvelle terre promise. On débarqua pendant la nuit, malgré un fort gros temps et une mer très-houleuse. Il m'est impossible d'oublier cette nuit, où je fis le service d'aide de camp d'une manière toute nouvelle pour moi, allant dans un petit canot porter des ordres à tous les bâtiments, au risque d'être submergé ou fracassé contre les gros vaisseaux.

Le lendemain on s'approcha d'Alexandrie, et le général donna de suite l'assaut, qui fut assez meurtrier. Les généraux Kléber et Menou furent blessés tous deux des premiers. Les habitants d'Alexandrie, s'étant joints à la garnison turque, firent une vigoureuse résistance, principalement dans l'intérieur de la ville, où nos troupes ne tardèrent pas à pénétrer. Je précédais mon général de quelques pas lorsque, des fenêtres d'une habitation, nous fûmes assaillis par un feu de mousqueterie assez bien nourri pour nous faire croire que cette maison était occupée par beaucoup de monde. Ayant fait enfoncer la porte par des soldats, je montai dans les appartements supérieurs, où, à ma grande surprise, je ne trouvai qu'un vieillard, entouré de dix à douze fusils, que sa femme et ses enfants lui chargeaient avec beaucoup de célérité. Quelques jours après, nous quittâmes Alexandrie pour nous diriger sur le Caire. Le commencement de cette marche fut très-pénible, en ce qu'elle exposa notre armée à des fatigues et des privations qui étaient inconnues. Nous marchions pendant le jour sous un ciel et sur un sable également brûlants, sans trouver d'abri ni d'eau pour nous désaltérer. Les citernes étaient quelquefois à dix et douze lieues de distance l'une de l'autre, et, lorsqu'on y arrivait, elles étaient tout de suite épuisées par les colonnes d'avant-garde, en sorte que le reste de l'armée n'y trouvait plus rien. Il faut avoir éprouvé ces souffrances et ces privations pour se faire une juste idée du bonheur que nous éprouvâmes et des transports de joie que toute l'armée fit éclater en arrivant sur les bords du Nil. Ce fut à Ramanieh que nous rencontrâmes les mameluks pour la première fois. De là jusqu'aux Pyramides il n'y eut qu'une seule affaire un peu considérable : ce fut celle de Chébréis ; mais, pendant cette seconde partie de notre marche, l'armée eut beaucoup à souffrir de la faim, et souvent nous étions couchés sur des tas de blé sans avoir ni pain ni farine. La seule ressource que nous offrait le pays était des melons d'eau, nourriture qui n'était ni substantielle ni saine.

Le 20 juillet nous étions en vue du village d'Embabeh, où Mourad-Bey s'était retranché, quoiqu'il n'eût d'autre troupe que de la cavalerie. Ce fut le lendemain qu'eut lieu la bataille des Pyramides. Au moment de mettre ses troupes en mouvement, le général Bonaparte fit une de ces harangues courtes et énergiques propres à les animer. Je me rappelle lui avoir entendu dire ces paroles remarquables en montrant les Pyramides : « Soldats, songez que du haut de ces monuments quarante siècles vous regardent. » Cette journée fut assez périlleuse pour les aides de camp ou ceux qui en faisaient le service, car les divisions françaises formaient chacune un carré ; et, comme ces masses étaient échelonnées entre elles à une portée de canon l'une de l'autre, la cavalerie ennemie occupait presque toujours les intervalles ; en sorte qu'il était très-difficile de porter les ordres : on risquait tout à la fois de tomber sous le sabre du mameluk et d'être atteint par les balles françaises.

Pendant notre séjour au Caire, nous ne restâmes point oisifs : le général en chef nous envoyait journellement en reconnaissance dans les déserts, et il ne se passait guère de jour que nous n'eussions quelque engagement, soit avec les mameluks, soit avec les Arabes. Je fus aussi envoyé deux fois en embuscade de nuit, mais à peu près sans résultat. Vers cette époque, le général en chef commença à avoir de grands sujets de chagrin, soit à cause du mécontentement qui régnait dans une partie de l'armée, et surtout parmi quelques généraux, soit à cause de nouvelles qu'il recevait de France, où l'on s'efforçait à troubler son bonheur domestique. Quoique je fusse fort jeune, je lui inspirais assez de confiance pour qu'il me fît part de son chagrin. C'était ordinairement le soir qu'il me faisait ses plaintes et ses confidences, en se promenant à grands pas dans sa tente. J'étais le seul avec lequel il pût librement s'épancher. Je cherchais à adoucir ses ressentiments ; je le consolais de mon mieux, et autant que pouvaient le permettre mon âge et le respect qu'il m'inspirait. J'ai rapporté cette circonstance, parce qu'elle explique des paroles bien flatteuses pour moi que le général en chef, devenu empereur, inséra dans le message par lequel il annonçait au Sénat mon élévation à la dignité de prince de l'Empire, comme j'aurai occasion de le rapporter plus tard.

Quelques jours après notre arrivée au Caire, je fus envoyé chez la femme de Mourad-Bey, que ce chef de mameluks y avait laissée avec tout son sérail. Voici à quelle occasion. Des officiers français, et entre autres le chef d'escadron Rapp, avaient reçu des coups de poignard dans les rues du Caire; les assaillants avaient échappé à nos poursuites, en sorte qu'on pouvait craindre qu'il n'y eût des mameluks cachés dans cette ville. Dans cette supposition, la maison de Mourad-Bey devait paraître plus suspecte que toute autre. En conséquence, je me rendis chez sa femme, par ordre du général en chef, pour l'assurer que sa maison et ses biens seraient respectés, et qu'elle pouvait compter sur la protection des Français, pourvu qu'elle s'abstînt de toute communication avec l'ennemi et qu'elle promît de ne donner aucun asile aux malintentionnés. Madame Mourad-Bey me reçut avec la plus grande distinction et me servit elle-même le café. On a imprimé quelque part qu'elle me fit cadeau d'un diamant d'une grande valeur, mais c'est une erreur. Elle protesta de son exactitude à remplir les conditions qu'on exigeait d'elle, et, pour me convaincre que sa maison ne recélait aucune personne suspecte, elle voulut absolument que je la parcourusse avec elle. Nous traversâmes, au rez-de-chaussée, de vastes pièces où se trouvaient empilés une grande quantité de coussins et de carreaux de toute espèce, et je dois avouer franchement que je n'étais pas sans une sorte d'inquiétude, craignant de voir sortir à l'improviste de dessous ces coussins quelqu'un de ces mameluks habiles dans l'art de couper les têtes. Le premier étage était occupé par les femmes composant le harem de Mourad-Bey; elles y étaient distribuées comme par chambrée. C'est là qu'une scène grotesque et fort embarrassante m'attendait. A l'aspect d'un être aussi nouveau que je l'étais pour la plupart de ces femmes, elles manifestent la curiosité la plus importune; elles m'entourent, me pressent, veulent toucher et défaire mes vêtements, et poussent leurs attouchements jusqu'au dernier degré d'indécence. En vain madame Mourad-Bey leur ordonne de se retirer; en vain je les repousse moi-même assez rudement; il fallut appeler les eunuques, qui, accourant à la voix de leur maîtresse, frappent à coups redoublés de nerf de bœuf sur ces forcenées et les obligent enfin à lâcher prise.

Une autre circonstance me conduisit encore dans un harem vers le même temps. On vint dire un jour au général en chef que des cris s'étaient fait entendre à peu de distance du quartier général, et qu'ils partaient d'un harem dans lequel des soldats français avaient pénétré. Déjà un grand nombre d'habitants s'étaient rassemblés devant cette maison, et témoignaient hautement leur indignation pour un attentat et une profanation qu'ils regardent comme exécrables. Je fus envoyé avec quelques autres officiers pour mettre le holà; nous trouvâmes effectivement dans ce harem des soldats de différents régiments se livrant à tous les excès de la brutalité qu'une longue privation pouvait, sinon excuser, du moins faire comprendre. Nous fûmes alors obligés de recourir au même expédient que les eunuques, et ce fut en frappant sur nos soldats à grands coups de plat de sabre que nous parvînmes à mettre un terme au désordre et à les chasser du harem.

J'avais alors ce désir si naturel à tous les jeunes Français de me signaler. Je recherchais avec ardeur toutes les occasions périlleuses qui se présentaient, et, dès que le général demandait un aide de camp pour aller dans le désert reconnaître des partis d'Arabes ou de mameluks, j'étais toujours le premier à m'offrir. Le général Bonaparte, en ayant fait la remarque, saisit une de ces occasions pour me faire une leçon : au moment où je m'avançais avec empressement comme de coutume, il me renvoya en me disant sérieusement : « Jeune homme, apprenez que dans notre métier il ne faut jamais courir au-devant du danger, il faut se borner à faire son devoir, le bien faire, et arrive ce qu'il plaît à Dieu. »

La bonne harmonie qui régnait entre mon beau-père et moi faillit alors d'être troublée par une circonstance que je vais rapporter. Le général Bonaparte avait distingué la femme d'un officier et se promenait quelquefois en calèche avec elle. Cette femme avait de l'esprit et quelques agréments extérieurs; dès lors on ne manqua pas de dire que c'était sa maîtresse, en sorte que ma position, et comme aide de camp, et comme fils de la femme du général en chef, devint assez pénible. Obligé par mon service d'accompagner le général, qui ne sortait jamais sans aide de camp, je m'étais vu déjà une fois à la suite de cette calèche, lorsque, ne pouvant plus tenir à l'humiliation que j'en éprouvais, je fus trouver le général Berthier pour lui demander à passer dans un régiment. Une scène assez vive entre mon beau-père et moi fut la suite de cette démarche; mais il cessa dès ce moment ses promenades en calèche avec cette dame. Je continuai à rester près de lui, et il ne m'en traita pas plus mal.

Le 21 octobre, une violente insurrection éclata au Caire, tous les détails en sont bien connus, nous y courûmes tous de grands dangers. Ce jour-là, j'étais de service auprès du général en chef avec le Polonais Sulkowski, et c'est par un grand hasard que je ne fus point chargé de la mission dans laquelle il périt, car cette fois c'était bien à mon tour de marcher, et le général, après avoir hésité quelque temps, prononça enfin le mot fatal pour désigner Sulkowski.

Au mois de novembre, le général Bonaparte, ayant résolu d'occuper le port de Suez sur la mer Rouge, y envoya, sous le commandement du général Bon, une assez forte colonne dont l'avant-garde me fut confiée; cette expédition n'était point sans danger. C'était la première fois qu'un corps aussi faible se trouvait lancé dans le désert et dans une direction où l'on ne rencontrait pas d'eau même saumâtre. Jusqu'alors nous n'avions pas fait de marches aussi pénibles, et nos troupes eurent beaucoup à souffrir de la soif. A la vérité, en partant du Caire, on avait mis sur des chameaux une provision d'eau à raison de deux pots par homme; mais l'excessive chaleur et la transpiration plus abondante rendaient cette ration équivalente à deux verres sous un climat tempéré. C'est avec cette faible provision qu'il nous fallut faire cinq jours de marche dans le désert; mais, dès le quatrième jour, nos soldats souffraient si cruellement de la soif, que ceux de mon avant-garde se levèrent pendant la nuit et coururent aux outres, qu'ils crevèrent à coups de baïonnette.

La sentinelle qui en avait la garde cria aux armes après avoir fait de vains efforts pour les contenir. Je m'élançai aussitôt le sabre à la main vers le lieu de cette scène de désordre; mais il n'était plus temps, et notre dernière goutte d'eau était déjà perdue; cet accident, à mon début dans un commandement militaire me fut très-désagréable et me causa un violent dépit. J'étais alors fort jeune, et je me représente le contraste que devait offrir, dans cette circonstance, ma figure imberbe et délicate avec les vieilles moustaches des grenadiers de l'ancienne armée d'Italie, sur lesquels je frappais à coups redoublés de plat de sabre. Le lendemain nos souffrances furent excessives, mais enfin nous arrivâmes à Suez, et bientôt tout fut oublié. Les principaux habitants de cette ville prirent la fuite à notre approche, en sorte que j'y entrai sans aucune résistance, suivant les ordres que j'avais reçus du général Bon. Pendant les premiers jours de notre arrivée à Suez, je fis un levé à vue de la place et de ses environs, et l'envoyai au général Bonaparte, qui arriva lui-même dix à douze jours après nous. Il voulut traverser la mer Rouge à un gué qui conduit aux sources de Moïse et au mont Sinaï, et, comme j'avais déjà reconnu ce passage, je lui servis de guide. A notre retour, nous courûmes risque d'être noyés; cette circonstance ayant été rapportée inexactement dans diverses relations, je vais rétablir la vérité. Le gué dont il s'agit a ordinairement deux pieds de profondeur à marée basse ; mais, comme le fond est un sable mobile, il s'y forme par le mouvement des vagues de grands trous qu'il est facile d'éviter pendant le jour, parce qu'on les distingue fort bien au travers de l'eau, qui est très-limpide; mais ils deviennent fort dangereux pendant la nuit. Le général Bonaparte, malgré nos avertissements réitérés, s'était arrêté trop longtemps aux sources de Moïse, en sorte qu'à notre retour nous fûmes surpris par la nuit et par la marée montante au milieu du gué, sans pouvoir éviter les trous. L'Arabe que nous avions pris de l'autre côté pour nous guider ayant disparu à la faveur des ténèbres, et l'eau commençant à nous gagner, il devint impossible de rester à cheval sans risquer de tomber dans les trous et de s'y noyer. Nous fûmes donc obligés de nous mettre à l'eau jusqu'aux aisselles et de marcher ainsi avec précaution, mais au hasard, en tenant nos chevaux par la bride; cependant, de soixante cavaliers que nous étions, aucun ne périt. Le général Dufalgua fut le seul qui courut quelques dangers à cause de sa jambe de bois; un chasseur de guides, nommé Guibert, se tint constamment près de lui pendant cette marche et le tira d'affaire. A propos du général Dufalgua, je rapporterai ici un bon mot de nos soldats à son sujet; ceux de l'armée d'Égypte étaient très-libres dans leurs propos, et le général en chef le tolérait, parce qu'il savait fort bien qu'on fait tout supporter au soldat français, pourvu qu'il ait la liberté de plaisanter et de dire de bons mots. Les soldats s'étaient imaginé, sans aucune raison, que le général Dufalgua était l'instigateur de l'armée d'Égypte, et, dans les journées de fatigues et de privations, c'était sur lui qu'ils déchargeaient leur mauvaise humeur. Pendant une de ces journées, au milieu du désert, ce général vint à passer auprès d'une colonne dont les soldats ne manquèrent pas de l'apostropher : « Tiens, dit l'un d'eux, c'est pourtant cette maudite jambe de bois qui est cause que nous sommes ici ! — Pardieu, reprit un autre, je le crois bien, ça lui est égal, à lui, il est toujours sûr d'avoir un pied en France. »

Ce fut au retour de Suez que je reçus le brevet de lieutenant, accompagné d'une lettre du chef d'état-major Berthier, dans laquelle il me témoignait la satisfaction que le général en chef avait éprouvée de mes services depuis l'ouverture de la campagne. Ce fut pour moi un grand sujet de joie : je venais d'accomplir dix-sept ans.

Quelque temps après, le général Bonaparte entreprit l'expédition de Syrie, qu'il voulut commander en personne. En conséquence, l'armée se mit en mouvement, et, après trois jours de marche dans le désert, elle arriva, le 9 février, devant El-Arisch, château fort aux confins de la Syrie, dont il fallait s'emparer avant d'aller plus loin. Le général en chef, qui avait quitté le Caire le 10, n'arriva à l'armée que le 17, et, dès lors, le siége fut poussé avec vigueur. La principale force d'El-Arisch consiste dans une bonne muraille, à laquelle sont adossées plusieurs maisons. Je fus chargé par mon général d'aller, pendant la nuit, m'emparer d'une de ces maisons et d'y établir vingt-cinq hommes d'infanterie; il faisait un beau clair de lune, en sorte que, du haut des murs, l'ennemi fit pleuvoir sur nous une grêle de balles avec autant d'avantages qu'il aurait pu le faire en plein jour : aussi, avant d'atteindre la maison, avais-je déjà sept hommes hors de combat. Après y avoir établi ceux qui me restaient, je m'en retournai vers le quartier général, en courant à toutes jambes et en essuyant le même feu, lorsque, près d'arriver, je rencontrai une plante ligneuse qui me fit tomber. Tout le monde me crut mort, mais j'arrivai heureusement sain et sauf près de mon général, au moment où on lui annonçait que je venais d'être tué.

Le fort capitula le lendemain, et nous partîmes de suite pour la Syrie, nous dirigeant sur Gaza. Ce fut dans cette marche que, l'armée ayant pris une fausse direction, le général en chef courut risque d'être enlevé avec son état-major. Parti, suivant son usage, quelques heures après les dernières colonnes, et escorté seulement par cinquante guides à cheval, avec quelques dromadaires, il arriva à Kan-Younes, qui était le rendez-vous de l'armée, dans la ferme persuasion d'y trouver ses divisions déjà établies. Mais les quatre premiers guides, qui entrèrent dans le village, y ayant trouvé les mameluks, se replièrent sur nous, poursuivis par un détachement de cavalerie ennemie. Nous fîmes bonne contenance, les mameluks s'arrêtèrent, et la nuit survint sur ces entrefaites. Quoique nous eussions fait une marche longue et bien pénible, il fallut songer à la retraite.

Mon cheval, épuisé de fatigues, tomba entre mes jambes, et, n'ayant pu le relever, je fus obligé de faire trois lieues à pied, avec la certitude d'être pris ou tué si l'ennemi nous avait poursuivis. Heureusement il n'en fit rien, suivant l'usage des mameluks, qui combattent rarement la nuit. Cependant le général en chef, fort inquiet du sort de ses divisions, et présumant qu'elles s'étaient égarées dans le désert, nous envoya dans diverses directions pour tâcher de les découvrir. Enfin, elles rejoignirent dans le courant de la journée, et nous retournâmes à Kan-Younes.

Après avoir poussé devant nous la cavalerie ennemie, nous arrivâmes près de la ville de Gaza, en avant de laquelle nous trouvâmes un gros corps de troupes, qui paraissait disposé à nous en disputer l'entrée. Mais il ne tint pas longtemps, nos premières attaques le dispersèrent; après avoir traversé la place, nous continuâmes notre mouvement dans la direction de Jaffa. Je dirai, comme particularité curieuse, que notre camp, devant Gaza, fut établi sur les hauteurs où, d'après les traditions sacrées, Samson a dû transporter les portes de cette ville.

Je commençai, vers cette époque, à me lier avec Duroc d'une amitié qui ne fit que s'accroître jusqu'au moment de sa mort. Il me rendit alors un service que je n'oublierai jamais. Le lendemain de notre entrée à Gaza, et après une journée des plus fatigantes, le général Bonaparte m'ordonna, le soir, de partir à minuit pour porter des ordres de mouvement au général Kléber, qui était à quelques lieues en avant, dans la direction de Ramleh. En pareil cas, le brigadier du poste, que son service tenait sur pied à toute heure de la nuit, avait ordre d'éveiller l'aide de camp qui devait partir. Il n'y manqua pas; mais, à peine s'était-il éloigné, que je me rendormis. Ceux qui ont servi de bonne heure savent quelle est la puissance du sommeil à l'âge que j'avais alors, elle est irrésistible et capable de faire oublier également le péril et le devoir. Duroc, plus âgé et plus expérimenté que moi, s'étant aperçu que je n'étais point parti, me secoua fortement et m'engagea à me lever. Je résistais, en lui disant que je n'en pouvais plus, et qu'il m'était impossible de bouger. Mais il ne fit que redoubler ses instances, ajoutant à la fin, avec une sorte de colère, que ce n'était point ainsi qu'on servait et que j'allais me déshonorer. Ce mot me fit rougir et me tira de mon engourdissement, je fis un effort sur moi-même et me levai. Je partis sans escorte, car on n'osait en prendre à moins d'un ordre exprès du général en chef, et, après avoir erré pendant près de cinq à six heures, j'arrivai justement près du général Kléber au moment qui avait été fixé pour mettre sa division en mouvement.

Nous arrivâmes bientôt à Ramleh, d'où je fus envoyé en reconnaissance, avec vingt-cinq hommes, dans la vallée qui mène à Jérusalem. J'arrivai jusqu'à la vue de cette ville fameuse. Mais, quelque désir que j'eusse de visiter un lieu si remarquable et si vénéré, je ne pus y parvenir. Une troupe d'Arabes et de gens du pays, tous armés, s'opposèrent à mon passage, sans pourtant oser m'attaquer. Néanmoins je fus le seul officier de l'armée d'Égypte qui ait aperçu Jérusalem.

Dans la nuit qui suivit notre arrivée à Ramleh, nous essuyâmes un violent orage, en sorte que nos soldats, pour se sécher, mirent le feu aux oliviers parmi lesquels ils étaient bivaqués.

Je fus frappé du spectacle magnifique que présentaient ces feux de bivac d'une si nouvelle espèce. Les oliviers, au moyen de l'huile qu'ils contiennent, brûlent fort longtemps avant que de tomber en cendres, de manière que l'arbre embrasé se dessine en charbons ardents avec toutes ses branches et presque ses feuilles. Qu'on se figure dix mille oliviers brûlant à la fois de cette manière au milieu d'une nuit obscure, et l'on aura une idée du coup d'œil magique que cette nuit nous offrit.

Cependant l'armée se mit en marche pour Jaffa, et nous arrivâmes devant cette place le 4 mars. Au bout de trois jours employés en préparatifs, la ville ayant refusé de se rendre, on commença à battre en brèche, et, aussitôt que la brèche fut praticable, le général en chef ordonna l'assaut. En même temps je reçus l'ordre de pénétrer dans la ville, du côté de la mer, avec un piquet de cavalerie, tandis que l'infanterie passait par la brèche. J'eus beaucoup de peine à arriver à cause des obstacles du terrain, qui présentait partout des pentes rapides, des trous et des pas dangereux pour les chevaux. Les rues de la ville étaient si étroites, qu'à peine deux cavaliers pouvaient y passer de front. On s'y battit avec acharnement pendant une partie de la journée. Nos soldats, irrités de la résistance, firent main basse sur tout ce qu'ils rencontrèrent : le massacre et le pillage durèrent toute la nuit. Le lendemain je fus envoyé pour essayer de rétablir l'ordre et de faire cesser les excès auxquels le soldat se livre toujours en pareil cas. C'était la première fois que je voyais une ville prise d'assaut, et ce spectacle me frappa d'horreur. Presque tous les habitants de Jaffa avaient été égorgés sans distinction d'âge ni de sexe, la terre était jonchée de leurs cadavres, le sang ruisselait dans les rues.

J'arrive à un fait qui a été raconté si souvent et si diversement, qu'il est impossible de le passer sous silence. Je vais dire ce que j'ai vu et entendu alors. Nos troupes, rassasiées de carnage, firent quelques prisonniers à Jaffa le second jour, et leur nombre s'augmenta d'environ huit cents hommes, qui s'étaient jetés dans un petit fort et capitulèrent dans la même journée. Le général en chef, après avoir pris l'avis des généraux sous ses ordres, décida que tous ces prisonniers seraient fusillés.

Quelques colonels, et entre autres Boyer, refusèrent de se charger de l'exécution d'un pareil ordre, qui fut enfin rempli, fort à contre-cœur sans doute, par le colonel d'Armagnac, commandant le 32e régiment. Cette action a été fort blâmée et paraît en effet révoltante au premier coup d'œil. Cependant elle fut alors justifiée de plusieurs manières, et surtout par une impérieuse nécessité. D'abord on n'avait point de vivres pour ces prisonniers ; les ressources que pouvaient présenter la ville de Jaffa venaient d'être anéanties par l'effet du pillage ; en sorte que l'armée était à la veille de manquer de subsistances. En outre, une grande partie de ces mêmes prisonniers provenaient de la garnison d'El-Arisch ; ils avaient été renvoyés sur parole, et, selon les lois de la guerre, ils méritaient la mort. Le manque de foi de ces troupes étant reconnu par l'expérience, renvoyer les autres prisonniers de la même manière, c'était s'exposer bien certainement à les retrouver le lendemain armés contre nous. Tels sont les motifs qui furent alors exposés à l'armée pour justifier une mesure aussi cruelle. L'honneur et la générosité du Français, plus forts chez lui que la prudence, répugnaient à une action semblable ; mais il est juste de dire aussi que le général en chef ne s'y détermina qu'avec beaucoup de peine, et que nos soldats ne l'exécutèrent qu'en murmurant.

Trois jours après la prise de Jaffa, l'armée continua sa marche sur Saint-Jean d'Acre, et arriva, le 17, devant cette place. J'avais été envoyé la veille par le général Bonaparte, avec quatre chasseurs, en reconnaissance sur Caïffa, pour m'assurer si cette ville était occupée et défendue par l'ennemi. Arrivé à une certaine distance de la place, nous aperçûmes une grande quantité de monde sur les murailles, sans pouvoir distinguer si c'étaient des gens armés. Je continuai de m'avancer avec mes quatre hommes, voulant au moins recevoir quelques coups de fusil, pour pouvoir dire avec certitude que la ville était occupée et défendue ; mais à mon approche toute cette foule disparut, et je fis signe alors à ceux qui restaient de descendre pour ouvrir la porte. A peine fut-elle ouverte, que, par une sorte d'inspiration, je m'élançai dans la ville au grand galop, et courus droit au port avec mes quatre chasseurs. Une chaloupe anglaise, portant un officier de marque, venait à l'instant même de quitter le rivage et poussait au large à force de rames. Nous lui tirâmes nos cinq coups de carabine et plusieurs coups de pistolet, mais en pure perte, et les coups qu'ils nous ripostèrent furent également sans résultat. J'appris plus tard que l'officier supérieur était le commodore Sidney-Smith, commandant les forces anglaises dans ces parages. J'eus encore une fois occasion de me trouver vis-à-vis de lui dans le cours de cette campagne, comme je le dirai plus tard.

Je n'entreprendrai point de donner une relation du siége de Saint-Jean d'Acre, devenu si fameux par la résistance de la garnison; je dirai seulement que, pendant soixante-quatre jours que l'armée resta devant la place, tous les officiers y firent constamment le service le plus actif et le plus périlleux. Je fus blessé d'un éclat de bombe à la tête au premier assaut, qui fut très-meurtrier, et peu s'en fallut que je n'y restasse, car la même bombe qui m'avait renversé fit tomber un pan de mur sous les décombres duquel je restai quelque temps enseveli. Duroc fut blessé le même jour d'un éclat d'obus, mais beaucoup plus grièvement que moi, car il ne put reprendre son service de toute la durée du siége. Au bout de dix-neuf jours, je fus entièrement guéri, en sorte que je pus de suite prendre part au second assaut, qui fut aussi infructueux et aussi meurtrier que le premier. Enfin, à l'exception d'une alerte de nuit, je me trouvai à toutes les actions qui eurent lieu pendant le cours du siége. Notre service comportait, en outre, des visites d'hôpitaux, de magasins, de tranchées, etc. En somme, le siége de Saint-Jean d'Acre m'a laissé le souvenir d'un des services les plus actifs que j'aie faits comme simple officier pendant le cours de ma carrière militaire.

Je vais rapporter quelques traits intéressants qui ont été omis ou mal racontés dans les relations de l'expédition d'Égypte. Avant d'ordonner le premier assaut, le général Bonaparte observait la brèche avec le général Dommartin et le capitaine Mailly de Château-Reynaud, qui devait marcher à la tête de la première colonne. Le général d'artillerie, avare de ses munitions, pressait pour qu'on donnât l'assaut, et soutenait que la brèche était praticable, contre l'avis du capitaine Mailly. Il s'ensuivit entre eux une altercation assez vive et un échange de mots piquants, surtout pour Mailly, qui, devant monter à l'assaut, se trouvait dans une position plus délicate. Mais la bravoure de cet officier, bien connue de toute l'armée, le mettait à l'abri de tout soupçon injurieux, et l'événement fit voir qu'il avait raison. L'assaut manqua; Mailly, blessé un des premiers, resta dans le fossé, et, pendant la nuit, les Turcs vinrent lui couper la tête. Par un hasard extraordinaire, son jeune frère, prisonnier de Djezzar-Pacha, avait subi le même sort ce jour-là avec tous les chrétiens qui se trouvaient dans Saint-Jean d'Acre.

Le général Bonaparte, prévoyant, en quittant la France, le besoin qu'il aurait d'une pépinière de jeunes officiers instruits, avait emmené plusieurs élèves de l'École polytechnique pour les armes de l'artillerie et du génie; deux de ces jeunes gens, fort intéressants par eux-mêmes, placés dans le génie pendant le cours de la campagne, s'étaient liés de la plus étroite amitié : l'un d'eux, étant de tranchée, pria son ami de le remplacer, avec d'autant moins de scrupule que, depuis plusieurs jours, l'ennemi nous laissait assez tranquilles. La proposition est acceptée; mais, l'ennemi ayant fait une sortie, le jeune officier remplaçant est tué; en apprenant cette nouvelle, son camarade, croyant avoir à se reprocher sa mort, entra dans un accès de désespoir si violent, qu'on fut obligé de le faire transporter dans sa tente et de le faire garder à vue. Mais, pendant la nuit, ayant trompé la vigilance de ses gardiens, il sort et trouve le lieu où son ami était enterré; et là, sans autre secours que celui de ses mains et de ses ongles, il parvient à le déterrer, embrasse ce corps inanimé et lui demande pardon d'avoir causé sa mort. Ce spectacle touchant attendrit toute l'armée qui en fut témoin.

Le mauvais succès de nos fréquentes attaques contre Saint-Jean d'Acre avait rebuté nos soldats, qui, cependant, étaient les plus braves et les plus déterminés qu'on puisse imaginer. Le général en chef, voulant tenter un dernier effort, fit battre une marche usitée à l'armée d'Italie pour demander des hommes de bonne volonté lorsqu'il s'agissait d'une expédition très-périlleuse. Trois cents hommes se présentèrent animés par cette batterie, qu'on employait pour la première fois en Égypte. Le général les réunit devant sa tente peu d'heures avant l'assaut, et, après les avoir harangués comme il savait le faire, ils jurèrent tous de mourir ou d'emporter la place. L'assaut fut donné, la place ne fut point prise, aucun de ces braves soldats ne reparut.

Ce qui ajoutait au découragement de nos troupes, c'était le spectacle effrayant de la peste, qui commençait à faire de grands ravages dans l'armée; les hôpitaux furent bientôt encombrés, en sorte qu'il y eut un moment où les malades (surtout les officiers) étaient sous les mêmes tentes que leurs camarades bien portants.

C'est à cette époque que se manifesta entre le général en chef et le général Kléber une inimitié qui a été attribuée, bien à tort, à la jalousie du général Bonaparte. Pour remonter à la véritable source de cette mésintelligence, il faut se rappeler la rivalité qui avait existé, et qui subsista si longtemps, entre les officiers de l'armée du Rhin et ceux de l'armée d'Italie. Si cette rivalité n'eût été qu'une noble émulation, elle n'aurait eu que des résultats avantageux pour l'armée française; mais elle se changea, malheureusement, en haine et en basse jalousie, selon le caractère des officiers; Desaix et Kléber, venus de l'armée du Rhin, précédés d'une belle réputation militaire, qu'ils méritaient bien l'un et l'autre, produisirent des impressions diverses à l'armée d'Égypte, dont la majeure partie se composait des militaires de l'ancienne armée d'Italie. Desaix plut et se fit aimer généralement, parce qu'il était bon, simple, juste et inaccessible aux petites passions. Kléber, au contraire, grossier dans ses propos, tracassier, frondeur, ne ménageant personne, déplut à tout le monde, et se fit beaucoup d'ennemis. Il y avait des gens qui se plaisaient à rapporter au général Bonaparte, en les envenimant, les propos que Kléber se permettait contre lui, et les critiques continuelles qu'il faisait de ses opérations militaires. De ce nombre était Junot, qui, d'aide de camp du général en chef, venait d'être nommé général de brigade, et se trouvait alors employé à la division Kléber. Je fus plus d'une fois témoin des rapports que Junot venait faire au général Bonaparte, et de l'empressement qu'il mettait à aigrir ses ressentiments, comme Murat fit, plus tard, à l'égard du général Moreau. Le général Kléber, impatienté, comme toute l'armée, des longueurs et de l'inutilité du siége de Saint-Jean d'Acre, dit un jour qu'il ne comprenait pas pourquoi l'on s'opiniâtrait à rester devant cette bicoque, et que, s'il était à la place du général en chef, il aurait levé le camp depuis longtemps. Quelqu'un ayant représenté qu'il y allait de la gloire du général Bonaparte : « Bah ! bah ! reprit-il avec son accent allemand, c'est un bel habit sur lequel il y a une tache de poussière : avec une chiquenaude on la fait partir. » Ce propos, qui au fond était honorable pour le général en chef, fut dénaturé et envenimé, ainsi que d'autres semblables, dans les rapports qu'on lui en fit, en sorte qu'on parvint effectivement à l'indisposer contre le général Kléber. Mais il est impossible d'imaginer qu'il ait éprouvé de la jalousie contre ce général. Son rang et sa réputation militaire le plaçaient tellement au-dessus de lui, que cette seule raison suffisait pour l'en empêcher. Il est plus naturel de penser que Kléber éprouvait ce sentiment contre un général plus jeune que lui et dont l'élévation l'offusquait. Il est juste de dire aussi que le général Kléber ne manquait pas de bonnes raisons pour critiquer le siége de Saint-Jean d'Acre, qui fut entrepris un peu légèrement et sans avoir réuni les moyens nécessaires pour le pousser avec vigueur. Ni le génie ni l'artillerie n'étaient en mesure, en sorte que la bravoure et les talents des officiers de ces deux armes furent dépensés en pure perte. Nous étions tellement à court de munitions à canon, qu'on les payait excessivement cher aux soldats, en sorte que ceux qui n'étaient pas de tranchée allaient se mettre en ligne sur le bord de la mer, sans autre but que de se faire canonner par les bâtiments anglais, afin de ramasser les boulets qu'ils nous envoyaient, et de les vendre au parc de l'artillerie. Enfin, après être resté soixante-quatre jours devant Saint-Jean d'Acre, le général Bonaparte ordonna la levée du siége. Instruit que le capitan-pacha préparait à Constantinople une expédition formidable, et se doutant bien qu'elle était destinée pour l'Égypte, il jugea que sa présence y était plus nécessaire qu'en Syrie; d'ailleurs, il n'était plus possible de continuer le siége, par les raisons que j'ai déjà expliquées : nous avions perdu près des deux tiers de l'armée, et, dans ce qui restait, il y avait bon nombre de malades et de blessés. La retraite de l'armée s'opéra dans la nuit du 21 mai. Je fus chargé de rester avec les dernières troupes et d'enlever les deux dernières pièces de canon. L'ennemi, qui avait pénétré les desseins du général en chef, fit pendant toute la nuit, du haut des remparts, un feu d'artillerie des mieux nourris. Après avoir échappé comme par miracle à tous les dangers de ce siége meurtrier, je ne pus me défendre d'un sentiment pénible à l'idée de rester blessé dans ces derniers moments ; on avait épuisé, depuis trois jours, tous les moyens de transport pour enlever les malades et les blessés, en sorte qu'il devenait presque impossible d'enlever tous ceux qui auraient pu être blessés pendant cette nuit ; ils n'avaient d'autre perspective que de rester abandonnés dans la tranchée et d'y avoir la tête coupée par les Turcs aux premiers rayons du jour. Heureusement tout ce grand feu d'artillerie fit plus de bruit que de mal.

Le lendemain, l'armée arriva à Tentoura, petite ville sur le bord de la mer, où les scènes et les tableaux les plus pénibles s'offrirent à nos yeux. C'étaient des blessés et des pestiférés encombrés dans ce lieu sans moyen de transport, et dans le plus grand dénûment, car le pays était entièrement épuisé ; c'était des pièces de canon et des munitions que l'on jetait à la mer, des affûts et des voitures d'artillerie que l'on brûlait faute d'attelages ; enfin, tous nos soldats, tristes et découragés, accablés par la marche, les longues fatigues du siége et des privations de toutes espèces. Voilà ce qui explique le mécontentement bien prouvé qui éclata à Tentoura, non-seulement parmi les soldats, mais encore parmi leurs chefs. Le général Bonaparte nous envoya pendant la nuit, mes camarades et moi, dans les bivacs, pour entendre les propos des soldats et les lui rapporter. Ces propos étaient ce qu'ils sont toujours en pareil cas, plus violents que dangereux ; mais ceux des officiers généraux parurent autrement graves au général en chef ; en conséquence, il les réunit le lendemain devant sa tente et les harangua avec véhémence, leur reprochant ce qu'il appelait leur faiblesse et leur pusillanimité, et leur rappelant qu'ils devaient donner l'exemple de la discipline et d'une courageuse résignation.

Il prit ensuite les mesures les plus efficaces pour le transport des malades et des blessés. Tous les chevaux disponibles y furent employés et notamment ceux des officiers d'état-major. Je me rappelle que, de mes cinq chevaux, deux furent employés à transporter des blessés, et les trois autres, des pestiférés. Toute la cavalerie fut ensuite à pied et les chevaux destinés au même usage ; on ne conserva qu'un petit détachement d'hommes montés pour l'arrière-garde. Enfin on distribua par régiment le surplus des malades, qui devaient être portés alternativement par leurs camarades : c'était tout ce qu'il était humainement possible de faire pour l'évacuation de nos hôpitaux. Ce soin absorbait toute l'attention du général en chef, qui travailla longtemps avec Larrey et

Desgenettes, dont le zèle le seconda puissamment.

Je fus envoyé à l'hôpital pour voir la fin de l'opération et en rendre compte au général en chef; j'y trouvai Larrey, qui venait de faire les derniers efforts et qui m'annonça qu'enfin tous les malades étaient partis, à l'exception de quinze moribonds qui n'étaient pas transportables. Il me les fit voir; ces malheureux, dévorés par une fièvre ardente, demandaient à boire; ils avaient encore assez de présence d'esprit pour sentir qu'on les abandonnait et pour nous reprocher cet abandon : ce spectacle était vraiment déchirant. Je ne parle pas du prétendu empoisonnement de ces pestiférés par l'opium, parce qu'alors je n'en entendis nullement parler et que je regarde cette accusation comme un mensonge.

Pendant la retraite nous fûmes inquiétés par les Naplousains, avec lesquels on eut quelques escarmouches assez vives pour mettre l'armée ennemie dans l'impossibilité de nous serrer de près; l'arrière-garde eut ordre de détruire, et détruisit effectivement, toutes les ressources du pays jusqu'à l'entrée du désert.

Nous le traversâmes plus rapidement qu'à notre premier passage. Mais j'ai encore peine à concevoir aujourd'hui comment notre armée ne succomba pas aux fatigues et aux privations qu'elle éprouva durant cette marche, car le soldat n'eut d'autre distribution, pour ces quatre jours, qu'un peu de riz et de pain-biscuit, et une bouteille d'eau. Il est bien vrai qu'on trouva deux citernes dans le désert, mais elles étaient, pour ainsi dire, empoisonnées. Je n'oublierai jamais le puits Katich, près duquel avaient séjourné des convois de malades et de blessés. Ces malheureux s'étaient arrêtés près des bords du puits, où ils avaient trouvé la mort; d'autres, emportés par le besoin d'étancher leur soif ardente, s'étaient précipités dans le puits même, où leurs corps avaient été décomposés, en sorte qu'on n'arrivait à la citerne qu'en passant sur des cadavres en putréfaction pour en tirer une eau infecte et remplie de vers. Il nous fallut pourtant avaler ce breuvage empesté. Je crois que, dans cette circonstance, j'ai dû mon salut à une précaution que prirent aussi plusieurs de mes camarades; c'était d'avoir constamment sur moi une de ces petites bouteilles plates, recouvertes d'osier, remplie de vinaigre, dont je me servais de temps en temps pour humecter mes lèvres et mes narines.

Au sortir du désert, on trouva quelques hôpitaux organisés, en sorte qu'on put y déposer une partie des blessés. Nos chevaux nous furent alors rendus. La veille de notre arrivée au Caire, le général Bonaparte, ayant aperçu du côté du désert un convoi considérable, m'ordonna de partir avec vingt-cinq hommes à cheval pour le reconnaître. C'était une tribu d'Arabes ayant deux cents hommes armés, quatre cents chameaux et des troupeaux considérables. Ils se mirent à fuir à notre approche, et je continuai à les poursuivre en m'enfonçant dans le désert. Mais nos chevaux étaient tellement fatigués, que nous n'aurions pu les atteindre si je n'avais pris le parti d'emmener cinq hommes des mieux montés et de laisser le reste du piquet en arrière avec ordre de nous soutenir. Ayant enfin rejoint les Arabes, nous chargeâmes un peu témérairement au milieu du convoi; nous essuyâmes d'abord quelques coups de fusil, mais, à l'arrivée du reste de mon piquet, les Arabes s'enfuirent dans le désert, abandonnant leur convoi, dont je m'emparai. J'en aurais été même assez embarrassé, si le général Bonaparte, inquiet de m'avoir vu disparaître, n'eût envoyé successivement après moi deux autres piquets, qui me rejoignirent et à l'aide desquels je ramenai heureusement le convoi au Caire. Ce jour-là fut marqué par la chaleur la plus forte que nous ayons éprouvée pendant tout le cours de l'expédition, car le thermomètre marquait trente-six degrés, et la surface du sable était à quarante-deux degrés.

Nous n'eûmes pas beaucoup de temps pour nous remettre des fatigues de l'expédition de Syrie, et pour refaire nos équipages. Le général en chef, qui avait toujours les yeux fixés sur les projets du capitan-pacha, apprit, au bout de trois semaines de séjour au Caire, que ce chef des Ottomans venait de débarquer à Aboukir avec des forces considérables, et qu'il s'était emparé du fort d'Aboukir ainsi que des hauteurs qui sont à la gorge de la presqu'île. Le général Bonaparte était allé faire une excursion aux Pyramides lorsqu'il reçut cette nouvelle. Il donna sur-le-champ les ordres de départ, fit toutes les dispositions, et partit lui-même sans rentrer au Caire.

Un accident désagréable faillit m'empêcher de prendre part à l'affaire d'Aboukir; nous étions partis avec tant de précipitation, que les vivres n'avaient pu nous suivre, et, dès le premier jour, les distributions furent très-minces. Arrivé à Ramanieh, fatigué et affamé comme on l'est ordinairement à dix-huit ans, j'y mangeai du melon d'eau avec avidité et sans mesure. Je m'attirai par là une colique si violente, que je me crus empoisonné. Larrey, qui fut appelé, me donna une potion narcotique, et, en me réveillant, je me trouvai établi à l'hôpital, où l'on me signifia que je devais rester provisoirement; mais ce n'était point mon compte, je voulais suivre l'armée, et je tourmentai si bien Larrey, qu'il me donna une médecine que je n'aurais dû prendre que le lendemain. Je partis à une heure du matin et rejoignis heureusement le quartier général de l'armée, qui arriva le 24 juillet devant Aboukir. Nous y trouvâmes l'ennemi retranché dans les positions qui sont en avant du village; sa force était d'environ dix-huit mille hommes, toute infanterie, et, quoique le général Bonaparte ne pût réunir encore que quatre mille trois cents hommes d'infanterie et moins de huit cents chevaux, il résolut de livrer la bataille dès le lendemain. L'ennemi fut promptement délogé des positions avancées qu'il occupait. Quoique je ne fusse pas officier d'artillerie, je fus néanmoins chargé par le général en chef de diriger les deux premières pièces de canon enlevées aux Turcs contre les embarcations anglaises que nous avions à notre gauche, et qui s'éloignèrent alors. Je remarquai qu'un de nos boulets tomba assez près d'une chaloupe pour couvrir d'eau les hommes qui la montaient; et, par un hasard singulier, le commodore Sidney Smith était encore parmi eux, comme il me l'a assuré lui-même, quinze ans plus tard.

Avant de commencer l'action, le général en chef avait eu une excellente idée, qui, mise à exécution, produisit les plus heureux effets. Sachant combien l'infanterie turque redoute la cavalerie, il avait ordonné de former trois piquets de cavalerie d'élite, dont l'un fut placé au centre et les deux autres à la droite et à la gauche. Ils devaient agir séparément et indépendamment l'un de l'autre. Leurs instructions se bornaient à charger à fonds, et le plus loin qu'ils pourraient sur les derrières de l'ennemi au premier mouvement de désordre qu'ils remarqueraient dans ses rangs.

Les Turcs, retirés derrière leurs retranchements, s'y défendirent d'abord avec vigueur. L'attaque de notre avant-garde sur le centre, commandée par le général Destaing, fut repoussée, et le mouvement rétrograde de cette colonne produisit quelque désordre dans nos rangs. L'adjudant général Leturcq, envoyé par le général Berthier pour rallier nos troupes, parvint à arrêter un bataillon; mais les Turcs, s'apercevant que ce bataillon n'était pas soutenu, sortirent de leur retranchement avec de grands cris, l'entourèrent et firent main basse sur ce faible détachement, dont les soldats, au nombre de près de deux cents, eurent tous la tête tranchée. On sait que l'usage des Turcs est d'accorder une forte récompense à leurs soldats pour chaque tête ennemie rapportée au camp. Le désir d'avoir part à cette récompense et l'espoir du butin portèrent le reste de l'armée turque à quitter ses retranchements à droite et à gauche pour se porter vers le point où se trouvait ce malheureux bataillon. Le général en chef, apercevant cette faute de l'ennemi, la mit de suite à profit. Il m'envoya porter l'ordre au général Lannes, qui commandait la droite, d'entrer sur-le-champ dans les retranchements. Je trouvai ce général en train d'exécuter spontanément ce mouvement, et j'entrai avec lui dans la grande redoute. Cependant les Turcs, se voyant tournés sur la gauche, voulurent regagner précipitamment leurs retranchements; mais il n'était plus temps. Vivement pressés sur tout le reste de la ligne, et toujours acculés de plus en plus vers la mer, le désordre se mit dans leurs rangs. Enfin les charges brillantes exécutées alors par notre cavalerie achevèrent de les mettre dans une déroute complète : l'on en fit un carnage épouvantable. Un petit nombre parvint à se jeter dans le fort qui est à l'extrémité de la presqu'île; mais la plus grande partie s'étant jetée à la mer pour regagner les embarcations, y trouva la mort; car les chaloupes turques tiraient à mitraille sur les fuyards dans la crainte d'être submergées par leur affluence. Je n'oublierai jamais le tableau épouvantable que formaient en ce moment près de dix mille hommes en turban, luttant contre la mort au milieu des flots, et faisant au loin écumer la mer. Notre cavalerie chargea dans l'eau jusqu'à ce que les chevaux en eussent jusqu'au ventre. Les seuls prisonniers que nous fîmes furent le Pacha et cent cinquante hommes. Nous n'eûmes pas même quinze cents hommes hors de combat, parmi lesquels mille blessés.

Le lendemain, la division Kléber, forte de quinze cents hommes, nous rejoignit. Sa surprise et son admiration suspendirent un moment ses inimitiés personnelles; je fus témoin de l'enthousiasme qu'il manifesta au général en chef en l'embrassant et en le félicitant sur une victoire aussi complète, remportée avec de si faibles moyens.

Le quartier général rentra ensuite à Alexandrie, après qu'on eut établi les troupes nécessaires pour bloquer le fort d'Aboukir, dans lequel s'étaient jetés deux à trois mille hommes de troupes ennemies. Pendant le séjour du général en chef à Alexandrie, je me trouvai seul près de lui pour faire le service, tous mes camarades étant blessés, malades ou éloignés par quelque autre cause. Je n'eus donc point de repos pendant une huitaine de jours; mais cette circonstance me fournit l'occasion de connaître une particularité qui resta secrète pour tout le reste de l'armée. Depuis longtemps nous étions sans nouvelles de France, et je ne crois pas me tromper en affirmant que nous n'avions pas vu de journaux depuis huit mois, si l'on en excepte quelques lambeaux découpés contenant de mauvaises nouvelles, et répandus à dessein par l'ennemi dans notre armée pour y porter le découragement. Le général Bonaparte profita de son séjour à Alexandrie pour tâcher d'obtenir quelque lumière sur la situation des affaires de France. Il entama à cet effet des pourparlers avec la croisière anglaise, sous quelque prétexte d'échange, et sut si bien flatter l'amour-propre du commandant de cette croisière, que celui-ci, ne voulant pas être en reste de politesse avec lui, lui envoya son secrétaire avec une grande quantité de journaux français. C'était tout ce que désirait le général en chef; c'était là le véritable but de ses pourparlers. J'étais auprès de lui lorsqu'il fit la lecture de ces journaux qui lui firent connaître tous nos désastres, la perte de l'Italie et la ruine prochaine de la France. A mesure qu'il avançait dans cette lecture, le général Bonaparte s'interrompait par des exclamations entrecoupées : « Les misérables ! s'écriait-il, est-il possible !... Pauvre France !... qu'ont-ils fait ?... » et d'autres mots plus énergiques. Son agitation allait toujours croissant, et, dans son impatience, il lançait les journaux sur la table; en sorte que quelques-uns arrivèrent jusqu'auprès de moi. Je me hasardai à les parcourir; mon général ne le trouva pas mauvais. Il me fit asseoir, et nous passâmes ainsi la nuit à lire tous ces journaux, au nombre de plus de cent. Quand nous eûmes fini, il me fit faire un paquet de tous ces papiers, me recommanda le plus grand secret, et les renvoya à la croisière anglaise. Je suis resté convaincu que cette nuit décida de son retour en France, quoiqu'il ne m'ait jamais mis dans la confidence de ce projet.

Après la réddition du fort d'Aboukir, nous retournâmes au Caire, où le général en chef s'occupa dans le plus grand secret des préparatifs de son départ. Ce secret fut si bien gardé, que, malgré la circonstance dont je viens de parler, je n'eus pas le moindre soupçon. J'avais ordre, au contraire, de me tenir prêt à partir pour la haute Égypte, et toutes nos dispositions étaient faites en conséquence.

Enfin, au jour fixé par les résolutions cachées du général Bonaparte, nous nous dirigeâmes tout d'un coup vers la basse Égypte, et, après deux jours de marches forcées, nous nous approchâmes de la mer. L'étonnement était grand parmi nous, et l'on ne savait que penser d'un départ si brusque et d'une marche si singulière; le général en chef, pour mettre fin aux conjectures et aux discours de son état-major, annonça qu'il avait reçu l'avis de l'apparition d'une flotte ennemie, et qu'on craignait un nouveau débarquement. En approchant d'Alexandrie, je fus même envoyé en reconnaissance au bord de la mer, pour savoir si l'on n'apercevait point de préparatifs de débarquement. A mon retour, le général m'interrogea avec une sorte d'anxiété; mais l'expression de la satisfaction se peignit bientôt sur son visage lorsque je lui eus fait connaître que j'avais, à la vérité, aperçu deux frégates, mais qu'elles me paraissaient porter pavillon français. Il avait lieu, en effet, d'être content, puisqu'il voyait réussir ses projets, car ces frégates devaient nous transporter en France. Il me l'apprit de suite, en me disant : « Eugène, tu vas revoir ta mère. » Ces mots ne me causèrent pas toute la joie que j'aurais dû éprouver. Nous nous embarquâmes la nuit même, et je remarquai que mes compagnons de voyage éprouvaient à peu près les mêmes sentiments de gêne et de tristesse. Le mystère qui enveloppait notre départ, le regret de quitter nos braves camarades, la crainte d'être pris par les Anglais, et le peu d'espoir que nous conservions de revoir la France, peuvent expliquer ces mouvements de l'âme.

Favorisés par le vent, nous nous éloignâmes rapidement des côtes d'Égypte; mais, au bout de vingt-quatre heures, ce bon vent nous abandonna et fut remplacé par un calme plat qui dura vingt-trois jours; nous n'étions qu'à soixante lieues d'Alexandrie, et, comme chaque jour les courants nous rapprochaient un peu du point de départ, plusieurs officiers en conçurent des craintes assez vives. Celui qui les manifesta le plus fut le général Berthier, incapable de maîtriser l'inquiétude qui le tourmentait. Enfin le vent s'éleva de nouveau et devint même très-violent, comme cela arrive d'ordinaire après un long calme; cependant nous arrivâmes à Ajaccio sans accident. Nous avions aperçu des feux à la hauteur de Tunis; nous apprîmes, depuis, que c'étaient ceux de la croisière anglaise. Le général Bonaparte fut reçu avec enthousiasme dans sa ville natale; il y prit connaissance de la situation des affaires de la France; c'était ce qui lui importait le plus et ce qui, au fond, l'avait engagé à relâcher en Corse. Les dernières nouvelles que nous avions eues en Égypte commençaient à devenir fort anciennes, et déjà elles nous avaient appris l'occupation de Turin par l'ennemi; nous pouvions donc craindre que nos départements méridionaux ne fussent déjà envahis. Le projet du général Bonaparte était même de débarquer en Espagne, et peut-être l'aurait-il mis à exécution si les vents n'eussent été constamment contraires. Nous apprîmes, à Ajaccio, qu'une escadre anglaise croisait entre Toulon et Gênes, qui tenait encore.

Après avoir passé deux jours en Corse, le vent continuant toujours à souffler avec force des côtes d'Espagne vers celles d'Italie, le général Bonaparte jugea que la croisière anglaise se tiendrait plutôt dans les parages de Gênes, et ordonna de faire voile pour Toulon. Vers le soir, nous commencions déjà à apercevoir les côtes de France, lorsque du haut des huniers on signala : *Huit voiles; vent à nous.* Notre position devint critique; ces huit voiles ne pouvaient appartenir qu'à l'escadre anglaise, et nous n'étions pas en état de nous mesurer avec des forces aussi supérieures. En conséquence, le général Bonaparte assembla un conseil de généraux et d'officiers de marine. Plusieurs d'entre eux, et surtout l'amiral Gantheaume (alors capitaine de vaisseau), furent d'avis de retourner en Corse; mais le général Bonaparte persista dans la résolution de gagner, à tout risque, les côtes de France, et l'on se dirigea vers le golfe de Juan. Cependant l'escadre anglaise, dont la marche tendait au même point que nous, s'était beaucoup rapprochée; mais, comme nous étions sous le vent et par conséquent à l'est, l'obscurité de cette partie de l'horizon l'empêcha de nous distinguer, tandis que nous voyions ses voiles se dessiner en noir sur le crépuscule.

Nous arrivâmes à la hauteur de Fréjus vers trois heures du matin, et, à la pointe du jour, nous entrâmes dans la rade, presque en même temps qu'une frégate anglaise; un canot fut de suite envoyé à terre pour prévenir les autorités de Fréjus de notre arrivée. A peine la nouvelle s'en fut elle répandue, que les habitants montèrent dans des barques, et, sans égard pour les lois sanitaires, vinrent pour nous enlever et nous conduire à terre, avec un enthousiasme et des cris de joie qui redoublèrent à la vue du général Bonaparte : « Voilà notre libérateur, s'écriait-on ; c'est le ciel qui nous l'envoie ! » Cet accueil nous émut vivement; nous apprîmes dans quel abîme d'infortunes la France était plongée ; à la vue de notre général, l'espoir et la confiance semblaient renaître dans tous les cœurs : nous étions fiers d'appartenir à celui qui venait mettre un terme aux maux de la patrie, et de pouvoir coopérer à une œuvre si glorieuse.

Notre voyage de Fréjus à Paris fut une marche triomphale. Un même sentiment semblait animer tous les Français et indiquer au général Bonaparte ce qu'il avait à faire. A Lyon surtout, l'enthousiasme des habitants fut porté jusqu'au délire. Je ne connaissais point encore les projets de mon général ; mais je suis intimement convaincu que, s'il lui restait encore quelque incertitude pour les mettre à exécution, l'accueil qu'on lui fit à Lyon l'aurait décidé. De cette ville il se sépara du reste de ses compagnons de voyage et partit dans une voiture légère pour arriver plus vite à Paris. Par un contre-temps fâcheux, ma mère, qui, à la première nouvelle de notre débarquement, était partie pour venir au-devant de lui jusqu'à Lyon, prit la route de Bourgogne tandis qu'il passait par le Bourbonnais. De cette manière, nous arrivâmes à Paris quarante-huit heures avant elle; en sorte que les ennemis de ma mère eurent le champ libre et mirent ce temps à profit pour lui nuire dans l'esprit de son mari. J'en jugeai ainsi à la froideur de l'accueil qu'il lui fit, et je vis avec chagrin qu'il avait conservé les mauvaises impressions que je m'étais efforcé de détruire lors des confidences qu'il me faisait en Égypte.

Pendant les premiers jours de son arrivée à Paris, le général Bonaparte vit toutes les autorités et reçut les visites de tout ce qu'il y avait de distingué dans la capitale. L'affluence était si grande, que ses appartements, la cour de sa maison, et même toute la rue qu'il habitait, ne désemplissaient pas. C'était un hommage éclatant rendu à son mérite en exaltant les services que, si jeune, il avait déjà rendus à la patrie; on lui témoignait qu'on en attendait encore de plus importants.

J'étais trop jeune alors et trop peu initié aux affaires publiques pour avoir pu suivre dans tous leurs détails les circonstances qui précédèrent et amenèrent la révolution du 18 brumaire; j'étais d'ailleurs uniquement occupé, comme je l'ai été toute ma vie, du soin de remplir mes devoirs sans chercher à m'immiscer dans des objets qui leur étaient étrangers. Je me bornerai donc à dire ce que mon service me mit à même de remarquer.

Dès les premiers jours de brumaire, de fréquents conciliabules eurent lieu entre le général Bonaparte et d'autres personnages marquants, soit du gouvernement, soit de l'armée; une correspondance secrète et active, dont j'étais souvent l'intermédiaire, me fit soupçonner qu'il se préparait un grand événement. L'ordre que nous reçûmes immédiatement de tenir nos armes et nos chevaux prêts ne me laissa plus aucun doute à cet égard. Dans les nuits qui précédèrent le 18 brumaire, je fus envoyé chez le général Moreau et chez M. Garat, et, le 18 brumaire, au matin, le général Bonaparte m'envoya au conseil des Anciens pour lui annoncer qu'il allait se rendre dans son sein. Je m'acquittai de cette commission avec le trouble que la présence d'une assemblée aussi importante devait faire éprouver à un jeune homme qui parlait en public pour la première fois. Le général Bonaparte arriva bientôt, et, après un long discours dans lequel il peignait la malheureuse situation de la France et la faiblesse du gouvernement, il fit sentir la nécessité de porter remède à cet état de choses, et finit par proposer la déchéance du Directoire et la translation des deux conseils à Saint-Cloud. Cette proposition fut adoptée à une grande majorité par le conseil des Anciens, dont presque tous les membres paraissaient d'accord avec le général. Le commandement des troupes lui fut confié, ainsi que des pouvoirs pour mettre à exécution la mesure qui venait d'être décrétée. En sortant de la séance, le général harangua ses troupes avec force et leur dit que la patrie n'espérait plus qu'en elles pour son salut. Les troupes répondirent avec enthousiasme à cet appel. Un détachement, commandé par le général Moreau, avait déjà été envoyé au palais du Luxembourg pour s'en emparer et en expulser les membres du Directoire.

Le lendemain, 19 brumaire, nous marchâmes sur Saint-Cloud, où les deux conseils étaient assemblés. Tout ce qui s'y passa est connu. Je pus juger combien la discussion était animée au conseil des Cinq-Cents par les continuelles allées et venues de plusieurs de ses membres du lieu des séances au cabinet du général Bonaparte. Enfin on vint lui annoncer que les choses étaient arrivées à un tel point, que sa présence devenait indispensable. Il sortit aussitôt pour se rendre au conseil des Cinq-Cents. En traversant les cours, il fut entouré par des groupes de militaires qui paraissaient fort animés. Quelques grenadiers, qui se pressaient autour de lui, m'en séparèrent de quelques pas, en sorte que je ne pus voir qu'imparfaitement son entrée dans la salle. La seule chose qui me frappa, ce furent les cris de : *Hors de la salle! A bas! Hors la loi le général Bonaparte!* Je n'ai point vu de poignard levé sur lui, mais je ne puis néanmoins affirmer que le fait n'ait pas eu lieu.

Le général Bonaparte se retira de la salle dans un grand état d'agitation ; ses traits étaient altérés, et la situation critique dans laquelle il se trouvait explique assez cette altération : il s'agissait de réussir ou de périr ignominieusement sur l'échafaud. Rentré dans les cours, il harangua les troupes avec véhémence, et donna l'ordre de faire évacuer la salle par la force armée, ce qui fut exécuté. Le gouvernement des consuls provisoires fut ensuite établi par le conseils des Anciens et accepté par la minorité du conseil des Cinq-Cents qui était restée à Saint-Cloud. Le reste s'était sauvé à travers les jardins, abandonnant toges, bonnets et écharpes, qu'on trouva semés partout.

Vers minuit, je fus envoyé près de ma mère pour la rassurer et lui rendre compte du résultat de cette journée.

Le nouveau gouvernement ayant été proclamé, nous allâmes nous installer au petit Luxembourg. Le service d'aide de camp devint alors peu agréable pour moi, qui avais toujours servi militairement et qui étais passionné pour mon métier. Nous passions les journées dans un salon d'attente avec un huissier et nous remplissions à peu près les mêmes fonctions que lui. Cela ne pouvait me convenir, et je cherchai à sortir de cette situation. La création d'une garde pour les consuls m'en fournit bientôt l'occasion. Je fus trouver le général Bonaparte et lui demandai à entrer dans cette garde, en lui expliquant franchement les motifs qui me portaient à lui faire cette demande, et sans lui déguiser la répugnance que j'avais alors pour mon service d'aide de camp. Il ne m'en sut point mauvais gré; il applaudit, au contraire, à ma résolution ainsi qu'aux sentiments que je lui manifestais, et me donna avec le grade de capitaine le commandement de la compagnie des chasseurs à cheval de la garde. Rien ne pouvait m'être plus agréable, et je me livrai à l'étude de mon état avec autant d'amour que d'ardeur.

J'employai tout cet hiver de 1799 à me perfectionner dans tous les détails de mon métier, et je puis dire avec vérité que les plaisirs de la capitale, qui devaient avoir tant d'attraits pour un jeune homme de mon âge et dans ma position, ne me détournèrent pas un instant de mes devoirs.

Cependant on commençait à parler de guerre ; une armée sous les ordres du général Moreau devait passer le Rhin, pour pénétrer en Allemagne, tandis qu'une armée de réserve, commandée par le général Bonaparte en personne, devait se porter sur les Alpes. Effectivement, au mois de mai 1800, nous reçûmes l'ordre de partir pour l'armée de réserve, qui s'était rassemblée pour effectuer le passage du mont Saint-Bernard. Comme le premier consul était parti en poste, sa garde eut beaucoup de marches forcées à faire pour le rejoindre, ce qui n'eut lieu que dans la vallée d'Aoste. Je n'entrerai dans aucun détail sur ce célèbre passage, seulement il me suggéra de grandes et d'utiles réflexions sur ce que peuvent dans un chef la constance et une volonté ferme.

J'assistai au combat de Buffalore, où commandait le général Murat, qui fit preuve d'une grande vigueur dans ce passage de vive force du Tésin ; l'ennemi fut vivement poussé jusqu'à Milan, où nous entrâmes pêle-mêle avec ses troupes légères. Je fis avec ma compagnie une assez jolie charge pour forcer l'ennemi, qui tenait encore la campagne, à rentrer dans la citadelle de Milan.

Nous restâmes trois jours à Milan, où le premier consul s'occupa à réorganiser le gouvernement républicain ; après quoi nous nous portâmes sur Pavie. Le général Lannes avait effectué le passage du Pô, à une lieue environ au-dessous de cette ville. Le général

Desaix venait d'arriver d'Égypte et rejoignit l'armée à Pavie, au moment même où le premier consul en partait; comme les troupes de la garde ne devaient passer le Pô que dans la nuit, j'eus le temps d'aller le voir. Comme compagnon d'armes d'Égypte, nous eûmes du plaisir à nous retrouver, et le général Desaix me traita fort bien. Il me parla beaucoup de la campagne qui s'ouvrait et du commandement qu'il espérait obtenir; il semblait, du reste, qu'il pressentît sa fin prochaine, car il me tint ce propos singulier : « Autrefois, les balles autrichiennes me connaissaient, j'ai bien peur qu'elles ne me reconnaissent plus maintenant. »

Nous passâmes le Pô pendant la nuit, et le lendemain je fus envoyé avec ma compagnie, par Stradella, dans la direction de Plaisance, pour établir la communication avec le général Murat, qui avait passé le Pô sur ce point et s'était effectivement emparé de cette ville. Le lendemain eut lieu l'affaire de Montebello, qui fit tant d'honneur au général Lannes; mais j'arrivai trop tard pour pouvoir y prendre part. Le soir suivant, nous poussâmes dans la direction d'Alexandrie jusqu'à Marengo, où il y eut un petit combat pour forcer l'ennemi à repasser la Bormida et à abandonner cette ligne. La journée fut très-orageuse et nous eûmes beaucoup de peine à passer la Scrivia dont les eaux étaient devenues très-fortes. Je fus témoins des rapports que plusieurs officiers vinrent faire, le soir, au premier consul, à son bivouac. Tous s'accordaient à dire que l'ennemi se retirait en hâte et qu'il avait rompu tous ses ponts sur la Bormida. Le premier consul se le fit répéter plusieurs fois pour être plus sûr, et ce fut en conséquence de ces faux rapports qu'il dirigea sur Gênes le corps de troupes dont il venait de donner le commandement au général Desaix pour faire lever le blocus de cette place importante, s'il en était encore temps.

Mais, le lendemain matin, une forte canonnade s'étant fait entendre du côté d'Alexandrie, nous ne tardâmes pas à être tirés d'erreur. Bientôt le premier consul apprit que l'ennemi débouchait en force dans la plaine d'Alexandrie, et qu'une grande bataille était inévitable. On peut juger de l'inquiétude du général en chef et de la colère qu'il éprouva des faux rapports qu'on lui avait faits la veille. Des ordres furent expédiés en toute hâte pour rappeler le général Desaix qu'on trouva près de Novi, et qui, malgré cet éloignement, arriva encore assez à temps pour prendre part à l'action et décider le gain de la bataille. J'ai mentionné cette circonstance parce qu'elle justifie le premier consul du reproche d'imprévoyance qu'on lui a fait dans plusieurs relations de la bataille de Marengo. Ceux qui ont eu de grands commandements militaires savent à quoi tient le sort des combats, et comment un accident impossible à prévoir peut déranger les meilleures et les plus savantes combinaisons.

Notre mouvement de retraite commença vers midi et continua jusqu'à quatre heures; c'est dans cet intervalle de temps que la garde commença à prendre une part plus active à l'affaire. Les troupes de ligne étaient fatiguées et découragées; le premier consul nous envoya pour les soutenir; nous nous portâmes tantôt à gauche, tantôt à droite, selon le besoin; le général Lannes, pressé un peu vivement par l'ennemi, voulut nous faire faire une charge qui ne réussit pas ; il avait devant lui deux bataillons et deux pièces d'artillerie derrière lesquels était une masse de cavalerie en colonnes serrées; ses troupes se retiraient en désordre, en sorte que, pour avoir le temps de respirer et de les rallier, il ordonna au colonel Bessières, qui nous commandait, de charger sur la colonne ennemie. Le terrain était peu favorable, car il fallait traverser des vignes; cependant nous passâmes et arrivâmes à portée de fusil de ces deux bataillons, qui nous attendaient l'arme au bras et dans la plus belle contenance. Le colonel Bessières, nous ayant formés, se préparait à commander la charge, lorsqu'il s'aperçut que la cavalerie ennemie se déployait sur notre gauche et allait nous tourner. En conséquence, il fit faire demi-tour à gauche, et nous traversâmes la vigne sous le feu de la mitraille et de la mousqueterie; mais, arrivés de l'autre côté, nous fîmes assez bonne contenance pour imposer à la cavalerie ennemie. Le général Lannes fut très-mécontent de cette opération et s'en plaignit amèrement. Cependant il est probable que, si nous avions exécuté ses ordres, peu d'entre nous en seraient revenus. Pendant la retraite, mes chasseurs furent chargés de détruire les munitions que nous étions forcés d'abandonner, et s'acquittèrent de cette mission avec une grande intrépidité, attendant souvent qu'ils fussent joints par l'ennemi pour mettre le feu aux caissons et sauter ensuite à cheval.

Enfin, vers cinq heures, le général Desaix nous rejoignit, et le premier consul put reprendre l'offensive. Les troupes du général Lannes, encouragées par ce renfort, se reformèrent, et bientôt l'attaque commença ainsi que la marche rétrograde de l'ennemi. La cavalerie du général Kellermann fit une fort belle charge à notre gauche, et, vers le soir, la cavalerie de la garde en fit une non moins brillante. Quoique le terrain ne nous favorisât pas, puisque nous eûmes deux fossés à franchir, nous nous précipitâmes avec vigueur sur une colonne de cavalerie beaucoup plus nombreuse que nous, au moment où elle se déployait; nous la poussâmes jusqu'aux premiers ponts des eaux de la Bormida, toujours sabrant. La mêlée dura dix minutes : je fus assez heureux d'en être quitte pour deux coups de sabre sur ma chabraque. Le lendemain, le premier consul, sur le compte qui lui fut rendu de cette affaire, me nomma chef d'escadron. Ma compagnie avait passablement souffert, car, de cent quinze chevaux que j'avais le matin, il ne m'en restait plus que quarante-cinq le soir; il est vrai qu'un piquet de quinze chasseurs était resté près du premier consul, et que beaucoup de chasseurs, démontés ou blessés légèrement, rentrèrent successivement.

Le lendemain de cette bataille (15 juin 1800), un armistice fut conclu ainsi qu'une convention pour l'évacuation de l'Italie; le premier consul retourna le 16 à Milan, dont nous étions éloignés de quarante milles d'Italie ; je fus chargé de l'escorter depuis le champ de bataille jusqu'à Milan, en suivant la poste. Cette course, de plus de douze lieues toujours au trot et sans débrider, fut si fatigante, que j'arrivai à Milan avec sept hommes seulement.

Les journaux et les relations du temps ont fait connaître avec quel enthousiasme le premier consul fut reçu à Milan, et ensuite à Lyon lors de son retour en France. Il quitta Milan le 28 juin ; mais la garde en était déjà partie le 22, avec ordre d'arriver à Paris pour le 14 juillet, anniversaire de la première fédération, qui, à cette époque, était encore une fête nationale. Je choisis pour ma troupe la route du petit Saint-Bernard et Genève, où nous fîmes un séjour pour réparer la ferrure et le harnachement des chevaux. Notre marche fut très-rapide, comme on peut en juger par la distance de Milan à Paris ; nous fûmes quelquefois obligés de doubler et de tripler les journées d'étape. A Genève, les autorités nous donnèrent un grand repas, dont la célèbre madame de Staël fit les honneurs. On y lut des vers de sa composition, à la gloire de l'armée française et de son chef, et chacun de nous trouva sous son assiette une couronne de lauriers avec des vers de madame de Staël.

Nous étions chargés de conduire et d'escorter les drapeaux pris à la bataille de Marengo. Nous arrivâmes à Paris, de manière à entrer dans cette ville à dix heures du matin, et fûmes droit aux Tuileries, d'où nous nous rendîmes aux Invalides avec le premier consul, pour y déposer les drapeaux. On alla ensuite au Champ de Mars, où la grande fête avait lieu. Les troupes des dépôts de la garde, par leur propreté et leur belle tenue, offraient un contraste frappant avec celles qui revenaient de l'armée d'Italie, maigres, harassées et couvertes de poussière. Mais ce contraste ne fit que redoubler l'enthousiasme et la vénération qu'inspirait aux Parisiens la présence de nos braves soldats. Nous fîmes le tour du Champ de Mars, devant la foule innombrable qui couvrait les talus, et qui nous accueillit partout avec un tonnerre d'applaudissements et d'acclamations. Ce fut un des plus beaux moments de ma vie. Ces témoignages de l'estime et de la reconnaissance publiques me paraissaient la plus belle et la plus douce récompense de nos fatigues : ils m'inspiraient un noble orgueil et une vive émotion. L'armée avait, en moins de deux mois, accompli de grands travaux et sauvé la patrie.

Aussitôt après notre retour à Paris, le premier consul augmenta sa garde; les deux escadrons de grenadiers à cheval furent portés à quatre; ma compagnie de chasseurs à cheval devint un escadron, et l'ordre fut donné pour qu'au bout d'un an cet escadron devînt un régiment. Je continuai pendant cet hiver à m'occuper avec ardeur des détails de mon métier pour m'efforcer de devenir de plus en plus digne du commandement qui m'attendait. Mon couvert était toujours mis chez le premier consul, mais j'usais discrètement de cette faveur. Cependant je venais tous les jours pour prendre ses ordres et pour embrasser ma mère. Un jour, que j'avais dîné avec Bessières, je me rendis comme de coutume avec lui chez le premier consul, qui devait aller ce soir même à l'Opéra. Ma mère était déjà sortie pour faire sa toilette, lorsque nous entrâmes. Le premier consul vint à nous et nous dit avec un air riant et du visage le plus calme : « Eh bien ! vous ne savez pas, on veut m'assassiner ce soir à l'Opéra. » Nous nous récriâmes d'horreur, lui témoignant en même temps notre étonnement sur ce qu'il persistait à se rendre au spectacle; mais il nous dit de nous tranquilliser et nous assura que toutes les mesures étaient prises par la police pour déjouer cette tentative; ensuite il dit à Bessières de faire, de son côté, ce qu'il jugerait nécessaire pour sa sûreté. Celui-ci, qui commandait la cavalerie de la garde, m'ordonna de me rendre à l'Opéra avec un piquet de chasseurs, et de prendre les mesures convenables à la circonstance. Arrivé sur les lieux, je fis mettre pied à terre à la moitié des chasseurs, et, après avoir donné la consigne aux autres, j'entrai à l'Opéra, précédant le premier consul de cinquante pas, et précédé moi-même par mes chasseurs, de manière à faire croire aux personnes qui étaient dans l'intérieur que j'étais le premier consul; tout d'un coup je fais faire halte à mes chasseurs, front à droite et à gauche; je me range, et le premier consul passe tranquillement au milieu d'eux et entre dans sa loge. Au même moment les conjurés, au nombre desquels étaient Aréna, Corse, et Cèracchi, Romain, furent arrêtés dans la salle; on trouva sur eux des poignards et des pistolets. Ils furent jugés, reconnus coupables, et portèrent leur tête sur l'échafaud.

Cependant la guerre s'était rallumée, et les mauvaises opérations du général Brune sur le Mincio firent juger au premier consul que sa présence était nécessaire en Italie. En conséquence, la garde reçut ordre de partir, et je me mis en marche pour l'Italie avec mon escadron; arrivé dans la Maurienne, nous reçûmes ordre de nous arrêter, et je passai fort tristement le reste de l'hiver et le carnaval à Saint-Jean de Maurienne. Ce fut là que j'appris la nouvelle tentative d'assassinat faite contre la personne du premier consul (le 3 nivôse an IX), et que je reçus l'ordre de revenir à Paris.

Je passerai rapidement sur les années de 1801 à 1804, parce que, dans ce laps de temps, il ne se passa rien de bien intéressant qui me soit personnel. Je fus nommé colonel en 1802; je travaillais beaucoup à me perfectionner dans la science militaire, soit par des lectures, soit par des conversations avec des officiers consommés, soit enfin en me livrant à tous les détails du métier. Je fis plusieurs voyages avec le premier consul, qui contribuèrent beaucoup à mon instruction; je fis, d'après ses ordres, de fréquentes inspections; dans les nombreuses revues de troupes qu'il passa, j'étais toujours chargé de commander les manœuvres sous ses ordres, et je m'en acquittais à son entière satisfaction. La plus importante de ces revues fut celle qu'il passa à Mayence en 18..., en présence de plusieurs princes allemands et d'un grand nombre de généraux prussiens et autres. J'y fus chargé du commandement d'un corps considérable de cavalerie dont les manœuvres réussirent à merveille. C'est à cette époque que le premier consul me nomma général de brigade.

Je ne puis cependant passer sous silence trois événements importants qui se passèrent sous mes yeux de 1803 à 1804; savoir : la conspiration de Georges et de Pichegru, la condamnation du duc d'Enghien, et l'avénement du premier consul au trône impérial.

Quant au premier fait, j'étais encore fort jeune, et avec la candeur de mon âge et les principes de l'honneur militaire il me paraissait impossible qu'un général français, couvert de gloire comme l'était le général Moreau, se fût avili au point de tremper dans une conspiration en s'associant à des gens que je regardais comme de vils assassins. Aussi, dans toutes les discussions qui s'élevaient à ce sujet, je prenais toujours son parti, persuadé qu'on le calomniait, et repoussant avec indignation l'idée de son déshonneur. J'en causais fort souvent avec une personne plus avant que moi dans les secrets du gouvernement, qui traitait mes raisons d'enfantillage et m'engageait à ne pas plaider une si mauvaise cause. Poussé à bout par les contradictions que j'éprouvais, j'eus la curiosité d'assister à une des audiences du tribunal pour me convaincre par moi-même de l'innocence du général Moreau; je n'y restai qu'un quart d'heure, mais ce temps me suffit pour dissiper mon illusion; au lieu de cette vertueuse indignation, de cette assurance mâle, de ce courage que je m'attendais à trouver en lui, il me parut timide, embarrassé; je fus frappé d'étonnement en voyant qu'il avait consenti à s'asseoir sur le même banc que Georges Cadoudal et en remarquant combien il cherchait dans ses réponses à le ménager. Je m'étais fait de la défense de l'innocence une tout autre idée, et je sortis de l'audience intimement convaincu que Moreau était coupable.

Au moment où la conspiration de Pichegru fut découverte, je fus chargé avec mon régiment de la garde des barrières et du boulevard extérieur de Paris; ce service fut assez pénible, et demandait une grande activité; nous fûmes sur pied jour et nuit pendant tout le temps qu'il dura, et, grâce à la vigilance de mes troupes, aucun conspirateur ne parvint à s'échapper de Paris.

Lorsque le procès fut jugé, les parents et amis des condamnés affluèrent à Saint-Cloud pour demander leur grâce; c'était surtout à ma mère qu'ils s'adressaient, et je fus souvent témoin de ces sollicitations. Ma mère fut assez heureuse pour obtenir du premier consul la vie de plusieurs condamnés, parmi lesquels je me rappelle MM. de Rivière et de Polignac. Le premier a saisi, depuis, la première occasion qui s'est présentée pour m'en témoigner sa reconnaissance.

Quant à la malheureuse affaire du duc d'Enghien, sans entrer dans les vues de haute politique qui peuvent expliquer un acte aussi déplorable, je me bornerai à dire que, allant à la Malmaison le lendemain, j'appris tout à la fois l'arrestation, le jugement et l'exécution de ce prince. Ma mère était tout en larmes, et adressait les plus vifs reproches au premier consul, qui l'écoutait en silence. Elle lui dit que c'était une action atroce dont il ne pourrait jamais se laver, qu'il avait cédé aux conseils perfides de ses propres ennemis, enchantés de pouvoir ternir l'histoire de sa vie par une page si horrible. Le premier consul se retira dans son cabinet, et, peu d'instants après, arriva Caulaincourt, qui revenait de Strasbourg. Il fut étonné de la douleur de ma mère, qui se hâta de lui en apprendre le sujet. A cette fatale nouvelle, Caulaincourt se frappa le front et s'arracha les cheveux, en s'écriant : « Ah! pourquoi faut-il que j'aie été mêlé dans cette funeste expédition! »

Vingt ans se sont écoulés depuis cet événement, et je me souviens très-bien que plusieurs des personnes qui cherchent aujourd'hui à se laver d'y avoir pris part s'en vantaient alors comme d'une fort belle chose et approuvaient hautement cet acte. Pour moi, j'en fus très-peiné, à cause du respect et de l'attachement que je portais au premier consul; il me parut que sa gloire en était flétrie.

Quelques jours après, ma mère me dit qu'elle avait été assez heureuse pour faire parvenir à une dame que le prince affectionnait son chien et quelques effets qui lui avaient appartenu.

J'arrive maintenant au grand et important événement qui plaça la couronne impériale sur la tête du premier consul; il s'écoula plusieurs mois entre son élection et le couronnement. Pendant ce temps, l'Empereur, voulant entourer le trône de toute la dignité, de tout le respect nécessaires au pouvoir monarchique, rétablit l'ancienne étiquette et la fit observer avec soin. Dès ce moment, je cessai d'avoir des relations aussi intimes avec lui, et pendant quelque temps je me trouvai, par mon grade et par mes fonctions, relégué dans le salon d'attente le plus éloigné de ses appartements.

Je n'en murmurai point, et je concevais parfaitement que cela dût être ainsi. Mais il ne manqua pas de gens courtisans ou autres qui, sous le masque de l'intérêt et du zèle, cherchèrent à m'irriter, me témoignant de l'étonnement de ce que le beau-fils de l'Empereur, après avoir vécu si longtemps dans son intimité, se trouvait tout d'un coup placé si loin de lui; je fermai la bouche à ces bons amis de cour, en leur disant que je me trouvais très-bien partout où mon devoir me plaçait. Et cela était vrai.

Quelque temps après, l'Empereur me fit offrir par ma mère la dignité de grand chambellan; mais je refusai cet honneur en m'excusant sur ce que cet emploi ne convenait ni à mes goûts ni à mon caractère : ma vocation était toute militaire, et, jusqu'alors, je n'avais connu d'autre métier que celui des armes. Je dois avouer cependant que, si l'Empereur m'eût fait offrir la place de grand écuyer, je l'aurais peut-être acceptée, parce qu'il y avait là des chevaux que j'aimais passionnément, et quelque chose qui ressemblait à un régiment.

Enfin, peu de temps avant le couronnement, je fus nommé colonel général de l'arme des chasseurs;

cette nomination me fit le plus grand plaisir, puisque, en me donnant une dignité aussi éminente, l'Empereur me laissait pourtant dans mon élément. Je ne parlerai point des cérémonies du couronnement; elles ont été décrites en grand détail dans les ouvrages du temps et ont laissé si peu d'impression dans mon esprit, que je ne me rappelle point aujourd'hui quels furent les honneurs ou les insignes que j'y portai. En général, je n'ai jamais été frappé ni ébloui par les marques extérieures ni l'appareil de la grandeur, non plus que par la brillante fortune dont la perspective s'ouvrait alors devant moi.

Quelque temps après la cérémonie du couronnement, je reçus ordre de partir pour l'Italie avec une partie de la garde impériale, dont le commandement me fut confié; j'étais en route pour cette destination, et à Tarare, près de Lyon, lorsque je reçus un courrier qui m'annonçait ma nomination à la dignité de prince français; je puis dire avec vérité que ce haut rang où la fortune venait de m'élever ne m'inspira pas le plus léger mouvement d'orgueil ni d'ivresse. Je continuai à vivre avec mes troupes et mes officiers comme par le passé, sans rien changer ni à mes habitudes ni à ma manière d'être. Je reçus une foule de lettres de félicitations remplies de louanges et de protestations de dévouement que j'appréciai à leur juste valeur, comme si j'eusse prévu d'avance ce que l'expérience m'a si bien confirmé depuis. Une seule chose me toucha réellement dans cette circonstance, ce furent les termes du message de l'Empereur au Sénat pour lui annoncer ma nomination. J'en ai déjà parlé à l'occasion de mon séjour en Égypte[1].

Ces marques publiques de la confiance et de l'estime d'un grand homme, chef de la nation, en présence du premier corps de l'État, me semblèrent bien au-dessus de tous ces titres et de toutes ces dignités que je ne devais probablement qu'au hasard de mes relations avec lui.

(Ici se termine le fragment historique dicté par le prince Eugène.)

---

[1] Voici ce message au Sénat. Écrit à cette époque et par un homme comme Napoléon, cette page dans l'histoire d'un prince suffirait pour l'illustrer.

« Sénateurs,

« Nous avons nommé notre beau-fils, Eugène Beauharnais, archi-chancelier d'État de l'Empire. De tous les actes de notre pouvoir, il n'en est aucun qui soit plus doux à notre cœur.

« Élevé par nos soins et sous nos yeux depuis son enfance, il s'est rendu digne d'imiter, et avec l'aide de Dieu, de surpasser un jour les exemples et les leçons que nous lui avons donnés.

« Quoique jeune encore, nous le considérons dès aujourd'hui, par l'expérience que nous en avons faite dans les plus grandes circonstances, comme un des soutiens de notre trône et un des plus habiles défenseurs de la patrie.

« Au milieu des sollicitudes et des amertumes inséparables du haut rang où nous sommes placé, notre cœur a eu besoin de trouver des affections douces dans la tendresse et la constante amitié de cet enfant de notre adoption; consolation nécessaire, sans aucun doute, à tous les hommes, mais plus éminemment à nous, dont tous les instants sont dévoués aux affaires des peuples.

« Notre bénédiction paternelle accompagnera ce jeune prince dans toute sa carrière, et, secondé par la Providence, il sera un jour digne de l'approbation de la postérité.

« Au palais des Tuileries, le 12 pluviôse an XIII. »

Moniteur du 13 pluviôse (2 février 1805).

CORRESPONDANCE

RELATIVE AU LIVRE PREMIER

DE SEPTEMBRE 1781 A JANVIER 1805

« Il vous est ordonné, citoyen, de partir sur-le-champ pour vous rendre en poste à Venise, où vous vous rendrez de suite chez le général de division Serrurier, commandant dans cette ville, auquel vous remettrez les lettres ci-jointes. Vous remettrez également la lettre ci-jointe au colonel Robeau, ordonnateur de la marine, lequel vous fournira un brick pour vous rendre auprès du général Bruyère, à qui vous remettrez la lettre ci-jointe ; après quoi, vous continuerez votre route pour vous rendre à Corfou, auprès du général Gentilli, à qui vous remettrez la lettre ci-jointe ; après quoi vous resterez plusieurs jours pour vous reposer. Vous prendrez connaissance de la forteresse et de la ville de Corfou, et vous vous rendrez à Otrante, d'où vous irez à Naples, Rome, d'où vous apprendrez par l'ambassadeur l'endroit où je serai, et d'où vous viendrez me rejoindre. »

Bonaparte à Eugène. Passerianau, 18 octobre 1797.

Bonaparte à Eugène.
Paris,
18 avril 1798.

« Vous partirez, citoyen, le 3 floréal (22 avril), à quatre heures du matin, dans une voiture, avec les citoyens Jullien, Louis et Croisier. Une des places du siége sera occupée par un de mes domestiques. Vous devez faire partir vos effets et vos palefreniers, de manière à ce qu'ils soient rendus le 5 floréal (24 avril) à Lyon. Vous devrez être arrivé le 4 floréal (23 avril) à Lyon, avant midi.

« Vous voyagerez en bourgeois, et vous aurez soin de ne point vous nommer comme mon aide de camp.

« Vous répandrez le bruit que l'on part pour Brest. »

Bonaparte à Eugène.
Paris,
22 avril 1798.

« Vous voudrez bien partir demain, à quatre heures du matin, avec le citoyen Fister, la femme de chambre de ma femme, le citoyen Hébert sur le siége, et mon cocher sur le siége. Vous vous rendrez à Lyon, en passant par Auxerre et Châlons. Vous vous informerez dans l'une et l'autre place si mes palefreniers, domestiques et effets, partis le 2, et mon fourgon, parti en poste le 29 pour Châlons, sont partis de ces deux villes, et quand on peut calculer qu'ils arriveront à Lyon. Arrivés à Lyon, ils iront descendre à une auberge sur la place Bellecour, ci-devant Palais-Royal, s'il existe encore ; après quoi, vous irez à l'hôtel de Provence pour vous informer si Duroc et Lavigne ont fait préparer les bateaux ; ils feront faire toutes espèces de provisions pour les deux jours que nous serons sur le Rhône, feront embarquer les deux voitures, se tiendront tout prêts, afin qu'au moment de mon arrivée on puisse partir de suite ; ils ne feront connaître à personne que je dois arriver à Lyon. »

« J'ai vu avec plaisir, dans votre lettre, que vous étiez entré à Suez, à la tête de l'avant-garde. Marchez toujours avec l'infanterie; ne vous fiez point aux Arabes, et couchez sous la tente.

Bonaparte à Eugène. Caire, 11 décembre 1798.

« Écrivez-moi par toutes les occasions. »

« J'ai reçu, citoyen, votre lettre avec le croquis que vous m'avez envoyé. Il est très-bien fait.

Bonaparte à Eugène. Caire, 16 décembre 1798.

« Par le numéro de la dernière lettre, j'ai vu que j'avais reçu vos trois lettres.

« Ayez soin de ne pas coucher à l'air et les yeux découverts.

« Je vous embrasse. »

« Mon cousin, je vous ai nommé prince et archichancelier d'État. Je ne puis rien ajouter aux sentiments exprimés dans le message que j'ai envoyé au Sénat à cette occasion, et dont copie vous sera adressée. Vous y verrez une preuve de la tendre amitié que je vous porte, et l'espoir où je suis que vous continuerez, dans la même direction, à mettre à profit les exemples et les leçons que je vous ai donnés. Ce changement n'apporte aucun obstacle à votre carrière militaire. Votre titre est le prince Eugène Beauharnais, archichancelier d'État; vous recevrez celui d'altesse sérénissime. Vous n'êtes plus colonel général des chasseurs, vous restez général de brigade, commandant les chasseurs à cheval de ma garde. Il n'y a rien de changé dans vos relations ordinaires, si ce n'est que vous signerez le prince Eu-

Nap. à Eug. Tuileries, 1ᵉʳ février 1805.

gène. Vous n'ajouterez votre titre d'archichancelier d'État que dans les affaires qui ressortissent à votre dignité ou dans les affaires officielles.

« Sur ce, je prie Dieu qu'il vous ait en sa sainte et digne garde. »

Eug. à Nap. « Sire, je reçois à l'instant la lettre dont Votre Majesté a bien voulu m'honorer. J'étais déjà comblé de ses bienfaits; je ne croyais pas qu'il fût possible d'y rien ajouter. Il lui a plu cependant de me donner une nouvelle marque de ses bontés en m'élevant à la dignité d'archichancelier d'État et de prince. Cette dignité, ce titre, ne pourront augmenter le dévouement et l'attachement sans bornes que j'ai voués à Votre Majesté. Ces sentiments ne finiront, Sire, qu'avec mon existence, qui ne serait plus d'aucun prix à mes yeux, du moment où elle cesserait de vous être utile.

« Veuillez recevoir avec bonté, Sire, les expressions bien senties du cœur de celui qui a l'honneur d'être, etc. »

LIVRE II

DE JUIN A SEPTEMBRE 1805

§ 1. Constitution donnée à la république italienne en 1802. — Bases fondamentales. — Intrigues en Italie. — Le vice-président Melzi. — Fondation du royaume d'Italie. — Pensée de Napoléon en mettant la couronne d'Italie sur sa tête. — Réunion des consulteurs à Paris au commencement de 1805. — Bases fondamentales de la constitution du nouveau royaume. — Premier statut constitutionnel (17 mars 1805). — Décrets royaux du 22 mars. — Second statut constitutionnel (29 mars). — Proclamation du premier statut à Milan le 31 mars. — Napoléon se rend à Milan en passant par Lyon. — Nominations résultant du décret du 10 mai. — Cérémonie du sacre (28 mai). — Ouverture du corps législatif (7 juin). — Lecture du troisième statut constitutionnel. — Le 10 juin, Napoléon quitte Milan.

§ 2. L'Empereur guide les premiers pas du prince Eugène dans sa nouvelle position. — Belles qualités du vice-roi. — Sa conduite à l'égard de Napoléon et du peuple italien. — Organisations et mesures diverses. — État des esprits dans cette partie de l'Italie. — Réponse du prince à la députation du corps législatif (13 juin). — Le vice-roi reçoit des reproches de l'Empereur pour deux affaires. — Sa douleur d'avoir encouru cette désapprobation. — Personnes placées auprès de lui. — Vers la fin d'août, les administrations du nouveau royaume sont en partie organisées. — Le vice-roi pourvoie l'armée du matériel et organise la défense du royaume.

I

Le royaume d'Italie, d'abord *république cisalpine*, ensuite *république italienne*, fut fondé en mars 1805.

La république cisalpine, État nouveau, formé d'un amalgame de pays ayant des populations jalouses les unes des autres, des passions et des qualités diverses, avait besoin, pour exister réellement, d'une constitution bien faite, et de la main ferme d'un homme comme son fondateur.

C'est pour ces motifs, et afin d'aviser à lui donner une constitution en rapport avec ses exigences, que le premier consul convoqua les notables du pays à Lyon, en janvier 1802.

Le premier acte de l'assemblée fut de changer le nom de république cisalpine en république italienne. L'assemblée arrêta ensuite, ou plutôt approuva une constitution qui fut conservée jusqu'à la création du royaume d'Italie. Elle était due au premier consul. Comme elle servit de base à l'organisation du royaume gouverné par le vice-roi, nous allons indiquer ses éléments principaux.

Trois colléges formaient les organes primitifs de la souveraineté nationale. Le collége des propriétaires (*possidenti*, 300 membres), celui des savants (*dotti*, 250), celui des commerçants (*commercianti*, 200).

Ces colléges devaient se compléter eux-mêmes. Les membres étaient à vie, composés d'hommes ayant au moins trente ans. Ils nommaient la Consulte d'État, le Corps législatif, les tribunaux de révision, de cassation, et les commissaires de la comptabilité. Ils choisissaient, parmi eux, une commission de vingt-cinq membres, dite de *censure*, chargée de proclamer leurs votes et d'être l'intermédiaire entre les colléges, le gouvernement et le public.

Les colléges étaient donc très-puissants, puisqu'ils avaient entre les mains ce que nous nommerions, en France, un *conseil de gouvernement*, le *Corps législatif*, la *Cour des comptes*.

Le pouvoir exécutif était confié à un président, nommé pour dix années et rééligible indéfiniment. Ce président nommait lui-même un vice-président pouvant le remplacer.

L'assemblée, réunie à Lyon, donna la présidence au premier consul, qui prit pour vice-président M. Melzi.

Le président choisissait les ministres, se formait un conseil, avait l'initiative des lois et des négociations. Il convoquait et prorogeait le corps législatif, nommait les agents dans tous les services publics.

La *consulte d'État*, composée de huit membres, âgés au moins de quarante ans et pris, par les trois colléges, parmi les hommes ayant rendu de grands services, était à vie. Les attributions de cette *consulté* consistaient principalement dans les relations diplomatiques, la législation des mesures illégales prises pour la sûreté de l'État et la nomination d'un nouveau président.

Le Corps législatif était de soixante-quinze membres, âgés de trente ans au moins. Il tirait de son sein les orateurs chargés d'examiner et de discuter en public, avec les conseillers du gouvernement, les lois proposées. Le Corps législatif approuvait ou rejetait les lois, au scrutin secret.

Tel était le mécanisme gouvernemental de la république italienne, mécanisme dont beaucoup de rouages furent conservés lors de l'organisation du royaume d Italie.

Pendant les trois années que dura la forme républicaine, le comte Melzi, en sa qualité de vice-président, gouverna sous la direction du premier consul; mais, comme les idées politiques du vice-président étaient beaucoup plus radicales que celles du président lui-même; et que, d'un autre côté, le président n'était pas homme à abandonner l'autorité à celui qui ne devait que le suppléer, il y avait un certain tiraillement provenant du choix même de Melzi.

Ce dernier avait de la vanité et de l'ambition. Les hautes conceptions de la politique large du premier consul échappaient à son esprit un peu porté vers l'intrigue. Il était donc hors d'état de maintenir l'équilibre entre les divers partis qui s'agitaient autour de lui. D'un autre côté l'Autriche, qui n'avait abandonné ses droits sur le beau pays du Milanais que contrainte par la force, et qui cherchait, dans l'espoir d'un revirement, à conserver des relations dans toute la Lombardie, y entretenait avec soin des agents. Les cours de Naples et de Rome l'aidaient, ayant le désir de nous causer des embarras et d'arriver à un soulèvement. L'Angleterre et l'Autriche étaient prêtes à profiter d'un mouvement pour envahir de nouveau, par mer et par terre, l'Italie.

En 1802 et en 1803, il y eut des menées, des intrigues, qui agitèrent sourdement le pays. Ces manœuvres, assez habilement dissimulées, ne purent être tenues cependant tellement secrètes, qu'elles restassent ignorées du premier consul. Les ambassadeurs de France à Naples et à Rome le prévinrent à plusieurs reprises.

Un historien de cette époque, le général de Vaudoncourt, prétend même qu'il y eut une conspiration dont les fils furent rompus par des mesures énergiques. Il ajoute que, le chevalier Marulli, le principal agent de la cour de Naples, ayant été assez heureux pour soustraire ses papiers, la conspiration ne put être complétement éventée. Quelques fonctionnaires de la république italienne furent destitués. Mais Melzi, Pino, les généraux Polfranceschi et Salimbini, que nous verrons bientôt jouer un rôle dans le royaume d'Italie, et qui alors étaient au nombre des agitateurs hostiles à la France, surent échapper à la juste vindicte du premier consul.

Melzi garda la vice-présidence jusqu'à la fondation du royaume, il se flatta même un instant de l'espoir de devenir vice-roi, mais il dut bientôt renoncer à cette ambitieuse prétention. Il se montra quelquefois boudeur, mécontent.

Dès que le premier consul fut devenu Empereur, il songea à opérer en Italie la métamorphose gouvernementale qu'il avait obtenue de la France. Dans son esprit, la république italienne dut être convertie en monarchie héréditaire. Commençant le système de royaumes pour ainsi dire feudataires, système qu'il a poursuivi pendant si longtemps, il voulut d'abord placer la couronne d'Italie sur la tête de son frère aîné, Joseph. Ce dernier, peu ambitieux de sa nature, refusa. Napoléon se décida alors à se faire lui-même roi de cette monarchie nouvelle.

Il nous paraît hors de doute que sa pensée, lorsqu'il nomma Eugène prince et vice-roi, était de laisser plus tard le sceptre des Lombards à ce jeune homme, son fils adoptif, s'il se montrait digne de ce haut rang. On retrouvera trace de cette pensée lors du mariage du prince avec la fille du roi de Bavière.

Dans l'instant actuel, Napoléon se crut seul assez fort pour donner une organisation vigoureuse au royaume d'Italie. Son frère aîné, dans les qualités duquel il avait confiance, déclinait cette haute position. Eugène de Beauharnais n'était encore qu'un jeune homme de vingt-quatre ans, ayant fait ses preuves comme soldat brave et officier intelligent, mais pouvant être inhabile au maniement des affaires d'un grand État. Cet État se trouvait, par sa situation géographique, entouré d'ennemis nombreux, tout prêts à se jeter sur lui à la première occasion. Il y avait donc urgence qu'une main ferme, puissante, inflexible, tînt le sceptre du nouveau royaume. Il fallait à sa tête un homme à la pensée forte et immuable, un souverain dont le nom seul pût faire trembler l'Europe.

Ceux qui ont vu dans l'avénement de Napoléon au trône d'Italie, à cette époque, une pensée d'ambition à satisfaire, sans autre calcul de la part du grand homme, l'ont jugé, ce nous semble, à leur point de vue beaucoup plus qu'au sien. Il en est de cela comme de cette espèce de jalousie à l'égard de ses lieutenants, jalousie que plusieurs écrivains, même de mérite, ont voulu lui attribuer. Napoléon jaloux des succès de ses lieutenants!... Nous croyons que rapetisser ainsi un tel homme, lui supposer des idées aussi mesquines, c'est mal le connaître, et plus mal l'apprécier. Sa correspondance, pour qui la lit avec attention, et sans parti pris d'avance de le juger avec la partialité de l'esprit d'intolérance politique ou religieuse, doit faire disparaître toutes ces suppositions ridicules.

Vers le commencement de l'année 1805, Melzi et les consulteurs d'État de la république italienne furent mandés à Paris. On les forma en comité, et ce comité émit le vœu de voir la république convertie en une monarchie dont le souverain serait son fondateur lui-même. La délibération, rédigée sous forme d'acte constitutionnel, demandait, pour l'organisation du royaume, les bases suivantes :

1° L'hérédité du royaume d'Italie, de mâle en mâle, à l'exclusion des femmes et de leur descendance, pour les enfants légitimes ou adoptifs;

2° Le droit d'adoption réservé en faveur d'un citoyen du royaume d'Italie ou de l'Empire français, si ce droit venait à être exercé;

3° La réunion des couronnes de France et d'Italie sur la tête de Napoléon seul, c'est-à-dire qu'après lui la couronne d'Italie incomberait à un souverain autre que celui de la France;

4° Le droit laissé à l'empereur Napoléon de nommer un successeur de son vivant, mais après la paix continentale, lorsque l'indépendance du royaume d'Italie serait assurée.

A la suite de cet acte constitutionnel, le comité

émit aussi le vœu que l'empereur Napoléon se rendît à Milan pour y être couronné, et pour donner à la nation une constitution garantissant tout d'abord : la religion, l'inviolabilité du territoire, son intégrité, l'irrévocabilité de la vente des biens nationaux, le vote des impôts par la loi, l'admission exclusive des nationaux aux emplois de l'État.

Ces bases organiques étaient celles de la constitution donnée, en 1802, à la république italienne.

Comme le comité, où la consulte d'État avait puisé ses inspirations dans la volonté bien nette de Napoléon, après ce premier acte, les décisions qui devaient en être la conséquence ne se firent pas attendre.

1° Napoléon accepta la couronne ;

2° Le 17 mars, la délibération de la consulte devint un statut constitutionnel ;

3° Le 22 mars, deux décrets royaux fixèrent : l'un au 23 mai le couronnement à Milan ; et l'autre au 15 mai la convocation du Corps législatif, et celle des colléges électoraux pour le 18 ;

4° Le 29 mars, un second statut constitutionnel établit quatre grands dignitaires du royaume (grand chancelier, grand chambellan, grand écuyer, grand majordome), à chacun desquels fut octroyée une commanderie de trente-six mille livres de rente en biens nationaux ;

5° Le 31 mars, le premier statut constitutionnel fut proclamé à Milan.

Ainsi, dans le courant du mois de mars 1805, les principaux changements furent faits et publiés.

L'Empereur quitta Paris pour se rendre à Milan,

en passant par Lyon, dans les premiers jours d'avril. Il était accompagné de l'Impératrice, et précédé d'Eugène de Beauharnais, créé prince et archichancelier d'État.

Napoléon, arrivé le 8 mai dans la capitale du nouveau royaume, reçu avec enthousiasme par la population, consacra aux travaux administratifs les premiers moments de son séjour à Milan.

Le 10, par un décret, il nomma : *Melzi*, grand chancelier; *Codronchi*, archevêque de Ravenne, grand aumônier; *Litta*, grand chambellan; *Caprara*, grand écuyer; *Fenaroli*, grand majordome. Il composa le ministère de son royaume d'Italie de : *Luosi*, pour la justice; *Felici*, pour l'intérieur; *Bovara*, pour le culte; *Prina*, pour les finances; *Veneri*, pour le trésor; *Pino*, pour la guerre et la marine. *Aldini* reçut le titre de secrétaire d'État avec mission de résider à Paris, près du roi, pour servir d'intermédiaire entre le monarque et le vice-roi.

En outre, on adjoignit aux ministres six directeurs généraux. A l'intérieur : *Guicciardi*, pour la police; *Moscati*, pour l'instruction publique; *Paradisi*, pour les ponts et chaussées; aux finances : *Barbo*, pour le cens et les contributions indirectes; *Lamberlenghi*, pour les douanes; *Pensa*, pour la liquidation de la dette publique.

Le conseiller d'État *Testi* fut chargé du portefeuille de affaires étrangères, M. *Marescalchi* devant résider auprès de l'Empereur et Roi.

Melzi se trouva frustré définitivement dans ses

espérances; le comte *Containi Costabili*, un instant en disgrâce, fut nommé intendant général des biens de la couronne.

Ainsi que cela avait été décrété de Paris, le Corps législatif se réunit le 15, et les colléges électoraux le 18 mai.

Le lendemain de leurs réunions, ces deux corps nommèrent une députation pour complimenter le souverain.

Napoléon reçut la députation ainsi que celles des divers corps de l'État, les généraux et officiers supérieurs italiens présents à Milan.

Le 21, la garde nationale à cheval se rendit à Monza pour y chercher la couronne de fer des rois lombards, couronne déposée dans le trésor de la cathédrale de cette ancienne résidence royale. Elle fut apportée à Milan le 22.

Le 23, eut lieu avec la plus grande pompe la cérémonie du couronnement dans la cathédrale de Milan. Napoléon reçut du cardinal Caprara, archevêque, les insignes de la royauté, mais il prit lui-même sur l'autel la couronne, et, la tenant élevée, il la montra aux assistants en disant à haute voix, en italien : *Dieu me la donne, malheur à qui la touche!*

Le 7 juin, le Corps législatif, prorogé jusqu'à ce jour, se réunit de nouveau. L'Empereur et Roi en fit lui-même l'ouverture et ordonna de lire en sa présence le troisième statut constitutionnel établissant :

1° La fixation du domaine de la couronne;

2° La création d'un vice-roi pour gouverner en l'absence du roi;

3° Les règles pour la formation du conseil d'État composé : du conseil des consulteurs, du conseil législatif et de celui des auditeurs; la division de ce conseil d'État en sections;

4° L'embellissement et l'organisation de l'ordre de la Couronne de fer;

5° Les règles pour les attributions du Corps législatif et celles pour les bases de l'ordre judiciaire;

6° Une mesure pour décider que les trois colléges électoraux (*Possidenti*, *Dotti* et *Commercianti*) se réuniraient pour se compléter et compléter le Corps législatif, et pour régler que les membres résidant dans chaque département se formeraient en collége départemental pour nommer les candidats aux conseils généraux de département et aux justices de paix.

Par décret du même jour, 7 juin, le prince Eugène fut nommé *vice-roi d'Italie* et admis à prêter serment de fidélité.

Le 10 juin, au matin, l'Empereur et Roi, ayant pourvu aux premières exigences du nouveau royaume, quitta Milan pour revenir en France, se proposant de passer quelques jours dans les principales villes de l'Italie. En effet, après avoir visité les troupes françaises réunies au camp de Montechiaro, sous les ordres de Jourdan, et les avoir vues manœuvrer, il séjourna successivement à Brescia, à Vérone, à Mantoue, à Bologne, à Modène, à Parme, à Gênes et à Turin.

Du reste, les lettres nombreuses et très-importantes que l'on trouvera à la correspondance relative au livre deuxième, et qui sont datées de ces villes, indiqueront son passage sur ces divers points.

II

Eugène de Beauharnais, non encore adopté par l'Empereur Napoléon, avait vingt-quatre ans à peine lorsqu'il fut mis à la tête du royaume d'Italie.

S'il avait montré dans les divers postes que l'affection de son beau-père lui avait ménagés, dans les rudes campagnes d'Égypte et d'Italie, dans quelques missions difficiles, du courage, de l'intelligence et du tact, rien ne faisait pressentir encore cependant qu'il saurait si vite acquérir les talents nécessaires pour le gouvernement d'un peuple, et surtout d'une nation formée d'éléments divers.

Aussi verra-t-on, par les lettres de l'Empereur, avec quels soins minutieux Napoléon s'efforce de mettre le jeune prince au fait des devoirs si nouveaux qu'il va avoir à remplir.

Pendant tout le cours de son voyage dans les différentes villes d'Italie, et pendant les trois mois qui suivirent son départ de Milan, l'Empereur et Roi ne cessa de diriger les pas d'Eugène dans la carrière gouvernementale.

Beaucoup d'hommes, dans un âge aussi peu avancé, se trouvant élevés tout à coup à un pareil rang, eussent pu se laisser gâter par la fortune, se faire illusion et se croire à la hauteur de leur destinée; beaucoup, enorgueillis par les termes flatteurs du message au Sénat, eussent reçu de mauvaise grâce les avis, les leçons et les conseils. Eugène fut loin d'adopter une semblable conduite. Plein d'une noble modestie, il reconnut avec simplicité son infériorité vis-à-vis de l'Empereur, se montra d'une grande bienveillance dans ses relations avec le peuple italien, d'une grande sagesse avec les divers corps de l'État, et conserva pour Napoléon une déférence qui ne se démentit jamais.

Le lendemain du départ de son souverain, il se mit au travail avec une ardeur infatigable, s'entourant d'hommes éclairés, acceptant les éloges du grand homme sans en tirer vanité, s'appliquant à faire le bien et à éviter des reproches qui furent très-rares et toujours mitigés, de la part de l'Empereur, par une affection véritable, à laquelle il était impossible de se méprendre.

Le premier soin du vice-roi fut d'organiser les différentes branches des services administratifs. Il réussit en peu de temps, grâce aux conseils de Napoléon qu'il suivait de point en point, grâce encore à son esprit conciliateur et bienveillant.

L'armée italienne fut créée, une police sage et non tracassière fut constituée, le travail fut réparti dans les ministères, le budget aligné de façon à ce que les dépenses et les recettes pussent s'équilibrer.

Pour l'armée, les cadres d'une garde royale provisoire devant servir bientôt, et en cas de guerre, à une garde plus nombreuse, furent décrétés. Elle se composa d'abord de quatre compagnies de gardes d'honneur, de trois bataillons de vélites, un de grenadiers, un de chasseurs, un escadron de dragons et une compagnie d'artillerie.

Les gardes d'honneur, choisis parmi les enfants des familles les plus riches, recevant de ces familles une pension de douze cents francs par an, devaient être nommés sous-lieutenants dans les régiments de ligne après deux années de services et après examen.

Les vélites, pris dans la seconde classe, recevaient de leurs parents une pension annuelle de deux cents francs, pouvaient passer sous-officiers au bout du même temps de service.

Plusieurs régiments furent organisés ; des arsenaux, des poudrières, des fabriques d'armes, furent créés simultanément, en sorte que tout marcha si bien vers un développement de forces militaires imposantes, qu'au moment où, quelques mois plus tard, la guerre avec l'Autriche éclata, le royaume d'Italie avait une armée nationale de toutes armes, d'environ vingt-cinq mille soldats dont quatre mille Polonais très-bien organisés. La conscription fut décrétée sur les mêmes bases qu'en France, mais ne se bornant à demander, pour cette première année, au pays que six mille conscrits. Or la population était de près de quatre millions d'individus.

Six administrations générales, copiées sur celles établies en France, furent créées. Les postes, le cens, les sels, les tabacs, les poudres et droits de consommation, la loterie, les douanes, les domaines et les droits réunis, furent réglementés par ces directions.

Une partie des couvents qui couvraient le pays furent supprimés, d'autres furent réunis, de façon à en diminuer le nombre.

On commença à s'occuper de rendre le Mincio navigable dans tout son cours. On ouvrit un canal de Brescia à l'Oglio et de Milan à Pavie, et on rectifia le cours torrentueux du Reno, afin d'éviter, à l'avenir, les dommages causés par ses fréquentes inondations. L'Empereur prescrivit lui-même, et de la manière la plus positive, les améliorations locatives.

Comme les statuts organiques disaient formellement que les emplois seraient occupés par les nationaux, on décréta qu'à la suite d'une campagne dans les corps italiens les Français auraient droit au titre de citoyens du royaume, tandis qu'en vertu d'un décret postérieur Napoléon conserva à tous ceux qui étaient passés, *par son ordre*, dans l'armée italienne le titre et les droits de citoyens français.

On comprend bien toutefois que ces innovations, ces réformes pour mettre le royaume nouveau sur un pied analogue à l'empire français, ne pouvaient plaire à tout le monde et s'effectuer sans froisser quelques intérêts particuliers, sans rencontrer quelques résistances. Ainsi la conscription, les vélites, l'établissement des droits, la prohibition des marchandises anglaises, l'élévation de quelques impôts, quoique le budget ne fût pas très-lourd, tout cela engendra des mécontentements qui cependant n'osèrent se produire bien haut.

En dehors du parti français, deux factions existaient encore à cette époque dans le royaume d'Italie : les partisans de l'Autriche, aidés de la majorité du clergé régulier et des corporations religieuses ; les partisans du gouvernement républicain. Quoique ces deux factions fussent loin d'avoir les mêmes idées et les mêmes espérances, elles se trouvaient d'accord sur un seul point, la manifestation de leur mauvaise volonté à l'égard de la France.

Depuis 1800, cette partie de l'Italie, reconquise par nos armes, payait deux millions par mois pour l'entretien des troupes françaises. Ce n'était pas énorme. Cependant beaucoup d'Italiens prenaient texte de cela pour se montrer mécontents. Aussi, lorsque, à la déclaration de guerre faite à l'Autriche, une taxe extraordinaire de six millions pour l'approvisionnement des places fortes fut imposée, le pays fit entendre quelques plaintes.

Le général Pino, ministre de la guerre, et le ministre des finances Prina, devinrent antipathiques. Il ne fallut rien moins que les belles qualités du vice-roi, l'affection et le respect qu'il avait su inspires dès le principe, son affabilité, qui lui avaient gagné tous les cœurs, pour contrebalancer le mauvais vouloir des Italiens, et l'effet de mesures cependant fort naturelles et fort sages en elles-mêmes.

Ces mesures, nous n'avons pas besoin de le dire, étaient ordonnées par l'Empereur lui-même. Le prince Eugène, pendant les premiers mois de sa vice-royauté, et jusqu'à la guerre avec l'Autriche, eut un rôle secondaire en Italie. Il se bornait à faire pour le mieux, en exécutant les volontés de Napoléon. Il s'efforçait de saisir la pensée de l'Empereur, et n'avait qu'un désir, celui de satisfaire son bienfaiteur, qui allait bientôt se déclarer son père d'adoption.

Le 13 juin, une députation du Corps législatif, son président en tête, vint complimenter le vice-roi. Le prince Eugène répondit en italien, avec un tact parfait :

« Appelé, bien jeune encore, par le héros qui préside aux destinées de la France et à celles de l'Italie, à demeurer près de vous l'organe de ses volontés, je ne puis vous offrir aujourd'hui que des espérances. Croyez-en, messieurs, les sentiments qui m'animent : ces espérances ne seront pas trompées.

« Dès ce moment j'appartiens tout entier aux peuples dont le gouvernement m'est confié. Aidé du concours de toutes les autorités, et particulièrement du zèle et des lumières du Corps législatif, *toujours dirigé par le vaste et puissant génie de notre auguste souverain*, plein des grandes leçons et des grands exemples que j'ai reçus de lui, je n'aurai qu'un but et qu'un besoin, la gloire et le bonheur du royaume d'Italie. »

Le prince, en envoyant à l'Empereur cette réponse faite par lui au Corps législatif, eut la modestie de lui avouer qu'elle avait été rédigée, d'après ses propres idées, par le secrétaire de ses commandements.

Vers le milieu du mois de juillet, Napoléon était de retour en France, mais il ne cessa pas pour cela de s'occuper de son beau royaume d'Italie. Il était on ne peut mieux secondé par le vice-roi; aussi, à l'exception de deux lettres dans lesquelles Napoléon lui fait quelques reproches, on ne trouve dans la volumineuse et intéressante correspondance de l'Empereur, que des approbations données au prince.

Une des deux affaires qui motivèrent des représentations est de peu d'importance; elle est relative à une admonestation que le vice-roi crut devoir infliger au frère du général Salimbini. L'autre avait une portée politique plus réelle, puisqu'il s'agissait d'une mesure importante prise contre le Corps législatif.

Les lettres de Napoléon et du vice-roi expliquant ces deux affaires, nous renverrons à leur correspondance. Nous dirons seulement qu'à la suite de la mesure désapprouvée par l'Empereur Duroc écrivit une longue et curieuse lettre au prince Eugène. On la trouve sous la date du 30 juillet.

Le prince fut tellement affecté d'avoir déplu à Napoléon, que ce dernier, avec la bonté qui, quoi qu'on en dise, était le fond de son caractère, surtout lorsqu'il était question des membres de sa famille, termine une de ces lettres par cette phrase écrite de sa main : *Je vous ai écrit hier pour vous témoigner mon mécontentement, j'imagine que cela ne peut pas autrement vous affecter.*

Il eût été bien difficile à un homme aussi jeune que le prince Eugène, malgré tout son zèle, toute son intelligence et sa bonne volonté, de ne pas faire quelquefois ce qu'on appelle une école. Ce que l'Empereur craignait surtout, c'était de voir le vice-roi laisser ses ministres se donner trop d'importance et s'attribuer trop de bonnes mesures gouvernementales prises ou ordonnées par le prince. Il le met, en plusieurs occasions, en garde contre ce danger; et la lettre de Duroc, écrite dans ce sens, nous a paru émaner indirectement de Napoléon lui-même.

Le prince Eugène travaillait à tel point, que l'Empereur lui recommande souvent de prendre plus de distractions. Cependant, vers le mois d'août, ses occupations, loin de diminuer, devinrent plus considérables encore et plus importantes, car Napoléon, tout en ne paraissant pas croire encore à la guerre avec l'Autriche, voyait le nuage s'amonceler vers cette partie de l'Europe. N'aimant pas à être pris au dépourvu, il se hâta de prescrire les mesures les plus sages pour mettre le royaume en état de défense sur tous les points, d'autant que l'on prêtait au conseil de Vienne le projet de porter les armées coalisées sur la France, après l'envahissement de l'Italie.

La loi des finances du royaume, publiée le 18 juillet, portait le budget des dépenses à soixante-seize millions, sur lesquels six millions étaient destinés à l'approvisionnement des places de guerre, et quinze millions aux dépenses extraordinaires et imprévues... Ces deux dernières sommes furent employées à ravitailler, approvisionner les places, et à assurer sur tous les points les subsistances de l'armée française.

Le prince Eugène mit ses soins à exécuter les volontés de l'Empereur pour ces deux objets si importants. Habituellement, le vice-roi, qui tenait à examiner tout par lui-même, et à bien approfondir les choses, concentrait dans son cabinet les rapports, les propositions et les divers travaux des ministres. Il prenait alors une connaissance exacte des affaires, de façon à pouvoir bien éclairer l'Empereur et Roi. Lorsqu'il avait pris soit de lui-même, soit en vertu des ordres de Napoléon, une décision, il l'écrivait de sa main. Ces décisions étaient empreintes d'un double cachet de bienveillance et de jugement. Tout ce qui avait trait aux affaires de la guerre ne passait qu'entre ses mains. Pour les affaires nécessitant des rapports particuliers ou l'approfondissement de matières administratives souvent délicates, le prince ordonnait au préalable des recherches par la chancellerie de ses commandements.

Il avait alors auprès de lui deux hommes d'un grand mérite, le colonel, depuis général d'Anthouard, son premier aide de camp, officier d'artillerie d'une profonde expérience, mais d'un caractère peu facile, et le capitaine Bataille, officier de la même arme, parlant plusieurs langues étrangères.

Le vice-roi faisait le plus grand cas de ces deux officiers, et les utilisait pour toute la partie militaire de son gouvernement.

Il avait encore auprès de sa personne M. Méjean, rompu aux travaux administratifs, et M. Abrial, fort habile homme de loi. Il ne tarda pas à recevoir de l'Empereur le général Radet, brave et digne homme plein de fermeté, pour organiser et commander la gendarmerie du royaume, et M. Lagarde, pour la police.

D'après les intentions formelles de l'Empereur et Roi, intentions qui, du reste, cadraient admirablement avec ses propres idées, le prince Eugène suivait pas à pas, pour l'organisation du royaume, les errements de l'organisation française. On s'efforçait cependant de tenir compte de la différence des mœurs et coutumes des Italiens.

C'est ainsi qu'en très-peu de temps, grâce aux grands principes que lui donnait l'Empereur, grâce à un travail incessant, les différentes administrations du royaume d'Italie furent solidement organisées.

L'Autriche ne fut donc pas médiocrement surprise lorsque, en septembre 1805, la nombreuse armée du prince Charles se trouva en face de moyens de résistance bien adaptés au pays, et devant des troupes qui ne tardèrent pas à passer de la défensive à une offensive des plus vigoureuses.

Le prince Eugène était pour beaucoup dans cet heureux résultat, ainsi qu'on le verra par une lecture attentive de sa correspondance avec l'Empereur, pendant les mois de juin, juillet et août 1805.

Vers le milieu d'avril, Napoléon, qui jusqu'alors avait répondu d'une manière évasive aux rapports qui lui arrivaient d'Italie sur les projets de guerre de l'Autriche, et qui semblait affecter de ne pas croire le cabinet de Vienne disposé à une levée de boucliers, commence à donner une certaine attention aux préparatifs de son ennemi.

A cette glorieuse époque de sa vie, le grand capitaine suffisait à tout. De son camp impérial de Boulogne, où il avait donné à ses armées une organisation admirable, il surveillait l'Allemagne dont ses troupes n'allaient pas tarder à se rapprocher, son royaume d'Italie qu'il mettait sur tous les points en état de défense, l'Angleterre qui tremblait sous son regard, et enfin Naples dont les menées ne lui échappaient pas.

Prévoyant qu'il aurait sous peu à comprimer le mauvais vouloir de la cour des Deux-Siciles, il prescrivit au vice-roi de diriger sans bruit, sur les frontières du royaume de Naples, une forte brigade italienne, afin qu'elle pût se trouver tout à coup sous la main du général Gouvion Saint-Cyr, commandant les troupes franco-italiennes de ce côté. Le général Ottavi fut chargé de commander et de conduire ces troupes, qui entrèrent dans le corps d'armée de Saint-Cyr.

Bien qu'il affectât une certaine incrédulité à l'égard des projets de l'Autriche, incrédulité factice et toute politique, Napoléon savait parfaitement à quoi s'en tenir sur les menées des puissances du Nord. Il convenait à ses propres desseins de se laisser prévenir par les hostilités, mais non pas de se laisser surprendre.

Aussi, dans toutes ses lettres au vice-roi, dès le commencement d'août, recommande-t-il d'avancer sans bruit, d'organiser sans bruit, de fondre les canons, d'acheter des attelages sans bruit. Il veut bien que l'on ne démente pas complétement la possibilité d'une guerre avec l'Autriche, mais il veut qu'on affecte de n'y pas croire. En un mot, tout l'odieux de l'agression doit retomber sur l'ennemi.

Il y avait à cette époque, dans le royaume d'Italie, une armée française de trente mille hommes sous les ordres du maréchal Jourdan; un corps de quinze mille hommes de troupes franco-italiennes sous le commandement du général Gouvion Saint-Cyr.

L'armée de Saint-Cyr était assez bien pourvue, étant sur le pied de guerre et ayant à observer un pays sans cesse menacé d'une descente des Anglais et des Russes; mais celle de Jourdan manquait de matériel et de chevaux, le matériel ayant été remis au royaume d'Italie.

L'Empereur, qui tenait prêts dix mille hommes dans le Piémont et les départements du midi de la France pour renforcer Jourdan, ne voulut pas avoir à compléter le matériel au dernier moment, en tirant les pièces et les voitures des places du territoire français. D'ailleurs, le jour où il avait demandé compte à l'Autriche du rassemblement considérable de troupes que cette puissance avait en Italie et dans le Tyrol, il avait déclaré que, pour lui, il n'avait dans son royaume qu'une armée faible et sur le pied de paix. Il fallait donc résoudre le double et difficile problème de laisser l'odieux de l'agression à l'Autriche en la montrant se préparant à la guerre sans provocation de notre part, et d'un autre côté se tenir prêt à tout, principalement en Italie, point le plus directement menacé de nos frontières.

Pour atteindre ce but, il donna l'ordre au vice-roi d'organiser, sans rien dire, dans les arsenaux de son royaume tout le matériel qu'on pourrait mettre en état et de le tenir prêt à filer sur l'armée.

Napoléon comptait sur l'activité et la prudence du prince Eugène pour cette délicate opération ; son espoir ne fut pas trompé. Les ordres expédiés vers la fin de juillet furent si bien compris et exécutés avec une rapidité telle, que, le 15 septembre, sans que le public en eût connaissance, un équipage de cent bouches à feu de campagne et un double équipage de ponts étaient prêts. Le gouvernement autrichien lui-même ignora ce fait important.

C'est au milieu de ces occupations, de ces travaux, en surveillant l'organisation du nouveau royaume, en faisant exécuter les ordres de l'Empereur pour l'armée, en préparant tout afin d'avoir des forces en état d'entrer en campagne, que le prince Eugène passa les trois premiers mois de sa vice-royauté.

On aurait tort de croire cependant qu'il ne fut pendant ce laps de temps que le bras droit de l'Empereur ; en plusieurs circonstances, le prince Eugène sut prendre sur lui d'ordonner des dispositions importantes. Il prescrivit plusieurs mesures fort judicieuses et fort sages. Le pays lui dut la répression du brigandage et beaucoup d'améliorations locales.

CORRESPONDANCE

RELATIVE AU LIVRE II

DE JUIN A SEPTEMBRE 1805

« Sire, j'ai l'honneur de faire part à Votre Majesté de ma conduite depuis son départ. Hier matin, suivant vos ordres, j'ai assemblé les ministres, je leur ai fait quelques reproches pour le retard qu'ils avaient apporté à fournir leur budget, pour le peu d'activité et d'ordre existant dans leurs bureaux, et enfin pour leur trop grande condescendance vis-à-vis de leurs subordonnés. Ils sont convenus de ces vérités et m'ont bien promis de redoubler d'efforts et de zèle pour contenter Votre Majesté.

Le prince
Eug. à Nap.
Milan,
11 juin 1805.

« J'ai ensuite travaillé avec le secrétaire d'État[1] pour former, d'après vos intentions, les différentes sections du conseil législatif. J'en envoie l'état à Votre Majesté, qui voudra bien me faire savoir si elle consent à cette distribution, ainsi qu'à la nomi-

[1] M. Aldini.

nation du président, que je n'ai fait que provisoire, afin que le travail n'arrête point. Au sujet du conseil législatif, j'observe à Votre Majesté qu'elle a omis ou rayé le conseiller d'État Guastavillani; il cessera donc ses fonctions jusqu'à une réponse de Votre Majesté. Il ne peut plus compter au conseil législatif qui est complet.

« J'ai ordonné au ministre de l'intérieur [1] de retirer la censure des journaux, le gouvernement se réservant d'en punir les rédacteurs, s'il y a lieu. Les rapports de police d'hier sont presque insignifiants : un homme qui a battu sa femme, quelques vols, un duel entre un grenadier français et un gendarme italien, enfin une rixe entre deux détenus dans une maison, l'un a reçu un coup de couteau. Je dois ensuite rendre compte à Votre Majesté de la réputation de M. Bossi, qui vient d'être nommé au conseil des auditeurs; elle est des plus mauvaises; il a été prêtre, toujours dérangé dans ses affaires. M. Kevenkuler l'avait pris pour bibliothécaire et l'a renvoyé pour cause d'infidélité. Au commencement de la révolution, il fit une banqueroute frauduleuse et se sauva à Venise. Il a été depuis employé aux archives, d'où M. Melzi l'a envoyé à Gênes et à Turin. Le général Menou, ignorant sa nomination, disait hier, hautement : Quand serons-nous débarrassés, à Turin, de ce mauvais homme de Bossi. J'ignore la vérité de ces faits; mais voilà, Sire, ce que j'ai recueilli sur son compte, et ce dont j'ai cru de mon devoir d'instruire

[1] M. Félici.

Votre Majesté. Le secrétaire d'État m'ayant demandé quel était le Bossi que Votre Majesté avait nommé, j'ai paru, à cause de ces circonstances, l'ignorer et j'ai répondu que je vous demanderais, Sire, si c'était celui de Turin ou tout autre. »

« Sire, je sors à l'instant du conseil d'État. Ainsi que Votre Majesté me l'a ordonné, j'ai fait présider en ma présence un consulteur. Aujourd'hui, c'était Paradisi[1], Contaïni[2] m'ayant prié de ne point le nommer; une autre fois ce sera Guicciardi[3], et je m'en tiendrai à celui qui me paraîtra présider le mieux. J'ai l'honneur d'envoyer à Votre Majesté un extrait de la discussion. Elle verra qu'il n'y a eu de présenté au travail qu'un seul projet de loi relatif à la manière de présenter les lois au Corps législatif. Après deux heures de discussion, on est convenu de n'en faire qu'un projet de décret du gouvernement; il se corrige en ce moment, et, dès qu'il sera remis je l'adresserai à Votre Majesté, en la priant d'y vouloir bien donner son approbation. Je prierais aussi Votre Majesté de vouloir bien me dire si, une fois qu'elle sera loin d'Italie, elle me laisse le droit de faire les décrets, et alors je désirerais bien savoir de quelle formule je dois me servir.

« Le Corps législatif va être réuni en majorité sous deux jours. La première chose à lui faire connaître sera le règlement en forme de décret, qui a été discuté et dont je viens de parler à Votre Majesté.

Eug. à Nap. Milan. 17 juin 1805, à 5 heures.

---

[1] Directeur général des ponts et chaussées.
[2] Costabili Contaïni, intendant général de la maison du Roi.
[3] Directeur général de la police.

Les ministres travaillent à force à leur reddition de comptes, et je pense que leur tableau passera vendredi au conseil d'État. Le ministre des cultes[1] attend l'état et la force de toutes ses paroisses. J'ai l'honneur de vous adresser ci-joint une liste de douze personnes qui sont susceptibles d'être nommées auditeurs; d'après différents renseignements que j'ai pris, on s'accorde à trouver préférables aux autres MM. Giacomo, Lamberti, François Visconti, Ruga et Somaglia de Milan. Rien de nouveau dans le rapport de police d'aujourd'hui; quelques rixes, mais sans aucune suite. »

L'empereur Napoléon au prince Eugène. Brescia, 12 juin 1805.

« Mon cousin, j'ai reçu votre lettre sans date. Je pense que vous avez raison d'essayer pendant plusieurs jours quel est le meilleur président du conseil d'État; mais je crois nécessaire que, quand vous en aurez essayé plusieurs, vous fixiez votre choix sur un, car il est impossible de maîtriser les délibérations du conseil, et il y en a toujours un qui prend de l'ascendant, et qui, étant sûr de présider quelque temps, maîtrise un peu les affaires. Prenez un décret qui divise le conseil législatif en sections. Le nombre des membres est complet. Je pense que M. Guastavillani peut être indemnisé de la perte de sa place au conseil législatif par celle de gouverneur du palais de Brescia, à laquelle je le crois plus propre; parlez-lui-en. La censure détruit les journaux; il faut déclarer que le gouvernement ne peut répondre des

---

[1] M. Bovara.

sottises qu'ils peuvent dire, mais que les journalistes en répondront personnellement. Je ne me dissimule pas que cette censure a quelque inconvénient, mais il y a aussi dans le vague de la liberté de la presse quelque chose dont il est bon de profiter, et, quoique mon intention ne soit point de laisser aux journaux la liberté que les constitutions anglaises laissent aux journaux anglais, je ne veux point qu'on la règle comme on le fait à Vienne ou à Venise. Il faut qu'ils puissent mettre quelque article vague contre telle ou telle puissance, et qu'on puisse répondre aux ambassadeurs ; faites une plainte, on les poursuivra devant les tribunaux, où l'on s'en fera rendre compte. Je ne connais pas M. Bossi, c'est M. Melzi qui me l'a donné comme un très-bon sujet; j'approuve que vous ayez suspendu sa nomination. Voyez M. Melzi, et comparez ce qu'il vous en dira avec ce que vous en savez ; par là vous serez à même de juger de la vérité des faits. Je vous recommande de montrer des égards à M. Melzi, d'en bien parler, de le bien accueillir et de laisser entrevoir que sa protection est une protection efficace. Cela est utile dans un pays où une pareille conduite paraît extraordinaire, où les hommes sont naturellement portés à être faibles et faux, et à desservir et à mal parler de celui qu'ils croient tombé. Parlez de lui comme d'un homme qui n'a rien perdu dans mon esprit et dont j'ai toujours été satisfait. Je ne vois pas d'inconvénient à ce que vous gardiez les insignes d'Italie, qui doivent être placés, comme vous le dites fort bien, près du trône.

« *P. S.* Je vous envoie un décret par lequel j'ai nommé le cardinal Dugani évêque de Brescia. »

<small>Nap. à Eug.
Brescia,
12 juin 1805.</small>

« Mon cousin, je vous renvoie le projet de décret relatif aux communications du Corps législatif. Je n'approuve point la partie qui veut que, toutes les fois que l'avis de la commission du Corps législatif est pour le rejet de la loi, on fasse au gouvernement la communication du rejet de la commission. Je désire que, lorsque la commission est de l'avis de rejeter la loi à la pluralité, sans en rien dire au Corps législatif, elle s'adresse au président du conseil législatif, elle demande une conférence entre le conseil législatif et la commission. Cette conférence a lieu sous l'approbation du roi, et là, on éclaircit mutuellement les doutes; si, indépendamment de cela, la commission persiste dans son rejet, elle fait son rapport au Corps législatif, en présence des orateurs du gouvernement, qui répondent. Faites rédiger dans ce sens le décret, et envoyez-le-moi pour que je le signe. »

<small>Nap. à Eug.
Brescia,
12 juin 1805.</small>

« Mon cousin, je ne veux plus de train d'artillerie dans ma garde; renvoyez à Paris ce qui est à Milan, pour être incorporé dans le reste du bataillon.

« Faites-moi connaître si les soixante hommes de ma garde, qui sont à réformer, ont subi leur réforme; faites-le faire sur-le-champ, si cela n'est pas fait. Il y a, à Milan, plus de chevaux que ma garde n'a d'hommes; faites passer ce qu'il y a d'excédant dans la gendarmerie ou dans le corps de l'armée qui en aurait besoin.

« Il restera à Milan trente-six musiciens; une partie peut être conservée, une partie peut être réformée.

« Le général Clarke vous aura fait le budget de la guerre. Si M. Lanni est encore à Milan, il peut vous aider aussi pour me faire un travail sur cette partie, qui a besoin de grandes réformes. »

« Mon cousin, je dois vous faire connaître les différents objets dont vous avez spécialement à vous occuper. Le décret pour l'organisation de l'administration a été signé. Voyez s'il a été publié et inséré au *Bulletin des lois*. En général, ordonnez que tous les décrets soient insérés au *Bulletin des lois* vingt-quatre heures après, et jamais plus tard.

Nap. à Eug. Brescia. 12 juin 1805.

« 1° Demandez au ministre de l'intérieur qu'il vous présente un décret pour fixer le jour où cesseront les administrations départementales. Il me semble que le 1ᵉʳ juillet est le plus favorable pour ce changement d'administration. Prescrivez au ministre de l'intérieur de leur faire connaître, par une circulaire, l'importance de leurs fonctions et ce qu'ils ont à faire. Il faut que ce ministre arrête l'état de ce qu'ont coûté, jusqu'au 1ᵉʳ juillet, les préfets; soit pour dépenses de bureaux, dépenses de commis, ou dépenses de maisons, etc., et ce qui leur reste, en conséquence de ce qui leur a été accordé par mon règlement, pour pourvoir aux dépenses jusqu'au 1ᵉʳ janvier 1806.

Administ. départementale.

« 2° Le ministre des finances[1] doit faire le ta-

Finances. Frais de

---
[1] M. Prina.

Justice. Dépenses du préfet. bleau du revenu de chaque département, en calculant les *quatorze deniers* par département, les taxes de justice ou droit de greffe, jusqu'au 1ᵉʳ juillet. Il doit se concerter avec le ministre de l'intérieur pour voir les sommes à mettre chaque mois à la disposition des préfets, soit pour les dépenses des prisons, le pain des prisonniers, soit pour les dépenses de l'instruction publique qui étaient aux frais des départements, soit pour les dépenses des chemins. Il doit se concerter avec le ministre de la justice[1] pour les fonds à mettre à la disposition du département, soit pour solder les tribunaux, soit pour les frais de procédure criminelle; dépenses qui, cette année encore, doivent être départementales. L'article des dépenses secrètes doit être supprimé. L'état de ce qui est mis par mois à la disposition des préfets, provenant des quatorze deniers départementaux, sera fait par le département, et vous me l'enverrez pour que je l'approuve définitivement. Les départements dépensent trop en frais de justice. Le ministre de la justice dépense trop pour les frais de bureau des juges; faites faire, pour cela, un tableau et un abonnement comme pour les préfets. Vous ferez connaître au ministre des finances et de la justice que mon espoir est d'économiser, indépendamment des trois millions portés au budget, comme économie de frais communs, au moins deux millions sur cette année; soit *par la suppression des administrations* départementales, ou sur les dépenses des chemins, des eaux et de justice.

[1] M. Luosi.

« 3° Les sbires ou satellites de police coûtent sept cent mille francs; mon intention est qu'ils ne me coûtent que deux cent mille livres par an. Ils ont déjà coûté trois cent mille livres dans ces six premiers mois. J'ai bien voulu mettre dans le budget encore deux cent mille francs pour cette dépense, ce qui la portera à cinq cent mille livres pour l'année; mais mon intention est que vous me présentiez un décret délibéré en conseil pour diminuer considérablement le nombre des sbires, de manière que, pour les six derniers mois de cette année, ils ne coûtent que deux cent mille livres, et pour l'année prochaine, deux cent mille livres en tout. Brescia dépense deux cent mille livres pour les sbires, Bologne cent quatre-vingt mille livres, et Crémone ne dépense pas trente mille livres.

Sbires.

« 4° L'organisation des ponts et chaussées est un objet dont il faut s'occuper. Ce travail regarde spécialement M. Paradisi. M. Prony, qui est dans le royaume, peut aider à cette organisation : faites-la discuter en conseil, et envoyez-la-moi pour que je l'approuve. Les travaux des routes prendront alors une direction convenable, mais ce ne pourra être que pour le mois d'août. Pour le mois de juillet, la dépense se fera comme elle s'est faite jusqu'à présent, en mettant des sommes à la disposition des préfets.

Ponts et chaussées.

« 5° Je désire que le ministre des cultes me présente, dans le plus court délai, un projet de circon-

Culte.

scription des diocèses du royaume, en commençant par le département d'Olona; des décrets partiels régleront la circonscription dans les treize autres départements, de manière qu'en quatorze décrets elle soit fixée[1].

« Il fera ce travail à mesure que les renseignements lui parviendront. Le principal est de commencer par la capitale. Il faut fixer aussi la réunion des paroisses, les appointements des curés qui sont conservés, et la retraite à accorder aux autres, en arrangeant le tout à la satisfaction publique et sans froisser aucun intérêt. Rien de plus périlleux que la méthode qu'on fait prendre pour les couvents; les principes sont posés, il ne s'agit que de les mettre en ordre. Présentez-moi un décret pour les couvents à conserver et ceux à réunir; faites sentir au ministre des cultes l'importance de ce travail qui ne doit souffrir aucun délai, mon intention étant qu'en juillet cette opération des moines soit entièrement finie.

Budget.

« 6° Enfin les bases du budget sont à peu près arrêtées; dès qu'il aura passé au conseil, vous me l'enverrez imprimé avec les tableaux et le rapport du ministre des finances; vous n'en ferez tirer qu'une copie pour moi, je vous la renverrai avec mes observations pour que vous la fassiez imprimer et présenter au Corps législatif.

[1] Le royaume d'Italie, divisé d'abord en quatorze départements, en eut vingt-deux après le traité de Presbourg, par l'adjonction des États vénitiens.

« 7° Il faut organiser promptement la régie des domaines. *Domaines.*

« 8° L'instruction publique regarde M. Moscati[1]. *Instruction publique.* Mon intention est de prendre le même système qu'en France. M. Méjean[2] doit connaître celui qui a été adopté. C'est un système neuf et qui a mérité l'approbation d'une partie des puissances de l'Europe, accordant des primes aux instituteurs, et des pensions dans les lycées aux meilleurs sujets des écoles secondaires. Je pense que l'instruction doit continuer pour le reste de l'année sur le pied où elle est à présent, moyennant les sommes mises par mois à la disposition des préfets ; mais, avant le 1ᵉʳ octobre, le nouveau système doit être soumis à ma signature.

« 9° Le ministre de la justice aura sans doute déjà *Code Napoléon.* nommé une commission pour la traduction du Code Napoléon. J'ai écrit à M. Abrial[3], qui est à Chambéry, de se rendre à Milan. Il y sera sans caractère public ; mais il donnera sur l'organisation du système tous les renseignements qui sont nécessaires. On m'a porté des plaintes, à Brescia, sur le genre de procédure que M. Spanocchi a mis en activité, qui non-seulement fait rétrograder les lumières et choque un pays, qui, sujet autrefois de Venise, en avait reçu des idées plus libérales, mais qui n'est d'aucun profit pour l'intérêt public.

« Quand M. le sénateur Abrial sera arrivé, vous

---

[1] Directeur général de l'instruction publique.
[2] Secrétaire des commandements du vice-roi.
[3] Habile jurisconsulte.

le chargerez de vous présenter des idées plus convenables, et de vous dresser un tarif de droits de greffe plus profitable au trésor public; nos finances y doivent gagner au moins un million. »

Nap. à Eug.
Brescia,
12 juin 1805.

« Mon cousin, le mémoire sur l'instruction publique ne paraît pas assez soigné; on n'a pas assez expliqué ce que devait payer chaque élève; car, avec le peu de revenus qu'ont les maisons, tels qu'ils sont portés aux états, il est impossible qu'elles puissent entretenir ce nombre d'élèves gratis. Je joins des notes pour servir à la rédaction d'un projet de décret pour instituer l'université de Pavie, qui a cent à cent cinquante mille livres de rentes, en école militaire sur le même plan que celle de Fontainebleau. Il faudrait ajouter qu'il serait joint aux universités de Pavie et de Bologne, une chaire militaire, et des maîtres de dessins et de fortifications. De cette chaire militaire ferait partie un maître de tactique, qui montrerait tout le mouvement des armes. L'école de Pavie formerait un bataillon, et, dès la première année, ce bataillon serait composé de deux compagnies, composées de : un sergent-major, quatre sergents, huit caporaux, et quatre-vingts soldats; un chef de bataillon, nommé par le gouverneur, aurait la police sur toute cette jeunesse. Le professeur de tactique ferait les fonctions d'adjudant-major. Chaque élève, arrivant à l'université, serait enrôlé dans une compagnie; il irait une fois par jour à l'exercice, de manière qu'il soit en un mois à l'école de bataillon. Les élèves s'exerceront quatre heures tous les dimanches. Chaque élève qui sera nommé sera tenu d'avoir un habit d'uniforme national.

Note sur l'organisation de l'École royale militaire de Pavie.

« 1° Le collége national de Pavie sera organisé en École royale militaire.

« 2° Il sera disposé de manière à pouvoir contenir deux cents jeunes gens.

« 3° La discipline et l'instruction seront les mêmes qu'à l'École militaire de Fontainebleau, hormis qu'au lieu de deux bataillons il n'y aura que deux compagnies, commandées chacune par un capitaine, un lieutenant et deux sous-lieutenants, sachant parfaitement les manœuvres, chargés de leur apprendre la discipline militaire. Ils vivront par chambrée, à la gamelle.

« 4° Les élèves seront reçus depuis seize ans jusqu'à vingt.

« 5° Tous les biens appartenant à ce collége seront administrés par un conseil d'administration. Le produit de ces biens devra servir à l'entretien de soixante élèves, ainsi qu'aux dépenses des professeurs.

« 6° Les pensionnaires n'y seront admis qu'avec l'approbation du roi.

« Ils devront être âgés d'au moins seize ans, être bien constitués, et payer douze cents livres de *Milan*[1] de pension.

« 7° Leur service leur comptera comme soldat à l'École, et, après deux ans d'éducation, ils entre-

---

[1] La livre de Milan était de 0 fr. 768 de France; ainsi 100 *livres* de Milan ne valaient que 76 fr. 80 centimes de France ou d'Italie.

ront dans l'armée avec le grade de sous-lieutenant.

« 8° Les places à la nomination du gouvernement seront données aux jeunes gens de l'université de Pavie qui montreraient le plus de disposition, qui auraient plus de seize ans, et désireraient entrer dans la carrière militaire.

<small>Notes dictées par l'Empereur.</small> « En faisant des chambrées, on tiendra quatre cents hommes. Ce collége a, dit-on, cent mille francs de revenu; il doit en avoir davantage. On pourra, d'ailleurs, vendre tout ce qui est mauvais revenu, et le placer sur le *Monte-Napoleone*. Avoir soin de faire faire une liste d'un millier de livres français, comme les *Hommes illustres*, tout ce qui peut franciser les élèves. On y mettra un professeur de langue française; il faut transporter tous les droits *patronaux* de ce collége sur un autre.

« Comme Brescia est une espèce d'université, je désirerais qu'on l'organisât militairement. On pourrait établir une troisième École militaire à Milan, en y adaptant les revenus des deux colléges nationaux : on y faisait des prêtres, maintenant il faut des militaires.

« S'occuper sur-le-champ des deux universités. Il faut que, dans quatre mois, les projets pour Vérone, Reggio, Brescia, etc., soient faits.

« Il faut aussi cette distinction, que quatre cents de ces jeunes gens sortiront comme officiers, et que les huit ou dix autres colléges soient organisés de manière qu'on en sortirait sergent ou fourrier. Dès lors, s'il faut mille ou douze cents livres pour les premiers, il faut tâcher qu'il ne faille que moitié pour les seconds. La lecture, la langue française, un peu d'arithmétique, les premières idées de la géométrie, et toutes les manœuvres de l'artillerie et de l'infanterie, sont suffisantes pour ces derniers. Il faut dire qu'ils seront citoyens, afin qu'on n'apprenne pas l'exercice aux étrangers;

« Que ceux qui seront sur les matricules de ces bataillons, s'ils entraient dans la carrière militaire, leur service leur compterait du jour où ils seront inscrits sur les matricules, pourvu qu'ils aient seize ans;

« Que le directeur de l'université nommera les sergents et caporaux; que le gouverneur de l'École militaire signera leur nomination; qu'il s'assurera, avant, qu'ils savent bien l'exercice et l'école de peloton;

« Que les estropiés et ceux de mauvaise santé, ou n'ayant pas quatre pieds onze pouces, ne seront pas admis dans ledit bataillon.

« Mettre un titre pour organiser la salle d'armes. Le ministre de la guerre nommera un armurier pour les entretenir.

« La salle d'armes sera dans l'École royale militaire. Les élèves s'y rendront pour les prendre, et les y rapporteront après l'exercice.

« Organiser à Bologne une École militaire semblable à celle de Pavie, et ajouter tous les fonds de l'instruction qui sont à Bologne, ou même à Ferrare, Modène, de manière à donner cent mille francs de rentes à ce collége, et, enfin, de faire un seul projet de décret de ces deux.

« Pour le projet de décret sur l'École militaire de Pavie, les élèves les plus instruits, comme il résultera de l'examen qui en sera fait, pourront, après une ou deux années qu'ils auront passées à l'École, être renvoyés à l'École de Modène pour remplir les places vacantes de cette École.

« Ajouter l'article, qu'ils mangeront à la gamelle, seront en chambrées, et iront prendre leur dîner à la cuisine. »

<small>Eug. à Nap.
Milan,
13 juin 1805.</small> « Sire, j'ai l'honneur de faire part à Votre Majesté que l'Impératrice est partie hier, à quatre heures du matin, pour Côme. J'ai passé ensuite une heure avec Containi pour revoir le budget définitif de la maison royale, qu'il doit remettre à Votre Majesté, à Plaisance. Il m'a paru que mes dépenses particulières, comme valets de chambre, bibliothécaire, toilette, etc., avaient été oubliées. Le secrétaire d'État réclame une somme annuelle pour les dépenses du conseil d'État; il n'en est question nulle part, et il doit remettre au ministre des finances un projet de budget pour cette partie, et auquel budget je ferai joindre une somme pour les courriers. Il n'y a aucun fonds affecté à cette dépense, et je prie Votre Majesté de croire que j'y apporterai la plus grande économie. Cependant, pendant que Votre Majesté sera en Italie, je ne puis me servir de la poste, qui ne part qu'une ou deux fois par semaine pour tel ou tel endroit. D'ailleurs, j'aurai besoin de

l'indulgence de Votre Majesté; car toute ma vie j'aurai besoin de vos conseils et de vos ordres, particulièrement dans ce commencement d'administration, je serai obligé d'ennuyer souvent Votre Majesté, et pour des bagatelles. J'ai accordé hier, avant midi, une audience au préfet de l'Agogna, M. Paraviccini. Il paraît désirer beaucoup entrer au conseil des auditeurs. C'est un peu pour rester à Milan, voilà la vérité. A midi, j'ai travaillé avec le général Clarke, jusqu'à six heures du soir; il m'a apporté un paquet énorme de paperasses, dans lequel il était très-difficile de débrouiller quelque chose. Cependant, avec de la persévérance, nous avons réglé, c'est-à-dire diminué de beaucoup le nombre et la dépense des employés du ministère.

« Il y a beaucoup de réformes à faire, et, je trouve, beaucoup trop pour le moment, car je compte prier Votre Majesté, quand ce travail sera fini et que je pourrai le lui soumettre à Plaisance, d'avoir la bonté de faire ces réformes en six mois ou un an. »

« Sire, je reçois à l'instant les réponses, notes et ordres de Votre Majesté, et je vais travailler de suite à les exécuter.

Eug. à Nap. Milan, 15 juin 1805, à 11 heures du matin.

« 1° Connaissant les intentions de Votre Majesté, j'avais déjà fait réformer le train d'artillerie; on avait déjà choisi les meilleurs sujets et les plus anciens soldats pour les mettre, soit dans les chasseurs à cheval, soit dans ceux à pied.

« 2° La réforme des hommes hors de service est déjà faite, et les chevaux sont déjà placés dans les régiments; j'en avais donné l'ordre dès la veille du départ de Votre Majesté, et il a été exécuté de suite.

« 3° Je ne pourrai voir M. Melzi de quelques jours, il est malade de la goutte[1]; j'ai envoyé hier chez lui un de mes aides de camp pour m'informer de ses nouvelles, et j'espère que Votre Majesté n'aura aucun reproche à me faire pour ma conduite à son égard.

« 4° Je vais voir aujourd'hui et demain les ministres chacun séparément, et leur donnerai les ordres de Votre Majesté.

« 5° J'avais déjà demandé à Moscati de travailler de suite à un plan pour l'instruction publique; il m'a répondu qu'il était convenu avec Votre Majesté qu'il visiterait d'abord tous les établissements du royaume; qu'il irait en France en faire la comparaison, et que du tout il ferait un projet qu'il espérait pouvoir présenter à Votre Majesté avant trois mois, ce qui se rapporte parfaitement à l'époque que vous avez fixée. »

Eug. à Nap. Milan, 15 juin 1805, à 4 heures du soir.

« Sire, depuis midi que j'ai eu l'honneur de vous écrire, j'ai d'abord entendu la messe, ensuite j'ai reçu le Corps législatif. J'étais assis à la droite du trône, les insignes d'Italie placés sur une table de l'autre côté. Après le discours du président, je lui ai

---

[1] M. Melzi, plus tard créé duc de Lodi, avait, dit-on, trempé dans une conspiration en 1803 et en 1804. Il avait un instant espéré la vice-royauté. Nommé grand chancelier, après avoir été vice-président de la république italienne, il n'était pas content. Il boudait parfois, prenait le prétexte de la goutte pour ne pas paraître et pour se tirer d'embarras, au besoin, sans choquer.

fait une réponse que j'ai l'honneur d'adresser à Votre Majesté; j'ai cru bien faire de la prononcer en italien, et je l'ai fait[1]. Je dois vous dire, Sire (avec la franchise que je mettrai toujours à rendre compte des moindres choses à Votre Majesté), que Méjean a fait le discours, mais cependant en suivant exactement le canevas et les idées que je lui avais données. En rentrant dans mon cabinet, j'ai travaillé avec le ministre des finances, à qui j'ai donné vos ordres; il m'a remis deux projets de décret que j'ai l'honneur d'envoyer à la signature de Votre Majesté. Le budget ne pourra pas être envoyé à Votre Majesté avant mardi, car les sections du conseil législatif y travaillent et ne pourront avoir fini que dimanche. Lundi, je ferai un conseil d'État, et, le soir même ou mardi matin au plus tard, je l'adresserai à Votre Majesté. J'en suis moi-même d'autant plus pressé, que le Corps législatif n'a rien à faire et que j'ai fait remettre la première séance à mercredi prochain. J'apprends à l'instant que le décret pour l'organisation des administrations n'a pas encore été publié, à cause de la grande quantité de fautes existantes dans les tables de la répartition des départements que le conseil d'État avait soumis à Votre Majesté. La section de l'intérieur du conseil est actuellement occupée à les corriger. Je leur fais dire en ce moment d'achever leur travail sans délai. »

« Sire, conformément aux ordres de Votre Ma- *Eug. à Nap. Milan,*

---
[1] Voir le discours plus haut au texte du livre II.

jesté, j'ai écrit à tous les ministres pour leur communiquer vos intentions. Quant au projet de Votre Majesté pour l'école militaire, doit-elle être dirigée par le ministre de la guerre[1], ou bien dépendra-t-elle de Moscati? Si c'est, comme je le crois, du ministre de la guerre, j'attendrai son retour du camp[2]. Je vais dans tous les cas m'occuper de suite de faire faire un projet de décret sur les bases que m'a données Votre Majesté, et j'aurai l'honneur de vous le soumettre.

« J'ai vu ce soir, après dîner, M. Guastavillani : il paraît regretter beaucoup sa première place, et ne se verrait pas nommer avec plaisir au gouvernement du palais de Brescia; il prétend qu'il perdrait dans l'opinion de ses collègues, et qu'il y aurait une grande différence dans ses appointements. Il ne voudrait pas aussi être obligé de résider six ou huit mois de l'année à Brescia. J'ai été beaucoup plus heureux dans ma conversation avec M. de Brême père. Il accepté avec reconnaissance la place que veut bien lui donner Votre Majesté, en me priant cependant, Sire, de présenter quelquefois à votre souvenir, comme il est vieux, qu'il ne reste pas longtemps dans ce premier pas de cette carrière.

« J'ai travaillé avec le ministre de l'intérieur : il m'a présenté peu de choses, quelques échanges de logements que je lui avais demandés, afin de laisser libre la maison que doit occuper le cens, la régie des

---

[1] M. Pino.
[2] Le camp de Montechiaro où Napoléon se rendit en quittant Milan, et où se trouvait le général Pino.

domaines. J'ai beaucoup causé de sa police, qui réellement n'est rien. Il n'a pas encore pu réussir, m'a-t-il dit, à avoir une police dans les salons; avec le temps, j'en promets une à Votre Majesté. J'ai voulu savoir ce qu'était son chef de division de police : il se trouve que c'est un Napolitain. J'ai trouvé cela du dernier ridicule, et je lui en ai dit ma façon de penser; il a fini lui-même par s'en plaindre, par me dire que c'était un homme qui n'était bon à rien, bref, qu'il cherchait quelqu'un pour le remplacer; je réfléchirai sérieusement à cela avant de rien déterminer. Je n'ai pu joindre à ma lettre de ce matin les deux projets de décret du ministre des finances que j'avais annoncés à Votre Majesté, il les avait remportés pour les mettre au net, et m'a écrit ce soir que, désirant y joindre un rapport, il m'enverrait demain le tout. »

« Mon cousin, mon intention est de réunir les deux bataillons de ma garde à pied en un seul régiment, ayant un seul conseil d'administration, de le composer de six compagnies de soixante-quinze hommes chaque, ce qui fera neuf cents hommes à pied. Tous ceux qui existent auront droit d'y rester, de former une compagnie d'artillerie légère à soixante hommes; et enfin de réunir les deux escadrons de cavalerie en un seul escadron, composé de deux compagnies, chacune de cent soixante hommes, dont cent soixante seulement à cheval. Ma garde, ainsi composée, me coûterait environ quinze cent mille francs. Je maintiendrai cette garde comme

Nap. à Eug. Château de Mont-Tirone, 14 juin 1805.

devant servir de passage à ma garde définitive que j'aurai le projet d'organiser de la manière suivante :

« 1° Quatre compagnies de gardes d'honneur, savoir : une de *Milan*, une de *Bologne*, une de *Brescia*, et une dernière, qui aurait le nom de *Romagne*. Elles seraient composées de soixante hommes à cheval et de quarante à pied, et formées de jeunes gens de l'âge de la conscription et même de deux ans au-dessous, pris dans les familles riches, de manière qu'ils puissent verser quatre cents livres de Milan dans la caisse de la compagnie, et avoir en outre une pension de six cents livres :

« 2° Deux bataillons à pied composés chacun de huit compagnies de soixante-quinze hommes chacune et formées par des jeunes gens de la conscription, qui verseraient dans la caisse de ce corps deux cents livres de Milan ;

« 3° Une compagnie d'artillerie de soixante hommes à cheval, et une compagnie de gendarmerie de pareil nombre.

« Il faudrait voir à Milan ce qu'on penserait de cette organisation et des dispositions des jeunes gens, et si on ne pourrait pas les obliger à y entrer en n'admettant pas de remplacement pour la conscription dans la ligne. Cette garde ainsi organisée, on laisserait insensiblement dépérir la première. Mon but, en appelant ainsi les jeunes gens des principales familles, est de faire une révolution dans les mœurs. On donnerait des maîtres pour l'éducation de cette jeunesse. Les soldats de la garde auraient le privilége d'entrer au bout de deux ans dans les corps, comme sous-lieutenant pour les gardes d'honneur et de sergent pour la garde à pied. Cette garde organisée, on aurait ainsi organisé la nation. »

« Mon cousin, il me semble qu'il serait convenable que M. Moscati s'occupât à Milan de l'organisation de l'instruction publique. Visiter les établissements du royaume ne lui apprendra rien de plus. Aller à Paris, il n'en rapportera pas des renseignements meilleurs que ceux qu'il trouvera dans le *Bulletin des Lois*. Je pense donc qu'il est convenable de commencer par un premier projet qui dégrossirait le travail, ce qui n'empêcherait pas que M. Moscati ne se rendît en France dans un temps plus opportun.

<small>Nap. à Eug. Château de Mont-Tirone, 14 juin 1805.</small>

« Il me paraît que, tout en criant contre les étrangers, M. Melzi n'avait mis en place que des Napolitains, des Vénitiens ou des Romains. Il est plus naturel et plus convenable d'y placer des Français, et je crois qu'il n'est pas difficile d'en trouver de bons. Je désire que vous supprimiez entièrement la censure *des livres*. Ce pays a déjà l'esprit assez étroit sans l'étrécir davantage. Bien entendu que la publication de tout ouvrage qui serait contraire au gouvernement serait arrêtée. Il faut exiger seulement que, lorsque les libraires auront à mettre en vente un ouvrage, ils en envoient sept jours avant un exemplaire à la police. »

« Mon cousin, je vous envoie le second change- <small>Nap. à Eug. Château</small>

de
ont-Tirone,
14 juin
1805.

ment au projet de décret relatif aux communications de la commission du Corps législatif ; faites-le traduire et envoyez-le-moi rédigé en règle pour que je le signe. Je n'ai point avec moi de secrétaire italien.

« Je vous envoie aussi le décret qui divise le conseil législatif en sections. Je vous enverrai un décret pour nommer membres du conseil des auditeurs MM. Brema, Balcaguini de Ferrare, Paraviccini et Belmonti. Je présume que les deux ecclésiastiques du conseil d'État sont déjà reconnus membres du conseil des auditeurs. J'imagine que j'ai nommé membres du conseil des consulteurs *ad honores* le cardinal Caprara et l'archevêque de Bologne. Faites-moi connaître si M. François Visconti, que vous me proposez, est le mari de madame Visconti.

« Ce n'est pas du palais de Brescia, mais de Bologne, que je désirerais nommer M. Guastavillani, gouverneur, ou je pourrais le nommer conseiller auditeur, puisqu'il n'y a plus de place dans les autres conseils. Vous me proposez un nommé M. Louis Castiglione ; faites-moi connaître s'il a du talent : ces places sont des places de travail. Je vous envoie des propositions de M. Melzi ; elles ne sont que pour vous seul. J'attendrai que j'aie reçu vos observations sur ces propositions ; il me paraît qu'il y en a de bonnes. Mon intention est de composer le conseil des auditeurs de sujets propres à être faits ministres, préfets, et à remplir les hautes places dans l'administration. Consultez et prenez des renseignements sur ces individus, mais tenez les notes que je vous envoie très-secrètes et ne laissez point soupçonner qu'elles viennent de M. Melzi. »

« Sire, je reçois à l'instant les dépêches de Votre Majesté ; je vais m'occuper sur-le-champ d'exécuter vos ordres. Je demanderai à Votre Majesté s'il faut de suite organiser la garde royale d'après le projet que j'ai reçu ce matin, et alors il y aurait beaucoup d'officiers, sous-officiers et soldats à réformer, car il y a déjà seize compagnies d'infanterie et quatre de cavalerie. Je vais cependant mettre ce projet sur le papier, portant en observation tout ce qui se trouverait actuellement excédant, et j'aurai l'honneur de l'adresser à Votre Majesté. Je viens de m'assurer que le cardinal Caprara et l'archevêque de Bologne ne sont point nommés consulteurs *ad honores*. Enfin, nous pourrons avoir conseil d'État aujourd'hui, à deux heures. J'avais ordonné au conseil législatif d'être réuni à quatre heures du matin, et ils n'ont point quitté jusqu'à ce moment. »

<small>Eug. à Nap. Milan, 15 juin 1805.</small>

« Sire, j'ai l'honneur de rendre compte à Votre Majesté du travail d'hier avec le ministre ci-après. En causant avec le ministre du trésor public[1], j'ai appris que les fournisseurs reçoivent leur payement en entier à Milan. Par cette mesure, le trésor perdrait trois, quatre et cinq pour cent à cause de l'échange de la petite monnaie des départements, pour la monnaie courante à Milan. J'ai ordonné au ministre de payer aux fournisseurs un tiers ou un

<small>Eug. à Nap. Milan, 15 juin 1805, 8 heures du matin.</small>

---

[1] M. Veneri.

quart des mandats du ministre de la guerre avec des mandats sur les receveurs des départements ; cette mesure est surtout applicable pour le fournisseur général des fourrages qui fournit dans tout le royaume, qui achète par conséquent dans tout le royaume, et qui peut être payé de même. Je joins à cette lettre un paquet contenant des extraits de différents rapports du ministre de la justice et de celui des cultes. Les pensions des ecclésiastiques se payaient autrefois chaque trimestre, Votre Majesté a ordonné au ministre des finances de n'effectuer ces payements que chaque six mois. Je dois cependant dire à Votre Majesté que cette mesure, excellente pour les finances, puisqu'elle fera gagner trois mois sur cette année, fera beaucoup de tort aux ecclésiastiques, et je puis dire même un mauvais effet dans le public. Les moines, prêtres, etc., seront obligés d'emprunter à un prix onéreux ou bien de mendier pendant les quatre ou cinq mois qui précèdent leur premier payement. Ce serait une grande marque de bonté de Votre Majesté que de remettre en leur faveur les payements comme ils étaient, pour chaque deux mois ou au moins par trimestre.

« J'ai l'honneur de proposer à Votre Majesté M. l'écuyer Aresi pour préfet du palais, ou, ce qui serait mieux, pour l'un des deux maréchaux de logis du palais, sa santé ne lui permet pas de faire un service actif à cheval, et il désirerait cependant rester attaché à Votre Majesté. »

Eug. à Nap.
Milan,

« Sire, je suis sorti, il y a une heure seulement,

du conseil d'État; il y a eu beaucoup de discussions, et j'ai cru pendant longtemps que nous ne pourrions pas finir dans une séance; mais j'ai été plus fin qu'eux : quand j'ai vu que les discussions continuaient, je leur ai observé que nous en avions encore pour bien du temps, si cela n'allait pas plus vite. Effectivement, quand ils ont vu que j'étais dans l'intention de rester en séance, jusqu'à conclusion, ils n'ont plus tant parlé : l'un avait faim, l'autre avait soif, quelques-uns bâillaient; bref, ils ont été plus silencieux; nous avons enfin terminé le projet de loi. Je vais, cette nuit, le faire corriger, imprimer à un exemplaire, y joindre le rapport du ministre des finances, ainsi que les tableaux, et je pourrai, demain soir sans faute, l'adresser à Votre Majesté. J'ai l'honneur de faire savoir à Votre Majesté que M. Visconti (François) n'est point le mari de madame Visconti ; celui-ci est un homme de cinquante ans, qui a voyagé avec fruit en Allemagne, en France et en Angleterre; il est instruit dans l'économie; c'est un parent du dernier archevêque de Milan. D'après tous les renseignements que l'on m'a donnés, il paraît très-propre à remplir la place d'auditeur au conseil d'État. Le décret qui nomme M. de Brême au conseil des auditeurs lui a été envoyé, et il a déjà pris place ce matin au conseil. Je supplierai Votre Majesté, quand elle fera des nominations, n'importe en quel genre, de mettre les prénoms, les qualités, et, s'il est possible, le pays des personnes, car c'est étonnant la quantité de noms semblables qui existent dans le royaume.

13 juin 1805, à 7 h. 1/2 du soir:

« Ce matin, j'ai vu le préfet de police, je lui ai donné une bonne leçon d'activité et de surveillance; je pense que, dans peu de temps, Votre Majesté sera contente de ce genre de service. Je garderai pour moi seul l'état que M. Melzi avait envoyé à Votre Majesté; mais, par la raison que je dois être très-secret sur cet article, je serai obligé de mettre un peu de temps à remplir les intentions de Votre Majesté. »

Nap. à Eug.
Vérone,
16 juin 1805.
« Mon cousin, je vois dans le *Journal de Milan* que c'est le cardinal Duguani qui est nommé évêque de Brescia. C'est une erreur; c'est le cardinal Archetti dont j'ai voulu parler. Renvoyez le plus tôt possible le décret pour que j'en fasse un autre.

« M. Containi m'a écrit relativement à la manière de subvenir aux dépenses de ma maison. J'ai fait mettre, à Milan, deux cent mille livres à la disposition de M. Seveino, et cinq cent mille livres à la disposition de M. Containi. Ces sept cent mille livres doivent être employées à solder les dépenses du couronnement. J'ai ensuite mis, ce mois courant, à la disposition de M. Containi, cinq cent mille francs, pour commencer à payer les dépenses courantes. Il suffit que vous m'apportiez à Plaisance[1] l'état de ce qui a été payé pour le couronnement, et de ce qui reste dû, ainsi que le budget avec vos observations, et j'aviserai à tout. J'approuve que M. Containi ait payé les bijoux de Paris, mais il faut qu'il m'apporte l'état

---

[1] Le prince devait se trouver à Plaisance lors du passage de l'Empereur dans cette ville, mais il ne fit pas ce voyage.

de ces bijoux, afin que j'y mette mon approuvé pour la règle[1].

« Je vous renvoie, signé, le décret relatif aux communications du Corps législatif. J'en ai supprimé les articles 9, 10 et 11 comme inutiles. J'approuve ce que vous avez fait pour les fournisseurs. Je n'ai rien changé à la manière dont le Trésor public fait ses recettes et ses payements. Cette partie est d'une simplicité que nous aurions peine à établir en France. Je soupçonne qu'elle peut donner lieu à des abus; mais je crois que l'indolence naturelle au pays et que l'honnêteté des receveurs, met à l'abri des graves inconvénients qu'un pareil système entraînerait en France.

« Les observations que vous me faites relativement au mode de payement des pensions ne sont pas réelles. Il est indispensable pour l'ordre des finances, et le point de vue sous lequel vous l'envisagez n'est pas le mien; ce n'est pas dans le but d'économiser, cette année, deux millions, mais pour établir un système fixe. Les payements par mois donnent lieu à trop d'embarras, et, comme ils sont toujours aussi certains et aussi sûrs avec le nouveau mode, cela ne fera qu'un mouvement très-léger. Vous me proposerez, à Plaisance, le changement de M. Aresi, et ce qui serait relatif aux officiers de ma maison.

« Si j'ai bien lu votre dépêche, je vois que vous

---

[1] Les bijoux distribués en cadeaux par l'empereur et roi au couronnement.

tenez le conseil d'État à quatre heures du matin ; c'est un peu de bonne heure. »

Eug. à Nap.
Milan,
16 juin 1805,
à minuit.

« Sire ; j'ai l'honneur d'adresser à Votre Majesté, 1° le projet de la loi générale des finances, j'y joins les tableaux de 1804, 1805 et 1806 ; 2° une supplique du conseil d'État sur deux articles du projet ; 3° le rapport du ministre des finances ; 4° les observations du même ministre sur la loi et sur les budgets de 1805 et 1806, deux rapports du même ministre sur les observations du conseil d'État, et enfin les tableaux de détail, dont plusieurs n'ont pu encore être imprimés, faute de temps.

« J'attendrai les ordres de Votre Majesté, relativement à tout ce que j'ai l'honneur de lui adresser aujourd'hui. Si Votre Majesté a la bonté de me renvoyer le décret relatif aux communications du gouvernement avec le Corps législatif, nous en adresserions une copie officielle au président, et ils emploieraient trois ou quatre jours à leur organisation intérieure. Si Votre Majesté nommait le président et les questeurs, voilà le Corps législatif occupé pour une semaine, et cela donnerait du temps pour la loi des finances. »

Eug. à Nap.
Milan,
17 juin 1805,
4 heures
après midi.

« Sire, j'ai l'honneur d'adresser à Votre Majesté le projet de décret du ministre des cultes sur l'organisation des paroisses, réduites au plus petit nombre. J'adresse aussi à Votre Majesté une note sur M. Louis Castiglione ; il est d'une bonne famille de Milan, n'est point parent de la maison Castiglione que connaît Votre Majesté ; il a fait de bonnes études, il a beaucoup voyagé et a écrit la description d'un de ses voyages aux États-Unis d'Amérique ; cet ouvrage est estimé. Il est marié, et il joint à une fortune aisée une très-grande probité ; il est regardé comme un homme de mérite. Il remplit en ce moment la place gratuite de membre du tribunal sociétaire, conjointement avec Moscati. »

« Sire, j'ai reçu pendant le dîner les dépêches de Votre Majesté, et je joins à ma lettre le décret que Votre Majesté m'avait adressé sur la nomination du cardinal Duguani. J'observerai à Votre Majesté que le ministre de l'intérieur lui a déjà envoyé sa nomination à Rome. Quant à la somme de cinq cent mille francs que Votre Majesté croit avoir mise à la disposition de son intendant général, pour ce mois courant, il m'a assuré n'avoir déjà reçu que pareille somme pour les dépenses du couronnement que Votre Majesté a pris sur son compte. Je prie Votre Majesté de croire que je ne ferai point de conseil d'État à quatre heures du matin, à moins d'un cas bien extraordinaire que je ne prévois pas ; mais, sachant que Votre Majesté désirait avoir promptement la loi générale des finances, j'ai été obligé d'ordonner au conseil législatif de se réunir à quatre heures du matin, pour que je puisse avoir pour midi (heure du conseil d'État) le projet rédigé par eux. Votre Majesté sait qu'un projet de loi doit d'abord passer par une des sections du conseil législatif, que cette section en fait un rapport au conseil législatif, qui le

Eug. à Nap. Milan, 17 juin 1805, à 9 heures du soir.

présente enfin au conseil d'État. Je m'occupe journellement avec le général Clarke des comptes du ministre de la guerre et de la nouvelle organisation tant de ses bureaux que de l'armée, c'est-à-dire des nombreuses réformes nécessaires. Toutes ces réformes faites, il y aura cependant une grande dépense encore cette année, car en voilà un petit aperçu. Le ministre a déjà dépensé douze millions cinq cent douze mille neuf cent soixante-dix-sept francs, jusqu'au dernier jour de juin, encore a-t-il laissé en arrière les sommes de deux millions deux cent vingt-deux mille sept cent quarante-trois francs sur les six premiers mois de 1805, et un reste de payement à faire de six cent deux mille cinq cent quatre-vingt-trois francs pour 1804. Partant, le ministre de la guerre devra, au 1er juillet, deux millions huit cent vingt-huit mille trois cent vingt-six francs, ce qui fait qu'il ne lui resterait pas dix millions pour le reste de l'année. Je supplie Votre Majesté d'avoir égard à l'embarras que je trouve pour 1805, répondant d'avance que je ferai tout mon possible pour que pareille chose n'arrive plus à l'avenir. »

Nap. à Eug. Mantoue, 18 juin 1805. « Mon cousin, je vous envoie le projet de loi sur les finances avec les trois états qui y étaient joints. L'état de 1804 est faux, en ce que les crédits accordés aux ministres ne sont pas conformes au texte de la loi. Vous verrez dans ma lettre au ministre des finances comment on doit y remédier. J'ai oublié de lui dire dans cette lettre d'ôter la distinction d'argent et de biens nationaux qui est inexacte, en ce que les biens sont vendus et rentrent en argent au Trésor, tandis que cela pourrait laisser croire à l'Europe qu'on en serait encore aux mesures désastreuses de donner des biens nationaux en payement des services. J'ai noté de ma main, à l'article des dépenses de 1805, les changements que j'ai jugés à propos d'y faire.

« Je porte la recette de quatre-vingt-huit millions six cent soixante-dix mille livres et j'augmente divers crédits. Les circonstances et le temps me manquent; je n'ai pas voulu discuter plus longtemps avec le ministre des finances, mais plusieurs de ces articles me paraissent erronés, entre autres celui du Corps législatif qui ne doit pas coûter quatre cent mille livres, etc. Il faut qu'il m'envoie son budget de 1806, car ce n'est que lorsqu'on aura un budget de 1806 *bien fait*, qu'on pourra asseoir les dépenses de l'intérieur pour cette année-là où il n'y aura plus de dépenses départementales.

« Il faut me renvoyer le projet de loi en écriture, avec les changements que j'ai indiqués, et les tableaux, pour que je signe et la loi et les tableaux : immédiatement après, vous pourrez le renvoyer au Corps législatif ; vous verrez ce que je dis là-dessus dans ma lettre au ministre des finances, dont vous pourrez garder copie. Vous y verrez que je désire qu'on annonce que j'ai le projet d'ouvrir un grand canal dans le Brescian et d'arrêter les inondations du Reno, et que je le puis dans la position où sont nos finances.

« Je serai encore mercredi et jeudi à Mantoue.

J'ai passé ma matinée à cheval; je suis appelé par d'autres affaires dans ce moment-ci, je vous expédierai un autre courrier avant de me coucher.

« *P. S.* Je ne sais pas qui nommer président au Corps législatif, présentez-moi des notes; je voudrais un homme qui eût de la considération dans son département par ses richesses. »

Eug. à Nap.
Milan,
18 juin 1805.
au matin.

« Sire, hier, au conseil des ministres, j'ai parlé de l'organisation de leurs bureaux; je leur ai dit que ce n'était pas avec le grand nombre d'écrivains, mais bien par le choix qu'ils en feraient, que leur besogne pouvait mieux se faire. Chacun d'eux m'ayant répondu que leurs bureaux étaient encombrés par de vieilles gens de quarante ans de service, qui n'y voyaient plus clair, j'ai dû leur dire de les réformer. Ils m'ont demandé si on ne leur accorderait pas de pensions. Cela eût été assez cher, vu la grande quantité. J'ai donc pensé à un expédient : sachant comme c'est établi dans quelques bureaux, en France, je leur ai proposé le parti suivant : Faire une retenue d'un jour par mois d'appointements à chaque employé au bureau, et distribuer aux employés réformés, par rang de temps de service, ladite retenue. Ils m'ont paru adopter ce projet, et j'espère, à compter du 1er juillet, pouvoir le mettre à exécution. Je prie Votre Majesté de vouloir bien me répondre sur l'article de la formule que je devrai prendre pour les arrêtés ou décrets que je serais obligé de faire. »

« Sire, il y a eu ce matin conseil d'État; deux projets de loi ont passé après de légères discussions; l'un, du ministre des finances; l'autre, du ministre de la guerre. J'aurai l'honneur de les envoyer, par le premier courrier, à Votre Majesté. J'adresse aussi à Votre Majesté la lettre que j'ai écrite au ministre de l'intérieur, relativement à la levée de la censure des livres et à la police qu'on doit exercer sur leur publication. »

Eug. à Nap. Milan 18 juin 1805, au soir.

« Mon cousin, les huit mille livres de pension accordées à M. Oriani sont comme récompense de services rendus; les quatre mille livres qu'il reçoit comme professeur, il doit les conserver tant qu'il exercera ses fonctions. Les quinze cents livres qu'il touche pour la carte, il doit les conserver également pendant ce travail, qu'il conviendrait peut-être de réunir au cadastre. Les quinze cents livres qu'il reçoit comme membre de l'Institut, il doit les conserver également; ainsi il gardera les quinze mille livres dont il jouit.

Nap. à Eug. Mantoue 19 juin 1805.

« M. Appiani a six mille livres comme premier peintre du roi; il doit conserver les quinze cents livres qu'il a comme membre de l'Institut; quant aux quinze cents livres comme commissaire des beaux-arts, ses fonctions paraissent rentrer dans celles de premier peintre; si cependant il est soumis, à ce titre, à un travail particulier, il doit les conserver également. Le principe qu'on ne peut cumuler deux traitements est un principe de rigueur, et ne doit pas s'appliquer à des hommes de grand talent, qui peuvent remplir plusieurs fonctions. Je remarque que le ministre de l'intérieur s'adresse au secrétaire d'État pour avoir des explications; cette marche est irrégulière, elle constituerait premier ministre le secrétaire d'État. Le ministre doit consulter le prince dont il exécute le décret. Quand, pour la commodité usuelle, il adresse au secrétaire d'État des demandes d'explications pour les faire passer au travail, elles doivent toujours être adressées au vice-roi. »

Nap. à Eug. Mantoue, 1ᵉʳ juin 1805.

« Mon cousin, je reçois votre circulaire au ministre de l'intérieur. Il est inutile de parler de la France : cela peut se faire en conversation ; mais, les circonstances n'étant pas les mêmes, ce n'est ni de la bonne logique ni de la bonne politique que de citer la France ou un autre pays. La circulaire est trop étendue, l'autorité raisonne moins et s'explique plus brièvement. Vous auriez mieux écrit en six lignes :

« *Monsieur Félici, ministre de l'intérieur* (à ce propos, il est nécessaire que vous arrêtiez votre protocole, soit pour commencer, soit pour finir vos lettres, afin d'avoir de l'uniformité et de la dignité). *L'inten-*
« *tion* de Sa Majesté est que la magistrature de révision
« soit supprimée, et qu'aucune espèce de censure ne
« soit exercée sur la presse, et que, dans le cas de
« la non connaissance de l'auteur, le libraire soit
« responsable de ce qu'il y a, dans l'écrit qu'il dé-
« bite, de contraire à l'ordre public, à l'intérêt ou à
« l'honneur des particuliers. Sa Majesté entend ce-
« pendant que, sept jours avant de mettre un ouvrage

« en vente, une copie en soit envoyée au ministre
« de l'intérieur, afin que, s'il contient quelque chose
« de contraire à l'ordre public, la publication en
« puisse être arrêtée; l'ouvrage pourra aussi être
« arrêté toutes et quantes fois il sera reconnu
« contraire au gouvernement et au bien public.
« Présentez-moi donc un projet *de décret* pour at-
« teindre ce but. »

« Votre circulaire a l'inconvénient de contenir, en quatre pages, un grand nombre de dispositions législatives et réglementaires. Une lettre à un ministre ne doit avoir pour objet que de lui donner l'initiative pour qu'il vous présente un projet de décret, ou que de discuter quelques points relatifs à l'exécution d'une loi ou d'un règlement existant; mais, lorsqu'il s'agit de peines, on ne peut parler que par une loi, un règlement, un décret. »

« Mon cousin, je vous envoie un décret pour l'armement des places du royaume. Si ce que je demande par ce décret peut m'être remis à Plaisance, ce serait un grand bien. Il y a de l'anarchie et de la confusion dans l'artillerie et dans le génie, il faut y mettre de l'ordre. L'artillerie qui est dans les places d'Italie appartient au royaume d'Italie, les dépenses qui s'y feront seront à ses frais; ainsi tout est facile à simplifier. Il faut que tous les mois on me remette un état pareil à celui qu'on me remet en France, de toutes les bouches à feu, armes portatives et approvisionnements de guerre, que j'ai dans toutes les places. Vous verrez, par deux autres décrets que je

Nap. à Eug.
Mantoue,
19 juin 1805.

vous envoie, que je veux établir une ligne télégraphique à Mantoue et une à Milan, qui sera d'une grande utilité pour transmettre promptement des ordres sur l'Adige. Recommandez à celui qui sera chargé de l'exécution de placer le plus loin possible de Mantoue la première station de cette ligne, afin que, cette place étant assiégée, la correspondance ne fût pas interceptée. Les projets du canal de Brescia et des travaux du port de Volarno et du Reno peuvent être publiés. Donnez l'ordre au ministre de l'intérieur de nommer des ingénieurs pour la confection de ces projets. »

<small>Nap. à Eug.
Mantoue,
19 juin 1805.</small> « Mon cousin, je vous envoie le projet de décret sur les paroisses. Je n'ai pas besoin de règles générales, ce tableau n'explique pas assez; je ne veux pas supprimer des cures, mais les réunir. En principe de l'Église, ce n'est pas la même chose; ainsi, il faut dire : Art. 1er. La paroisse A, la paroisse B, sont réunies à la paroisse métropolitaine de Milan; la paroisse C et la paroisse D sont réunies à la paroisse de Sainte-Marie Dei Servi; ainsi de suite. Les curés des paroisses *réunies* seront attachés aux cures conservées, comme vicaires, et jouiront de leur traitement; à leur mort, leur traitement sera réuni à celui du curé, qui sera tenu de fournir à ses vicaires un traitement convenable; cela est simple.

« Renvoyez-moi le projet rédigé ainsi. Il faut que le ministre des cultes s'accoutume à cette manière de faire, c'est l'art d'éviter des difficultés. »

« Mon cousin, faites connaître aux particuliers de Milan et de Pavie qui demandent à jouir du transport de leurs fruits chez eux que j'avais ordonné qu'on me fît un rapport sur leur réclamation, et que je prendrai à Gênes un décret qui établira la réciprocité pour mes sujets de France et d'Italie. Quant aux indemnités, il n'en a jamais été accordé à personne, ni en Suisse ni en Allemagne. Ce n'est que pour des biens perdus qu'on a droit à des indemnités, mais non pour des biens dont on jouit, et qui sont seulement soumis aux règles du pays où ils se trouvent situés. »

Nap. à Eug. Mantoue, 19 juin 1805.

« Mon cousin, j'ai mis une somme de cinq cent mille francs à la disposition de M. Contaïni, puisque je l'ai portée dans le décret des crédits des ministres. Je ne sais pas bien si c'est pour juillet, mais je crois avoir porté cinq cent mille francs en juillet et cinq cent mille francs en août.

« Dans plusieurs papiers que je vous ai envoyés sur le cérémonial des vice-rois, vous verrez la formule que vous devez prendre pour les décrets. Je ne vois pas d'inconvénient qu'on accorde la permission de porter l'uniforme et de former une compagnie de gardes d'honneur dans toutes les villes où j'ai passé. »

Nap. à Eug. Mantoue, 19 juin 1805.

« Mon cousin, je désirerais que vous fissiez faire un état de ce qu'a coûté le cordon de sanité pendant les années de 1804 et 1805 pour tous les ministères, et que vous fissiez viser ce compte par une commission du conseil d'État.

Nap. à Eug. Mantoue, 19 juin 1805.

« Je vous renvoie les deux décrets signés; vous verrez que, dans le budget particulier du ministre des finances, je n'accorde que cinq millions pour les pensions ecclésiastiques de 1805 et six cent mille livres pour les pensions civiles. Cela n'implique point contradiction avec ce que j'ai fait mettre dans la loi sur le budget de 1805, puisque je me réserve d'accorder davantage, s'il le faut. J'ai réduit les sommes portées dans l'état à onze millions sept cent quatre-vingt-douze mille livres. Vous le ferez recopier conformément à la minute que je vous envoie. Il me faudrait le même budget pour le ministère de l'intérieur et pour les autres ministères. Il faudrait faire dresser l'état de ce qu'a coûté aux différents ministères le passage du saint-père pour l'aller et le retour, et soumettre également ce compte à la révision d'une commission du conseil d'État.

« Je m'aperçois que tous les états à l'appui du compte des finances ne sont pas imprimés : je vous les renvoie pour que vous en fassiez achever l'impression.

« Dites au ministre des finances que le dernier règlement sur la justice, qui est en vigueur depuis le 1er janvier 1805, bien loin d'augmenter le produit des droits de justice, les a diminués partout. Ce règlement est vicieux, mais on va y remédier par le nouveau règlement; il faut qu'il soit calculé de manière qu'il ne coûte pas plus que celui qu'on fait actuellement.

« On m'assure que Lacarrière-Méricourt, que j'avais fait mettre en surveillance à Mantoue, et ensuite enfermer dans la citadelle de Milan, a été vu dans les rues de cette dernière ville. Donnez des ordres pour qu'il soit arrêté et enfermé étroitement. C'est un très-mauvais sujet et un coquin de la première espèce.

« *P. S.* Faites mettre dans la *Gazette de Milan* quelques articles sur mon voyage. »

« Sire, j'ai donné ce matin quelques audiences particulières : c'étaient des pétitionnaires, des demandes de places, etc., et, vers trois heures, j'ai travaillé avec le préfet de police. Il m'a remis un projet d'organisation pour ses bureaux et son service. Il n'est réellement point assez payé pour ses dépenses secrètes. Il n'a coûté, en 1804, que trente-quatre mille francs, et aussi n'avait-il qu'une simple police de cabaret. Je commence à être depuis deux jours beaucoup plus content. J'ai déjà reçu un rapport sur l'esprit public et quelques bonnes notes sur les salons. J'ai dit hautement aux ministres que je ne voulais point d'autre police que celle reconnue par le gouvernement, et que le temps employé par eux à leur police était beaucoup plus nécessaire à leurs travaux. J'ai monté à cheval à cinq heures pour visiter quelques casernes, qui vont être occupées par ce qui reste de la garde royale et de la garde impériale. Une partie des troupes qui sont destinées à tenir garnison à Milan arrivent demain, et l'autre partie les jours suivants. Milan va être un peu gênée de toutes ces troupes ; car, même pendant qu'on va arranger le casernement du 1ᵉʳ de hussards, j'ai été obligé de l'envoyer à Vigerano, qui n'est que d'une journée

<small>Eug. à Nap.
Milan,
19 juin 1805
au soir.</small>

distant de Milan. Demain je fais partir aussi les sapeurs, dont Votre Majesté n'a point parlé, pour Novare. Il y aura à Pavie : l'artillerie, les ouvriers d'artillerie et les pontonniers. Si Votre Majesté y consentait, on pourrait envoyer à Mantoue les sapeurs et les mineurs : il est plus simple qu'ils soient, de préférence à toute autre troupe, employés à des travaux de fortifications. Ils ne peuvent que gagner à l'habitude du travail de ce genre. Au reste, à Plaisance je prendrai les ordres définitifs de Votre Majesté, car il y a mille petits détails à soumettre à votre décision :

« 1° Pour le parc d'artillerie qui est à Plaisance, s'il doit être à Pavie sous la direction immédiate de l'artillerie italienne ;

« 2° Quels seront les commandements des places que Votre Majesté accordera à des officiers français : il en existe déjà dans les trois quarts des places ;

« 3° De quels travaux seront chargés les officiers du génie italien, etc., etc.

« J'ai l'honneur d'adresser à Votre Majesté une organisation pour la garde royale d'après les idées que j'en ai reçues. Votre Majesté verra dans une table ce qui existe actuellement, ce qui existerait en adoptant la nouvelle organisation, et enfin, dans ce dernier cas, ce qu'il y aurait à réformer. Il y est joint un aperçu de la dépense d'une année, ayant tout calculé sur le pied de la garde impériale. Votre Majesté verra que cela dépasse deux millions de Milan[1]. »

---

[1] Un million de Milan faisait sept cent soixante-huit mille francs de France.

« Mon cousin, demandez au ministre des finances des renseignements sur le domaine qu'on pourrait accorder à M. Melzi. Il est convenable que dans cette session les orateurs du conseil d'État proposent au Corps législatif un projet de loi sur cet objet.

Nap. à Eug.
Mantoue,
20 juin 1805.

« Occupez-vous de faire faire des projets de décoration pour l'ordre de la Couronne de fer par Appiani.

« Le palais de Mantoue est très-mal entretenu ; le palais du Thé est aussi très-mal entretenu. Mon intention est de prendre l'un et l'autre, et d'en mettre l'entretien à la charge de ma liste civile. Mantoue est d'ailleurs un point important où il est bon de passer un mois tous les hivers. Cette place est le boulevard du royaume. Vous direz à M. Containi de comprendre dans le budget des dépenses ce qui est nécessaire pour les gouverneurs, les concierges, etc., de ces palais. Il faut que cela soit fait en novembre, car il est probable que je vous écrirai vers ce temps de venir passer un mois à Mantoue.

« Je vous envoie des décrets pour des plantations d'arbres. Si le ministre de l'intérieur dort, cela ne sera pas fait. Mon intention est de planter aux frais de la couronne le terrain de la porte de Cérèse. Parlez à M. Containi pour savoir où l'on prendra ces arbres. Je ne sais où il y a des pépinières ; mais les arbres propres au sol de Mantoue ne doivent pas être difficiles à trouver, puisque ce sont des arbres aquatiques et de marais. Faites faire un projet de plantation d'arbres dans le forum Bonaparte, et faites préparer ce qui est nécessaire pour y planter en novembre et dans la saison de l'hiver deux ou trois cent mille pieds d'arbres et des bosquets. Il faudrait voir aussi s'il n'y aurait pas moyen d'acheter et de payer en rescription des domaines les jardins qui entourent la promenade de Milan pour l'agrandir autant que possible, et les faire planter en arbres et en bosquets. Ce sont des choses que vous devez préparer et sur lesquelles vous prendrez des décrets quand j'aurai passé les Alpes : ce sera utile et agréable à la ville de Milan. Vous m'enverrez les décrets avant de les publier, afin que je voie s'ils sont dans la forme voulue.

« Il faut que M. Paradisi se mette sérieusement à la tête de sa besogne. Eaux, canaux, chemins, tout cela le regarde sous la direction du ministre de l'intérieur.

« La fonderie de Pavie mérite toute votre attention; on m'assure que le fondeur est très-mauvais. Faites-vous rendre compte si l'on a donné à cette fonderie les eaux et les jardins, comme je l'avais ordonné.

« Faites-moi connaître quels sont les bijoux qui sont au Trésor propres à donner en présent. Il doit y avoir une boîte sur laquelle j'ai ordonné qu'on mît mon portrait. »

Nap. à Eug.
Mantoue,
20 juin 1805.

« Mon cousin, je vous envoie mon décret sur la formation de la garde royale. Vous pouvez le faire imprimer et publier. Le ministre de la guerre ordonnera que ceux qui voudraient y entrer se fassent inscrire chez le préfet de leur département; en même temps vous me présenterez quatre commandants pour les corps et douze capitaines pour les vélites, en vous étudiant à choisir des hommes ayant de la fortune, de la popularité et de l'influence. Vous enverrez à Paris ce qui est nécessaire pour compléter la garde de ligne ; à mon arrivée je l'organiserai moi-même. Quant au reste, vous enverrez de la gendarmerie, et vous ferez ce que disposera le ministre de la guerre. Il me semble que M. Martingo, qui a servi, qui de tout temps a été attaché et qui vient de commander la garde d'honneur de Brescia, pourrait commander la compagnie de Brescia. Vous ferez le règlement pour les masses et le casernement ; vous en ferez faire la revue, et vous me ferez connaître ce que cela coûtera ; vous réglerez aussi les uniformes. Les gardes d'honneur auront le plus riche, ensuite les vélites. Vous ferez un règlement pour le service, vous êtes en état de le faire mieux qu'un autre ; vous réglerez le service dans le palais et pour les escortes, en donnant le premier poste aux gardes d'honneur, le second aux vélites, et le troisième aux gardes de ligne. Si les inscriptions volontaires ne sont pas suffisantes, on pourrait revenir sur les remplacements de la conscription de 1804 ; ce qui va revenir de la conscription de 1805 et de 1806 complétera seulement les compagnies. »

« Mon cousin, je vous envoie une pétition de la famille Gonzague, de Mantoue. Si cet exposé est vrai, rien n'est plus injuste que la confiscation qu'elle a essuyée. Elle était dans le cas de souffrir la perte de ses droits féodaux, mais non la confiscation

Nap. à Eug. Mantoue, 20 juin 1805.

des maisons, terres et moulins qu'elle possédait. Je n'ai voulu prendre aucune décision avant de savoir ce que le ministre des finances, le grand juge et les gens de Milan, qui connaissent cette affaire, en pensent. Je désire avoir un mémoire qui me fasse connaître de quel droit le domaine s'est saisi de ces biens, ayant à cœur de rendre à cette famille la justice que tous mes sujets ont droit d'attendre de moi. L'aîné de cette famille Gonzague vit à Venise : il est convenable de le faire rentrer dans sa patrie. Faites-lui écrire par le ministre de l'intérieur que mon intention est qu'il vive chez lui ; qu'à défaut de cela, le fidéicommis dont il jouit sera donné à ses frères. Le ministre de l'intérieur lui accordera jusqu'au 1er août pour tout délai.

« Il faudrait faire l'état des hommes les plus considérables de Milan, Mantoue, Bologne, Brescia, et qui se trouvent à Venise ou à l'étranger, afin de prendre selon les circonstances des mesures pour les faire rentrer.

« Je vous envoie un décret par lequel j'accorde aux grands officiers de ma couronne une rente sur l'économat équivalente à celle qu'ils doivent avoir en terres jusqu'à ce que leurs commanderies soient organisées.

« Écrivez au ministre des finances de le leur faire toucher. »

Nap. à Eug. Mantoue, 20 juin 1805. « Mon cousin, tenez la main à ce que les officiers, soit français, soit italiens, qui sont en garnison à Mantoue, payent leur logement ; mon intention est que les officiers soient logés, mais j'entends aussi que les propriétaires des maisons soient payés.

« La municipalité prétend qu'elle est créancière d'un million sur l'État ; faites-moi connaître sur quoi sa prétention est fondée.

« La municipalité demande à établir un droit sur les cabarets ; elle prétend que cet exercice lui rendait soixante-treize mille livres. Je vous prie de m'envoyer l'avis du ministre des finances sur cet objet.

« Les villes de Mantoue, Vérone, Brescia, Milan, ont des créances sur la maison d'Autriche. Chargez le conseiller d'État Testi[1] de réunir tous les renseignements sur cet objet, et de faire pour le 1er août un rapport où seront détaillés toutes les créances et les moyens de les recouvrer. »

« Mon cousin, faites mettre dans le journal officiel le mémoire sur le canal de Pavie, que je vous envoie. Faites-y mettre aussi différents articles sur la navigation du Mincio et sur l'utilité dont elle sera. Faites parler aussi dans les journaux des mesures prises pour l'assainissement de Mantoue. C'est en parlant souvent d'améliorations qu'on dirige les esprits vers de bonnes choses et des travaux utiles. Il est nécessaire aussi de faire faire un mémoire raisonné sur tout le travail du Simplon ; tant pour la partie française que pour la partie italienne, en faisant sentir que la France, en participant à plus de

Eug. à Nap. Mantoue, 21 juin 1805.

---

[1] M. Testi fut chargé du portefeuille des affaires étrangères en l'absence de M. Marescalchi, qui devait résider près de Napoléon.

la moitié de ce travail, n'a fait qu'aider les finances du royaume d'Italie, car cette communication est d'un tel avantage pour la Lombardie, que, dans tous les temps, elle en aurait supporté seule tous les frais. C'est surtout dans le moment où l'on est occupé du budget qu'il faut parler beaucoup d'amélioration pour le territoire. »

<small>Eug. à Nap.
Milan,
20 juin 1805,
au soir.</small>
« Sire, j'ai reçu ce matin, à trois heures de distance, vos deux courriers. Je me suis empressé d'exécuter vos ordres ; j'ai travaillé à cet effet, ce matin, avec les différents ministres. J'aurai de la peine à réunir les comptes du cordon sanitaire, car les préfets n'ont point envoyé toutes les pièces, ils sont même excessivement longs. Au premier coup d'œil je puis épouvanter Votre Majesté, mais l'assurer que la dépense de cet objet n'ira pas loin de huit cent cinquante mille livres, si elle ne dépasse pas. La nature du pays et les sinuosités de nos frontières sont en partie cause d'un si haut prix. Aussitôt que je pourrai avoir ces comptes, ainsi que ceux du voyage du saint-père, je les ferai vérifier par une commission du conseil d'État. D'après la nouvelle constitution, cet objet regardera le conseil des auditeurs ; ils ne sont que trois dans ce moment, y compris M. de Brême dont, jusqu'ici, je n'ai qu'à me louer. Je n'ai pu encore voir M. Melzi. J'y ai envoyé hier un des écuyers de Votre Majesté ; il est toujours malade. Je n'ai donc pu lui parler de M. Bossi. Cependant, plus j'en prends des renseignements, plus je vois qu'on s'accorde à dire que c'est un homme de moyens,

mais qui jouit de la plus mauvaise réputation. Je prends, tant qu'il m'est possible, des notes sur les personnes dont Votre Majesté m'a envoyé la liste; j'espère avoir fini pour en porter le résultat à Plaisance. On m'a beaucoup parlé ici d'un M. Romagnoli, vice-préfet à Cezena, qui est d'une grande famille, très-riche, de beaucoup de moyens, et qui ne remplit cette place que pour faire du bien dans le pays. Votre Majesté peut aisément, de Bologne, prendre des renseignements peut-être plus exacts. Quant au nommé Lacarrière-Méricourt, il est à Mantoue, renfermé à la citadelle, d'après le rapport du préfet de police. Cependant je lui ai toujours donné l'ordre de le faire rechercher ici. Il ne sera pas très-difficile de l'arrêter, s'il y est effectivement, parce qu'il est très-connu à Milan. Votre Majesté trouvera ci-joint le rapport du préfet de police. J'ai l'honneur de joindre à cette lettre :

« 1° La loi générale des finances, avec les corrections par Votre Majesté, ainsi que le rapport du même ministre; 2° la copie d'un projet de décret que j'ai cru devoir prendre; il est nécessaire pour que les départements ne cessent point un moment d'être administrés. Le ministre de la guerre m'a proposé un décret qui me paraît bien sage : c'est de cesser de payer à la garnison de Milan l'indemnité dont elle jouissait sous le prétexte de la cherté des vivres en cette ville, ce qui est absolument faux, car dans beaucoup de départements la vie est plus chère; j'ai cependant suspendu ma décision afin de demander celle de Votre Majesté. Je fais écrire en ce moment à Maret, afin de le prier de nous traiter aussi bien qu'il traite le *Moniteur*, c'est-à-dire de nous envoyer les faits principaux de votre voyage, afin d'en pouvoir faire, ainsi que vous le désirez, une relation dans les journaux. »

Nap. à Eug.
Bologne,
21 juin 1805.

« Mon cousin, je vous envoie le projet de décret général sur les finances, à envoyer au Corps législatif.

« Vous demandez des détails sur mon voyage; les gazettes des lieux où je passe en parlent : ainsi faites-vous donner celles de Brescia, Vérone et Bologne, et faites-les mettre dans le journal officiel, en indiquant la gazette dont les extraits sont tirés. Ayez soin aussi d'envoyer au *Moniteur* le *Journal officiel d'Italie*. Je ne suis arrivé qu'aujourd'hui, vendredi, à Bologne; j'y resterai samedi et dimanche, et je passerai le lundi à Modène, et je serai mardi à Parme. Il suffira donc que vous soyez mercredi à Plaisance. »

Nap. à Eug.
Bologne,
21 juin 1805.

« Mon cousin, voici ma réponse au mémoire du ministre des cultes : Il n'y a pas besoin d'évêque dans la Valteline, et je préfère que l'évêque de Côme administre le diocèse de la Valteline. Il serait à souhaiter que nous n'ayons qu'un diocèse par département; mais, comme ces choses, que je déteste le plus, les querelles et les tracasseries de religion, sont au premier rang, je laisserai les choses comme elles sont. Je réunirai, par exemple, l'évêché de

Carpi, auquel on n'a point donné de traitement dans le tableau, à l'évêché le plus voisin. Je laisserai aux évêques la portion de leur diocèse qu'ils ont en pays étranger, mais je soustrairai toutes les paroisses du royaume qui sont sous la juridiction d'évêques étrangers, en les réunissant aux évêchés les plus proches. La cathédrale de Vérone étant dans la ville italienne, mon intention est d'y établir l'évêque de Vérone; l'autre se nommera comme on voudra[1]. Quant aux formalités à suivre, qu'on fasse un projet de bulle fondée sur les projets que je viens d'indiquer, de manière cependant qu'il n'y ait pas un évêché qui n'ait au moins cent trente mille âmes, et qu'on dénomme paroisse par paroisse ce qui forme la circonscription de chaque diocèse; je la ferai adopter par la cour de Rome, et tout se trouvera ainsi terminé. »

« Mon cousin, je reçois votre lettre du 20 juin; je ne vous ai point parlé des sapeurs, parce que j'ai pensé que ces troupes étaient à la disposition du génie pour les travaux; dirigez-les, sans délai, sur Mantoue, et faites écrire par le ministre de la guerre au général Chasseloup, d'envoyer à Légnago, à Peschiera et à la Rocca d'Anfo la partie qui est nécessaire.

Nap. à Eug. Bologne, 21 juin 1805.

« En mettant à Milan deux régiments d'infanterie et trois de cavalerie, j'ai eu pour but que vous

---

[1] La partie de Vérone située sur la rive droite de l'Adige appartenait au royaume d'Italie, la partie sur la rive gauche aux États autrichiens.

puissiez veiller directement à leur instruction. C'est ce dont vous devez vous occuper sérieusement, parce que cela vous conciliera l'attachement de la jeunesse italienne, et, lorsque vous aurez quatre ou cinq régiments bien instruits, vous aurez un bon fonds d'armée. Je pense que vous pourriez très-bien aller à la parade tous les jours, et le matin à une heure fixe pour aller voir exercer les recrues. L'armée russe n'a été organisée par l'empereur Paul, et les troupes prussiennes par le grand Électeur, que parce qu'ils s'occupaient ainsi eux-mêmes des détails; cela est moins nécessaire en France, où, depuis un temps immémorial, il y a un fonds d'armée considérable. Vous, et vous seul, pouvez former les troupes; je ne crois pas qu'il y ait de général italien qui le sache. Quand ils verront que vous vous en occupez, ils s'y mettront aussi par la crainte de disgrâce; et, en effet, il faudra mettre de côté ceux qui n'y entendent rien.

« Envoyez toute l'artillerie à Pavie, afin que dans cette place soit concentrée toute l'artillerie italienne. Mon intention est de réduire les pontonniers à une seule compagnie, et, dès ce moment, vous pourriez ordonner au ministre de la guerre de procéder à cette réforme.

« Je ne vois pas d'inconvénient à ne donner aucun supplément de solde à Milan. Cela ne se fait à Paris que depuis peu de temps, et, si je ne l'ai point réformé, c'est que le service du soldat est tel, qu'il n'a que trois nuits de libres.

« Je vous ai écrit pour les conscrits, il faut une loi

sur cet objet. Je vous ai envoyé un décret pour ma garde, il est rédigé d'une manière toute différente; vous verrez facilement que mon but est d'attirer dans l'état militaire toute la jeunesse. »

« Sire, j'ai l'honneur d'adresser à Votre Majesté un rapport particulier du ministre de la justice, sur les assassinats commis dans le département de l'Agogna, depuis le 27 avril jusqu'au 12 juin; j'ai déjà donné des ordres pour que la gendarmerie redouble de surveillance, et, si ces événements continuaient, on pourrait mettre une compagnie de hussards à Novare et environs, qui seconderaient la force publique. Je joins aussi à ma lettre la réponse du ministre de la guerre, sur l'ordre que je lui avais donné relativement aux officiers italiens et français qui ne payaient point leur logement. J'ai oublié de parler à Votre Majesté, dans ma dernière lettre, des deux notes que j'y avais jointes. Elles sont du conseiller d'État Testi, et je sais par moi-même que beaucoup de propriétaires du département de l'Agogna ont vu, avec infiniment de peine, le décret de Votre Majesté sur la Sésia. Un simple arrêté de Votre Majesté, qu'il n'y aurait rien de changé au système d'irrigation jusqu'à nouvel ordre, remettrait la tranquillité parmi un grand nombre de personnes. J'adresse à Votre Majesté un extrait de différents rapports des délégués de police riverains de l'Adige. Votre Majesté verra la lettre C, écrite de Rovigo. Combien ce pauvre M. Christophe Manrigoni a peur! il fait déjà ses paquets. Je joins aussi à la présente

Eug. à Nap.
Milan,
21 juin 1805,
au soir.

un rapport du ministre des cultes sur plusieurs informations dont l'avait chargé Votre Majesté. J'ai reçu, ce soir, à sept heures, le courrier de Votre Majesté. Je vais m'occuper, ce soir et demain matin, de donner tous les ordres contenus dans les lettres dont m'a honoré Votre Majesté. J'observerai à Votre Majesté que, si elle nomme un évêque de Vérone pour la partie du diocèse située de ce côté de l'Adige, il faudra le doter, car tous les biens actuels sont de l'autre côté; je vais faire toujours préparer le travail au ministre des cultes; je prie Votre Majesté de s'armer de patience si ses ordres ne sont pas remplis aussi exactement et aussi brièvement qu'elle le désirerait; mais, dans ce pays-ci, il faut du temps, et beaucoup de temps, pour leur faire faire quelque chose; et plusieurs décrets, adressés un même jour à une même personne, sont en état de lui faire perdre la tête. La police de Milan ne parle point de faits graves. Un courrier de M. de Talleyrand a été arrêté et pillé près de Lodi. »

Eug. à Nap. Milan, 24 juin 1805, au matin.

« Sire, j'ai enfin obtenu du ministre de l'intérieur les noms de tous les employés des départements. J'apporterai cet état à Plaisance, car il sera indispensable de prendre un arrêté pour continuer les fonctions jusqu'à nouvel ordre à une partie de ceux qui y sont présentement, d'autant plus que je n'ai pu avoir du ministre des noms de riches propriétaires; il m'a dit qu'il lui fallait beaucoup de temps pour cela, et que d'ailleurs ceux dont il me présentait la liste étaient tous propriétaires; il a raison pour une grande partie. Je prie Votre Majesté de me pardonner le malheur qui m'est arrivé. Cette nuit, Méjean m'a apporté plusieurs lettres; à peine en ai-je décacheté une, que je m'aperçois qu'elle était pour vous. Je vous jure, Sire, que je n'ai lu que les trois premières lignes, et je puis bien vous assurer qu'à l'avenir cela n'arrivera plus, parce que je ferai en sorte que celui qui m'apportera mes lettres et moi soyons plus éveillés. J'ai l'honneur d'adresser à Votre Majesté les budgets du ministre de l'intérieur pour 1805 et 1806. Je ne pense pas que pour 1805 on puisse rien diminuer, parce que nous voilà à la moitié de l'année et qu'on ne peut se dispenser de donner encore quelque traitement à ceux qu'on pourrait réformer. Mais je me chargerai volontiers de faire sur 1806 une réduction de quatre à cinq cent mille francs. J'ai donné au ministre de la guerre l'ordre de réduire à une compagnie les pontonniers. Comme, d'après le travail que j'ai fait avec le général Clarke, et même d'après ce que m'avait fait l'honneur de me dire Votre Majesté, les sapeurs devront être réduits à quatre compagnies au lieu de neuf, j'ai fait préparer ce travail par le ministre de la guerre, et je demande à Votre Majesté l'autorisation de les organiser ainsi pendant qu'ils sont encore à Novare, avant de les mettre en route ; car cette organisation serait difficile à faire une fois qu'ils seraient à la Rocca d'Anfo, Peschiera, Mantoue et Legnago. »

« Mon cousin, ma réponse à la pétition du ministre des cultes est que ce qui est écrit est écrit. Si Nap. à Eug.
Modène,
25 juin 1805.

mon décret sur les cultes n'a rien décidé là-dessus, vous me le représenterez à Plaisance. S'il a décidé quelque chose, je ne puis y revenir.

« Je vois annoncé dans le *Journal de Milan* que le cardinal Duguani a été transféré à Ferrare. Le secrétaire d'État a eu bien peu d'esprit de ne point faire dire que c'était une erreur, et qu'au lieu de Duguani, il fallait lire Archetti ; c'est prêter au gouvernement des inconséquences. Ces choses-là sont plus importantes qu'elles ne paraissent.

« Je désire que, lorsque vous m'écrirez, vous mettiez à la date le jour de la semaine. Il paraît que vous serez à Plaisance le mercredi à midi. Il n'est pas sûr que je sois jeudi à Plaisance.

« *P. S.* Je pense que les ministres se trouveront à Plaisance. »

Nap. à Eug.
Bologne,
5 juin 1805.

« Mon cousin, je m'aperçois, depuis que je parcours le pays, que ce qui est arrivé aux Gonzague est arrivé à soixante autres personnes, et entre autres aux Lambertini ; c'est-à-dire que, par une disposition dont je ne conçois pas le principe, non-seulement on a supprimé le droit féodal, mais encore on s'est emparé de la terre sur laquelle le droit féodal était assis, comme la Convention a fait en France (ce qui est une injustice réelle, car cela ne pouvait se faire, comme l'avait fait l'Assemblée constituante, qu'en mettant la condition de rachat); mais on a trouvé qu'elle avait été trop modérée, et on s'est emparé du fonds. Faites faire un rapport sur cet objet par la commission de législation, et demandez au ministre des finances un mémoire sur ce que cela a rendu. C'est une injustice qui ne peut être tolérée, à moins que ces dispositions n'aient été autorisées par quelque usage du pays, qui, jusqu'à présent, n'est point à ma connaissance. »

« Mon cousin, mon intention est de faire accompagner le prince de Lucques, par Parme et Plaisance jusqu'à Lucques, par quatre détachements des gardes d'honneur des principales villes du royaume, de vingt-cinq hommes chacun, et par cent hommes à cheval de ma garde impériale. Le commandant de la garde à cheval de la garde d'honneur de Milan commandera les quatre détachements. Les gardes d'honneur de Pavie, de Lodi et de Côme (s'il y en a une à Côme) formeront un détachement de vingt-cinq hommes à cheval. M. Escolani commandera la garde de Bologne ; son détachement sera composé de celles de Bologne, Céséna, Ferrare et Forlis. M. Martinengo commandera le détachement de la garde de Brescia, qui sera composée de celles de Brescia et Vérone. Le commandant de la garde d'honneur de Modène commandera le détachement de celles de Modène, Reggio et Crémone. Les quatre détachements formeront en tout cent hommes ; vous ferez prévenir pour que tout soit ordonné pour la réunion. Les chevaux seront nourris en route par étapes. Les commandants des quatre détachements jouiront de l'indemnité et des étapes de colonels ; les maréchaux des logis, de celles de capitaines, et les gardes de celles de sous-lieutenants.

Nap. à Eug. Bologne, 25 juin 1805.

« Chargez le ministre de la guerre Pino de cette organisation afin que tout soit prêt dans les vingt-quatre heures.

« Les gardes d'honneur seront prévenus qu'ils sont destinés à accompagner le prince et la princesse de Lucques, qu'ils resteront quinze jours à Lucques, et ensuite retourneront chez eux; vous leur ferez connaître quelle est la marque de confiance que je leur donne, en les admettant à accompagner une princesse de mon sang, et un prince qui arrive à la souveraineté d'un pays allié du royaume d'Italie. »

Nap. à Eug. Bologne, 25 juin 1805.

« Mon cousin, vous trouverez ci-joint deux décrets; l'un ordonne l'établissement d'une promenade et d'un boulevard à Bologne; mon intention est qu'il y ait quatre allées autour des remparts. Vous aurez soin que le projet vous en soit soumis incessamment pour que vous l'approuviez et que la municipalité prenne des mesures pour faire planter les arbres dès l'hiver prochain. Pour subvenir à cette dépense, ainsi que pour améliorer et embellir la promenade qui existe à présent, j'affecte un bien national de deux cent à deux cent trente mille livres que la commune fera vendre.

« Le second projet de décret est relatif à la grande question des eaux du Réno. Après bien des conférences, j'ai été à même de prendre moi-même un dernier parti, et je me suis décidé à ordonner le versement du Réno dans le Pô. Plus ce parti est grand et présente de responsabilité, plus je me suis convaincu qu'il était nécessaire que je le prisse moi-même. J'ordonne que les dix-sept millions des eaux soient liquidés. Je ne vois pas trop pourquoi la commission de la dette publique a refusé de reconnaître cette dette nationale : c'est un engagement que j'ai pris avec la République cispadane il y a plusieurs années.

« Je vais incessamment prendre un décret pour maintenir la balance entre les universités de Bologne et de Pavie ; j'ai trouvé la première dans un état d'infériorité et de nullité qui contraste avec l'abondance et les privilèges de celle de Pavie.

« Père de mes peuples, je ne dois admettre aucune différence entre eux, et je vois que cette partie de mon royaume a été sacrifiée à des intérêts de localité. Quand la politique veut que l'on abonde en toutes espèces de grâces pour un pays qui, après avoir été longtemps capitale, se trouve réduit dans l'état de province, quatre millions pour l'entretien des deux universités ne sont pas trop. Faites imprimer le rapport de M. Aldini sur le versement du Réno dans le Pô, non sous son nom, mais en lui ôtant tout ce qui a un caractère officiel et de rapport, et en le convertissant en un grand article de journal qui paraîtra le lendemain de la signature du décret. Je n'admettrai aucune représentation, et mon intention est qu'on travaille sur-le-champ à jeter le Réno dans le Pô.

« J'ai été extrêmement satisfait de la ville de Bologne. Cette ville et Brescia sont les plus importantes, les plus énergiques et les plus méritantes du royaume. Milan aurait tort d'être jalouse de qui que ce soit, puisqu'elle est la seule ville du monde qui ait tout gagné en si peu de temps et avec si peu de sacrifices; d'ailleurs je ne me refuserais pas à lui donner un bien national de deux cent mille francs pour établir sa promenade dans le meilleur état.

« Je vous ai envoyé des notes pour l'achat d'une maison. Comme la construction d'un palais est un ouvrage qui ne peut être fini qu'en douze ou quinze ans, l'achat d'une maison de campagne est d'autant plus utile, qu'il est essentiel pour l'intérêt de l'État que vous passiez un mois au moins chaque année dans le pays. »

<small>Nap. à Eug.
Bologne,
25 juin 1805.</small>

« Mon cousin, je vous envoie le décret sur la conscription. Il n'y est pas rappelé que les dispositions de la loi de 1802 sont maintenues, parce que cela est de droit qu'une loi a son effet naturel tant qu'elle n'est pas rapportée, et que, quand on revient sur ces choses-là, cela finit par mettre du désordre dans l'administration. Il n'est pas dit, par la même raison, que les départements qui n'ont pas fourni leur contingent de la conscription de 1802 et de 1803 doivent le fournir, parce que cela va de droit. Vous ne m'expliquez pas pourquoi les particuliers de la rive italienne de la Sésia se trouvent ruinés : je vous prie de me faire un mémoire là-dessus.

« Les quatre-vingt mille francs à mettre à la disposition du ministre de la guerre pour la gratification accordée à des corps peut être prise sur son crédit du mois prochain. Je vous envoie un décret par lequel j'augmente de quatre cent mille livres ce même crédit, pour qu'il puisse fournir aux dépenses des fortifications.

« On propose dans le département de l'Adda quatre tribunaux de première instance; un seul suffit, vu l'établissement des juges de paix. Cinq tribunaux de première instance dans l'Agogna me paraissent trop, il suffit de trois ; quatre dans l'Allo-Pô sont trop, il suffit de trois; quatre dans le Basso-Pô sont trop, il suffit de trois; quatre dans le Lario sont trop, il suffit de trois; quatre dans le Mella sont trop, il suffit de trois; trois dans le Mincio sont suffisants; cinq dans le Réno sont trop, il suffit de quatre; trois dans le Sério sont suffisants. Cette réduction apportera une grande économie.

« La même commission ne peut faire la loi sur les notaires, le règlement sur les procédures civiles et la loi provisoire des translations. Il faut au moins deux commissions pour pouvoir remplir avec activité ces trois objets.

« Je vous renvoie le rapport A; je n'y vois rien d'important que ce qui est relatif aux petites vexations sur l'Adige. Il faut que M. Testi entretienne sur cet objet une correspondance suivie avec mon commissaire général des relations extérieures à Venise, pour demander pourquoi on arrête arbitrairement les passagers, ce qui est d'un assez mauvais effet. Alors le gouverneur général donnera des ordres, car ces petits inconvénients proviennent du fait des subalternes et des consignes militaires mal données. Ce sont des affaires de détail à suivre; quand on verra qu'on y met de la suite, les subordonnés agiront d'une manière plus circonspecte, et tout prendra une marche plus régulière. Quant à l'affaire des auditeurs de Rote, faites-en correspondre M. Testi avec le cardinal Fesch, mon ambassadeur à Rome.

« Faites écrire à M. Antoine Malvezzy, de Bologne, ainsi qu'à M. Escolani, décoré de l'ordre de Saint-Hubert, que je l'autorise à porter la décoration de l'ordre de Bavière.

« Je vous envoie une note de Duroc sur les palais de Bologne. Il paraît qu'il n'y a pas de doute sur le choix; je n'ai pu les voir moi-même; mon intendant peut se transporter à Bologne pour s'assurer s'il y en a un de convenable et en faire l'achat.

« Le secrétaire d'État ne doit pas dater du jour où il contre-signe mes décrets : c'est une chose absurde; un décret ne doit pas avoir deux dates; et comme le contre-seing du secrétaire d'État ne lui donne aucune valeur, ce n'est qu'une chose inconvenante. »

Nap. à Eug. Parme, 27 juin 1805.

« Mon cousin, faites partir de Milan un capitaine, un lieutenant, un sous-lieutenant, quatre sergents, huit caporaux et deux cents hommes de chacun des régiments d'infanterie qui sont à Milan. Ces détachements, sous les ordres d'un officier supérieur, seront dirigés sur Calais et destinés à être incorporés dans les régiments d'infanterie italiens, pour réparer leurs pertes et compléter toutes leurs compagnies. Faites partir également un capitaine de génie, avec un lieutenant et six de ces jeunes gens sortis de l'école de Modène, qui iront se ranger sous les ordres du général Teulié à Calais. »

« Sire, j'ai l'honneur d'envoyer à Votre Majesté une lettre de M. Melzi, qui m'a été remise par le secrétaire d'État, et une de Paradisi. Il paraît que ce dernier est très-fâché d'être si peu avancé dans sa besogne; il se rejette sur le ministre de l'intérieur, et il m'a bien promis de se mettre, sans perdre un instant, à sa besogne. J'adresse aussi à Votre Majesté un décret pour nommer M. Martinengo chambellan, en place d'écuyer; j'ignore qui a pu l'offrir pour écuyer, mais il n'est pas en état de remplir ces fonctions. Il a une très-bonne tournure et convient très-bien pour chambellan. Je joins aussi à la présente l'état de ce que la France doit aux troupes italiennes, pour arriéré de solde dans les années VII et VIII. Je prierai Votre Majesté de vouloir bien donner son consentement pour une dépense d'environ cent louis, qu'a faite la division italienne en France, à l'époque de votre couronnement. Le ministre de l'intérieur m'a fait la demande ce matin, au conseil des ministres, si les grands officiers de la couronne avaient droit au traitement de consulteurs, comme le portait le deuxième statut constitutionnel fait à Paris. On a fait la réflexion que le troisième statut disait seulement à l'article 19 : « Le conseil des consulteurs est composé de huit

<small>Eug. à Nap.
Milan,
1ᵉʳ juillet
1805,
au soir.</small>

« conseillers d'État consulteurs; les grands officiers
« de la couronne y ont voix en séance. » J'ai dit que
je réfléchirai à cela, et, dans le vrai, c'est pour demander les intentions de Votre Majesté sur cet objet.
En vertu de la loi du 1er ventôse an IX, qui porte qu'il
y aura une compagnie de gendarmerie dans chaque
département, je prie Votre Majesté de me permettre
de prendre le décret qui organise *ces deux* compagnies. Bien entendu qu'il n'y aura aucune promotion,
sans que je la soumette à Votre Majesté. D'ailleurs,
ces places seront remplies par les officiers réformés
de la garde royale de ligne. J'ai commencé aujourd'hui la première parade. »

Eug. à Nap.
Milan,
2 juillet
1805,
11 heures
du soir.

« Sire, je m'empresse d'adresser à Votre Majesté
le résultat de la conférence de la commission des
finances, du Corps législatif avec celle du conseil
d'État. Votre Majesté y verra quelques petites difficultés qu'il sera aisé de lever, mais ils tiennent
beaucoup à leur opinion sur l'établissement de l'enregistrement. J'attendrai les ordres de Votre Majesté,
si elle veut que je fixe un jour pour que la discussion ait lieu au Corps législatif, car je ne pense pas
que Votre Majesté soit d'avis de ne point établir l'enregistrement, tout au plus si elle leur accorde les
autres demandes. Je joins aussi à la présente un
décret proposé par le ministre des finances, pour
l'achat de la maison où il est logé; il m'a dit en
avoir parlé à Votre Majesté à Milan. Je suis fâché
d'avoir à entretenir Votre Majesté sur une petite
affaire de détail. M. Trivulzi m'a écrit la lettre que

je joins ici, pour me prier de demander à Votre Majesté de lui accorder sa démission; il se plaint de sa vue, de sa santé, et, au fait, il y a de la mauvaise volonté, et surtout une excessive paresse; il est déjà d'un âge où (pour cette génération-ci) nous ne devons rien attendre. Si j'ai le bonheur de voir Votre Majesté à Turin, j'aurai l'honneur de lui soumettre, entre autres travaux, la nomination des préfets, des vice-préfets, etc., la nouvelle organisation des Écoles militaires, d'après les dernières idées de Votre Majesté, un projet de travail sur les ponts et chaussées, quelques choses du ministre des finances. Le sénateur Abrial est déjà en besogne avec le ministre Luosi, ils paraissent fort contents l'un de l'autre. Je les ai déjà réunis deux fois, sans compter le travail qu'ils font ensemble. Je suis de jour en jour plus content de M. de Brême. J'aurai l'honneur d'en parler à Votre Majesté à Turin, comme aussi de lui proposer différentes nominations nouvelles ou promotions dans le conseil d'État ou dans la maison de Votre Majesté. »

« Mon cousin, je vous autorise à faire payer les cent louis qui ont été dépensés en France pour mon couronnement. Il n'y a aucun doute que les grands officiers de la couronne aient droit au traitement de consulteurs.

Nap. à Eug. Gênes, 3 juillet 1805.

« Ainsi, les grands officiers ont :

« 1° Les commanderies dont j'ai ordonné, par un décret, que le revenu serait payé par l'économat ;

« 2° Le traitement du palais;

« 3° Le traitement des consulteurs.

« Les officiers doivent toujours être, à la parade, en grand uniforme; je ne puis regarder cela comme une dépense bien chère. Je vous envoie le décret signé pour M. Martinengo.

« Je vous envoie la lettre de M. Melzi; vous verrez qu'il y a eu du tripotage. Dans le fait, il était difficile de penser que Melzi, qui a de l'esprit et de la tenue, pût se comporter si mal; c'est une raison de plus, qui prouve combien il faut être en garde dans ce pays-là.

« Les dragons ne peuvent pas prendre le nom de Joséphine, il est plus convenable qu'ils portent le nom de dragons de la Reine; je vous en envoie le décret. Il y aurait du ridicule à faire porter à des corps militaires des noms de femmes.

« Je vous envoie le projet de décret sur l'uniforme: j'approuve que l'habit soit blanc, mais il faut conserver dans les collets et revers les trois couleurs nationales. »

*Nap. à Eug.
Gênes,
4 juillet
1805.*

« Mon cousin, vous trouverez ci-joint un décret qui nomme M. Guastavillani membre du conseil législatif. Il y aura un membre de plus, mais c'est un galant homme, qui a été oublié par erreur, et auquel mon intention n'est pas que cela fasse tort. Il sera payé sur la liste civile, jusqu'à ce qu'il y ait une place vacante.

« Je serai à Turin dimanche; j'y resterai toute la journée, et j'en partirai lundi à huit heures du matin. Je désire que MM. Paradisi et Moscati s'y rendent aussi.

« Vous pourrez nommer à toutes les places d'officiers et commandants de la garde nationale.

« Je désirerais attacher Monti à ma personne, comme lecteur ou secrétaire des commandements.

« Je vous envoie une notice sur les eaux du Réno et du Pô, qui est bonne à mettre dans les journaux; faites-y mettre aussi des extraits du rapport sur la lettre des eaux que je joins ici.

« Il me serait difficile d'entrer dans tous les détails des observations sur la loi du budget; faites droit à toutes. Celles sur l'enregistrement sont naturelles : les peuples sont toujours effrayés d'un nouvel impôt. Mon intention est de le doubler et de le porter à quatre millions, mais je diminuerai l'impôt foncier de cinq deniers; il est aujourd'hui beaucoup trop fort, et je ne ferai point cette diminution au marc la livre, mais je la ferai porter sur les départements qui sont trop chargés. Il faut donc que le ministre de l'intérieur s'occupe d'ici à ce temps de connaître les départements qui sont le plus ou le moins chargés.

« Quant à l'observation sur les tarifs, tâchez de leur faire bien comprendre que la loi doit avoir la dignité de ne pas se contredire tous les jours, et elle s'expose à se contredire, surtout lorsqu'il est question de l'établissement d'un tarif que l'expérience n'a pas sanctionné, au lieu qu'en laissant au gouvernement la faculté de le fixer, pourvu qu'il ne passe pas un million, elle est à même d'en voir l'effet, et quand on le propose au Corps législatif pour le convertir en loi, le gouvernement a pour lui l'expérience, et chaque membre, ainsi éclairé par l'expérience, peut apprécier justement les changements à y faire ; et alors, une fois établi par la loi, il ne sera plus susceptible de tant de changements, puisque ce résultat sera déjà le fruit de l'expérience. »

<small>Eug. à Nap.
Milan,
4 juillet 1805,
à 11 heures
du soir.</small>

« Sire, j'ai l'honneur d'adresser à Votre Majesté un mémoire et des notes sur la Sésia. Il paraît que les propriétaires des canaux venant de la Sésia ont acheté les droits de tirer telle quantité d'eau ; je joins aussi à la présente un rapport du ministre des finances, qui présente à Votre Majesté des dépenses extraordinaires faites ou à faire dans 1805. J'ai reçu ce matin le courrier que Votre Majesté m'a fait l'honneur de m'adresser, et j'ai lu et serré la lettre de M. Melzi, que Votre Majesté a eu l'extrême bonté de m'envoyer ; je pense aussi qu'il y aura bien eu un peu de tripotage ; ce que je ne comprends pas seulement dans cette lettre, c'est qu'il paraît être étonné que le journaliste ait annoncé son départ, lorsque c'est par un envoi de lui au secrétaire d'État, avec recommandation de le faire mettre dans le journal officiel. Au reste, je prie Votre Majesté d'être bien persuadée que je serai toujours très-franc et que je n'aurai jamais pour personne aucune partialité, particulièrement vis-à-vis de M. Melzi. Il y a quelques bavardages dans cette ville ; outre les anecdotes scandaleuses dont on s'occupe beaucoup, on y ajoute quelques murmures : 1° sur les réformes que l'on va opérer dans les administrations et dans le bureaux; 2° sur les nouveaux impôts indirects, etc., etc. ; et on porte tout sur le ministre des finances. Voilà présentement les blés hauts, c'est le temps de plus fréquentes arrestations, aussi en arrive-t-il assez souvent. Le général Lemarois a été arrêté avant-hier au soir; je viens de prendre des mesures pour arrêter ce brigandage, et j'espère, avant un mois, qu'il n'en sera plus question à une grande distance de Milan. Je supplie Votre Majesté de vouloir bien me renvoyer la loi générale des finances, car le Corps législatif n'a rien à faire absolument, et plus on tardera, plus ils en parleront dans la société, qui nécessairement y est défavorable. N'ayant reçu aucun ordre de Votre Majesté, je crains bien ne plus avoir le bonheur de la saluer avant qu'elle n'ait repassé les Alpes. Je la supplie de croire qu'elle laisse dans son royaume d'Italie celui de ses sujets qui lui est le plus sincèrement et le plus tendrement attaché, qui mettra son ambition à servir toujours fidèlement Votre Majesté, et qui regrettera jusqu'à son dernier soupir les moments trop heureux, mais trop courts, qu'il a passés près de vous. Il vous demande en grâce, Sire, la continuation des mêmes bontés que Votre Majesté a toujours eues pour lui, cela seul peut le soutenir dans la nouvelle et pénible carrière que lui a ordonnée Votre Majesté. »

« Mon cousin, votre décret sur l'uniforme me paraît convenable.

Nap. à Eug. Gênes, 5 juillet 1805.

« Je vous ai envoyé la loi sur les finances; du moment qu'elle aura passé, ajournez le Corps législatif. Je prendrai en considération, dès que j'aurai un peu de temps, les mémoires que vous m'avez envoyés sur la Sésia. Il faudra faire en sorte à concilier les intérêts des deux rives, sans sacrifier l'une à l'autre. Du moment que c'est M. Melzi qui a envoyé l'article au journaliste, c'est un homme plus *plat*[1] que je ne croyais.

« Je vais me rendre en grand costume à la métropole de Gênes, pour recevoir les serments des évêques et des principaux du pays, et distribuer quelques décorations de la Légion d'honneur. Je partirai, je crois, cette nuit pour Turin. »

Eug. à Nap.
Milan,
11 juillet
1805.

« Sire, j'ai l'honneur d'adresser à Votre Majesté différents décrets que j'ai l'honneur de lui proposer : l'un est pour la nomination de deux préfets de votre palais; un pour celle de trois auditeurs de votre conseil d'État; un troisième pour celle d'un commandant de la compagnie des gardes d'honneur de la Romagne. Je joins aussi le décret qui nomme tous les préfets et tous les conseillers de préfecture, Votre Majesté s'étant réservée ces différentes nominations. Votre Majesté y apercevra quatre changements de préfets, trois sont commandés par la nécessité, car tous les ministres s'accordent à les regarder comme absolument nuls; et les renseigne-

---

[1] Le mot *plat* est de la main de l'Empereur. M. Melzi, mécontent et boudeur, avait fait annoncer par un journal son départ pour les eaux pour cause de santé.

ments que j'ai pris à leur égard sont entièrement conformes. Le quatrième, qui est M. Paraviccini, de l'Agogna, n'a point la fermeté ni les talents d'un bon administrateur, mais il est d'une bonne famille, ayant de la fortune, estimé comme honnête et probe ; c'est pour cela que j'ai eu l'honneur de le présenter à Votre Majesté pour préfet du palais. J'aime à croire que Votre Majesté sera satisfaite des quatre nouveaux choix ; ils jouissent de la meilleure réputation, ont toujours été dans l'administration et sont très-travailleurs. L'Italie est bien triste depuis le départ de Votre Majesté. Il serait tout simple qu'elle me semblât ainsi ; mais c'est l'exacte vérité. On parle toujours un peu de guerre, on jase sur votre départ précipité ; toutes les lettres de commerce assurent la prise de la Jamaïque par les flottes combinées. Le sucre et le café ont déjà diminué d'un sol, la récolte s'annonce très-belle. J'ai cru remplir les intentions de Votre Majesté de faire de ces deux derniers articles un article de journal. Les assassinats ou du moins les arrestations sur la grande route devenant de jour en jour plus fréquents, je prends demain un arrêté qui forme une commission militaire. J'ai cru bien faire que de m'en entendre avec M. Abrial, qui a rédigé lui-même le décret. Je prierai Votre Majesté de vouloir bien permettre que nous attendions que la récolte soit entièrement faite pour envoyer en France les cinquante officiers ou sous-officiers de gendarmerie ; ils sont très-utiles en ce moment, et Radet, qui est arrivé depuis deux jours, s'occupe de leur tailler de la besogne. Lundi prochain, le reste de la cavalerie de la garde royale se mettra en route pour Paris; je ferai faire le service d'escorte et de vedette par les compagnies d'élite des régiments qui se trouvent en garnison à Milan. »

Nap. à Eug.
Fontaine-
bleau,
13 juillet
1805.

« Mon cousin, je suis arrivé à Fontainebleau quatre-vingt-cinq heures après mon départ de Turin. Cependant j'ai perdu trois heures de plus que je n'aurais dû au mont Cénis, et je me suis arrêté constamment, à cause de l'Impératrice, une ou deux heures pour déjeuner et une ou deux heures pour dîner, ce qui m'a fait perdre encore huit à neuf heures. Ajoutez à cela l'énorme pesanteur de mes voitures; vous pouvez juger par là qu'avec deux bons cabriolets vous pourriez venir à Paris en soixante-douze heures, si je vous y appelais; ainsi en quinze jours vous pourriez aller et venir et rester huit à dix jours à Paris. La première fois que j'irai en Italie, j'irai sans appareil et *incognito*. Il est donc à propos que je sois servi à Milan, soit pour le service d'honneur, soit pour le service domestique, par ma maison italienne. Ce qui m'importe le plus, ce sont les chevaux de selle; faites-en acheter de bons, et à mesure qu'il s'en présente, faites-les bien dresser, car rien ne ruine mon écurie de France comme de la faire voyager si loin.

« Présentez-moi la nomination des pages : mon intention est de les faire venir à Saint-Cloud. Présentez-moi aussi l'organisation définitive de ma maison italienne et des sujets pour les places vacantes, afin de les compléter. Je vais aussi appeler deux dames italiennes pour faire le service d'hiver auprès de l'Impératrice, et un chambellan et un écuyer pour faire le service près de moi. Ils ne seront tenus de se rendre à Paris qu'en vendémiaire ou brumaire.

« Je vous envoie un décret pour établir un chemin de Reggio à Spezzia.

« Je crois avoir donné des ordres pour qu'on confectionnât quelques rations de biscuit et que le château de Vérone fût armé. Voyez à ce que cela soit fait, et voyez, avec le directeur général d'artillerie, que le château soit armé et en état de défense, mais sans éclat ni sans bruit.

« Quand le Corps législatif aura fini ses séances, retirez-vous un mois à Monza[1], et faites travailler aux appartements du palais de Milan. Je crois vous avoir dit ce que je désirais : c'est qu'on puisse traverser les grands appartements actuels, et qu'on arrive par la même enfilade aux appartements qui donnent sur la place du Dôme. De cette manière la chambre à coucher, qui était destinée à l'Impératrice, serait la chambre à coucher du Roi ; l'endroit où l'on avait fait ce mauvais boudoir serait le salon du Roi ; la pièce qui précède serait la salle du trône, et celle des femmes de chambre serait le premier salon ; l'appartement qu'occupait madame de la Rochefoucauld serait celui de la Reine, en lui donnant le plus d'extension possible ; les appartements

---

[1] Résidence royale près de Milan.

où je me tenais seraient les petits appartements; il y aurait là la bibliothèque, le cabinet, les archives intérieures, le bureau topographique, une petite chambre à coucher avec une salle de bains et un petit salon, lequel donnerait droit sur ce qui me servait de cabinet ou salon de travail, c'est-à-dire la dernière pièce des appartements actuels.

« En faisant mettre dans les journaux de Milan que je suis venu en quatre-vingts heures de Turin, il faut ajouter que j'ai le projet de venir quelquefois à Milan en trois ou quatre jours *incognito*, d'y rester un mois, et de m'en retourner de la même manière.

« Le prix du fourrage est excessif en Italie; mon projet est de donner aux corps leurs masses de fourrages. Faites-moi connaître si, pour les corps de cavalerie qui sont à Lodi, vingt sols par ration seraient suffisants; bien entendu que je ferai payer ces masses d'avance, de manière qu'il n'y aura jamais d'arriéré. »

<small>Nap. à Eug. Fontainebleau, 14 juillet 1805.</small>

« Mon cousin, j'ai donné des ordres pour faire confectionner une certaine quantité de biscuits pour l'approvisionnement des places de Legnago, Vérone, Peschiera, Mantoue, la Rocca-d'Anfo. Remettez-moi sous les yeux ce que j'ai demandé. J'avais ordonné que ces biscuits se fabriquassent insensiblement; mais je pense, dans les moments actuels, devoir en accélérer la confection, sans cependant y mettre trop de précipitation ni rien faire paraître d'hostile.

« J'ai ordonné l'armement du château de Vérone

et de la Rocca-d'Anfo. Prenez des mesures telles qu'avant le 1ᵉʳ août les pièces soient rendues sur ces deux points. Faites écrire à l'officier qui commande l'artillerie de la Rocca-d'Anfo que j'ai ordonné l'armement de ce point; qu'il tire le meilleur parti des pièces qui lui seront envoyées, et qu'il les place en batteries; qu'il ne préjuge point de là qu'il y ait aucune crainte de la guerre, mais que je désire être en règle sur toutes les frontières. Accélérez la confection des poudres; veillez à ce qu'on fournisse exactement l'argent aux poudrières de Mantoue et de Pavie. Ce qui manque à Legnago, ce sont des affûts. Faites faire l'état de ce qui manque à l'armement des places d'Italie, tel que je l'ai arrêté, et de ce qu'on pourra se procurer d'ici à la fin de septembre. Il faut désormais que l'armement des places d'Italie soit fait par l'armement de mon royaume d'Italie, sans quoi il en résulte un double service, où il est impossible de rien comprendre.

« A mesure que les conscrits arriveront, vous en enverrez cinq cents pour compléter les régiments qui se trouvent dans *l'État de Naples ;* vous en enverrez deux cents à chacun des corps qui sont à Calais pour les compléter, et vous porterez au grand complet les trois corps qui restent en Italie.

« Faites-vous remettre tous les samedis, par le ministre de la guerre, des états de situation en livrets, comme le ministre de la guerre m'en remet ici, de la force de chaque corps, présents et malades, du nombre des officiers, des lieux où les corps se trouvent, de la situation de la circonscription, et faites-vous remettre tous les mois un état de l'armement et de l'approvisionnement de toutes les places, ainsi que des dépôts de cartouches d'infanterie et des lieux où ils se trouvent. »

Eug. à Nap. Milan, 14 juillet 1805.

« Sire, j'ai l'honneur de faire part à Votre Majesté d'un rapport arrivé de Livourne; il parle d'une nouvelle qui est déjà connue, mais j'ai cru devoir vous l'envoyer. Les bruits de guerre se continuent, tous les rapports des délégués sur l'Adige en sont remplis. Votre Majesté saura mieux que nous la vérité, et je ne lui ferai part de ces rapports qu'autant qu'ils seraient dignes de lui être présentés. On a beaucoup parlé de la loi des finances, et, comme j'ai vu qu'on y mettait de l'animosité, même dans les sociétés publiques, j'ai pensé (après avoir mûrement réfléchi et avoir pris l'avis du conseil d'État et du ministre des finances) qu'il fallait les faire taire, et je n'y ai trouvé d'autre moyen que de leur envoyer la loi, dépouillée de tout ce qui pouvait les contrarier. Demain, les conseillers d'État iront la porter au Corps législatif. C'est un premier échec dans mon administration, ce ne sera peut-être pas le dernier, et je réclame sans cesse les bontés de Votre Majesté; je lui avoue que j'ai trouvé bien dur d'être obligé de céder. Au reste, par une lettre d'hier au soir, j'explique en grand détail, à Votre Majesté, ma dernière décision, toujours d'après l'avis du conseil d'État et des ministres. J'espère donc que la loi sera passée, sauf les corrections, avant le retour du courrier que j'avais envoyé à Votre Majesté sur cet objet.

Hier, j'ai fait venir M. Salimbini, membre du Corps législatif et frère du général; il m'avait été rendu de lui le propos suivant : *Nous ferons voir à ces chiens de Français que nous sommes des Italiens.* Je me le suis fait conduire par le ministre de l'intérieur; en sa présence, je lui ai fait des reproches très-vifs, je lui ai dit que j'étais à une place où je ne pouvais plus me venger des outrages personnels, mais que je ne souffrirais jamais, et que je punirais même sévèrement, tout propos qui tendrait à désunir les deux nations française et italienne, ou qui porterait atteinte à l'un des deux gouvernements qui se trouvaient réunis dans une seule et même personne. Je lui ai dit, au reste : « Je permets tout propos sur mon « compte, je ne les crains pas, et je vous ferai voir « à tous que je suis meilleur Italien et plus attaché « au royaume que vous. » Après ce petit sermon, qui a été très-vif, je vous assure, et qui a duré un bon quart d'heure, le législateur s'est excusé de son mieux, il m'a même donné sa parole d'honneur qu'il n'avait point tenu ce propos. J'ai feint de le croire, quoique j'en fusse à peu près sûr; d'ailleurs, il avait reçu son sermon, qui lui servira de leçon à l'avenir; et je savais qu'il en avait besoin. C'est un de ces hommes qui ne connaissent d'autre bonheur que de fronder les gouvernements existants, et porter aux nues ceux passés. Je prie cependant Votre Majesté de croire que je ne suis point sorti des bornes de mes devoirs, et j'ai voulu faire savoir à tous les bavards que j'avais une manière franche de m'expliquer, et que j'étais sévère dans l'occasion.

On a fait encore deux arrestations sur la grande route, à deux milles de Milan; j'ai fait publier hier le décret qui forme la commission militaire, il a déjà produit un très-bon effet dans la société; je suis persuadé qu'il en produira un pareil sur les grandes routes. J'ajoute une lettre relative à la gratification des officiers généraux, et j'y joins une lettre du général Lacombe Saint-Michel, sur la fonderie. »

<small>Nap. à Eug.
Fontaine-
bleau.
16 juillet
1805.</small>

« Mon cousin, je reçois votre lettre du 11 juillet. Je ne vois pas de difficulté qu'on fasse les modifications que demande le Corps législatif; c'est-à-dire que les successions en ligne directe ne soient point soumises aux droits d'enregistrement, et qu'on ôte de la loi les dispositions relatives aux pensions ecclésiastiques; bien entendu que ces dispositions seront maintenues comme réglementaires. Faites appeler le président du Corps législatif, et demandez-lui si ces changements feront passer la loi; si la loi passe, ainsi modifiée, vous ajournerez, immédiatement après, le Corps législatif; vous êtes autorisé à signer le projet. Si, au contraire, le Corps législatif ne veut pas adopter ces changements, vous le dissoudrez, et alors je verrai le parti que j'aurai à prendre. Vous ne dissimulerez pas au président, quoique très-légèrement, que je n'ai pas été insensible à cette preuve de peu d'égards qu'ils m'ont donnée; qu'ils devraient bien savoir que je pouvais, avec ma seule signature, établir cette loi avant l'établissement de l'ordre constitutionnel; qu'il eût été plus prudent au Corps législatif, voyant qu'elle éprouvait des difficultés, de se réunir en comité pour faire les différentes observations ; qu'au reste ce n'est pas la manière de faire prospérer leur pays. Comme votre lettre ne renferme aucun détail, ni le rapport de la commission, il m'est impossible de me faire aucune idée là-dessus. »

« Sire, j'ai l'honneur de joindre à cette lettre, conformément aux ordres de Votre Majesté, un paquet contenant les lettres des ministres pour les deux mois de mars et de juin.

Eug. à Nap Milan, 17 juillet 1805, 11 heures du soir.

« Ce matin, la loi des finances a passé au Corps législatif, moyennant les articles qu'on en avait soustrait et qu'ils avaient constamment refusés. Cependant le ministre des finances s'occupe de leur arranger la loi de l'enregistrement d'une manière claire, en leur accordant seulement que les fils qui hériteront de leur père ou grand-père n'y seront point sujets, de même qu'une succession qui serait moindre de trois cents livres. La loi des douanes aura plus de peine à passer encore, parce qu'ils craignent que le gouvernement ne permette les sorties que du côté de la France. Votre Majesté, d'ailleurs, connaît mieux que moi le caractère méfiant et minutieux de cette nation-ci. Je dis minutieux, car ils ne sont réellement occupés que de petites chicanes, sans faire attention aux gros articles; entre autres gros articles, le plus important sans doute est celui de près de trente millions que l'on paye, directement ou indirectement, à la France. Il leur eût été plus naturel de faire une supplique très-humble à Votre Majesté, pour la prier de diminuer, s'il était possible, cet impôt. Cette supplique n'eût peut-être pas réussi; mais il eût été simple qu'ils la fissent, plutôt que tous les propos et les chicanes dont ils se sont servis. Je prie Votre Majesté de vouloir bien me pardonner cette réflexion, elle est de moi seul, et je la garde de même. J'ai appris ce matin que MM. Proni et Costanzo ont été conduits de Venise à Padoue, par-devant le général commandant en chef l'armée autrichienne. On espère que, de là, ils pourront rentrer en Italie. J'ai l'honneur de joindre à la présente la lettre de M. Rastagni au commissaire autrichien à Venise, et la réponse qu'il en a reçue. Tous les rapports venus de l'autre côté de l'Adige sont à la guerre. Les travaux de Brescia et la Chiogga continuent avec activité. On parle de canons, magasins, munitions, etc. Ce qu'il y a de sûr, c'est que les Autrichiens, ou ont envie de faire quelque chose, ou ils ont une peur affreuse de l'armée de Votre Majesté; ce qu'il y a de bien sûr, c'est que nos pauvres Italiens meurent de peur. Je dois ici dire à Votre Majesté que ces bruits continuels de guerre sont assez désagréables en ce pays, parce que l'avantage des Autrichiens est toujours de conserver le peu de partisans qu'ils ont ici, et, plus il y a apparence à la guerre, plus nous aurons de peine à rallier ces partisans, parce qu'ils seront toujours dans l'attente de nouvelles choses. Je dois faire savoir à Votre Majesté que le général major Bellegarde, frère du général en chef, a été nommé au commandement de Venise, en place du général Manfron. Le maréchal Jourdan m'a prévenu, ce matin, qu'il allait faire une tournée de trois semaines ou un mois. J'ai travaillé ce matin avec Abrial; il a fini ses réflexions sur le projet de loi pour l'organisation des tribunaux. Ses observations ont été communiquées au ministre Luosi; puisqu'ils ont agi de concert, on rédige d'après cela le nouveau projet de loi. Je désire maintenant savoir si Votre Majesté veut que je le lui adresse, ou s'il faut le faire passer au Corps législatif. Enfin, j'attendrai les ordres de Votre Majesté. »

« Mon cousin, je vous envoie des états de propositions qui me sont faites pour des emplois vacants dans la division italienne. Je désire que vous me fassiez connaître s'il y a des officiers plus anciens, et qu'il serait plus urgent de placer là. »

Nap. à Eug. Saint-Cloud, 20 juillet 1805.

« Sire, j'ai reçu cette nuit la lettre dont m'a honoré Votre Majesté, et je vais chercher à lui expliquer de mon mieux ma conduite et le but que j'ai eu. Le Corps législatif a refusé la loi générale des finances, dans sa séance du 13 juillet; et par la poste qui partait à l'instant, j'ai eu l'honneur d'en informer Votre Majesté, en la prévenant que je dissoudrais le Corps législatif dans trois ou quatre jours. Cependant, le même soir, j'ai envoyé un courrier à Votre Majesté, pour l'informer qu'ayant bien réfléchi, qu'ayant causé avec quelques conseillers d'État et quelques ministres, j'avais pensé qu'un budget était absolument nécessaire à l'État; qu'alors je ne dissoudrais point le Corps législatif sans avoir

Eug. à Nap. Milan, 21 juillet 1805. 1 heure après midi.

attendu une réponse de Votre Majesté. Le courrier devait rester neuf ou dix jours absent, les conversations s'échauffaient. Les membres du Corps législatif se donnaient un air triomphant, on jasait beaucoup en public; l'effet, soit dans l'intérieur, soit dans l'extérieur, ne pouvait être que très-mauvais. J'ai osé prendre un parti; c'est celui dont j'ai eu l'honneur de faire part à Votre Majesté dans mes lettres successives. Il était certain qu'il fallait un budget, et j'étais sûr qu'en ôtant les articles des douanes et de l'enregistrement, la loi passait. J'ai donc fait rédiger ainsi cette loi, et elle a passé. Ainsi le but de Votre Majesté est à peu près rempli, puisqu'ils se sont engagés à accorder quatre-vingt-huit millions six cent soixante-dix mille livres pour 1807, et les cent millions de livres pour 1806. J'ai l'honneur de joindre à la présente la loi telle qu'elle a été rendue; reste maintenant à faire passer celle de l'enregistrement et des douanes. La réussite de la première est à peu près certaine; la seconde sera plus difficile, mais nous la tenterons; d'ailleurs, ils ont déjà pris l'engagement du budget, il faut qu'il soit rempli, il faut qu'ils en donnent les moyens au gouvernement. J'ai eu l'honneur, dans ma dernière lettre, de faire part à Votre Majesté de leurs craintes sur les douanes; ils sont réellement comme des enfants : on peut les comparer à des gens qui dorment et qui ne veulent pas se réveiller, même pour être heureux. Ils craignent que l'on ne permette les sorties que du côté de la France, ou qu'enfin tous les droits de douanes établis dans le royaume se rapportent toujours au système et à l'avantage des douanes de France, plutôt qu'au leur. Voilà, Sire, ce que j'ai fait et le point où j'en suis. Je suis inconsolable d'avoir encouru le courroux de Votre Majesté, n'ayant agi que de mon propre mouvement, mais après avoir consulté et les ministres et le conseil d'État, qui tous, ainsi que le public, s'attendaient à un coup de ma jeune tête; et je puis assurer que le calme avec lequel tout a été pris et fait, que cette manière d'avoir agi a produit ici un très-bon effet. Tout cela ne sera jamais rien pour moi, si ma conduite ne mérite pas votre approbation. Je vous la demande en grâce, Sire; elle m'est nécessaire pour m'ôter la crainte que j'ai d'avoir pu déplaire à Votre Majesté. Ma conduite sera peut-être, malgré moi, inconséquente, faute d'expérience, mais mes intentions seront toujours pures. Mon intérêt ne sera jamais que celui de Votre Majesté, et mon attachement pour votre auguste personne sera toujours sans bornes, comme il ne finira qu'avec ma vie. Daignez me croire, Sire.... »

« Sire, j'ai l'honneur d'adresser à Votre Majesté un décret proposé par le ministre des finances. Il est nécessaire pour compléter son administration, c'est l'article de la liquidation. Je prends aussi la liberté de demander à Votre Majesté la permission de faire à l'armée italienne la distribution de leurs nouveaux drapeaux. Je désirerais profiter du 15 août, jour que nos cœurs ont besoin de fêter. J'attendrai avec impatience que Votre Majesté ait daigné accorder cette demande. »

Eug. à Nap. Milan, 21 juillet 1805, 2 heures après midi.

Eug. à Nap.
Milan,
23 juillet
1805.

« Sire, j'ai l'honneur de vous écrire la présente pour soumettre à Votre Majesté la question suivante :

« Le maréchal Jourdan jouissait, avant votre arrivée, d'une gratification mensuelle de sept mille cinq cents livres; le général Charpentier, de deux mille; l'officier français chargé en chef de la partie topographique, d'une autre de mille ou douze cents; quelques autres gratifications à divers officiers généraux ou officiers, qui faisaient monter le total de ces dépenses à la somme de quinze mille livres par mois; le total, pour l'année, serait de cent quatre-vingt mille livres. J'ai demandé à M. Melzi, ce matin, sur quels fonds il prenait ces différentes gratifications; il m'a répondu que Votre Majesté mettait pour cela ou pour dépense secrète une somme de huit cent mille livres à sa disposition. Je n'ai pas besoin de cette somme; mais, si l'intention de Votre Majesté était de continuer aux différents généraux ou officiers cette douceur dont ils jouissaient sous le maréchal Murat et sous M. Melzi, je prierais alors Votre Majesté de vouloir bien m'accorder pareille somme de cent quatre-vingt mille livres ou deux cent mille livres, qui couvrirait tout et contenterait tout le monde. »

(En marge de la lettre du Prince.)

Réponse de l'Empereur.

« *Les Français ne doivent recevoir d'argent que du ministre de la guerre de France.* »

Nap. à Eug.
Saint-Cloud,
23 juillet
1805.

« Mon cousin, je vous envoie un décret pour l'approvisionnement de mes places d'Italie; il est essentiel que vous en veilliez l'exécution. Je suis fondé à espérer que la guerre n'aura pas lieu; cependant les préparatifs que font les Autrichiens sont tels, que je dois me mettre en mesure.

« Je vous ai déjà parlé de l'armement de la Rocca d'Anfo, de Vérone, de Peschiera, j'imagine que cela est fait; répondez-moi par mon courrier, et rendez-moi un compte exact de tout cela. »

Nap. à Eug. Saint-Cloud, 13 juillet 1805.

« Mon cousin, j'ai reçu vos lettres du 15 juillet. Des cent trente-neuf individus absents du royaume dont vous m'avez envoyé la liste, faites écrire à ceux qui ont de la fortune et dont la présence ne serait pas dangereuse dans l'intérieur, de revenir; quant à ceux qui n'ont rien, il faut les laisser où ils sont.

« L'hôpital de San Benedetto, quoi qu'on en dise, ne peut pas jouir d'un bon air; on ne peut donc transporter les malades de Modène sur San Benedetto, ce serait un contre-sens. N'oubliez pas qu'en général, en Italie, le bon air a plus d'influence sur les maladies que les médecins et les remèdes.

« Quant à l'Institut, il faut une organisation à part dont je m'occuperai quand j'aurai le temps.

« Deux divisions, dont l'une serait à Milan, l'autre à Bologne, ne répondraient pas à tous les besoins. »

Napoléon au ministre de la guerre. 23 juillet 1805.

1° « Mon cousin, mon intention est que la fonderie de Pavie, l'arsenal de construction de Mantoue,

---

[1] L'Empereur donna ordre d'envoyer la copie de cette lettre au prince Eugène.

et tous les établissements militaires soldés par les finances d'Italie, soient sous la dépendance du vice-roi, et dirigés par des officiers italiens, sans que les officiers français aient à s'en mêler. Si l'assistance de quelques officiers français était nécessaire, le vice-roi vous en ferait la demande, et vous les mettriez à sa disposition. Mon intention est également que les ouvriers d'artillerie français soient réunis à l'arsenal de Plaisance, pour y pousser avec activité les travaux nécessaires à la confection de l'équipage de campagne français. Si cependant des ouvriers français étaient nécessaires dans quelques établissements d'Italie, vous les leur accorderez ; mais ils n'y seront employés que jusqu'en brumaire, époque à laquelle les ouvriers italiens devront suffire. »

Eug. à Nap. Milan, 23 juillet 1805.

« Sire, j'ai l'honneur de faire savoir à Votre Majesté que je n'ai reçu qu'hier la première lettre dont elle m'a honoré ; j'avais déjà reçu les deux suivantes par courrier, je ne manquerai sûrement pas d'exécuter ses ordres à la lettre.

« J'ai l'honneur de vous envoyer une demande de cinq millions du ministre de la guerre, qui m'a assuré avoir calculé qu'il lui fallait cette somme pour compléter l'armement des places du royaume, d'après l'arrêté de Votre Majesté.

« J'ai déjà pris la liberté de soumettre à Votre Majesté quelques nominations. J'ai l'honneur de lui en adresser deux d'écuyers, de même que la proposition de Fontanelli au commandement des vélites royaux. J'observe à Votre Majesté qu'il est nécessaire d'avoir au moins, dans ce corps, un officier instruit et déjà au fait. Il remplirait ce but. Je demanderai à Votre Majesté l'autorisation d'attacher à ces différents corps de la garde des officiers et sous-officiers instructeurs, afin de former cette jeunesse. Je désirerais savoir aussi si Votre Majesté veut me permettre de lui présenter la nomination d'une partie des officiers dans ceux déjà inscrits; j'espère que pour le 16 août, jour de la fête de Votre Majesté, je pourrai avoir quelques petits pelotons, mais cela va bien doucement, surtout dans les vélites. Ce qui va particulièrement bien doucement, c'est le ministre de l'intérieur; Votre Majesté aura peine à croire que je n'ai pas encore pu obtenir un rapport du moindre événement arrivé dans un département. Il est très-fort pour me remettre des rapports de Vérone, de Venise; il ne voit rien chez lui, et tout chez ses voisins, encore voit-il beaucoup trop gros; je suis convaincu que nous ne parviendrons jamais à organiser nos nouvelles administrations avec un tel homme. Je ne parlerai plus à Votre Majesté de Moscati, mais je mettrai sur les rangs M. de Brême, qui a beaucoup de moyens, des vues sages, et sans aucune espèce de prévention. Enfin, si Votre Majesté voulait encore attendre, je la prierais de sortir au moins la police des mains directes de M. Félici, il a trop d'occupation pour sa petite tête. J'ai donc l'honneur de vous proposer d'affecter à cette partie un conseiller d'État, je crois que le plus en état serait le consulteur Guicciardi; j'attendrai, dans tous les cas, les ordres de Votre Majesté. Les prêtres avaient tenu et tenaient encore, dans les églises ou dans les sacristies, des propos contre le gouvernement ; ils disaient assez haut qu'on leur volait leur bien, etc. J'ai fait venir monseigneur le Cardinal, et je l'ai prié de réunir les curés et de leur parler ; je lui ai fait sentir combien il me serait pénible de faire arrêter ou même sévir d'une manière quelconque sur les ministres de la religion, que je ne le ferais jamais qu'à la dernière extrémité, mais qu'il était très-nécessaire pourtant qu'ils changeassent de langage.

« Il paraît qu'il leur a fait un très-beau sermon, car, pour le moment, ils sont devenus très-tranquilles. Pour lui faire plaisir, je lui ai promis de laisser ignorer cette première affaire à Votre Majesté ; mais je sais trop bien que mon devoir est de l'informer de tout, et je n'y manquerai jamais. Je ne saurais assez remercier Votre Majesté de la bonté avec laquelle elle m'a donné des nouvelles de son heureux voyage. Je ne me suis point cependant arrêté au calcul du chemin, je le trouverai toujours beaucoup trop long, puisqu'il m'éloigne de vous ; mais j'espère cependant le parcourir bien promptement quant il s'agira de m'en rapprocher. »

p. à Eug. t-Cloud, l juillet 1805.

« Mon cousin, trente mille francs *seront* (mot remplacé de la main de l'Empereur par : *ont été*) donnés à M. Appiani, sur les fonds de ma liste civile. Il lui sera remis toutes les années trente mille francs pour terminer et faire graver les dessins qu'il a commencés sur mes campagnes d'Italie. Je désire qu'au jour anniversaire de la bataille de Rivoli vous placiez sur le plateau de Rivoli la première pierre d'un monument consacré à la mémoire des braves morts dans cette bataille. Comme ce champ de bataille se trouve à l'extrême frontière, il ne faut pas que ce monument coûte très-cher. Informez-vous si l'on ordonne, à la fin des messes, une prière pour le Roi dans toutes les églises du royaume; faites-y adapter une très-belle musique, et faites-la chanter constamment.

« Je vous envoie plusieurs numéros du *Moniteur;* vous y verrez, dans le dernier, un article de Berlin, qui, comme vous l'imaginez bien, a été fait à Paris. N'en concluez pas que nous sommes menacés de la guerre, je ne pense pas que l'Autriche soit assez insensée pour la faire. Je suis fondé à croire que la paix ne sera point troublée, quoique je vous aie donné des ordres pour des précautions à prendre; mais, tant que la paix ne sera point faite avec l'Angleterre, il est bon de se mettre en mesure.

« Demain, Estève fait partir un payeur pour tenir la caisse de la couronne. Lagarde se rendra incessamment pour vous aider à monter votre bureau de police.

« J'imagine que vous avez fini avec votre Corps législatif, et que vous avez pris toutes les mesures convenables pour que vos impositions se mettent en recouvrement.

« J'imagine que les vexations exercées à Venise contre MM. Proui et Costanzo ont cessé. Si l'on n'avait pas relâché le chef de bataillon du génie italien, faites arrêter deux des officiers autrichiens qui se trouveraient dans le royaume.

« Je désire accorder une pension de quatre mille francs sur les fonds d'évêchés à MM. Scarpa et Volta; faites-moi connaître sur quels évêchés les fonds peuvent en être pris, et présentez-moi des projets de décret. Mon intention aussi est d'accorder à Scarpa, Volta et quelques autres principaux savants des universités, la décoration de la Légion d'honneur. Il est également dans mes intentions de faire grands officiers de la Légion d'honneur tous les grands officiers de ma maison d'Italie. Je crois que mon grand chambellan et mon grand aumônier ne le sont pas. Faites-moi un rapport là-dessus.

« Mettez en bon état votre artillerie; occupez-vous avec activité de la bonne organisation de vos troupes et de la levée des recrues. Vous verrez, par la copie de ma lettre au ministre de la guerre que je vous ai envoyée, que le général français commandant l'artillerie en Italie ne doit se mêler en rien de l'artillerie italienne. Faites-lui connaître que les fonderies et tous les établissements militaires qui ne sont point soldés par la France sont sous vos ordres immédiats, sans quoi il en résulte un double emploi qui n'est point convenable.

« Mes flottes sont arrivées dans la Martinique; dès qu'elles ont eu attiré Nelson et les escadres anglaises, elles sont parties pour une autre destination.

« Envoyez-moi un décret qui défende l'introduction de toute marchandise anglaise dans mon royaume d'Italie. Je désirerais qu'on me présentât les moyens de protéger le plus possible, dans le royaume, le commerce de Gênes. »

« Sire, un rapport que je reçois à l'instant m'annonce que, sous vingt-six ou vingt-huit jours, le cordon de santé autrichien sera levé et que le régiment de hussards qui stationne maintenant sur la ligne de l'Adige depuis Anghiari jusqu'à Cavanella a reçu ordre de rentrer à la fin de ce mois dans ses quartiers à Padoue.

« Le même rapport ajoute que trois camps vont être formés dans les environs de Padoue : un à *San Pietro*, un à *Brentella*, et un troisième à *Bovolenta*. Les corps qui feront partie desdits camps devront être organisés pour le 21 août.

« Pour motif secret de cette nouvelle création de trois camps, on dit que Venise est déclarée en état de guerre et que le général Bellegarde en a pris le commandement.

« Je passe à un autre objet :

« Et d'abord, j'ai l'honneur d'informer Votre Majesté que j'ai cru devoir prendre un arrêté qui établit ici une imprimerie royale.

« Il résulte du rapport qui m'a été remis à ce sujet par le ministre de l'intérieur que cette institution nous donnera une économie très-considérable. J'espère que Votre Majesté n'improuvera pas ce que j'ai fait.

« J'ai l'honneur d'adresser à Votre Majesté un décret qui nomme chambellan M. Charles Cigogna. Les motifs de cette présentation sont que M. Cicogna l'a désiré, que cependant il appartient à une famille qui a toujours été comptée parmi les improbateurs de notre gouvernement.

« Dans l'opinion de Moscati et de quelques autres personnes dignes de foi, la nomination de M. Cicogna sera une bonne conquête.

« J'ai l'honneur d'adresser à Votre Majesté les journaux d'aujourd'hui ; elle verra dans le journal officiel l'article que j'ai eu l'honneur de lui annoncer dans ma lettre d'hier : je désire qu'elle en soit satisfaite. Je fais adresser à Maret, par le même courrier, la traduction de cet article, pour qu'il en soit fait ce que vous jugerez convenable. »

Eug. à Nap. 25 juillet 1805.

« Sire, j'ai l'honneur d'adresser à Votre Majesté un rapport confidentiel, ci-inclus, d'une personne arrivant depuis deux jours de Naples. Je profite d'un courrier venant de Gênes et retournant à Fontainebleau pour répondre à Votre Majesté sur l'article des fourrages. J'affirme qu'on peut donner aux corps qui sont en Italie les prix suivants pour leur masse de fourrages : aux chasseurs, hussards, artillerie légère et dragons, vingt-trois sous par jour, et vingt-cinq sous aux cuirassiers et train d'artillerie ; il serait peut-être encore possible de le faire à trois ou quatre centimes de moins, mais il faut laisser aux corps la perte ou le dommage qui pourrait résulter d'une marche ou d'un départ. Je prie Votre Majesté d'observer que ce prix est seulement pour le royaume d'Italie, car en Piémont on pourra diminuer deux sous sur chaque arme. J'ai eu l'honneur d'adresser hier par la poste à Votre Majesté une note que j'ai fait mettre dans le journal italien : je l'ai fait faire par Méjean. J'ai aussi deux ou trois personnes, de beaucoup d'esprit, qui ont des moyens, que j'ai déjà employées pour les notes sur le Simplon, etc., et que je garde pour les occasions de ce genre. Si cela ne contrarie pas les intentions de Votre Majesté, voulez-vous avoir la bonté, Sire, de faire ordonner, par l'architrésorier, aux courriers qu'il vous envoie, de passer par Milan, à moins qu'ils n'aient quelque chose de pressant : je ne les retarderai à Milan que quelques heures, le temps d'écrire à Votre Majesté. Je ne laisserai jamais échapper la plus petite occasion de l'assurer de tous mes tendres sentiments pour votre auguste personne. »

« Mon cousin, mesdames Pozzo et Parraviccini sont dames du palais; il n'est point convenable que mari et femme y soient employés. Prenez de nouveaux renseignements sur M. Milzetti de Faenza, que vous me proposez pour commandant de la garde d'honneur ; car je me souviens fort bien qu'un homme de ce nom était à la tête des insurgés de la Romagne.

Nap. à Eug., Saint-Cloud, 25 juillet 1805.

« M. Scarpi, de Bologne, a demandé à porter l'ordre de Saint-Georges de Bavière ; mon intention est que vous lui en accordiez la permission.

« J'ai donné des ordres pour que le service des courriers soit organisé de manière que je puisse avoir vos lettres en cinq jours; jusqu'à ce qu'il soit ainsi organisé, il sera nécessaire que vous m'envoyiez deux ou au moins un courrier, par semaine, qui m'instruira promptement de ce qui se passe, car je n'aime point à recevoir ainsi des lettres signées dix à douze jours après.

« Vous écoutez trop Moscati : c'est un homme faible, et qui attache trop d'importance au bavardage des salons..

« Si la loi sur l'enregistrement ne passe pas, je la prendrai de ma propre autorité, et, tant que je serai roi, le Corps législatif ne sera point réuni. Faites appeler le président, faites parler aux principaux membres par les ministres, par les conseillers d'État ; faites-leur bien entendre que je puis me passer du Corps législatif, et que je leur apprendrai comment je puis m'en passer, puisqu'ils se comportent ainsi envers moi.

« Je désirerais que vous me fissiez passer des bulletins sur les mouvements des troupes autrichiennes au delà de l'Adige, et sur les différents préparatifs que font les Autrichiens. »

Nap. à Eug. Saint-Cloud, 25 juillet 1805.

« Mon cousin, je reçois vos lettres du 14. La présentation de la loi est dans les attributions que je me suis réservées ; je ne puis donc qu'être mécontent du parti que vous avez pris. L'enregistrement n'en passera point ; ma marche n'est pas de faiblir. Le Corps législatif savait bien que vous n'avez pas le droit de proposer une loi ; celle-là étant signée de moi seul, moi seul avais le droit de faire ce que j'aurais voulu.

« Vous trouverez un décret qui destitue le général Salimbini ; si son frère continue à tenir des propos de ce genre, je le ferai arrêter et fusiller. Je désire savoir si ce sont des partisans de Melzi, ou de tout autre, qui ont fait rejeter la loi. Votre discours à Salimbini n'est pas sensé; il faut être plus grave dans la magistrature. Il fallait le faire appeler, par la police ou par le ministre de l'intérieur, et m'en rendre compte. Il y a quelque chose qui n'est pas de votre place. J'ai commencé par destituer Salimbini. Je connais mieux les Italiens que vous : je protégerai ceux qui me professent de l'attachement, mais je ferai une sévère justice de ceux qui seraient d'une catégorie différente.

« M. Parraviccini, de Bologne, m'a fait demander à porter l'ordre de la Toison-d'Or, que l'empereur François II lui a donné; mon intention est qu'il ne le porte pas. En général, ayez pour principe de ne permettre de porter aucun ordre autrichien; c'est dans ce sens que vous devez vous en expliquer. Je pourrai permettre les ordres bavarois ou espagnols, je ne permettrai ni les autrichiens ni les napolitains.

« Je pense que le principe que vous avez manifesté au ministre de la guerre sur la conscription n'est pas exact : que le ministre doit faire l'application de la loi ou du décret; la loi a souvent besoin d'un développement, qui est un règlement. Il y a là-dessus des limites que l'usage seul peut faire connaître; mais les ministres ne peuvent jamais agir qu'au nom du gouvernement. Je vous renvoie un journal où je trouve un véritable règlement signé du ministre des cultes, qui affecte des maisons aux établissements religieux. Ce règlement devait être signé par vous. Il s'en faut bien que les ministres aient le droit d'expliquer la loi. Ce serait un droit vraiment funeste, qui détruirait l'administration. Vos principes là-dessus ne valent rien, et seraient destructifs de l'autorité du prince. Si vous continuiez ainsi, vous verriez bientôt toute l'influence se diriger sur les ministres, ils ne tarderaient pas à en abuser, et les inconvénients en seraient immenses pour le gouvernement. Toute nouvelle disposition sur l'application de la loi doit être faite par vous; réformez-vous donc un peu sur cette matière. »

Nap. à Eug. Saint-Cloud, 26 juillet 1805.

« Mon cousin, j'ai expédié le décret relatif à la liquidation proposée par le ministre des finances. Le budget est pour deux ans; ainsi je n'aurai point besoin du Corps législatif de deux ans. Il faut connaître quels sont les membres qui sont mauvais.

« Il ne faut point discréditer les bruits de guerre dans les journaux, mais s'en moquer. Faites faire en grand détail une note de tous les préparatifs que font les Autrichiens dans l'État de Venise et ailleurs, faites-la mettre dans les petit journaux, et, ensuite, faites-la répéter dans le journal officiel.

« Faites connaître à M. Proui que mon intention est qu'en quelque endroit qu'il se trouve il retourne à Venise et y reste une quinzaine de jours. Envoyez aussi M. Costanzo à Venise.

« Immédiatement après avoir reçu votre lettre, j'ai fait relâcher les individus autrichiens que j'avais fait arrêter par représailles; ne souffrez aucune avanie sur l'Adige, et que les représailles soient rendues constamment.

« Ne m'écrivez plus par la poste, cela me fait un travail trop difficile; je préfère que vous m'envoyiez un courrier extraordinaire toutes les semaines, en ayant soin de profiter des retours de courriers.

« Je vous ai écrit hier pour vous témoigner mon mécontentement, *j'imagine que cela ne peut pas autrement vous affecter*[1]. »

« Mon cousin, j'ai chargé M. Marescalchi de vous expédier le décret par lequel j'ordonne que le Corps législatif termine ses séances; mon intention, pendant que je régnerai en Italie, est de ne plus le réunir. J'avais trop bonne opinion des Italiens; je vois qu'il y a encore beaucoup de brouillons et de mauvais sujets. Il est inouï qu'une loi aussi simple que celle des finances ait eu contre elle le tiers des voix, cela aggrave le tort du premier refus. Ce n'est pas l'autorité du Corps législatif que je voulais, c'est son opinion; vous ne lui ferez pas de message, vous ne lui rendrez aucun honneur; vous ferez cependant connaître mon mécontentement. Si la loi des douanes a été envoyée, retirez-la; cela ne regarde pas le Corps législatif, je n'en ai pas eu besoin en France pour cet objet. Retirez aussi la loi générale du budget, et tout ce qui est relatif à la loi de l'enregistrement, et publiez-les en décrets. Vous avez tort de penser que les Italiens sont comme des enfants; il y a là-dedans de la malveillance; ne leur laissez pas oublier que je suis le maître de faire ce que je

Nap. à Eug.
Saint-Cloud,
27 juillet
1805.

---

[1] Cette phrase peint l'affection de Napoléon pour le prince Eugène.

veux, cela est nécessaire pour tous les peuples, et surtout pour les Italiens, qui n'obéissent qu'à la voix du maître. Ils ne vous estimeront qu'autant qu'ils vous craindront, et ils ne vous craindront qu'autant qu'ils s'apercevront que vous connaissez leur caractère double et faux. D'ailleurs, votre système est simple : l'Empereur le veut. Ils savent bien que je ne me départs pas de ma volonté.

« Vous dites que tous les bruits sont à la guerre; il ne faut pas combattre ces bruits-là; ce que fait l'Autriche, elle le fait vraisemblablement par peur; d'ailleurs, je pourrai bien ne pas la laisser se préparer, et lui tomber dessus. Empêchez qu'aucun officier autrichien, et qu'aucun Italien au service d'Autriche, ne vienne dans vos places, et, s'ils y viennent, faites-les arrêter.

« Il est inutile de donner de nouveaux drapeaux à l'armée italienne; il faut attendre de nouvelles circonstances.

« Vous ne répondez pas à mon décret du 18 juin, relatif aux places fortes. Tout cela ne regarde pas le général Lacombe Saint-Michel, je le lui ai fait dire par le ministre de la guerre; quant on sera en corps d'armée, ce sera autre chose; faites faire les états d'armement. M. d'Anthouard vous donnera les formes; cela est dans tous nos livres. Employez-y l'officier général de cette partie. Cette manière de dire que vous avez écrit et que vous avez surveillé ne signifie rien. Envoyez des aides de camp, et que mes ordres soient exécutés. Que je sache quand Vérone sera armée, que cela se fasse avec les finances d'Italie, avec les officiers d'Italie. Le double emploi ôté, le tout deviendra simple

« Je viens d'ordonner que M. Lagarde, employé près du ministre de la police, se rende auprès de vous. C'est un homme qui a joué beaucoup de rôles; enfin, un homme de police. Tenez-le à distance de vous, et ne communiquez avec lui que par Méjean. *Tenez-vous-en à ce que je vous dis, et non à votre cœur de vingt ans.* Depuis quatre ans, je l'ai beaucoup employé en police, et je ne l'ai jamais vu : ce n'est pas absolument ce que vous devez faire aussi ; mais, si vous le voyez quatre fois dans un an, cela suffit. Gardez-vous de laisser pénétrer votre opinion; il faut, au contraire, qu'il croie que vous faites cas de lui.

« Présentez-moi des personnes pour remplir les places de ma cour et pour être gouverneurs des différents palais.

« Faites finir l'impression des adresses; cela ne signifie plus rien. »

Eug. à Nap.
Milan,
28 juillet
1805.

« Sire, j'ai l'honneur de faire savoir à Votre Majesté qu'en vertu de ses différents décrets ou de ses ordres particuliers j'ai fait prendre au ministre de la guerre toutes les mesures pour qu'ils soient ponctuellement exécutés. La Rocca d'Anfo sera armée, vers le 5 août, de dix pièces ordonnées par Votre Majesté. Vers le milieu d'août, le biscuit sera entièrement confectionné, et réparti ainsi qu'il suit : cent mille rations à Mantoue, cinquante mille à Legnago, cinquante mille à Vérone, cinquante mille à Peschiera, cinquante mille à la Rocca d'Anfo, cinquante mille à Pizzighétone. Il existe neuf cent milliers de poudre dans les magasins et les poudrières; nous en donnerons encore de trois à quatre cents pour la fin de cette année. Il y a en ce moment, à Mantoue, cent soixante-quatre pièces de siége de différents calibres, vingt-sept mortiers, trente obusiers, dont seize de campagne et vingt et un canons de campagne, quatre cent trente milliers de poudre, et un million sept cent quarante-sept mille deux cent cinq cartouches à balles.

« A Peschiera, vingt-cinq pièces, sept mortiers et deux obusiers de siége, deux pièces et trois obusiers de campagne, quatre-vingt-douze mille six cent trente-cinq livres de poudre, et quatre cent quatre-vingt-dix mille cartouches à balles.

« A Legnago, vingt pièces, quatre mortiers et un obusier de siége, quarante-quatre mille quatre cent cinquante livres de poudre, et deux cent mille six cent quatre cartouches à balles.

« A Ferrare, deux mortiers, six canons de campagne, deux obusiers de campagne, vingt mille huit cent trente livres de poudre, et vingt-cinq mille sept cent vingt-cinq cartouches à balles. On presse la confection des affûts; j'espère qu'avant le 1er septembre nous aurons un affût et demi de rechange par pièce, en attendant que nous en ayons deux, conformément au décret du 18 juin. Il existe trois cent douze mille cinq cent quarante-neuf pierres à feu. Ce en quoi nous sommes très-pauvres sont des fusils; il n'y en a, dans tous les magasins du royaume, que dix mille et quelques, dont plus de six mille à réparer. Je vais envoyer presque incognito un de mes aides de camp vérifier si les états que l'on m'a donnés sont justes, vérifier la qualité des objets, et enfin je ferai presser le plus possible les travaux de l'arsenal et des différents ateliers. Je vais donner l'ordre au ministre de la guerre de faire arriver promptement les conscrits. J'en ferai passer six cents pour les corps qui sont en France; mais je n'en enverrai que trois cents au 5ᵉ régiment qui est dans le royaume de Naples, puisque, par ces trois cents hommes, il se trouvera au grand complet. Si Votre Majesté, malgré cette réflexion, le désire toujours, elle voudra bien me donner ses ordres. Je prierai Votre Majesté de vouloir bien nous envoyer, le plus tôt possible, le travail du général Clarke, quand elle l'aura signé, et je prends la liberté de la prier d'ajouter une autre compagnie d'ouvriers dans le régiment d'artillerie, en place de la compagnie de bombardiers; car n'est-il pas préférable que, comme en France, tous les canonniers et principalement les sergents et caporaux fussent bombardiers? Je soumets seulement cette idée à Votre Majesté, en l'assurant pourtant qu'une deuxième compagnie d'ouvriers nous serait très-nécessaire. J'ai reçu le décret de Votre Majesté pour l'approvisionnement de bouche pour les différentes places fortes du royaume. »

« Sire, j'ai l'honneur d'adresser à Votre Majesté une liste contenant vingt-sept candidats pour être pages. Votre Majesté y verra que quelques personnes

Eug. à Nap.
Milan,
28 juillet
1805.
5 heures
après midi.

ont proposé leurs deux fils; je ne crois pas que l'intention de Votre Majesté soit de donner deux places dans la même famille. Je prends la liberté de recommander à ses bontés le jeune Brouhi de Reggio; Votre Majesté voudra bien, en m'envoyant leur nomination, me faire part de ses vues sur leur départ pour Paris. S'y rendront-ils tous, leur faudra-t-il un gouverneur, un sous-gouverneur, des professeurs, des maîtres, etc.? Votre Majesté se réserve-t-elle ces différentes nominations, ou désire-t-elle que je lui présente les noms des gouverneurs et sous-gouverneurs?

« J'aurai la même demande à faire pour les écoles militaires, d'arts et métiers, lycées, etc. Je travaille avec Moscati pour organiser ces différentes écoles. Par le premier courrier, j'aurai l'honneur de soumettre à votre signature le décret pour l'organisation de l'école des arts et métiers. Les élèves existent déjà dans deux *orfanotrophes*, l'un militaire et l'autre civil; le local existe, l'administration, les maîtres aussi; l'orfanotrophe civil a déjà du bien, et ces deux établissements ne coûteront, réunis, que quatre-vingt mille livres à l'instruction publique, et la guerre économisera ce qu'elle dépense actuellement pour ses orfanotrophes militaires. J'ai cru remplir les intentions de Votre Majesté en prenant le décret qui organise l'imprimerie royale, j'espère pouvoir y mettre à la tête *Bodoni;* Votre Majesté sait que c'est le rival de Didot. Je vais réorganiser le manège pour les troupes à cheval; je vais établir à Milan une école vétérinaire. Elle sera bien utile, car les épizooties sont assez fréquentes en Italie. Je vais enfin établir une pépinière nationale à Monza; on y soignera particulièrement les arbres à fruits dont on néglige ici la culture, de même que les arbres étrangers convenables à ce climat. J'ai travaillé hier au plan général de la ville de Milan, les rues n'en sont point alignées, point de police de voirie bien établie, point de promenades; j'ai dû penser à ces différentes parties qui sont bien essentielles. Le forum Bonaparte va être planté; il y restera au centre une belle place d'armes pour manœuvres, fêtes, etc., et le cours actuel sera prolongé, en suivant le rempart, jusqu'aux plantations du forum. Ce sera une des plus belles promenades des États de Votre Majesté. Il me reste enfin à faire un musée; nous avons déjà beaucoup de bons et beaux tableaux, à cause de l'ordre que j'ai donné de faire réunir tous ceux des églises ou couvents supprimés, et, le lycée de Milan ne pouvant rester à Bréza, car il n'y a que les classes, nous allons nous occuper de trouver et faire arranger un autre beau local pour y établir le lycée que nous organiserons cette année; et, à Bréza, il restera de superbes établissements publics, tels que la bibliothèque, un cabinet d'histoire naturelle, un cabinet de physique, un muséum, une école de dessin, de sculpture, de gravure, etc. »

« Sire, c'est avec la plus vive douleur que j'ai appris que Votre Majesté avait été mécontente de ma conduite envers le Corps législatif. Il ne fallait pas une nouvelle si affligeante pour me rendre bien

Eug. à Nap. Milan, 30 juillet 1805.

malheureux, et c'est une leçon qui est trop bonne et qui me fait trop de peine pour que je n'en profite pas à l'avenir, ou du moins pour que je m'applique encore davantage, s'il est possible, à ne pas vous déplaire. Je dois cependant m'excuser, aux yeux de Votre Majesté, sur deux articles : le premier, c'est le ministre des cultes qui a fait, sans m'en prévenir, son règlement; il a cru bien faire, et, s'il me l'avait demandé, j'avoue qu'avant de recevoir la lettre de Votre Majesté je n'y aurais vu aucun inconvénient; le deuxième, c'est que, n'ayant ni à l'intérieur ni à la police, un homme en état de donner une leçon à quelqu'un, j'avais cru pouvoir parler moi-même à M. Salimbini. Votre Majesté aura vu, par ma lettre, que ce malheureux budget avait passé, moins l'enregistrement et l'article des grains, qui seraient déjà représentés en grand détail au Corps législatif si le ministre des finances, depuis trois semaines, n'avait été très-malade; j'espère que, sous peu, la commission des finances du Corps législatif l'aura sous les yeux. Je ferai *préparer* et le président et ces messieurs, et, si enfin je vois le tout très-mal disposé, je dissoudrai le Corps législatif et je m'empresserai d'en instruire Votre Majesté. Je vais prendre des informations afin de pouvoir assurer à Votre Majesté si ce sont les partisans de Melzi ou de tout autre qui ont fait tant de difficultés sur la loi; tout ce que j'avais pu en recueillir avant, c'est que ces difficultés avaient pour cause l'animosité que tous portent au ministre des finances : ils disaient que, depuis qu'il est au ministère, l'Italie est surchargée d'impôts, et mille autres sots propos semblables. Je vais m'occuper sans relâche des ordres de Votre Majesté. L'artillerie se met en état. J'ai fait travailler aussi à la flottille du lac de Garda. Les ordres sont donnés pour l'approvisionnement des places ; cela coûtera cinq millions au royaume d'Italie, mais cela sera fait aux époques ordonnées. J'ai l'honneur d'envoyer à Votre Majesté le dernier rapport sur la situation des Autrichiens. Je rends compte à Votre Majesté que les grands officiers de sa maison d'Italie ont tous la croix d'or, à l'exception de M. de Litta et du grand aumônier ; je leur ai demandé s'ils étaient ou officiers, ou commandants, ou grands officiers, ils ne savent point leur grade. Ils entendent, eux, par grands officiers, le grand cordon, ce qui ne me paraît pas être l'intention de Votre Majesté. »

« Monseigneur, aujourd'hui Sa Majesté m'a fait l'honneur de m'appeler dans son cabinet pour me parler de vous. Je vais vous chagriner, mais je dois le faire, et il vous sera facile de ne plus l'être.

Duroc[1] à Eug. Camp de Boulogne, 31 juillet 1805.

« Oui, Sa Majesté est mécontente et très-mécontente de vous, et voici sur quoi cela se fonde. D'abord vous outrepassez vos pouvoirs, vous faites des choses qui n'appartiennent qu'à elle seule ; ainsi, par exemple, vous avez dissous le Corps législatif, vous n'avez

---

[1] Il est fort à présumer que Duroc n'a écrit cette lettre au prince Eugène que sur l'ordre de l'Empereur, mais comme émanant de lui, Duroc. C'était une façon d'agir employée souvent par Napoléon, quand il voulait éviter de prendre l'initiative.

pas présenté les lois telles qu'on vous les avait envoyées.

« 1.° Sa Majesté se plaint de ce que vous lui demandez son avis sur certaines choses, et que, sans attendre le retour du courrier, vous passez outre, de manière que ses ordres arrivent et ils sont inutiles; elle trouve que c'est lui manquer pour ces deux articles. Il existe deux principes desquels vous ne devez jamais vous écarter, quelque chose que l'on vous dise. D'abord vous avez le décret qui fixe vos fonctions et détermine ce que le Roi s'est réservé; dans aucun cas et sous aucun prétexe, urgence ou excès de zèle, il ne faut pas faire ce qui appartient au Roi ; il ne le voudra jamais et il ne vous le pardonnera jamais. Quand un ministre vous dira : cela est pressé, le royaume est perdu, Milan va brûler, et que sais-je, moi? il faut lui répondre : Je n'ai pas le droit de le faire, j'attendrai les ordres du Roi.

« 2° Lorsque, pour une chose même que vous pouvez faire ou qui vous appartient, vous croyez pouvoir prendre son avis, il faut l'attendre avant que de rien faire, sans quoi c'est lui manquer. Ainsi, par exemple et pour parler de la plus petite chose, si vous demandez à Sa Majesté ses ordres ou son avis pour changer le plafond de votre chambre, vous devez les attendre; et si, Milan étant en feu, vous lui demandez pour l'éteindre, il faudrait laisser brûler Milan et attendre les ordres[1]. Ou bien, quand cela

[1] Nous pensons que Duroc, très-intimement lié avec le prince Eugène, pousse ici les choses un peu loin ; il est fort douteux que l'Empereur ait admis le principe pour l'exemple choisi par le grand maréchal du palais.

vous appartient, ne pas les demander : vous êtes bon militaire, vous m'entendrez parfaitement.

« L'Empereur se plaint de ce que vous avez fait fixer les dépenses départementales, que vous vous êtes pressé et qu'elles coûtent ainsi deux fois plus qu'il ne devait s'y attendre. N'écoutez pas toujours ce qui vous entoure, n'écoutez pas les faux bruits avec lesquels on appuie ce que l'on vous demande. Renvoyez au Roi ce qui lui appartient, et dites : J'attendrai ses ordres; ne permettez pas que les ministres outrepassent leurs pouvoirs; les gazettes sont pleines de leurs décrets, et ils n'ont pas le droit d'en faire. De même qu'il ne faut pas croire les alarmistes, il ne faut pas croire non plus les flatteurs ni se fier à quelques applaudissements. Vous avez du courage et des baïonnettes qui vous répondraient de ce que vous annonceraient les premiers; vous n'avez pas encore pu faire pour les Italiens ce que peuvent vous rapporter les autres. Il eût été préférable que les journaux n'eussent pas rapporté les adresses qui vous ont été faites.

« L'Empereur se plaint aussi de ce que vous lui faites des réflexions sur des mesures qu'il prend et qu'il a bien réfléchies; ainsi, par exemple, il a créé un régiment d'artillerie avec une compagnie de bombardiers, vous lui avez écrit une page contre ces bombardiers; mettez-vous à sa place un moment, et vous savez, tout comme moi, qu'avant d'être empereur il était notre meilleur officier d'artillerie; qu'il a bien pesé les raisons pour et contre. Eh bien, il regrette que les bombardiers n'existent plus chez nous, quoique nous ayons d'anciens canonniers qui puissent apprendre le mortier et le canon. Chez les Italiens, au contraire, peuple tout nouveau, c'est assez de l'un ou de l'autre.

« Je vous le répète, Monseigneur, n'écoutez pas ce qui vous entoure, quand on veut vous faire faire des choses qui ne vous appartiennent pas; lisez et relisez vos attributions. Les uns sont trop jeunes et trop légers en administration; les autres sont bien aises de vous faire faire des fautes, parce qu'ils en profitent pour leur avantage. Les Italiens sont intrigants et rusés, il faut vous en défier.

« Ne prenez jamais rien sur vous pour ce qui ne vous appartient pas. Pour ce qui vous appartient, faites ce que vous voulez. Faites des fautes, elles vous seront pardonnées. Quelque confiance, quelque amitié que vous témoigne l'Empereur, quelque éloge qu'il donne à votre conduite, dans vos relations avec lui, dans ce que vous faites, songez toujours que vous êtes son sujet.

« Je viens de vous dire, mon cher prince, des choses désagréables et dures, je le sens bien; mais, outre que j'y suis autorisé par l'extrême attachement que je vous porte, j'ai été bien aise de ne rien vous dissimuler, persuadé que c'est vous servir et vous mettre dans le cas de bien remplir les intentions de Sa Majesté, chose que vous désirez par-dessus tout; je suis sûr qu'elle en est aussi persuadée que nous pouvons l'être.

« Comme cette lettre va vous attrister! Mais reprenez bien vite votre courage pour bien profiter de mes conseils. Bannissez les regrets que vous pourriez encore avoir d'être loin de votre famille, et gouvernez comme doit le faire celui qui gouverne au nom de notre grand Empereur. »

Nap. à Eug. Saint-Cloud, 1er août 1805.

« Mon cousin, j'ai reçu vos lettres.

« D'ici à peu de jours, je vais établir un courrier qui partira de Paris, le matin, et ira à Milan en quatre jours ; il portera seulement mes paquets, les vôtres, ceux de Marescalchi et des ministres. »

Nap. à Eug. Saint-Cloud, 1er août 1805.

« Mon cousin, vous demandez cinq millions pour les armements des places ; je vous ai prescrit les objets que j'exigeais ; cela n'exige pas la moitié de ce que demande le ministre de la guerre. D'ailleurs, on peut supprimer la viande et les fourrages, cela ne coûterait pas alors quinze cent mille francs. J'ai donné ordre au ministre du Trésor public de France de donner tout l'argent nécessaire à la garde royale et au régiment de chasseurs qui est à Calais, et de tirer une lettre de change sur le Trésor public d'Italie. Il me paraît que c'est cela qu'on désirerait à Milan. »

Eug. à Nap. Milan, 1er août 1805.

« Sire, c'est après bien de nouvelles réflexions, c'est après avoir bien sondé l'esprit du conseil d'État et l'esprit même du Corps législatif, que, m'étant assuré que hasarder de présenter les nouvelles lois, c'était s'attirer de nouveau un refus, c'était compromettre la dignité royale, j'ai pris la détermination dont je m'empresse de rendre compte à Votre Majesté ; en exécution de ses ordres, et avec son autorisation, j'ai fait signifier ce matin au Corps législatif, dans les formes usitées, que sa session était terminée. Ainsi que j'ai eu l'honneur de vous en informer, le Corps législatif a adopté le budget, dont il a seulement distrait, 1° les dispositions qui fixent le payement des pensions ecclésiastiques de six mois en six mois; 2° la faculté accordée au gouvernement de faire et de mettre en vigueur les règlements des douanes qu'il trouverait convenables; 3° un nouveau droit sur les grains; 4° et enfin la loi de l'enregistrement. Sur le premier objet, il en sera fait comme Votre Majesté l'a voulu : les pensions seront payées tous les six mois. Si vous le jugez convenable, je ferai le règlement, le ministre l'exécutera. Sur le deuxième, il a été refusé, sur le seul motif qu'on a craint que Votre Majesté, appliquant à l'Italie la mesure déjà ordonnée pour le Piémont, qui appelle toutes les soies à Lyon, il en résulte pour les propriétaires de mûriers une grande diminution dans leurs revenus. Cette crainte, suggérée peut-être par la malveillance, est loin d'avoir cessé. Le ministre des finances croit qu'avec un règlement émané, soit du gouvernement, soit de lui, il obtiendra tous les résultats que Votre Majesté attendait de la loi. Le troisième objet n'avait même pas passé au conseil d'État; l'opposition du Corps législatif était très-prononcée, je n'ai pas voulu la risquer. D'ailleurs le ministre des finances croit encore qu'il obtiendra le même résultat par un simple décret, qui, par exemple, prohiberait l'exportation et qui ensuite l'accorderait aux conditions portées dans la loi. Reste l'objet le plus important, la loi sur l'enregistrement. De tous ceux que j'ai consultés et vus ou fait voir, pas un ne s'est trouvé le partisan de cette loi ; j'ajoute même que cette loi, arrangée par le conseil d'État, serait bien loin d'être ce que vous avez voulu. Par exemple celle du conseil portait que, dans les successions, la valeur du mobilier ne *soit* comptée pour rien, et puis encore que les immeubles payeraient le droit sur l'évaluation portée sur le registre du cens, tandis que, dans l'opinion du ministre, le *cens* n'évalue les immeubles que deux tiers au-dessous de leur valeur véritable. »

Eug. à Nap.
Milan,
2 août 1805.

« Sire, Votre Majesté m'a déjà reproché d'avoir outrepassé mes pouvoirs, en présentant moi-même, et sous une forme différente de celle que vous aviez arrêtée, la loi sur les finances. Combien il me semble que je serais plus reprochable si, aujourd'hui, étant presque certain de la non-acceptation du Corps législatif, je lui présentais une loi contraire à vos volontés et diamétralement opposée aux dispositions de la loi française sur cet objet ! Je n'ose dire à Votre Majesté combien je suis triste et confus d'avoir été en cette circonstance si loin de sa direction et de ses ordres. Cependant j'ose croire que je ne m'en suis point écarté aujourd'hui en ravissant au Corps législatif l'occasion de se créer encore une sorte de popularité aux dépens de celle qui vous est due, et d'ajouter un petit triomphe à sa première taquinerie, qu'il considère comme une victoire. Je ne dis rien à Votre Majesté sur l'esprit du Corps législatif, elle en jugera par ses actes; mais je puis dire avec vérité que peut-être en ce moment y aurait-il de l'inconvénient à le frapper très-fort, et qu'il peut être un peu plus tard frappé plus sûr. Je ne sais pas encore quel est le parti qui a le plus influé sur le rejet de la loi générale des finances lors de sa première présentation; mais je sais très-bien qu'il n'y a pas un seul homme de ce Corps qui y ait une influence marquée; peut-être n'y en a-t-il pas un en état d'en exercer une prononcée, j'entends en faveur du gouvernement. L'esprit qui préside dans le Corps législatif est le plus petit esprit de coterie, de sotte vanité, du besoin de se populariser, etc., enfin l'esprit des gens qui, appelés et nommés dans cette assemblée sans l'intervention directe du gouvernement, se font gloire d'être en opposition à ce même gouvernement et se croient institués pour le régenter et non pour le servir. »

Eug. à Nap. Milan, 3 août 1805.

« Sire, j'ai l'honneur d'informer Votre Majesté qu'ayant reçu son décret relatif au Corps législatif le matin même que j'allais y envoyer le mien, je me suis borné à faire adresser, par le secrétaire d'État au président du Corps législatif, une copie du décret impérial qui termine leur session. Je suis fort heureux que la veille il n'ait pu s'assembler, et que ce retard ait permis l'arrivée de votre courrier. Depuis hier ils n'ont encore tenu aucun propos; quelques-uns, dit-on, sont assez sots de l'événement, d'autres sont contents de retourner chez eux. J'ai l'honneur d'adresser à Votre Majesté les journaux d'hier et d'aujourd'ui ; ce sera la dernière fois que Votre Majesté y verra ces adresses : j'ai défendu qu'on les mette à l'avenir. Je prends la liberté, Sire, de faire une demande à Votre Majesté. Elle a eu la bonté de me promettre pour Milan une somme à peu près pareille à celle donnée à Bologne pour ses promenades et ses embellissements. J'ai vu les places; le travail ne serait point cher en proportion de sa beauté; car, pour une somme de deux cent trente à deux cent cinquante mille livres, ce sera, conjointement avec les plantations du forum, les plus belles promenades de vos États. Je supplie Votre Majesté de m'accorder cette marque de sa bienveillance. Je m'étais beaucoup trop modestement expliqué dans mes lettres précédentes, quand je marquais à Votre Majesté que je faisais prendre des mesures au ministre de la guerre. J'en prends aussi : j'avais déjà envoyé de mes aides de camp à Pavie et à Ponte-Vico. La fonte des projectiles se fait dans ce dernier endroit. J'ai pris moi-même les mesures avec le ministre des finances pour que les poudrières soient portées à la plus grande activité. Les affûts se travaillent sans relâche; il y a déjà une des six pièces de vingt-quatre, à Pavie, forée; la première fonte des trois premiers mortiers des soixante-deux ordonnés a réussi. Le marché des approvisionnements a été passé, et les ordres de Votre Majesté seront exécutés. Un de mes aides de camp est parti cette nuit pour Vérone et Peschiera, un autre pour la Rocca-d'Anfo. Je fais réparer les armes hors de service dans les corps : il y en a beaucoup dans ce cas et très-peu de neuves. Ce qui sera plus long, c'est la rentrée des conscrits, à cause de la différence des anciens districts avec les nouveaux, à cause de quelques déplacements dans les administrations, et surtout pour cette excessive lenteur du chef. »

Nap. à Eug. Camp de Boulogne, 4 août 1805.

« Mon cousin, mon intention est qu'il y ait une compagnie de bombardiers dans le régiment d'artillerie. Vous pouvez penser que j'avais mes raisons lorsque j'avais ordonné ces dispositions. Je compte que le château de Vérone et la Rocca-d'Anfo sont armés, et que les quatre cent cinquante mille rations de biscuits sont réparties, et que toutes les dispositions portées dans votre lettre du 28 juillet ont reçu leur effet.

« Vous pouvez nommer les professeurs à toutes les différentes écoles.

« J'approuve l'organisation que vous avez faite de l'imprimerie royale. Nous voici dans le mois d'août; je désire avoir le compte des dépenses de ma maison.

« J'ai reçu votre proposition de décret relative aux feudataires. Je désire avoir l'état de tout ce qui a été réuni au domaine et de ce qui a été rendu, afin que je puisse prononcer avec connaissance de cause. »

Nap. à Eug. Camp de Boulogne, 5 août 1805.

« Mon cousin, il serait possible que je fisse marcher une brigade, composée des deux régiments qui sont à Milan, du régiment de chasseurs, et de huit pièces italiennes. Je désirerais que tout cela pût faire ensemble quatre mille hommes, et je voudrais les envoyer dans les Abruzzes. Ceci doit rester très-secret; mais faites-moi connaître, par le retour de mon courrier, quand ce corps pourrait être prêt, et quel est le général italien capable de le mener. »

« Sire, j'ai l'honneur d'adresser à Votre Majesté une lettre du maréchal Jourdan, dont la dernière phrase paraît mériter votre attention. Je joins aussi un rapport du général Solignac. Mes aides de camp étant revenus de leurs différentes missions, il en résulte, 1° (*Quelques lignes manquent.*)

Eug. à Nap. Milan, 5 août 1805.

« Le prince de Bavière est arrivé vendredi soir à Milan. J'ai reçu sa visite le samedi matin, et je la lui ai rendue dimanche à midi; il est venu le même jour dîner chez moi, il y avait trente-cinq personnes, ministres, conseillers d'État, quelques dames, des généraux, etc. Je lui ai envoyé une garde, j'ai mis à sa disposition des chevaux de selle, une loge au théâtre, enfin j'ai été à son égard le plus galant qu'il m'a été possible. Il a paru désirer beaucoup de voir les cuirassiers français : je le mènerai cette semaine à Lodi. C'est un jeune homme de dix-neuf ans, qui paraît un peu plus dégourdi que ne le sont ordinairement les princes allemands; il a le malheur d'être sourd et bègue, ce qui est fort gênant dans la conversation; voilà huit mois qu'il voyage, et il paraît en avoir profité. Il est accompagné du général comte de Reuss et de deux chambellans. Le premier a été envoyé près de lui depuis six semaines seulement, pour remplacer un autre mentor qu'avait ce jeune homme; cet autre mentor, peut-être un peu plus sévère que celui-ci, a encouru la disgrâce du prince, qui l'a renvoyé d'auprès de lui. Il paraît qu'il va voyager en France, et qu'il sera à Paris cet automne.

« Il m'a beaucoup parlé de Votre Majesté, il désire bien ardemment de lui être présenté. Conformément aux ordres de Votre Majesté, je vais jeudi à Monza. J'ai reçu ce matin, à midi, comme simple visite et sans aucune espèce d'honneur, le président et quelques membres du Corps législatif, qui m'ont apporté cette lettre pour Votre Majesté; j'ai cru d'autant mieux faire, que je savais que c'était une lettre d'excuse. Ces gens-là sont bien plats; à les entendre, aucun d'eux n'a été contre la loi. Cependant, ce qu'il y a de bien sûr, c'est que leur mauvaise composition vient principalement des dernières nominations. J'ai l'honneur d'adresser à Votre Majesté les noms des vingt premiers savants du royaume, que Votre Majesté paraît vouloir décorer de l'ordre de la Légion d'honneur. J'oserai, Sire, faire la même demande pour les généraux et colonels dont je joins ici la liste; ceux qui sont en France, et plusieurs de ceux qui sont dans le royaume de Naples, ont eu le bonheur d'avoir cette distinction; les autres la réclament de votre bienveillance. Je recommande particulièrement à Votre Majesté le directeur et le sous-directeur de l'École de Modène. L'acquisition du palais de Sassuolo, autrefois lieu de plaisance du duc de Modène, serait préférable à tout autre château au-delà du Pô. Si Votre Majesté y consentait, je pense que l'acquisition pourrait se faire sans un fort prix, parce que personne ne s'en doute, et Contaïni la ferait faire par un tiers. Ce bel endroit n'est éloigné que de dix lieues de Bologne, et quatre de Modène. J'attendrai, à cet égard, les ordres de Votre Majesté. Un rapport, arrivé hier de Rome, porte qu'il est passé, du 25 au 27 juillet, quatorze courriers venant de Naples, et sortis par la porte du Peuple, et trois courriers allant à Naples, dont un venait de Pétersbourg; ce dernier était accompagné d'un adjudant du roi des Deux-Siciles. »

« Mon cousin, vous aurez reçu un décret par lequel j'ai ajourné le Corps législatif. Quand ces législateurs auront un roi pour eux, il pourra jouer à ces jeux de barre; mais, comme je n'en ai pas le temps, que tout est passion et faction chez eux, je ne les réunirai plus. Quant au budget, mon intention est qu'il soit suivi de point en point. Le ministre des finances est le seul homme de sens et de caractère.

Nap. à Eug. Camp de Boulogne, 6 août 1805.

« J'ai reçu votre rapport sur les opérations des Autrichiens en Italie. Je doute qu'il y ait quatorze mille hommes dans le Tyrol; tâchez, par Brescia et par vos agents, d'avoir des renseignements plus positifs.

« Du moment que le Corps législatif sera ajourné, préparez-vous à faire un voyage à Brescia, Vérone et Mantoue. Je pense cependant que vous pouvez laisser passer encore tout le mois d'août.

« Je crois vous avoir écrit pour que vous posiez la première pierre du monument de Rivoli. »

« Mon cousin, je reçois votre courrier; je ne puis

Nap. à Eug. Camp

trop vous témoigner mon mécontentement de ce que vous vous prononcez sur des objets que je me suis réservés : voilà trois fois dans un mois. Vous n'aviez pas le droit de dépecer la loi sur les finances, que j'avais signée, et d'en présenter d'autres; vous n'aviez pas le droit d'ajourner le Corps législatif; vous n'aviez pas le droit d'arrêter les dépenses départementales. Je suis moins affligé du peu de considération que vous avez pour mon autorité que du peu de cas que vous faites de mes avis. Que voulez-vous que je réponde à vos lettres? Je n'écris pas par passe-temps, et je n'ai pas l'habitude d'écrire vainement; je vous donnerai mes avis, et, quand ils vous parviendront, vous aurez décidé? Si vous tenez à mon estime et à mon amitié, vous ne devez, sous aucun prétexte, la lune menaçât-elle de tomber sur Milan, rien faire de ce qui est hors de votre autorité. Je crois aussi avoir assez de droits à votre confiance pour que, sur des affaires importantes, même vous concernant, vous jugiez nécessaire d'attendre mes avis. Vous êtes le premier qui m'ayez fait avoir tort avec trente ou quarante polissons. Cela ne serait pas arrivé si vous n'étiez pas sorti des bornes de votre pouvoir : n'en sortez pas désormais. Ne croyez pas que ceci m'empêche de rendre justice à la bonté de votre cœur; mais je ne veux pas avoir mauvaise opinion de votre caractère : pour cela, n'écoutez pas quelques coteries de Milan.

« J'attendrai votre réponse pour voir ce que je dois faire relativement à l'enregistrement, aux douanes et aux droits sur les blés; car, si vous avez déjà décidé, il est inutile que je vous fasse connaître mon opinion. Toutes les fois que vous me rendrez compte d'un objet, ajoutez si vous attendez ou si vous n'attendez pas mon avis, afin que je sache à quoi m'en tenir, et, si vous m'annoncez que vous attendez mon opinion, songez que vous me manqueriez essentiellement si, pendant que votre lettre ou la mienne seraient en route, vous preniez sur vous de préjuger ce que j'aurais fait. »

Eug. à Nap. Milan, 9 août 1805.

« Sire, je m'empresse de faire savoir à Votre Majesté que le rapport du général Solignac sur la distribution des cartouches à la troupe autrichienne ne s'est point trouvé vrai; il me l'a lui-même démenti quand il a eu pris des renseignements plus positifs. En général, j'ai vu que tous les rapports étrangers étaient basés sur des *on dit*, et j'ai cru bien faire, dans la circonstance actuelle, d'envoyer un agent sûr vérifier par lui-même les faits; j'en ai fait envoyer un autre par le ministre de l'intérieur, et j'espère par ce moyen savoir la vérité. J'ai reçu ce matin, par la poste, une lettre de Votre Majesté. Je la remercie des avis qu'elle veut bien me donner relativement à madame de D.....; je dois aussi prévenir Votre Majesté qu'elle est la maîtresse de L....., et qu'elle doit l'accompagner en Italie. Votre Majesté, au reste, peut être sûre que je profiterai de l'avis qu'elle a eu la bonté de me donner. J'ai l'honneur d'adresser à Votre Majesté des extraits des différents rapports de l'Adige. Je pense que Votre Majesté sera déjà instruite du tremblement de terre de Naples; il paraît qu'il a été bien considérable, surtout dans les Abruzzes. On parle beaucoup aussi, à Naples, de guerre; les employés français marquent de la frayeur; ils annoncent par leurs lettres que la cour fait des armements, afin de profiter des mouvements des Autrichiens. »

Nap. à Eug. Camp de Boulogne, 10 août 1805.
« Mon cousin, j'apprends que Vernègue retourne en Italie; mon intention est que vous preniez des mesures pour le faire arrêter s'il y a possibilité, et s'il passe dans nos postes. »

Eug. à Nap. Milan, 10 août 1805.
« Sire, m'est-il permis de profiter d'un plus beau jour que celui de Saint-Napoléon pour demander à Votre Majesté d'avoir la bonté de m'accorder les dernières demandes que je lui ai faites pour la Légion d'honneur, et d'ajouter encore quelques avancements dans le conseil d'État? Il y a quatre places de consulteurs vacantes. Votre Majesté voudrait-elle en nommer deux ou trois? Je prends la liberté de lui soumettre une liste de ceux qui réellement sont les plus méritants. Je recommande particulièrement à la bienveillance de Votre Majesté, Lambertenghi. Je puis certifier qu'il est en état de remplir le ministère de l'intérieur. Son séjour de trois années consécutives en France lui a été on ne peut plus profitable. Il s'entend en administration, manufactures, industrie nationale de toute espèce; il a vu tous les établissements de France, et il les a bien vus. Que Votre Majesté ne croie pas que ce que je fais est animosité contre le ministre de l'intérieur actuel. C'est pour

le bien de la chose, et surtout pour le bon service de Votre Majesté, qui est mon seul but. »

« Sire, j'ai l'honneur de rendre compte à Votre Majesté que, douze heures après l'ordre que j'en recevrai, je puis faire partir un petit corps d'armée composé ainsi qu'il est porté en détail dans l'état ci-joint. Je propose à Votre Majesté, pour le commander, le général de division Dombrovski, et le général de brigade Ottavi. Ce dernier est le moins mauvais de ceux qui restent dans le royaume, les meilleurs étant, dit-on, à Calais et dans la division de Naples. Le général Dombrovski est un véritable officier de guerre, prudent, mais impétueux quand il est nécessaire. Je crois qu'il pourra remplir les intentions de Votre Majesté.

Eug. à Nap. Monza, 11 août 1805.

« Votre Majesté trouvera, dans l'état ci-joint, deux pièces de trois. Elles pourront servir dans un pays de montagnes avec un bataillon qui pourrait être détaché, et il resterait toujours avec le gros de la troupe une division d'artillerie de six pièces, dont deux obusiers. J'ai porté aussi vingt-deux canonniers à pied, qui seront chargés de servir les pièces de trois, et de plus, chargés du petit parc, c'est-à-dire du matériel de la division. Votre Majesté trouvera peut-être que vingt-neuf voitures sont trop, mais j'ai regardé cette division comme devant être éloignée de tout approvisionnement, et j'ai dû la pourvoir en conséquence.

« Enfin, j'ai fait cela tout seul dans mon bureau, et je l'ai fait dans l'espérance de satisfaire Votre Majesté et pour ne mettre aussi personne dans la confidence. Aussi j'ose vous assurer que je serai le seul de votre royaume d'Italie qui saura ce mouvement, jusqu'à ce que Votre Majesté me l'ait définitivement ordonné et jusqu'à ce qu'il soit exécuté.

« Si Votre Majesté voulait deux cents hommes de plus, on pourrait prendre la deuxième demi-brigade de ligne qui est à Mantoue, en place de la troisième qui est très-faible.

« Ce mouvement va nous enlever presque toute notre artillerie légère et nos chevaux de train. Comme je ne voudrais point ici rester à court, pour quelque autre mouvement, du régiment d'infanterie et des deux de cavalerie qui nous resteront, je ferai acheter quelques chevaux de trait, de manière à pouvoir former une autre division de huit pièces avec les accessoires. »

Nap. à Eug. Camp de Boulogne, 13 août 1805.

« Mon cousin, je vous envoie un décret pour la démolition de la citadelle de Ferrare ; vous en ferez transporter l'artillerie et tout ce qui pourra être utile à Legnago et à Mantoue. Mon intention est que ce décret reste secret, et qu'il ne soit connu que lorsqu'il y aura deux bastions à terre. Veillez à ce que cette démolition soit faite promptement, afin qu'en cas de guerre elle ne puisse servir à l'ennemi. Vous m'avez écrit une longue dépêche à laquelle je n'ai pu encore trouver le moment de répondre, au milieu des soins et des immenses occupations que j'ai ici.

« Je vous envoie un rapport de Barbé-Marbois ; terminez cette affaire sans moi, si cela est possible ;

s'il faut que j'intervienne, expliquez-la-moi bien clairement, car je l'ai tout à fait perdue de vue.

« Mes escadres, arrivées au Ferrol, ont livré combat : elles ont eu l'avantage, puisqu'elles sont restées maîtresses de la mer, et ont rempli leur mission. Sans l'accident de deux vaisseaux espagnols qui, après le combat, ont dérivé pendant la nuit et se sont laissé prendre, cette journée eût été une des plus belles de la marine française.

« J'ai fait attaquer ici la croisière anglaise par la flottille qui l'a chassée trois lieues et demie au large dans le canal, il y avait cependant des vaisseaux de guerre.

« L'Autriche fait des rassemblements. J'ai demandé qu'ils soient contre-mandés d'ici à quinze jours, sans quoi je ferai volte-face et je marcherai sur Vienne avec deux cent mille hommes ; rien n'est beau comme mon armée ici.

« Je vous ai grondé dans mes dernières lettres ; mais vous sentez qu'il faut que pour tout ce qui a besoin de ma décision vous ne décidiez pas avant le retour du courrier.

« J'ai écrit au président du Corps législatif. Vous trouverez ci-joint copie de ma lettre, puisqu'elle vous a été envoyée cachetée et que vous n'en savez pas le contenu. »

« Mon cousin, je vous envoie le travail du général Clarke, sur le budget du ministre de la guerre. Il servira autant qu'il pourra cette année ; qu'il serve surtout à former le budget de l'année prochaine. »

Nap. à Eug.
Camp
de Boulogne,
14 août 1805.

Eug. à Nap.
Monza,
17 août 1805.

« Sire, j'ai l'honneur d'adresser à Votre Majesté différents rapports venus de différents côtés ; celui qui, je crois, mérite plus de confiance est celui (A) du chef de bataillon du génie Sicuro ; il a vu les choses lui-même. Une lettre de Vienne, arrivée ici à la famille Visconti, mande que le grand conseil d'Autriche, d'après les observations du prince Charles, a ajourné la guerre et a décidé que l'Autriche restera *sur la défensive armée sur la frontière*. J'ignore si réellement c'est la décision du grand conseil, mais jusqu'à présent tous les travaux et tous les mouvements des Autrichiens paraissent n'avoir d'autre but que la défensive, car dans aucun rapport je n'ai entendu parler de chevaux ni de train d'artillerie.

« D'après des lettres venues de l'armée de Votre Majesté, dans le royaume de Naples, il paraîtrait que l'esprit même des militaires est inquiet ; ils craignent d'être tournés par des débarquements des Russes, à Ancône ; ils craignent des révoltes des paysans et la perfidie de la cour de Naples.

« Je ne fais que rapporter à Votre Majesté le contenu de plusieurs lettres que j'ai eues sous les yeux. »

Eug. à Nap.
Monza,
17 août 1805.

« Sire, j'ai l'honneur de rendre compte à Votre Majesté des évêchés vacants et de leurs résultats, suivant le décret du 8 juin : Crema, vingt mille livres de rente ; Faenza, vingt mille ; Pavie, vingt-deux mille ; Udine, trente-trois mille ; Vigevano, quarante-quatre mille quatre cent quatre livres dix centimes. Ce dernier supporte déjà huit mille livres pour M Orioni, ce qui le réduit à trente-six mille quatre cent quatre livres dix centimes. Le ministre des finances pense que l'on pourrait par des pensions réduire ces trois derniers évêchés à vingt mille livres comme les deux premiers. »

« Sire, la fête de Votre Majesté a été célébrée hier dans tout votre royaume d'Italie. J'ai été bien heureux d'être témoin du véritable enthousiasme du peuple de Milan. S'ils ne se sont pas distingués par leur illumination, au moins leur gaieté dans les jeux publics qui ont duré toute la journée, et les cris de *Vive l'Empereur!* quand le spectacle a commencé, ont-ils prouvé qu'ils se réjouissaient d'être sujets de Votre Majesté. Satisfait des plaisirs de chacun, mon imagination n'a pu cependant éloigner l'idée que, Votre Majesté étant mécontente de moi, j'étais sûrement le plus triste de tous ceux qui fêtaient la Saint-Napoléon, quoique certainement j'y fusse porté de cœur et d'âme. Le prince de Bavière, qui devait partir depuis deux jours, est resté exprès à Milan pour fêter avec nous ce jour mémorable. Il est parti ce matin, devant aller à Paris, par Genève, Lyon, Marseille et Bordeaux. »

<small>Eug. à Nap.
Monza,
16 août 1805.</small>

« Sire, j'aurai, sous deux ou trois jours, l'honneur d'adresser à Votre Majesté les comptes de sa maison pour le mois de juillet; Containi travaille à les terminer. Le ministre des finances n'a point encore fini le projet de décret sur l'enregistrement; je l'adresserai aussitôt à Votre Majesté. Je prendrai la liberté de demander à Votre Majesté : 1° si elle veut

<small>Eug. à Nap.
Monza,
17 août 1805.</small>

permettre que je fasse un traitement de six mille livres de Milan, par an, à chacun de mes aides de camp, et sur quels fonds; 2° si elle veut permettre que je fasse donner quelque indemnité ou gratification au bataillon de grenadiers français et à la compagnie des chasseurs royaux italiens, qui font le service près de moi, et sur quels fonds; 3° et enfin sur quels fonds je pourrai prendre l'argent pour les courriers, car celui destiné est achevé, de même que les courses et missions d'aides de camp. Le ministre de la guerre, qui souffre toujours de sa mauvaise jambe, m'a demandé la permission de passer vingt jours à Acqui pour en prendre les bains; il m'a dit en avoir parlé à Votre Majesté, pendant son séjour en Italie. Comme Acqui n'est pas très-loin, je le lui accorderai, et le général du génie Bianchi d'Adda, parfait honnête homme, tiendra le portefeuille en son absence. »

Nap. à Eug. Camp de Boulogne, 19 août 1805.

« Mon cousin, j'ai reçu votre lettre du 15 août. *Il ne faut plus parler du passé*, mais vous devez vous tenir strictement dans les bornes de votre pouvoir; toute raison qui vous en ferait éloigner est mauvaise.

Je vois avec peine qu'on fait des avances aux fournisseurs; c'est bien assez de les payer à mesure qu'ils fournissent. Je crois que je n'ai accordé de fonds que pour le mois d'août. J'attends les demandes pour les mois de septembre et d'octobre; j'y comprendrai les demandes pour les approvisionnements de siége

« Envoyez-moi un projet de décret sur ce que vous me dites de relatif à la conscription.

« J'ai nommé le liquidateur général, et j'ai accordé le crédit que vous demandiez. Je crois vous avoir dit qu'on peut diminuer de beaucoup les approvisionnements de siége, en n'y mettant pas encore le fourrage ni la viande.

« Pour la loi générale des finances, envoyez-moi un projet de décret sur l'enregistrement et les autres objets nécessaires au complément du budget. C'est une chose qu'il est indispensable de finir. J'attendrai le décret que vous me présenterez sur cet objet.

« Tâchez de faire surprendre quelque courrier allant de Naples à Saint-Pétersbourg ou à Vienne, et envoyez-m'en les dépêches.

« Tenez Scoti en prison jusqu'à nouvel ordre, et ne le relâchez point avant de m'en avoir rendu compte. »

Nap. à Eug. Camp de Boulogne, 19 août 1805.

« Mon cousin, faites partir pour se rendre dans les Abruzzes, pour y être sous les ordres du général de division Reynier, et faire partie, dès lors, du corps d'armée du général Saint-Cyr, les 3ᵉ et 4ᵉ régiments de ligne, et le régiment de chasseurs à cheval; chaque compagnie des deux bataillons des 3ᵉ et 4ᵉ régiments sera au moins de cent hommes, et, comme ces bataillons ne sont que de seize cents hommes, chaque bataillon laissera une ou deux compagnies au dépôt qui restera à Milan pour recevoir les conscrits à mesure qu'ils arriveront; et, lorsque ces compagnies seront complètes, elles rejoindront leurs corps. Vous ferez partir, avec ces trois régiments, l'artillerie à pied et les soldats du train avec deux pièces de six, deux pièces de douze, deux pièces de trois, et deux obusiers qui seront servis par l'artillerie à pied; et deux pièces de six, deux obusiers, qui seront servis par l'artillerie à cheval.

« Vous préviendrez le général Saint-Cyr et le maréchal Jourdan de ce mouvement, que je désire qu'on tienne secret. Cette division pourra être sous les ordres du général Ottavi. Elle partira de Milan et sera censée aller à Ferrare. Quand elle sera arrivée à Bologne, vous lui donnerez l'ordre de se rendre à Rimini, où elle trouvera de nouveaux ordres pour Pescara. Vous préviendrez le cardinal Fesch du départ de ces troupes, mais seulement quand elles auront dépassé Bologne. Mon intention est qu'on ignore le plus longtemps possible que ce corps se dirige sur Naples. Faites-moi connaître quand il arrivera à Pescara, et envoyez-moi son itinéraire, afin que je sache où il se trouvera chaque jour.

« Du moment que vous aurez des conscrits, portez les régiments qui le composent au grand complet de guerre, c'est-à-dire à deux mille deux cents hommes, de manière que leur complet sous les armes soit au moins de deux mille hommes par régiment. Le départ des troupes ne laissera pas de soulager le trésor du royaume d'Italie, puisque la dépense de leur nourriture sera supportée par le royaume de Naples. Vous joindrez à cette division une compagnie de sapeurs et quatre officiers du génie italiens de ceux qui connaissent davantage le pays, et qui, pour cela, pourraient être le plus utiles.

« Faites-moi connaître quand un des deux régiments de dragons pourra partir pour se joindre à cette division. »

« Mon cousin, je vous remercie des choses aimables que vous me dites à l'occasion de ma fête. Depuis deux jours, Hortense est ici. Elle s'amuse beaucoup à voir tous les camps.

Nap. à Eug.
Camp
de Boulogne,
19 août 1805.

« P. S. *Je ne doute pas de votre attachement à ma personne; soyez toujours certain de mon amour.* »

« Sire, je crois nécessaire d'envoyer à Votre Majesté copie de la lettre du maréchal Jourdan, et de deux rapports qu'il m'a envoyés. Je joins aussi l'extrait d'un autre rapport de Brescia.

Eug. à Nap.
Milan,
20 août 1805.

« J'ai l'honneur d'adresser à Votre Majesté l'état des pièces et munitions existantes dans chaque place. Cet état m'a été apporté par un aide de camp du ministre de la guerre. »

(*Suit le détail, que nous supprimons ici.*)

« Comme dans ces différents états j'ai aperçu des erreurs, j'ai fait partir ce matin, pour vérifier le tout, mon aide de camp d'Anthouard. Par exemple, il y a des bombes de six pouces six lignes portées à Legnago pour des mortiers de six pouces trois lignes, de même que je n'ai point vu, dans ces états, la quantité de munitions ordonnées par Votre Majesté, ni les versements d'affûts neufs que l'on a dû faire depuis un mois. Je prie Votre Majesté de croire que je m'occuperai sans relâche de ces différents articles.

« Je n'ai point parlé de Mantoue, il n'y a eu aucune mutation dans cette place, et je saurai pourquoi il n'y en a pas eu en plus.

« Je ne parle point de Ferrare. J'ai reçu le décret de Votre Majesté. Je le garderai le plus secret possible, et j'espère, par les mesures que je viens de prendre avec le général Bianchi d'Adda, que les habitants, même de Ferrare, ne le sauront que lorsque deux bastions seront en l'air. Je dis en l'air, parce que, pour que l'opération soit prompte et secrète, nous ferons sauter deux bastions. Nous avons justement de la poudre de mine à cause des travaux du Simplon.

« Je ne puis terminer cette lettre sans remercier Votre Majesté de la bonté avec laquelle elle me parle dans sa dernière. J'en avais bien besoin pour reprendre cœur à l'ouvrage. J'ai destiné ma vie au service de Votre Majesté. J'aurai atteint mon but et ma récompense toutes les fois que je saurai que ma conduite et mon zèle sincère mériteront l'approbation de Votre Majesté. »

Eug. à Nap.
Milan,
9 août 1805.

« Sire, M. le maréchal Jourdan me communique à l'instant une lettre à lui adressée par le comte de Bellegarde. Je m'empresse de la transmettre à Votre Majesté.

« Le maréchal Jourdan me demande une réponse qu'il puisse communiquer à M. le comte de Bellegarde.

« Je regrette vivement de ne pouvoir être guidé par les conseils de Votre Majesté.

« Je vais répondre que cet ordre n'a été donné

par moi qu'en représailles, parce que j'ai été informé que les sujets *italiens* n'étaient plus, depuis quelque temps, reçus et traités sur le territoire autrichien comme ils l'étaient il y a six mois; parce que je savais que tous étaient soumis à des mesures de police extrêmement rigoureuses et contraires aux usages établis entre deux nations amies; parce que quelques-uns d'entre eux avaient même été arrêtés; enfin, parce qu'il ne m'était pas permis d'ignorer qu'il n'était libre à aucun d'eux de s'approcher des postes militaires établis au delà de l'Adige.

« Je prie Votre Majesté de ne pas juger ce projet de réponse rigoureusement. Je ne veux pas retarder le départ du courrier, et je n'ai pas le temps de mettre à sa rédaction tout le soin que j'y mettrai tout à l'heure. »

Eugène à1 Jourdan. 21 août 1805.

« Je vous remercie, monsieur le maréchal, de l'empressement que vous avez mis à me communiquer la lettre qui vous a été adressée par M. le général comte de Bellegarde.

« Je vous envoie tout de suite une réponse que vous pouvez communiquer.

« Vous remarquerez que dans cette réponse j'ai toujours parlé au nom de l'Italie. Je n'ai pas cru qu'à la distance à laquelle nous sommes placés de Sa Majesté l'Empereur et Roi il fût convenable de faire entrer la France pour rien dans ces premières explications.

« J'espère que vous apprécierez les motifs de cette réserve et que vous les approuverez.

« Je vous préviens que j'ai envoyé à Sa Masjeté, par

un courrier extraordinaire, la lettre de M. de Bellegarde et mon projet de réponse¹. »

Nap. à Eug.
Camp
de Boulogne,
25 août 1805.

« Mon cousin, j'imagine que le corps composé de deux régiments d'infanterie et du régiment de chasseurs italiens est parti. Faites partir également un des deux régiments de dragons italiens avec quatre pièces d'artillerie, pour se rendre à Rimini. Vous me ferez connaître le jour où il arrivera, afin que je puisse donner avant son arrivée des ordres pour sa marche ultérieure. »

Eug. à Nap.
Monza,
21 août 1805.

« Sire, j'ai l'honneur d'adresser à Votre Majesté différents rapports. Celui marqué A paraît mériter l'attention de Votre Majesté. Il paraît certain que le

---

¹ A l'occasion de cette lettre du prince Eugène au maréchal Jourdan, nous ferons remarquer qu'on trouve dans le livre XXIᵉ de M. Thiers, page 409 : « Il enjoignit à Eugène, resté à Milan, et au maréchal Jourdan, *son guide militaire*, » etc. Nous ne découvrons rien dans la correspondance de l'Empereur qui autorise la supposition que Jourdan ait été laissé en Italie pour servir de guide militaire au prince Eugène.

La même pensée se fait jour encore page 460 : « Il commanda au prince Eugène, qui, bien que vice-roi d'Italie, était sous *la tutelle militaire du maréchal Jourdan*. »

Or nous voyons au contraire dans toute cette correspondance des ordres envoyés directement au vice-roi par l'Empereur, et nulle part il n'est question du maréchal Jourdan, et des rapports que le prince Eugène eut dû avoir avec son *tuteur* militaire, si tuteur il avait dû exister dans la pensée de Napoléon à l'égard du vice-roi d'Italie. Ainsi, par exemple, lorsque l'Empereur ordonne le départ de la brigade Ottavi pour les Abruzzes, il charge seul son beau-fils de ce soin; pour les approvisionnements des places, pour la destruction de Ferrare, enfin sur toutes les questions militaires, le prince Eugène a seul la haute main. Nous ne comprenons pas ce qui a pu faire penser à l'éminent historien du Consulat et de l'Empire que Jourdan avait été donné au prince Eugène comme *tuteur militaire*.

prince de Rosemberg et quatre régiments ont passé la Piave, et que l'on prépare même des logements à Vérone autrichienne.

« L'esprit public dans toute l'Italie est à la guerre, et chacun croit la voir éclater sous peu.

« Par des détails qui m'ont été envoyés sur nos places fortes par mon aide de camp d'Anthouard, il paraît qu'elles ne sont point encore dans l'état que le ministre me l'avait mandé. Je viens de lui écrire, ainsi qu'au général du matériel de l'artillerie d'Adda pour leur témoigner mon mécontentement et les rendre responsables des ordres de Votre Majesté et de ceux que je leur ai donnés.

« Le nouveau directeur de Pavie me rend compte qu'il n'existe que deux milliers de plomb, que nos obusiers de cinq pouces de l'équipage de campagne n'étaient point approvisionnés en obus, etc. Je vais donner les ordres les plus sévères pour qu'il y soit pourvu le plus promptement. Les affûts vont également bien doucement. Le ministre de la guerre me demande de l'argent, toujours de l'argent. Je ne lui accorderai point les trois cent mille livres d'extraordinaire qu'il me demande pour le service de l'artillerie; mais je crois indispensable de lui avancer, sur son mois de septembre, cent mille livres. Les ouvriers de l'arsenal ralentissent, parce qu'on leur doit de l'argent, et nous avons un besoin urgent de plomb et de cuivre.

« On a coulé avant-hier à Pavie trois mortiers de douze pouces, dont deux ont parfaitement réussi.

« Je ne parlerai point à Votre Majesté de l'ambulance dont le maréchal Jourdan paraît s'embarrasser dans la lettre qu'il m'écrit et que j'ai eu l'honneur d'adresser à Votre Majesté. En quarante-huit heures on fait acheter les médicaments, charpie, etc., nécessaires à une ambulance de campagne, et avec des chevaux et voitures de réquisition, on la transportera partout où il plaira à Votre Majesté d'envoyer des troupes.

« Je viens de suspendre une heure cette lettre pour recevoir le maréchal Jourdan, qui revient de tournée. Il sait les mouvements de l'ennemi, et il paraît désirer de recevoir les ordres; et, comme je dis tout à Votre Majesté, il a bien voulu me demander mon avis, afin que, s'il se trouvait d'accord avec le sien, il ferait avancer des troupes. Je lui ai répondu que je ne me permettrais point de lui donner des conseils, mais que je trouvais qu'autant il devait être inquiet des préparatifs des Autrichiens, autant il devait être rassuré par le silence de Votre Majesté; qu'étant mieux instruit que nous des intentions du cabinet de Vienne, vous donniez ou suspendiez vos ordres en conséquence; que l'ambassadeur d'Autriche était encore à Paris, et qu'enfin on ne pouvait réunir des troupes sans connaître le plan d'attaque ou de défense que Votre Majesté adopterait.

« Je prie Votre Majesté d'être bien persuadée que je n'ai eu l'air que de causer, et que je sais trop qu'il ne m'appartenait pas de donner des conseils. Il paraît cependant que l'intention du maréchal est de rapprocher de l'Adige les troupes de Côme et de Bergame, dans le cas où les Autrichiens s'en approcheraient eux-mêmes beaucoup. Alors je crois qu'il aura parfaitement raison.

« Je dois aussi rendre compte à Votre Majesté que l'armée française et italienne, dans le royaume de Naples, n'est point tranquille.

« On a, je crois, donné dans la ville où est le quartier général français un bal en l'honneur de la fête de la reine de Naples. Tous les officiers français y ont été engagés, et personne n'y a été. On a même répandu le bruit que c'était pour faire de nouvelles Vêpres siciliennes.

« Enfin, je dis et rends compte de tout à Votre Majesté. Elle peut croire à mon bien sincère et inviolable attachement. »

« Mon cousin, les grands préparatifs de l'Autriche me portent à penser que véritablement elle veut la guerre, vœu insensé dont elle doit redouter l'accomplissement. Toutefois ces mouvements sont trop considérables; je les suis de l'œil avec une grande attention. Le maréchal Jourdan, dans des circonstances aussi importantes, ne connaît pas assez le pays, n'a pas assez de vigueur, et trop la réputation de se décourager facilement, pour que je puisse lui confier une armée aussi intéressante. Je suis dans l'intention de vous envoyer le maréchal Masséna, qui a plus de caractère, et une connaissance parfaite des lieux.

« Toutes les troupes qui sont en Piémont, à Gênes et en Étrurie se mettent en route pour se rendre à Brescia, et moi-même, avec cent cinquante mille

Nap. à Eug. Camp de Boulogne, 27 août 1805.

hommes, je me porte sur le Rhin. Toutes vos troupes italiennes doivent être parties pour le royaume de Naples. Je n'ai pas besoin de vous dire que ces renseignements sont pour vous seul, et que personne ne doit les lire ni s'en douter.

« Je vois avec plaisir que votre séjour soit à Monza. Partez-en dans une sorte d'incognito; allez voir la Rocca d'Anfo, Peschiera, le château de Vérone, Legnago, Mantoue et Pizzighetone. Cette course faite, peu de jours après, faites en une autre et reconnaissez vous-même l'Adda, depuis le lac jusqu'à Lodi. Donnez l'ordre à l'officier qui commande l'artillerie et au ministre de la guerre de se rendre dans ces places; voyez les magasins, assurez-vous s'ils sont bien tenus et s'ils renferment les approvisionnements qui doivent y être. Donnez-en la garde aux commandants des places de Mantoue, Peschiera et Legnago, en leur faisant connaître que, sous quelque prétexte que ce soit, on ne doit y toucher qu'en cas de siége. Visitez aussi les magasins d'artillerie; Mantoue a besoin de douze mortiers, Peschiera de six; les autres places ont besoin d'obusiers. Quelques pièces de campagne suffisent pour la défense du petit château de Pavie; tout le reste doit être distribué dans vos places.

« Ignorez ce que je vous dis du maréchal Jourdan; s'il est avec vous, ayez d'autant plus de déférence pour lui, que la guerre menace.

« Si la guerre commence, le bataillon de grenadiers français que vous avez deviendra nécessaire à l'armée, je verrais donc avec grand intérêt que les vélites et les gardes d'honneur commençassent à s'organiser pour qu'ils puissent vous servir. Dans tous les cas, ayez à Monza au moins deux escadrons de votre régiment de dragons, une portion de la gendarmerie d'élite que je vous ai laissée, une demi-compagnie d'artillerie légère avec six pièces attelées, et enfin gardez une portion avec vous des deux détachements de ma garde à pied que je vous ai laissée ; faites-les habiller, la garde impériale vous en tiendra compte. Quand vous serez à Mantoue, écrivez-moi en détail sur la situation où se trouve Piétole. »

« Mon cousin, je ne puis que vous recommander de presser l'approvisionnement des places avec la plus grande activité. Les circonstances deviennent de jour en jour plus graves. Il ne faut rien épargner ; faites compléter ces approvisionnements, et pressez l'exécution pleine et entière des décrets que je vous ai envoyés. Mandez-moi par le premier courrier pour combien de mille hommes il y aura, au 1ᵉʳ vendémiaire, dans les magasins de Vérone, Legnago, Peschiera et Mantoue. *[Nap. à Eug. Camp de Boulogne, 27 août 1805.]*

« Faites travailler avec la plus grande activité aux affûts, et, à mesure qu'ils sont finis, faites-les filer sur les places. Faites armer le plus de barques qu'il vous sera possible sur le lac de Garde : le bataillon que vous avez à Rimini ne fait rien, il sera très-bon pour ce service, et cela sera très-utile à l'armée.

« J'approuve beaucoup le décret que vous avez pris pour empêcher les bestiaux de sortir du royaume.

Mettez votre vigilance à réprimer tout ce qui pourrait être utile aux Autrichiens.

« Je vous renvoie votre décret relatif aux péages. Vous n'avez pas besoin de moi pour prendre un décret relatif à l'arrestation de M. J. Pirlo, devant la préfecture criminelle de Brescia. En France, ces choses-là se font par le conseil d'État.

« Je vous autorise à nommer les officiers du corps des vélites. Quand ils le seront, vous m'enverrez tous les trois mois leurs brevets pour que je les signe; mais vous pourrez les faire recevoir, et cela pour la première formation seulement.

« J'approuve que vous ayez porté quatre de vos aides de camp sur le budget de ma maison pour six mille francs par an. J'approuve de même qu'il y ait toujours une somme de cent mille francs à votre disposition pour des gratifications à la garde et aux troupes qui font le service auprès de vous. Cette somme vous servira aussi pour les frais de mission de vos aides de camp; mais il ne faut pas que cela dégénère en abus. Toutes les fois que cette somme sera consommée, je vous accorderai un nouveau crédit.

« Vous trouverez un décret pour que le trésor public tienne un fonds de quatorze cent mille francs à la disposition du ministre de la guerre, pour solder les approvisionnements de siége. Vous trouverez également un décret par lequel j'ai fait ce que vous désirez pour M. Volta.

« Le Piémont manque entièrement de blé du côté du Piémont, je vous envoie un décret à ce sujet. »

« Sire, j'ai l'honneur d'adresser à Votre Majesté le rapport du ministre des finances et le projet de loi sur l'enregistrement.

Eug. à Nap.
Monza,
30 août 1805.

« Je rends compte à Votre Majesté que le corps d'armée composé des 8e et 4e régiments d'infanterie et des chasseurs à cheval, les huit pièces d'artillerie, la compagnie de sapeurs, et commandé par le général Ottavi, sont partis hier de Milan, se dirigeant sur Ferrare, où ils arriveront le 4 septembre, y séjournant le 5, et en repartiront le 6. Cette division sera le 8 septembre à Bologne, le 9 à Imola, les 10 et 11 à Forli, le 12 à Césena, le 13 à Rimini, le 14 à Pesaro, le 15 à Fano, les 16 et 17 à Sinigaglia, le 18 à Ancône, le 19 à Loreto, le 20 à Fermo, le 21 à Benedetto, le 22 à Gintanova, le 23 à Pescara. Leur marche sera, j'espère, très-secrète, car le ministre de la guerre ignore s'ils dépassent Bologne, et je n'écrirai au général Saint-Cyr et au cardinal Fesch que quand ils auront dépassé cette ville. Le régiment des dragons-Napoléon a déjà deux escadrons d'habillés et équipés en dragons; le reste ne le sera guère avant six semaines, je vais les presser. Le régiment des dragons de la reine est prêt à entrer en campagne, mais comme hussards, et, comme je ne veux pas qu'il coûte si cher que l'autre, il ne sera pas en dragons avant un an. Je dois également dire à Votre Majesté que le prix de vingt-trois et vingt-quatre sols de France la ration de fourrage ne suffirait plus en ce moment; l'avoine et le foin ont augmenté tout à coup à cause des bruits de guerre et des approvisionnements, quoiqu'on n'en fasse point encore de cette espèce, et la ration du cheval de troupe se vend actuellement à trente-cinq sols de Milan. »

Eug. à Nap. Monza, 28 août 1805. « Sire, j'ai l'honneur d'adresser à Votre Majesté les notes qu'elle a bien voulu m'envoyer. Le sieur Francesco Milzetti de Faenza n'est point celui que Votre Majesté a pu croire, c'est son frère; ce dernier a été à la tête des révoltés, mais autant il est mauvais sujet et mal vu de tout le monde, autant l'autre jouit de l'estime générale; il est instruit, honnête, et a de l'inclination pour le système actuel. J'ai donc l'honneur d'adresser à Votre Majesté le décret de sa nomination; elle fera ce qu'elle jugera convenable.

« Je joins à la présente l'état des gardes d'honneur et des vélites au 24 août. »

Eug. à Nap. Monza, 30 août 1805. « Sire, j'ai l'honneur de rendre compte à Votre Majesté que le régiment des dragons de la reine est parti ce matin pour Bologne, et ensuite pour Rimini, où il sera le 12 septembre.

« Les quatre pièces d'artillerie partent également ce soir de Pavie, elles rejoindront le régiment à Crémone. J'ai fait abréger la feuille de route de la division sous les ordres du général Ottavi, et, par ce moyen, elle gagnera deux jours. Ainsi Votre Majesté peut les compter en avance sur la dernière lettre que j'ai eu l'honneur de lui écrire. En conséquence, au lieu du 23, elle arrivera le 21 au plus tard à Pescara. Je vais écrire sous peu de jours au général Saint-Cyr, je lui annoncerai le départ du second régiment de la cavalerie et des quatre pièces, mais en le prévenant qu'ils n'ont jusqu'à présent que l'ordre d'aller à Rimini. Comme, par le départ de cette dernière division d'artillerie, il ne nous reste plus un cheval de train, je viens d'ordonner au ministre de la guerre d'acheter quatre-vingts chevaux pour ce service. Par ce moyen je pourrai, en cas de campagne, atteler encore quatre pièces avec leurs caissons, et deux ou trois caissons d'infanterie. J'espère que Votre Majesté ne désapprouvera pas cette mesure. Je n'ai point encore fait acheter de plomb ni de cuivre, il faudrait une somme assez forte, et j'attendrai le retour du budget; je n'ai même fait l'avance au ministre de la guerre que de cinquante mille livres au lieu de cent, comme j'avais marqué dans ma dernière à Votre Majesté. »

« Mon cousin, je suis encore à Boulogne; je compte en partir dans deux jours, la grande armée est en pleine marche. Elle sera toute rendue sur le Rhin au 1ᵉʳ vendémiaire; j'occuperai l'ennemi de manière qu'il n'aura pas de temps à perdre à vous chicaner en Italie. Je n'ai pas besoin de vous répéter que cela est pour vous seul. Vous devez dire que je fais marcher quelques troupes de mon armée des côtes, mais seulement trente mille hommes. Du reste, que votre langage soit pacifique et modéré; c'est dans ce sens qu'il faut faire expliquer les journaux de Milan. Ma garde italienne part pour l'armée avec le reste de ma garde. Je laisse les trois corps italiens qui sont à Calais pour garder mon camp de Boulogne, avec un bon corps français.

Nap. à Eug. Camp de Boulogne. 31 août 1805.

« J'imagine qu'à l'heure qu'il est vous vous serez mis en route pour votre tournée. Pressez l'approvisionnement de la place de Mantoue; j'en ai donné le commandement au général Miollis, et j'y envoie le général Campredon pour commander l'artillerie. Allez de l'avant et faites approvisionner Mantoue de manière qu'il puisse se défendre un an. Envoyez, sans faire semblant de rien, quelqu'un pour savoir si l'on travaille à la citadelle de Plaisance, que j'ai ordonné de mettre en état de défense. Faites-moi connaître quand il arrivera des mortiers de Pavie, et s'il en est venu de Turin. Toutes les troupes du Piémont, de Gênes, doivent, à l'heure qu'il est, être en route pour se rendre à Brescia; plusieurs régiments filent pour le Simplon.

« Il est constant, aujourd'hui, que nos escadres ont battu les Anglais. Si elles n'ont pas fait tout ce que je voulais, je n'ai pas lieu d'être trop mécontent.

« Quand j'aurai donné une leçon à l'Autriche, je reviendrai à mes projets. Je sens que vous devez regretter de ne pas vous trouver à la guerre; mais soyez sans inquiétude, aussitôt que cela sera possible et que l'Italie ne sera plus menacée, je vous y appellerai. Aujourd'hui vous sentez que cela ne serait pas convenable. »

Eug. à Nap. Monza, 31 août 1805.

« Sire, j'ai reçu une lettre du général Chasseloup, qui me prie de proposer à Votre Majesté de mettre l'église de Legnago à l'abri de la bombe. Ce général demande, 1° le consentement de Votre Majesté; 2° de lui faire assigner, pour l'année prochaine, cent mille livres par la partie civile à la disposition du génie militaire. J'emploie ses propres expressions, et je recevrai les ordres de Votre Majesté si elle juge à propos de m'en donner. Je rends compte à Votre Majesté que tout l'argent des fortifications a été payé. Le dernier des mandats du mois d'août l'a été le 22. »

« Sire, j'ai l'honneur de prévenir Votre Majesté que j'ai donné l'ordre au ministre de la guerre de faire exécuter, pour le 12 septembre au plus tard, le complet de l'approvisionnement des places porté dans le décret de Votre Majesté; tout le biscuit, et environ la moitié des autres parties, sont déjà versés. J'envoie cette nuit un aide de camp à Pavie, pour savoir ce qui nous reste de bien disponible en pièces de campagne, munitions, etc. A Vérone, les pièces et munitions sont arrivées, mais il n'y a pas de quoi mettre une pièce en batterie. Les cent mille rations de biscuit sont même en ville, n'ayant aucun magasin de prêt pour les recevoir. »

Eug. à Nap. Monza, 31 août 1805.

LIVRE III

DE SEPTEMBRE 1805 AU TRAITÉ DE PRESBOURG

§ 1. Intentions de l'Empereur relativement à l'Autriche, en 1805. — Il est secondé par les mesures prises par le prince Eugène. — Intrigues de l'Autriche en Italie. — Ses projets. — L'armée, sous Jourdan, se concentre et se rapproche de l'Adige. — Situation politique de la Péninsule en septembre 1805, au moment où Masséna vient prendre le commandement de l'armée. — Composition de l'armée française en Italie. — Composition du corps d'armée de Gouvion Saint-Cyr dans le royaume de Naples. — Composition de l'armée autrichienne réunie sur la rive gauche de l'Adige. — Affaires administratives. — Mission de M. de Brème. — Rapports de M. Méjean. — Bons du Trésor. — Rapport du vice-roi à l'Empereur. — Courses du vice-roi dans le royaume d'Italie. — Son désir d'être appelé à la grande armée.

§ 2. Masséna conclut un armistice avec l'archiduc Charles. — Positions des armées françaises et autrichiennes sur les deux rives de l'Adige. — Commencement des hostilités le 18 octobre. — Bataille de Caldiero (29 et 30 octobre). — Retraite de l'archiduc sur Vicence (1ᵉʳ novembre). — Passages de la Piave, — du Tagliamento, — de l'Isonzo. — Affaires du prince de Rohan à Castel-Franco. — Positions des armées françaises et autrichiennes d'Italie au commencement de décembre, — armistice (8 décembre). — Débarquement des Anglo-Russes à Naples (19 novembre). — Mesures prises par le prince Eugène. — Lettre de M. Alquier. — Formation des trois camps de Bologne, Modène et Reggio. — Activité du vice-roi. — Paix de Presbourg.

I

Jusqu'au mois de septembre, et même tant que le mouvement de la grande armée des côtes de la

Manche sur l'Allemagne ne fut pas bien prononcé, l'Empereur recommanda au prince Eugène de faire répandre le bruit que la paix ne serait pas rompue avec l'Autriche. Une partie des troupes françaises était déjà en pleine marche, qu'il cherchait encore à donner le change sur ses projets. On devait dire, en Italie, qu'un corps d'une trentaine de mille hommes opérait seul un mouvement pour se rapprocher de nos frontières du Rhin, afin que la France se trouvât en mesure de faire face à toute éventualité.

Le but de Napoléon, en agissant ainsi, était double : laisser son ennemi dans la plus grande sécurité, lui donner l'odieux de l'agression, et pouvoir tomber tout à coup au beau milieu de ses provinces avant qu'il eût pu concentrer ses forces et avant que ses armées eussent eu le temps d'être ralliées par les Russes.

Le vice-roi, pour seconder les vues de Napoléon, fit insérer dans un des journaux de Milan l'article ci-dessous, à la date du 1er septembre :

« Si l'on en croit les bruits qui circulent et qui se succèdent avec une effroyable rapidité, la guerre avec l'Autriche est inévitable... Qui ne sait même qu'elle est déjà *commencée;* que les Autrichiens ont passé l'Adige sur plusieurs points; qu'ils étaient hier à Vérone, à la Rocca d'Anfo, à Ferrare, à Brescia; qu'ils seront ce soir à Milan, demain à Turin, et quatre jours après à Paris?

« On serait également étonné et affligé de l'absurdité des nouvelles qui se débitent, si l'on n'avait la certitude que très-peu sont répandues par la malveillance et beaucoup par la *peur*.

« Le gouvernement a les yeux ouverts; il connaît les malveillants et les timides. Il atteindra les premiers. quand il le voudra; il prendra la peine de prouver aux autres la folie de leurs craintes.

« Mais d'abord est-il donc bien démontré que la guerre soit inévitable? Sans doute la cour d'Autriche a fait de grands préparatifs militaires; mais, si l'on en croit plusieurs circonstances qui ne doivent pas être rendues publiques, si l'on en croit même les journaux imprimés sous les yeux de la cour de Vienne, les préparatifs militaires n'ont d'autre but que de maintenir une neutralité armée.

« A la vérité, on ne comprend pas facilement la neutralité *armée* d'une puissance, quand toutes les puissances qui l'avoisinent sont en paix. Mais enfin aucun acte véritablement hostile n'a encore été fait; et qui donc ignore qu'en politique beaucoup de choses qui paraissent improbables sont pourtant vraies?

« Au reste, en supposant un moment que tout ce qui se passe aujourd'hui au delà de l'Adige nous donnât le droit d'accuser les intentions du cabinet de Vienne, les véritables intérêts de ce cabinet ne devraient-ils pas rassurer un peu contre ses intentions apparentes? Certainement la puissance autrichienne est une puissance très-respectable; elle a des troupes nombreuses et braves; certainement encore il n'est permis à personne de prévoir le sort des combats; mais enfin l'Autriche aurait-elle pu choisir pour nous attaquer un moment plus fâcheux pour elle que celui où nos armées, exercées depuis longtemps et richement approvisionnées de tout, sont plus impatientes que jamais de déployer leurs forces, de cueillir de nouveaux lauriers ?

« Et puis, pourquoi l'Autriche déclarerait-elle la guerre à la France, à l'Italie, à deux nations qui ne lui ont fait aucun mal, aucune insulte ?... N'est-il pas d'ailleurs démontré pour tout le monde que l'empereur Napoléon veut la paix ? n'est-il pas démontré pour tout le monde qu'il a si peu soupçonné les intentions de l'Autriche, qu'il a vu tous ces préparatifs sans en faire aucun ? Cependant personne n'ignore qu'il n'est ni dans les habitudes ni dans le caractère de Napoléon de se laisser prévenir, de supporter avec patience les actes de ses voisins, qu'il regarderait comme des outrages aux deux peuples dont le gouvernement lui appartient.

« Messieurs les alarmés et les alarmants, nous ne vous répondrons aujourd'hui que deux mots : Les Autrichiens n'ont passé l'Adige sur aucun point ; l'ambassadeur de France est à Vienne, celui de Vienne est à Paris ; Napoléon est partout ! »

Dès les premiers jours de 1805, le gouvernement autrichien, prétextant une épidémie qui s'était déclarée à Livourne, avait établi le long de l'Adige un cordon de troupes qui devait bientôt se renforcer et présenter la consistance d'une armée destinée, dans les projets du cabinet de Vienne, à envahir la Lombardie et à se porter ensuite sur les frontières sud-est de l'empire français.

Cette armée autrichienne, augmentée petit à petit par des régiments tirés de la Hongrie et du Tyrol, fut portée à cent mille combattants, vers le milieu de l'année 1805. L'empereur Napoléon, ayant le projet d'agir sur le Danube avec sa grande armée, réunie le long des côtes de l'Océan, les opérations en Italie ne devaient être que secondaires. Il était donc fort aise de voir l'Autriche diriger ses principales forces vers l'Adige ; cette puissance obéissait à son désir de rentrer en possession de la Lombardie.

Toutefois, voulant présenter une défensive armée imposante, il donna ses ordres au prince Eugène, afin que les troupes fussent concentrées. Déjà le camp de Monte-Chiaro avait été formé en conséquence.

Ces préparatifs de guerre n'empêchaient pas le vice-roi, dont le zèle ne se démentit pas un instant, de veiller sans cesse à l'organisation du nouveau royaume. Ce prince travaillait avec une ardeur infatigable, informant soigneusement l'Empereur de tout ce qui se passait du côté de l'Adige. Ses aides de camp, ses courriers, étaient continuellement sur la route de Boulogne, et les renseignements qu'il donna sur l'Autriche, sur ses menées, sur ses intrigues, ne contribuèrent pas peu à éclairer la situation. Aucune des manœuvres du cabinet de Vienne ne lui échappaient. Tandis que l'Autriche faisait approvisionner secrètement ses places fortes d'Italie, le prince agissait pour neutraliser ses efforts et pour mettre en défense la frontière confiée à sa garde.

Le 3 septembre, l'ordre ayant été envoyé de réunir l'armée d'Italie sur la rive droite du Mincio,

Jourdan porta son quartier général à Valeggio. Un équipage de cent cinquante bouches à feu organisé à Pavie fut dirigé sur le même point.

Toutefois le maréchal, qui ne savait pas encore que son commandement en Italie touchait à sa fin, ne se trouvait pas dans une situation brillante. Il n'avait guère plus de trente mille combattants à opposer à l'archiduc Charles, à la tête lui-même de plus de quatre-vingt mille hommes, concentrés non loin de l'Adige.

Jourdan songea même à préparer une retraite qui lui semblait indiquée forcément par les circonstances, si l'ennemi franchissait le cours d'eau qui le séparait de lui. Ne connaissant pas les projets de l'Empereur, il avait eu d'abord la pensée de se replier successivement sur l'Oglio, l'Adda, le Tésin et le Pô, pour couvrir Alexandrie et Turin, en s'appuyant sur ces deux places. Mais une semblable opération laissait à découvert le corps de Gouvion Saint-Cyr à Naples, et cette considération engagea le maréchal à modifier son premier plan. Il résolut de se retirer, s'il y était contraint, par Modène. Il donna même l'ordre de jeter deux ponts sur le Pô, à Sacca et à Casal-Maggiore.

Tandis que Jourdan concentrait ses moyens d'action et se préparait à une guerre défensive, Napoléon décidait que l'armée d'Italie, mise sous les ordres du maréchal Masséna, qui connaissait parfaitement le pays, prendrait au contraire l'offensive, et le prince Eugène, confident des projets de Napoléon, prenait ses mesures pour faire vivre les troupes. Le vice-roi se trouvait à cet égard dans une position délicate. D'un côté, il fallait, avant toute chose, assurer les approvisionnements pour une grande réunion d'hommes et de chevaux, d'un autre, il fallait éviter de s'aliéner les populations du royaume en les pressurant par des impôts et des réquisitions.

Ainsi que nous l'avons dit, six millions avaient été destinés par l'Empereur au ravitaillement des places de guerre; quinze millions aux dépenses imprévues. C'est avec ces deux sommes que le prince pourvut aux vivres à faire entrer dans les places pour les mettre en état de soutenir un siége, et aussi aux subsistances de l'armée pendant son séjour sur le territoire du royaume.

Le vice-roi n'osait employer pour ces approvisionnements aussi considérables ni la voie des achats directs, de crainte de produire une hausse préjudiciable au trésor, ni la voie de l'entreprise, à cause des dilapidations auxquelles ce dernier mode donne habituellement naissance. Voici ce qu'il imagina pour atteindre son but. Il fit frapper dans chaque département des réquisitions des diverses denrées nécessaires. Les principaux propriétaires durent les livrer aux magasins indiqués, et, sur la présentation du certificat de versement, recevoir le prix des trois quarts de la fourniture, tandis que le dernier quart devait être acquitté après la liquidation régulière. Le prix des objets requis était le cours moyen des denrées le jour du décret de réquisition. Cet expédient donna un résultat des plus heureux, puisque, vers la fin de septembre, les magasins de réserve étaient approvisionnés.

Les choses étaient en cours d'exécution, lorsque, le 9 septembre, on apprit à Milan l'arrivée de Masséna. Avant de parler de la situation de l'armée dont ce maréchal, l'un des plus habiles lieutenants de l'Empereur, venait prendre le commandement, avant de parler des opérations militaires de ce côté, qu'on nous permette de jeter un rapide coup d'œil sur l'état dans lequel se trouvait alors la Péninsule, au point de vue politique.

Le royaume dont le prince Eugène avait le gouvernement comptait environ cinq millions d'habitants ; mais, malgré le peu de sympathie que l'Autriche s'était attiré dans ce pays, cette puissance n'en avait pas moins conservé, dans les grands centres de population, un nombre assez considérable de partisans. Le clergé régulier et les corporations religieuses, dont beaucoup avaient été supprimées, étaient favorables à ce parti.

Le Piémont, formant trois départements français, avait perdu récemment toute nationalité. Ces trois départements étaient gouvernés par le général Menou, et les habitants ne voyaient pas sans une certaine crainte les préparatifs qui se faisaient pour la réunion à Turin et à Alexandrie d'un corps de troupes destiné, soit à renforcer l'armée active d'Italie, soit à servir de réserve pour surveiller le pays jusqu'à Milan.

Gênes, si fière de sa récente indépendance, n'était plus également qu'un département français gouverné par un des grands dignitaires de l'Empire, l'architrésorier Lebrun. Elle n'avait qu'une faible garnison et pouvait craindre de voir les Anglais essayer à chaque instant sur ses côtes des débarquements hostiles.

Les États de Parme avaient, pour les régir, le conseiller d'État Moreau de Saint-Méry, homme de valeur et d'une grande probité.

La Toscane regrettait foncièrement ses archiducs d'Autriche; elle était toute prête, malgré son nouveau souverain, la reine d'Étrurie, à déserter notre parti aux premiers revers.

Le pape ne pouvait se consoler de la perte de ses légations.

La cour de Naples, maintenue par la présence des troupes de Gouvion-Saint-Cyr, brûlait de se déclarer contre nous. Malgré le traité de neutralité que le royaume des Deux-Siciles faisait proposer à la France par M. de Gallo, Napoléon, n'ignorant pas la haine que lui portait la reine, toute soumise aux projets de l'Angleterre, se défiait avec raison de cette puissance. Il n'était pas éloigné de penser qu'une fois engagé dans la lutte avec l'Allemagne, la reine, car c'était elle qui régnait par le fait, s'empresserait d'ouvrir ses ports aux Anglais et aux Russes.

Enfin, le Tyrol au nord, les États vénitiens, encore à l'Autriche, à l'est, présentaient un danger constant.

Le royaume d'Italie se trouvait donc pour ainsi dire enclavé au milieu d'États hostiles dont il formait le centre.

Il fallait au prince Eugène, si jeune encore et si étranger jusqu'alors aux affaires politiques, une immense activité, tout son désir de bien faire et son intelligence pour se maintenir à la hauteur de sa position.

Il y parvint, grâce à ses efforts, à sa valeur personnelle et à la haute direction que l'Empereur savait imprimer à ceux qui voulaient le seconder.

Lorsque le maréchal Masséna se présenta à Milan chez le vice-roi, il fut admirablement accueilli par le Prince, et rien ne faisait pressentir alors le refroidissement qui devait bientôt éclater entre eux, à la suite d'affaires délicates dont nous serons obligé de dire quelques mots. Le maréchal sollicita même le prince de se rendre à l'armée, ou du moins d'envoyer au quartier général un de ses aides de camp. Le vice-roi pensa avec raison que sa présence ne serait pas convenable au milieu de troupes qu'il ne commandait pas.

L'armée, en marche depuis quatre à cinq jours pour se rendre dans ses garnisons, commençait à prendre position entre le Mincio et l'Adige, dans des cantonnements resserrés.

Elle se composait de cinq divisions, dont trois d'infanterie et deux de cavalerie, formant près de trente-cinq mille combattants, répartis dans quarante-quatre bataillons et quarante escadrons. On devait la renforcer successivement par cinq régiments de ligne, un bataillon de pionniers noirs (les mêmes qui prirent, l'année suivante, une part active au siége de Gaëte), la légion corse organisée à Livourne, quatre régiments de cavalerie et quelques compagnies d'artillerie, alors dans les 27ᵉ et 28ᵉ divisions territoriales.

A l'ouverture des hostilités, vers le milieu du mois d'octobre, cette armée avait été portée à soixante-cinq mille hommes, y compris les garnisons, les dépôts et les hommes aux hôpitaux.

Voici quelle était sa composition :

Le maréchal *Masséna*, commandant en chef; le général de division *Charpentier*, chef d'état-major général; le général de brigade *Fririon*, sous-chef d'état-major; le général de division *Lacombe-Saint-Michel*, commandant l'artillerie; le général de division *Chasseloup*, commandant le génie; le colonel d'*Hautpoul*, chef d'état-major du génie; le commissaire ordonnateur en chef *Joubert;* le colonel *Faure*, chef d'état-major de l'artillerie; le général de brigade *Félix*, inspecteur aux revues.

L'AILE DROITE, division d'infanterie *Gardanne*, brigades *Compère* et *Lenchantin*, douze bataillons des 22ᵉ d'infanterie légère, 52ᵉ, 29ᵉ et 101ᵉ de ligne, trois escadrons du 23ᵉ de chasseurs à cheval, six mille combattants et cinq bouches à feu; division d'infanterie *Verdier*, brigades *Brun* et *Digonet*, quinze bataillons des 23ᵉ d'infanterie légère, 10ᵉ, 56ᵉ, 62ᵉ de ligne, dragons à pied, dragons réunis, sept escadrons des 4ᵉ et 19ᵉ de chasseurs à cheval, cinq mille combattants et onze bouches à feu.

LE CENTRE, division d'infanterie *Molitor*, brigades *Launay*, *Herbin* et *Valori*, treize bataillons des 23ᵉ, 79ᵉ, 5ᵉ et 60ᵉ de ligne, sept mille combattants et douze bouches à feu.

L'AILE GAUCHE, division d'infanterie *Duhesme*, brigades *Goulus* et *Camus*, treize bataillons des 14⁰ d'infanterie légère, 20ᵉ, 1ᵉʳ, 102ᵉ de ligne, trois escadrons du 25ᵉ de chasseurs à cheval, sept mille combattants et six bouches à feu; division d'infanterie *Serras*, brigades *Gilli*, *Guillet*, *Mallet* et *Schild*, seize bataillons des carabiniers corses, 8ᵉ d'infanterie légère, 53ᵉ, 81ᵉ, 106ᵉ, 13ᵉ et 9ᵉ de ligne, quatre escadrons des dragons de la Reine, huit mille combattants, six bouches à feu.

LA RÉSERVE, division d'infanterie *Partouneaux*, brigades *Solignac* et *Valentin*, huit bataillons des carabiniers réunis et grenadiers réunis, quatre mille combattants et cinq bouches à feu; division de cavalerie *Mermet*, brigades *Lacour* et *Offenstein*, quinze escadrons des 24ᵉ et 30ᵉ de dragons, 7ᵉ et 8ᵉ de cuirassiers, dix-sept cents combattants et quatre bouches à feu.

La cavalerie, division *Espagne*, brigades *Debelle* et *Maurin*, seize escadrons des 3ᵉ, 14ᵉ, 15ᵉ, 24ᵉ de chasseurs à cheval, dix-huit cents combattants et cinq bouches à feu; division *Espagne*, brigades *Frésia* et *Davenay*, onze escadrons des 23ᵉ, 29ᵉ de dragons, 4ᵉ et 6ᵉ de cuirassiers, mille combattants.

Cette armée était donc de soixante-dix-sept bataillons, cinquante-neuf escadrons (quarante et un à quarante-deux mille combattants).

Elle avait : cinquante-quatre bouches à feu de campagne, cent huit caissons, douze charriots de munitions, six forges, vingt-quatre bouches à feu de montagne, quarante-six chariots et trois forges;

un parc de quatre-vingt-dix bouches à feu, trente-six caissons, douze chariots et quatre forges; cent trente-trois voitures des équipages de l'administration, et, pour ces équipages, trois cent dix hommes, cinq cent quarante chevaux et cinquante-cinq mulets.

Mantoue avait neuf cents hommes de garnison, *Legnago*, seize cents; *Vérone*, deux cent cinquante; *Peschiera*, six cent dix; *la Rocca d'Anfo*, trois cents; *Livourne*, deux mille.

Les troupes occupaient Vérone, Legnago et l'Adige, depuis Rivoli jusqu'à la mer, Castel-Novo et Somma-Campagna, Valeggio, Goïto, Roverbella et Villa-Franca.

Il y avait à Mantoue un équipage de pont portatif de trente-quatre bateaux, un autre pont de bateaux à Plaisance, et le matériel nécessaire pour en construire deux autres, l'un entre Pavie et Voghera, l'autre à Casal-Maggiore.

Le génie était composé de quatre compagnies de sapeurs.

Enfin, d'après les ordres formels de l'Empereur, le vice-roi avait organisé un petit équipage de marine fort de deux cents marins pouvant manœuvrer une vingtaine de bâtiments légers sur les lacs de Garda, d'Idro, à Mantoue et à Loro.

Le corps du général Gouvion-Saint-Cyr, dans le royaume de Naples, était formé de deux divisions et d'une de réserve.

Le général *Saint-Cyr*, commandant en chef; le général de brigade *Franceschi*, chef d'état-major général; le général de brigade *Salva*, commandant l'artillerie; le chef de bataillon *Michel*, commandant le génie; première division, général de division *Reynier*, généraux de brigade, *Digonet*, *Herbi t*, *Grigni*, sept mille cinq cents hommes et douze cents chevaux, des 23ᵉ d'infanterie légère, 10ᵉ, 56ᵉ, 62ᵉ de ligne, 4ᵉ bataillon suisse, 4ᵉ et 6ᵉ de chasseurs à cheval. Deuxième division, général de division *Lecchi*, généraux de brigade *Ottavi* et *Severoli*, cinq mille hommes et sept cent cinquante chevaux des 2ᵉ, 4ᵉ et 5ᵉ régiments italiens, 32ᵉ léger (un bataillon), 1ᵉʳ régiment des chasseurs royaux italiens. Réserve : généraux de brigade, *Peyri* et *Brou*, cinq mille hommes et quatre cent trente chevaux, des 1ᵉʳ d'infanterie polonaise, légion corse, 28ᵉ de dragons, total de dix-sept à dix-huit mille combattants et deux mille cinq cents chevaux, avec un matériel de trente-sept bouches à feu et vingt-cinq voitures.

Ainsi qu'on le verra plus loin, le corps de Saint-Cyr, appelé à l'armée de Masséna, fut fractionné à la fin de décembre 1805, et une partie, sous les ordres du général *Pino*, ministre de la guerre du royaume d'Italie, fut chargée du blocus de Venise. Tels étaient la force et la composition des corps, ainsi que l'emplacement des troupes.

Le 18 octobre, jour où les premiers coups de feu retentirent sur les bords de l'Adige, l'armée autrichienne, aux ordres du prince Charles, était composée de la manière suivante :

Général en chef, le *prince Charles*. AILE DROITE, le général de cavalerie *Bellegarde*, divisions *Vukassovich*, à Avisa; *Simbschen*, à Saint-Michel; *O'Reilly*, à Soave : quarante et un bataillons, vingt-quatre escadrons et six bouches à feu, vingt-cinq mille combattants, deux mille six cents chevaux.

Centre, feld-maréchal *Argenteau*, quatre divisions d'infanterie : *Nordmann*, à Arcole; *Lindenau*, à Saint-Grégoire; *Vogelsang*, à Saint-Grégoire; prince de *Reuss*, à Cucca; deux de cavalerie : *Argenteau*, à Saint-Grégoire; *prince de Lorraine*, à Vicence : quarante-quatre bataillons, quarante escadrons, huit pièces, vingt-six mille hommes, quatre mille cinq cents chevaux.

Aile gauche, général *Davidowich*, à Montagna : deux divisions, prince *Rosenberg*, à Montagna; *Lauenberg*, à Stangela; vingt et un bataillons, seize escadrons, trois pièces, onze mille hommes, dix-huit cents chevaux.

Les garnisons de Venise : deux régiments huit bataillons; quatre mille cent soixante-dix hommes.

Le corps du Tyrol méridional : général *Hiller*, à Trente; deux divisions, *Lusignan* et *Dedowich* : quarante et un bataillons, six escadrons et cinq pièces, vingt et un mille fantassins, six cent quarante cavaliers.

Total général, de quatre-vingt-huit à quatre-vingt-dix mille combattants.

Le maréchal Masséna fut à peine rendu à son quartier général, que des discussions s'élevèrent entre lui et le vice-roi. Ce dernier défendait non-seulement les intérêts des peuples dont le gouvernement lui était confié, mais, de plus, les intérêts du Trésor. Les sujets de dissentiment furent portés devant l'Empereur par la correspondance du prince et celle du maréchal. Napoléon sembla d'abord donner en quelque sorte raison à Masséna, puisque dans toutes ses lettres il ne cessait de répéter au vice-roi : qu'on doit, avant tout, approvisionner ses armées. Sans doute, devant cette affaire capitale, toute autre était secondaire ; aussi n'était-ce pas les approvisionnements que le prince refusait. Ce qu'il ne voulait pas admettre, c'est la façon d'agir de Masséna, qui requérait et ne payait rien, quoique ayant dans les mains des bons du Trésor pour acquitter les dépenses.

Voici comment le général Koch, auteur des *Mémoires du maréchal prince d'Essling*, explique les choses :

« Il devient impossible d'épargner au pays où les troupes se rassemblent des réquisitions plus ou moins dures, plus ou moins vexatoires, et Masséna en fit l'épreuve pour la troisième fois. Le Trésor français, épuisé par les besoins de la grande armée, s'était reposé de tout sur celui de l'Italie, lequel n'avait que de faibles moyens déjà hypothéqués (D'abord, cela n'est pas précisément exact : le Trésor de France et celui d'Italie contribuaient par portions définies aux dépenses des troupes de Masséna.) Le début administratif du maréchal fut donc pénible. Le royaume d'Italie, *alléguant son indépendance*, ne tarda pas à murmurer, et le vice-roi ne fut que l'écho trop fidèle de ces plaintes près de l'Empereur. »

Si l'auteur des *Mémoires de Masséna* n'avait pas mis en jeu le vice-roi et sa conduite vis-à-vis le maréchal, nous nous serions borné à la correspondance de l'Empereur relativement aux affaires fâcheuses qui pèsent sur l'administration de l'un de nos plus grands hommes de guerre de l'Empire; mais l'espèce de blâme jeté sur le prince Eugène ne nous permet pas de laisser apprécier les choses sous un faux jour.

1° Nous avons dit que les Trésors de France et d'Italie contribuèrent à l'entretien des troupes de Masséna; les correspondances du prince et celles de l'Empereur le prouvent.

2° Le vice-roi ne fut pas l'écho des plaintes du royaume d'Italie, il se plaignit avec raison à l'Empereur de ce que le chef de l'armée française, ayant des valeurs, ne payait pas ses réquisitions. Une seule fois (le 10 septembre), le prince Eugène se montra mécontent des réquisitions faites par le chef d'état-major de Masséna, non pas à cause des *réquisitions* en elles-mêmes, mais parce que prendre de semblables mesures, c'était indiquer que la guerre allait éclater. Or Napoléon lui avait prescrit confidentiellement de faire croire encore à la paix. Dans cette même lettre, qu'on trouvera à la correspondance et à sa date, le prince dit : « Je ne puis permettre que toutes les réquisitions de denrées ne soient pas payées exactement; je ne puis souffrir qu'on propose de les faire *comprendre dans les contributions*, abus qui serait bientôt incalculable. D'ailleurs, l'armée française devrait avoir ses fournisseurs; si ses fournis-

seurs manquent, *elle peut réquérir, mais en payant.* »
Enfin, plus bas, il ajoute que *l'argent n'a point
manqué à l'armée française*, et il le prouve.

Ce sont donc les *abus* contre lesquels le vice-
roi s'élève, et nullement les réquisitions qu'il ne veut
pas admettre, ainsi que semble le croire l'Empereur.

Dans une lettre du lendemain, 11 septembre, le
prince dit encore : « Je pense bien que des réquisitions sont quelquefois nécessaires, mais dans des
moments très-urgents seulement. J'ai, d'ailleurs,
voulu me conformer *en tout aux ordres* de Votre
Majesté, qui me recommande de parler paix et d'y
faire croire; ce n'eût pas été, je pense, une bonne
manière que de requérir neuf cents chariots et quatre
à cinq mille chevaux. »

Le 15 septembre, le vice-roi informe Napoléon
que le maréchal Masséna lui a fait demander des
sommes considérables, que cela paraissait assez
pressé, et qu'il lui envoie de l'argent.

Napoléon avait l'habitude de compter et de
compter fort juste. Il n'admettait pas qu'on s'écartât
des budgets qu'il avait fixés. Le prince le savait et
désirait se conformer pour toute chose à ses volontés.

Le 18 septembre, le vice-roi, en prévenant Napoléon de ce qui se passe dans le royaume d'Italie,
relativement aux réquisitions faites par Masséna et
aux plaintes qu'elles soulèvent, dit que ses plaintes,
à lui, portent, non pas sur les réquisitions, mais sur
ce qu'on les avait opérées sans avoir provoqué son
autorisation spéciale, sur ce qu'on n'avait délivré,

pour les objets requis, ni *payement*, ni *promesse de payement*.

A la suite de ces affaires de réquisitions, le vice-roi envoya M. de Brême au quartier général du maréchal Masséna, et il fut convenu : 1° que M. de Brême prendrait connaissance des réquisitions faites et promettrait leur acquittement sous un bref délai; 2° que, sur la *demande écrite* du commissaire ordonnateur français, les nouvelles réquisitions jugées indispensables seraient opérées sans violence, sans rigueur, de gré à gré, si la chose était possible, et que le vice-roi en serait informé, afin qu'il pût aviser au payement par les fonds du Trésor d'Italie à la disposition de l'armée française.

Tout semblait réglé, mais il n'en fut pas ainsi : il se produisit bientôt dans les services administratifs une nouvelle phase. Le maréchal, qui avait des bons du Trésor pour solder les propriétaires des denrées requises, sembla peu disposé à livrer les bons. M. de Brême, placé dans une position très-difficile, ayant à faire exécuter les ordres du vice-roi et voyant la résistance du maréchal à ces mêmes ordres, voulut donner sa démission. Le prince la refusa, et, comme il connaissait le beau caractère de M. de Brême, il soupçonna la vérité. Il se décida, vers le milieu d'octobre, à envoyer à l'armée du maréchal, et auprès de son conseiller d'État, un homme qui lui était entièrement dévoué, son secrétaire des commandements, afin d'avoir le mot de l'énigme. Ce mot se trouve dans les deux rapports ci-dessous, de M. Méjean.

« Milan, 24 octobre 1805.

« Monseigneur, je m'empresse de rendre compte à Votre Altesse Sérénissime du résultat de la mission dont elle a bien voulu me charger.

« Je suis arrivé à Alpo avant-hier soir à minuit. J'ai été admis tout de suite auprès de M. le maréchal Masséna.

« Je lui ai dit : Monsieur le maréchal, Son Altesse Sérénissime reçut hier une lettre de l'ordonnateur Joubert, qui porte textuellement : « A compter du « 1er brumaire, c'est-à-dire dans deux jours, l'armée « ne peut plus tirer ses subsistances, en pain, de « l'entreprise qui a fourni jusqu'à ce jour. Ses seules « ressources sont dans les réquisitions qui ont été « frappées par M. de Brême, mais encore aujour- « d'hui l'effet des réquisitions est presque nul. Pro- « visoirement, j'ai délivré un mandat de cinquante « mille francs à l'agent de l'entreprise, M. Dumorey, « et, par ce moyen, j'écarterai la disette de l'armée « pendant quelques jours ; mais ce remède n'est que « pour quelques jours, » etc., etc. Son Altesse Sérénissime, alarmée de cette lettre, m'a dépêché vers Votre Excellence pour lui demander si le dénûment de l'armée était à ce point, et, dans ce cas, pour se plaindre d'avoir été avertie si tard d'un état de choses aussi déplorable.

« M. le maréchal m'a répondu qu'il n'avait aucune connaissance de la lettre de l'ordonnateur Joubert dont je venais de lui parler, et qu'il me chargeait d'assurer Son Altesse Sérénissime que l'armée ne manquait de rien quant à présent, et qu'il veillerait lui-même à ce qu'elle fût pourvue au moins pour quelque temps. M. le maréchal a ajouté que, s'il voyait arriver le moment où toutes les ressources reposeraient exclusivement sur les réquisitions, il se ferait un devoir d'en prévenir Votre Altesse plusieurs jours à l'avance.

« La conférence s'est alors engagée sur l'état actuel de tous les services de l'armée, et sur les moyens imaginés par M. le maréchal pour subvenir à ses besoins.

« M. le maréchal m'a dit : Je suis entouré de fripons, j'ai ici plus de besogne que vous ne croyez. Vous venez de me parler de la disette du pain ; eh bien, j'ai appris hier que le service des viandes manquerait aussi demain. J'ai rassemblé chez moi, ce matin, M. le conseiller d'État de Brême, M. le commissaire ordonnateur en chef, le chef du service des vivres-pain et celui des vivres-viande. Le commissaire ordonnateur, dans sa lettre au prince, a dit la vérité à l'égard du pain ; il a bien fallu faire un arrangement avec Dumorey pour quelques jours, mais j'ai mené cet homme-là comme je le devais. Je lui ai dit : Il y a donc plus de bénéfice sur la manutention que sur le reste de l'entreprise, et vous consentirez à vous charger de la manutention encore, si l'on consent à vous avancer de l'argent ? Je n'ai plus besoin de vos services, je trouverai des gens à qui je n'avancerai pas d'argent, et qui feront à la fois la fourniture et la manutention. M. le commissaire ordonnateur a pris alors la parole, et m'a observé que ce qui empêchait M. Dumorey de continuer son service était l'impossibilité absolue de se procurer ici de l'argent, à quelque prix que ce fût ; il a ajouté et m'a répété deux ou trois fois que, pour le service des deux derniers jours, lui, commissaire, avait été obligé d'avancer à M. Dumorey quinze mille francs de sa poche. J'ai répondu très-sèchement à M. l'ordonnateur qu'il était bien heureux de pouvoir avancer de l'argent aux fournisseurs...

« Ici, je n'ai pu m'empêcher d'interrompre M. le maréchal, et de lui demander s'il comptait le commissaire ordonnateur parmi les hommes dont il soupçonnait la probité ? M. le maréchal n'a pas répondu positivement à cette question.

« Mais il m'a dit, tout de suite : — Je me suis adressé au chef du service des vivres-viande ; je lui ai demandé pourquoi il abandonnait son service, et pourquoi il ne m'avertissait de cet abandon qu'au dernier moment ? Il m'a répondu : qu'il abandonnait son service, parce qu'il n'avait plus d'argent, et qu'il ne trouvait, à aucun prix et à quelque perte qu'il fût disposé à faire, à la charge de ses commettants, le moyen de s'en procurer à Milan ; qu'il offrait le meilleur papier à toutes les maisons de banque de ce pays-ci, et qu'il ne trouvait personne qui voulût l'escompter ; il a ajouté qu'au reste il avait prévenu M. l'ordonnateur depuis près d'un mois qu'il serait obligé de cesser son service, si l'on ne faisait une réquisition de bestiaux. — Comment ! me suis-je écrié d'abord, en m'adressant au commissaire, comment se fait-il, monsieur, que vous soyez averti, depuis un mois, que le service des viandes manquera, et que vous n'en ayez parlé qu'aujourd'hui? Le commissaire s'est excusé, sur ce qu'il croyait que je le savais, et, enfin sur ce qu'il avait oublié de m'en parler. J'étais indigné (c'est toujours M. le maréchal qui parle), j'étais indigné contre le commissaire, et je l'ai traité comme il le méritait.

« M'adressant ensuite au chef du service des viandes, je lui ai déclaré que, s'il ne continuait pas son service, je le ferais *fusiller*. La peur a pris ce jeune homme, qui, au fond, n'est qu'un agent subalterne; il m'a dit : — Monsieur le maréchal, je ferai mon service encore pendant trois ou quatre jours, mais je ne puis rien au delà. — Vous avez donc des moyens? lui ai-je répondu. Eh bien! monsieur, faites votre service pendant trois jours; je donnerai, de la caisse de l'armée, soixante mille francs qui, à raison de dix mille francs par jour, assureront le service pendant neuf jours; d'ici là, vous demeurerez sous la garde de deux gendarmes; je prendrai des renseignements à Milan sur la prétendue non-valeur de vos prétendues lettres de change, et, si la maison Lannoy n'a pas de crédit, si cela m'est démontré, je rendrai son discrédit public, et vous aurez affaire à moi.

« J'ai pris la parole alors, et j'ai dit à M. le maréchal que j'étais d'autant plus étonné qu'il ne fût pas instruit de la situation du service des viandes, que le chef de ce service était venu me trouver, moi, il y a plus de quinze jours, et m'avait demandé si Son Altesse Sérénissime avait accueilli la demande qui avait dû lui être faite par le commissaire ordonnateur et même par le directeur ministre de la guerre, d'autoriser les réquisitions de bestiaux. A quoi j'avais répondu que je ne savais pas que Son Altesse Sérénissime eût reçu aucune demande de ce genre, ni du commissaire ordonnateur, ni du directeur ministre.

« M. le maréchal m'a dit alors : — Ils veulent des réquisitions de bestiaux, des réquisitions de grains, parce qu'ils savent qu'en fait de pain et de viande les bénéfices les plus sûrs et les plus considérables sont toujours ceux de la manutention. Mais, m'a-t-il ajouté, je leur ai déclaré ce matin, et je vous prie de le dire au prince : *Je ne souffrirai pas que le peuple d'Italie soit traité comme un peuple conquis, et qu'après lui avoir enlevé son grain on lui enlève encore ses bestiaux, le seul moyen qui lui reste pour labourer ses terres et pour les faire valoir.*

« J'ai dit à M. le maréchal que j'aurais l'honneur de rendre compte à Votre Altesse des bonnes intentions qu'il manifestait pour les sujets italiens de Sa Majesté, et j'ai saisi ce moment pour remplir auprès de M. le maréchal les derniers ordres dont Votre Altesse m'avait honoré.

« Je lui ai dit : — Monsieur le maréchal, il est d'autant plus instant que vous fassiez valoir vos bonnes intentions, que les propriétaires des départements qui ont le plus souffert des réquisitions se plaignent amèrement que toutes les promesses de payement qui leur avaient été faites par le prince n'ont point été remplies, et commencent à craindre d'être ruinés sans ressource.

« Je sais cela, m'a dit M. le maréchal; mais que voulez-vous que j'y fasse? — Mais, lui ai-je dit, monsieur le maréchal, vous pouvez, à cet égard, rendre un très-grand service au prince. *Le décret de Son Altesse, du 25 septembre, porte, article 4, que les denrées ou objets qui seront requis pour le compte de l'armée française seront payés par les bons délivrés par le caissier du Trésor royal, en exécution du même décret, et représentatifs de deux millions de livres, qui seront dus à l'armée pour le mois de frimaire. Ces bons sont demeurés à la disposition du payeur général. Si Votre Excellence avait la bonté de les mettre, au moins en grande partie, à la disposition du conseiller d'État de Brême, ce magistrat en adresserait quelques-uns aux préfets des départements qui ont le plus fourni; et les inquiétudes disparaîtraient, et nous verrions renaître la confiance.* M. le maréchal m'a répondu : *Mais, ces bons, personne n'en veut, M. le conseiller d'État de Brême n'en veut pas. Que voulez-vous qu'on en fasse? On ne trouve nulle part à les escompter.*

« J'ai répliqué : — Sans doute, monsieur le maréchal, on ne pourrait faire usage de ces *bons*, si on voulait les consacrer au payement des choses qui devraient être payées comptant; mais il s'agit de payer des choses déjà prises, des choses qui sont en votre pouvoir; en dernier résultat, ces bons sont bons, ils seront infailliblement payés à leur échéance, et, très-certainement, les propriétaires des objets *requis* aimeront mieux avoir cela que rien.

« Eh bien, m'a dit M. le maréchal, puisque le prince veut de ces bons, j'en donnerai à M. de Brême. M. le maréchal ne m'a pas dit pour quelle valeur il en donnerait.

« J'oubliais de dire à Votre Altesse qu'au milieu de cette conversation, M. le maréchal ayant fait appeler M. le général Solignac, qui demeure dans la même maison que lui, et m'ayant de nouveau parlé, en sa présence, de la mauvaise foi de quelques personnes chargées de divers services, M. le général Solignac avait dit : — Il est bien vrai que M. le maréchal est entouré de fripons, qui ont espéré compromettre tous les besoins de l'armée. A quoi M. le maréchal, en s'adressant à moi, m'a dit : — Vous voyez, je ne le lui fais pas dire.

« J'ai dit alors à M. le maréchal : — Mais le prince sait bien qu'il se commet des friponneries; on lui a dit, par exemple, que plusieurs objets *requis* n'étaient jamais entrés dans les magasins de l'armée, et que pourtant on en avait délivré des reçus.

« — On me l'a dit aussi, a repris M. le maréchal; mais je suis à la recherche des coupables, et je vous promets que, si je les attrape, leur affaire sera bientôt faite.

« J'ai demandé alors à M. le maréchal s'il était content du conseiller d'État de Brême; il m'a répondu : Le prince ne pouvait pas nous envoyer un plus honnête homme, un homme qui mît plus de zèle à remplir ses devoirs; je le lui ai dit, ce matin, à lui-même; je l'ai remercié au nom de l'armée de tous les soins qu'il se donnait, et je lui ai dit que l'armée le regardait comme son père. Dites au prince, m'a dit alors M. le maréchal, qu'il ne se passe pas de jour qu'on ne porte un toast à son honneur pour toutes les sollicitudes que Son Altesse se donne pour notre armée, et que quelquefois aussi nous buvons à la santé de son envoyé, M. de Brême.

« Il était deux heures du matin; je sentais que M. le maréchal avait besoin de se reposer ; j'ai pris congé de lui, en rappelant à son souvenir les besoins des départements, et la *promesse* qu'il avait bien voulu me faire *de remettre des bons du Trésor public à la disposition de M. de Brême.*

« J'ai dit alors à M. le maréchal que j'allais voir le commissaire ordonnateur. Il m'a dit : N'y allez pas, c'est inutile, ce serait donner trop d'importance à sa lettre. Dites à Son Altesse qu'elle soit tranquille et que je lui réponds que l'armée ne manquera pas du nécessaire. J'ai répliqué : Monsieur le maréchal, Son Altesse m'a dit aussi de vous dire que vous fussiez également tranquille sur les soins qu'elle se donnerait. Elle m'a chargé sans doute d'appeler votre intérêt sur les peuples que les réquisitions ont frappés; mais elle m'a chargé de vous déclarer en même temps que, son premier devoir à cet égard une fois rempli, il n'y avait aucune considération qui pût l'empêcher de s'occuper, avant tout, des besoins de l'armée et de satisfaire à ces besoins par tous les moyens qui seront en son pouvoir.

« M. le maréchal m'a répondu : J'en suis sûr. Alors je me suis levé pour sortir. Je n'ai pas insisté pour ma visite à l'ordonnateur, mais j'ai dit que j'allais à Villafranca pour parler à M. de Brême; M. le maréchal m'a dit que je faisais bien.

« En me quittant, il m'a demandé quel effet avait produit, à Milan, le premier bulletin de sa première opération à Vérone. J'ai répondu la vérité : Ce bulletin a produit un très-bon effet, il a été reçu avec une grande joie ; mais tous les jours on attend encore mieux du maréchal Masséna. M. le maréchal m'a répliqué : Qu'on soit tranquille, ma tête de pont est sur un pied respectable, et, quand je voudrai agir, les Autrichiens ne seront pas manqués. Au reste, mon armée a déjà fait à ce pays tout le bien qu'elle pouvait lui faire par sa contenance ferme et l'excellent esprit dont elle est animée. Sa présence seule a suffi pour ôter aux Autrichiens l'envie de faire des incursions en Italie ; et vous savez qu'avant que je fusse ici, s'ils avaient voulu entrer dans le pays, il ne tenait qu'à eux.

« J'ai répondu : Monsieur le maréchal, les peuples d'Italie savent que Sa Majesté les protége et ne souffrira pas qu'ils soient envahis ; ils se reposent sur les soins de Sa Majesté, sur le maréchal Masséna et sur son armée.

« J'ai quitté M. le maréchal à deux heures et demie du matin, et je me suis rendu tout de suite à Villafranca, accompagné d'une escorte qui m'avait été donnée par M. le maréchal.

« Ici, Monseigneur, il me reste un second rapport à vous faire, moins positif peut-être que celui-ci, mais, peut-être aussi, plus pénible et plus important.

« Votre Altesse a exigé de moi la vérité tout entière ; je la dirai dans mon second rapport, comme je l'ai dite dans le premier. Votre Altesse jugera si j'ai fidèlement rempli les intentions et les ordres qu'elle m'avait donnés. »

« Monseigneur, en quittant M. le maréchal Masséna, je me suis rendu à Villafranca. J'ai attendu qu'il fît jour pour faire éveiller M. de Brême. A six heures, je me suis rendu chez lui ; je l'ai trouvé debout à sa besogne, entouré de municipalités, de délégués, etc., etc.

« Nous avons bientôt été seuls. Je lui ai d'abord dit que je venais d'auprès de M. le maréchal, et je lui ai rendu compte de la partie de ma conférence dans laquelle il avait été cité pour quelque chose, comme témoin ou comme acteur. M. de Brême m'a confirmé tout ce qui m'avait été dit par M. le maréchal, relativement à la conférence qui avait eu lieu la veille, au quartier général, entre Son Excellence, le commissaire ordonnateur, les chefs des différents services et lui, M. de Brême.

« J'ai demandé alors à M. de Brême s'il était vrai qu'il n'eût pas voulu *des bons du Trésor royal* pour consoler les départements qui ont le plus souffert des réquisitions. Il m'a répondu : M. le maréchal a confondu ; il est vrai que je lui ai dit quelquefois que ces bons ne trouveraient aucun écoulement comme monnaie, ni dans la banque ni dans le commerce ; mais *que, si j'en avais pour verser sur les départements, je serais trop heureux,* je calmerais beaucoup d'inquiétudes, et toutes les réquisitions que je serais obligé de faire encore deviendraient beaucoup plus faciles.

« Je me suis empressé d'annoncer à M. de Brême que M. le maréchal venait de me promettre qu'il mettrait des bons à sa disposition. M. de Brême m'a demandé combien. J'ai répondu : Vous pouvez en demander pour cinq cent mille francs. Je crois que vous les aurez. J'ai dit plus que M. le maréchal ne m'avait dit, puisqu'en effet il ne m'avait spécifié aucune somme; mais j'ai pensé qu'il n'y avait aucun inconvénient à exagérer les espérances qu'il avait bien voulu me donner. M. de Brême s'est félicité de ces espérances dans des termes qu'il me serait bien difficile d'exprimer. Il a fait déjà son partage, comme si les cinq cent mille francs eussent été dans sa main. Cent mille francs aux départements qui ont le plus souffert; cinquante mille francs aux autres, etc., etc.

« M. de Brême se propose d'aller demain à Alpo pour solliciter l'effet des promesses de M. le maréchal et il aura l'honneur de rendre compte à Votre Altesse de ce qu'il aura obtenu.

« J'ai parlé alors à M. de Brême de la peine que la demande réitérée de sa démission avait faite à Votre Altesse Sérénissime. M. de Brême m'a dit que l'état de sa santé et beaucoup d'autres choses, *qu'il ne pouvait pas écrire, et qui même lui coûtaient à dire*, avaient rendu très-impérieux pour lui le besoin de la retraite; il s'est empressé d'ajouter : Qu'ainsi qu'il l'avait promis à Votre Altesse, par sa dernière lettre, il n'insisterait plus, et que, *coûte que coûte*, ce sont ses expressions, *il mourrait à son poste, s'il le fallait, pour le service de Sa Majesté et pour le vôtre.*

« J'ai alors demandé à M. de Brême de me confier les choses qu'il ne pouvait pas écrire, et qui même lui coûteraient à dire.

« M. de Brême m'a dit que sa confiance en moi était absolue; mais qu'il espérait que je n'en userai pas de manière à lui susciter des ennemis puissants et à rendre malheureuse la fin de sa carrière.

« Je lui ai donné ma parole d'honneur que ses confidences n'auraient jamais aucune suite fâcheuse pour lui, que je ne les confierai moi-même qu'à Votre Altesse, qui, certes, en ferait un usage utile *aux choses*, et pas nuisible *aux personnes*, et moins encore aux personnes qui, comme lui, donnent tant de preuves de dévouement à Sa Majesté.

« M. de Brême m'a dit alors (c'est lui qui parle) : Je suis comblé des bontés de M. le maréchal; j'en ai besoin, car, s'il était mal pour moi, ma besogne, déjà si difficile, deviendrait mille fois plus difficile encore. Mais, je ne vous le cache pas, tout le bruit qui a été fait hier contre les fournisseurs cache un but : celui de livrer toutes les entreprises de l'armée à de nouveaux agents que je ne connais pas, mais qui sont connus de M. le maréchal tout seul et peut-être du général Solignac qui les lui présente. Tout cela m'est sans doute fort indifférent à moi, qui ne connais ni ne veux connaître ni les anciens ni les nouveaux fournisseurs; mais, je ne vous le cache pas, il se commet ici beaucoup d'infamies par les commissaires sous les ordres du commissaire ordonnateur, et ces infamies me font d'autant plus de peine que je n'ai aucun moyen ni de les prévenir ni de les empêcher. Son Altesse Sérénissime m'a dit qu'elle voulait avant tout que les besoins de l'armée fussent satisfaits ; je remplis, autant que je le puis, la première volonté du prince ; mais, si vous pouviez vous faire une idée comme je suis tourmenté ! D'abord j'ai promis, au nom du prince, que les réquisitions seraient payées ; je requiers tous les jours et je ne paye jamais ; j'ai promis qu'elles seraient payées avec les bons du mois de frimaire, et je n'ai pas encore reçu *un bon*. Encore, s'il n'y avait de *requis* que ce que *je requiers*, aux termes du décret du prince, sur la demande écrite de l'ordonnateur ! Mais, d'abord, je requiers tout ce qui m'est demandé par M. Joubert ; et puis les commissaires requièrent de leur côté des communes, directement, et quelquefois de moi aussi, qui ne puis refuser tout ce qu'il leur plaît de requérir. Il ne faut pas vous le cacher, je crois Joubert un fort honnête homme ; je pense cependant que, soit qu'il soit malheureux par ses entours, soit qu'il n'ait pas la tête très-forte ; je crois, dis-je, qu'il n'est pas à la hauteur de sa position, mais je suis loin d'avoir la même opinion des commissaires qui sont sous ses ordres ; il y a là des hommes qui sont connus par d'anciennes exactions, et qui ne prennent pas la peine de dissimuler qu'ils ne sont venus ici que pour y faire leur fortune. Il y en a un, le commissaire M......, qui a dit à quelqu'un qui me l'a redit, qu'il espérait bien que son commissariat lui vaudrait au moins cent louis par jour ; il y en a un autre, nommé G......, qui ne vaut pas mieux, et quelques autres qui valent peut-être moins et dont j'ai oublié les noms. Je sais, par exemple, que la ville de Modène, qui a été requise en denrées pour une valeur de trois cent mille francs environ, s'est abonnée avec un fournisseur qui devait livrer pour elle, et à qui elle a payé son rachat; je sais que ce fournisseur prétendu n'a rien versé et que cependant il a reçu du commissaire M......, un certificat de réception. Je ne puis donner la preuve écrite de ce fait; je nierai d'en avoir parlé, si mon témoignage était appelé; cependant j'en suis sûr. Le résultat d'un pareil délit, s'il se renouvelle (et, quand il est commis une fois, il n'y a pas de raison qu'il ne le soit pas souvent), le résultat d'un pareil délit est que, les denrées qu'on croit versées ne l'étant pas et les besoins de l'armée étant toujours les mêmes, il faut doubler de réquisitions, à la ruine des habitants et au profit de quelques fripons. Je vais plus loin; vous ne m'ôteriez pas de la tête qu'on ne me donnera pas de bons, quoiqu'on vous l'ait promis; on ne voudra pas s'en dessaisir, on sait trop bien qu'ils seront payés à leur échéance. Quelques personnes regardent la guerre, de ce côté-ci, comme un moyen de spéculation seulement. J'étais à la première affaire sur l'Adige, et je puis vous assurer que cette affaire a été conduite bien mollement, et de manière à me prouver à moi qu'on ne voulait pas faire mieux. Le maréchal est mal entouré. Ce S...... et quelques autres ont trop d'empire sur lui, etc., etc.

« Les confidences de M. de Brême ont fini là.

« Je ne crois pas, Monseigneur, en avoir altéré aucune circonstance. Votre Altesse jugera du degré d'attention qu'elles méritent. Elle jugera si quelques-unes des pensées de M. de Brême ne prennent pas un caractère de vraisemblance dans certaines expressions de M. le maréchal, dont j'ai eu l'honneur de vous rendre compte dans mon premier rapport. La réponse qui sera faite à la nouvelle demande des *bons* pourra, sans doute, éclaircir beaucoup de choses.

« M. de Brême m'a ajouté qu'il y avait des villages dont presque tous les habitants abandonnaient leurs maisons aux porteurs de réquisitions, non pas, m'a-t-il dit, aux réquisitions faites par moi, mais aux réquisitions faites indûment par les commissaires des guerres et quelquefois par les généraux. Il m'a dit, par exemple, que le territoire sur lequel s'était trouvée la division du général G..... avait encore plus souffert que tous les autres.

« J'ai demandé à M. de Brême un état par aperçu de la valeur des réquisitions *déjà faites*. Cet état, par aperçu, s'élève à quatre millions cent cinquante-deux mille trois cent cinquante francs dix-sept sous neuf deniers.

« Il est vrai que tous les objets requis ne sont point encore fournis, et que les départements de l'Olonne, de l'Agogna, du Reno, du Rubicon, de l'Adda et du Lario, qui sont requis pour une valeur de un million cinq cent mille francs environ, n'ont encore rien versé.

« A cet égard, M. de Brême pense qu'on ferait

bien de suspendre l'envoi des denrées demandées à ces départements, et d'exiger d'eux leur quote-part en numéraire, lequel serait consacré à l'achat des denrées.

« Cet avis, Monseigneur, me paraît présenter beaucoup d'avantages ; je pense qu'un pays auquel on demande *dix millions d'écus* souffre moins et se plaint moins que lorsqu'on lui demande pour quatre millions de denrées.

« Je pense également que le Trésor public trouve mieux son compte à recevoir deux millions d'écus que six millions de denrées. Il n'y a pas moyen de friponner sur les écus, et tout ce qui est reçu en *espèces* va directement à sa destination, tandis qu'il s'en faut de beaucoup que toutes les denrées y aillent.

« Mais suit-il de cette opinion, que je crois bonne au fond, qu'elle puisse être adoptée aujourd'hui? Puisqu'on a commencé par les réquisitions en nature, et qu'il était physiquement impossible de commencer autrement, convient-il aujourd'hui de faire une distinction entre les départements et de rendre plus facile aux uns ce qui a été si difficile pour les autres?

« Cette question ne m'embarrasserait pas toute seule ; mais en voici une autre plus importante : Quand vous aurez de l'argent à la place des denrées, trouverez-vous *tout de suite* un fournisseur qui vous donne des denrées pour votre argent ? Votre Altesse sait combien il est difficile de trouver ici des fournisseurs, du moins des fournisseurs présentant garantie de solvabilité et de moralité !

« Si Votre Altesse s'arrête un moment à la proposition de M. de Brême, je lui demanderai la permission d'en conférer avec le ministre des finances, avant de mettre sous ses yeux un nouveau rapport sur cet objet.

« Je ne terminerai pas ce rapport sans observer à Votre Altesse, qu'il résulte du tableau qui a été mis sous mes yeux par M. de Brême, que les réquisitions faites et non toutes perçues s'élèvent : en foin, à deux cent treize mille quatre cent cinquante-cinq francs, ce qui, si je ne me trompe, fait un million quatre cent vingt-trois mille trente-trois rations de quinze livres chacune, et suffit pour deux mois à vingt-trois mille sept cent dix-sept chevaux ; en avoine, à soixante-treize mille quatre cent soixante-quatorze sacs, à treize boisseaux chacun, ce qui fait un million trois cent vingt-deux mille cinq cent trente-deux rations de deux tiers de boisseau chacune, et suffit pour deux mois à vingt-deux mille quarante-deux chevaux; en blé, quinze mille quatre cent vingt-cinq quintaux et demi ; farine, trois mille deux cent soixante quintaux ; seigle, trois mille quatre cent vingt-quatre quintaux et demi ; total, vingt et un mille neuf cent dix quintaux. Ce qui, à quatre-vingts rations par quintal, fait, si je ne me trompe, un million huit cent six mille six cent vingt rations qui suffiront à quarante-cinq mille hommes pour quarante jours.

« Votre Altesse jugera s'il y a proportion entre les demandes et les besoins réels.

« J'ai rempli mon devoir : j'ai tout dit. »

Nous terminerons l'exposé de ces affaires administratives par une lettre du vice-roi à l'Empereur. Elle les résume en termes dignes et porte à la connaissance de Napoléon des faits incontestables.

Après avoir lu ces documents, il nous semble difficile de donner raison au maréchal Masséna et tort au prince Eugène, eût-on le désir d'approuver, malgré tout, la conduite du premier et de blâmer celle du second.

« Monza, 25 octobre 1805.

« Sire, je sollicite un moment de votre attention particulière.

« J'ai l'honneur de rendre compte à Votre Majesté de ce qui a été fait, par votre royaume d'Italie, pour l'approvisionnement de l'armée française.

« En exécution des ordres de Votre Majesté, les mois de vendémiaire, brumaire et frimaire, ont été payés d'avance à l'armée française, et, ainsi que vous l'aviez ordonné, les deux premiers mois en espèces, et le troisième en bons délivrés et souscrits par le caissier du Trésor.

« Mais ces avances ne pouvaient donner à l'armée, au moment où elle s'augmenta, les moyens de subsistance, les approvisionnements de tout genre dont elle pouvait avoir besoin. Je connaissais les intentions de Votre Majesté; j'autorisai les réquisitions de denrées.

« Cependant, pour donner à votre peuple d'Italie un nouveau témoignage de votre sollicitude, je voulus qu'un conseiller d'État régularisât et légalisât en quelque sorte, aux yeux du peuple d'Italie, les réquisitions qui nous étaient commandées par les circonstances.

« Je fis choix du conseiller d'État de Brême, et j'eus l'honneur de rendre compte à Votre Majesté des motifs qui avaient déterminé ce choix.

« Mes instructions au conseiller d'État de Brême furent courtes et précises : « Vous calmerez les in« quiétudes des peuples par votre présence; vous « promettrez, au nom de Sa Majesté et au mien, le « payement des denrées qui seront requises. » J'ajoutai : « Les besoins de l'armée doivent passer avant « tout; les réquisitions ne pourront être faites sans « votre autorisation, mais vous ne refuserez votre « autorisation à aucune des réquisitions qui vous « seront demandées, par écrit, par le commissaire « ordonnateur de l'armée française. »

« Et cependant, pour mieux assurer la confiance dans les promesses que M. le conseiller d'État de Brême était chargé de répandre, je rendis un décret, le 25 septembre, portant que les denrées requises seraient payées en *à-comptes*, avec les bons délivrés à l'armée française par le Trésor d'Italie, et payables en frimaire.

« J'ai eu l'honneur de soumettre ce décret à Votre Majesté, et M. Aldini fut chargé par elle de m'écrire qu'il avait mérité votre approbation.

« J'avais adressé copie de ce décret au directeur ministre de la guerre de l'empire français, et ce ministre me répondit que ce décret était sage dans toutes ses dispositions.

« Ainsi, en exécution de ce décret, le commissaire ordonnateur Joubert requérait du conseiller d'État de Brême, et celui-ci des départements, les denrées nécessaires à l'armée.

« Les sujets du royaume d'Italie obéissaient sans se plaindre aux réquisitions; ils se confiaient dans les promesses de M. de Brême pour leur remboursement, et plus encore dans mon décret du 25 septembre, qui leur promettait, en *à-compte* de leurs créances, une distribution des bons du Trésor, payables en frimaire.

« Cependant je recevais souvent, de la part de M. de Brême, des lettres par lesquelles il me demandait sa retraite. Ces lettres n'expliquaient jamais les véritables motifs de cette demande, et je répondais par des encouragements et des refus.

« J'appris que mon décret du 25 septembre était fort bien exécuté dans toutes ses dispositions, hors dans une seule, *celle qui promettait aux propriétaires dont les denrées étaient requises des à-comptes en bons du Trésor.*

« Je voulus savoir la vérité tout entière : je chargeai Méjean de se rendre au quartier général. J'ai mis sous les yeux de Votre Majesté les rapports qu'il m'a faits à son retour.

« Votre Majesté aura remarqué, dans ces rapports, que le maréchal Masséna avait déclaré que l'armée n'était pas menacée de privations, et que, si par hasard elle le devenait, *je serais prévenu assez à temps pour faire toutes les dispositions qui seraient jugées indispensables.* Votre Majesté aura également remarqué, dans ces rapports, les véritables motifs qui avaient porté M. de Brême à demander sa démission, et enfin la promesse, faite par le maréchal Masséna, *de mettre incessamment des bons de frimaire à la disposition des préfets des départements* qui ont le plus souffert par les réquisitions.

« Il y a trois jours que Méjean est de retour du quartier général, et voilà que je reçois :

« 1° Une lettre du maréchal Masséna, qui m'annonce que les réquisitions sont insuffisantes pour le service des vivres-pain et des fourrages, qu'il faut absolument recourir aux *achats volontaires;* mais que, pour y recourir, *il faut de l'argent,* et qu'il en faut d'autant plus, que le service des vivres-viande est près de manquer, et qu'il ne peut être fait que par une agence que lui, M. le maréchal, vient de substituer à la compagnie Lannoy, qui ne pouvait continuer sans une avance considérable de fonds.

« 2° Une lettre du commissaire ordonnateur Joubert à M. le maréchal Masséna, qui dénonce également l'impuissance, ou du moins l'insuffisance des réquisitions; qui déclare que, si l'on veut éviter le système désastreux des réquisitions de *bestiaux,* il n'y a plus un moment à perdre, et qu'il faut, sans délai, demander au gouvernement italien un fonds de six ou sept cent mille francs en espèces.

« 3° Et, enfin, une lettre du conseiller d'État de Brême, qui me rend compte que, dans une séance tenue le matin au quartier général, chez M. le maréchal, il a été décidé par M. le maréchal que, vu l'insuffisance des réquisitions déjà faites, vu les lenteurs inévitables dans le versement des denrées requises, vu l'immensité d'une consommation *dont on n'avait pas prévu toute l'étendue*, etc., etc., il était indispensable de préparer les moyens d'une nouvelle réquisition *pour trois mois*, mais aussi d'envoyer sans délai des commissaires, des inspecteurs, etc., auprès de chaque préfet de département, avec *l'escorte de quelques détachements de cavalerie*, pour s'établir en permanence dans les communes, pour y activer, par tous les moyens de conciliation et, au besoin, de rigueur, l'expédition des denrées requises, etc., etc.

« J'exprimerais difficilement à Votre Majesté combien les trois lettres dont je viens de mettre l'extrait sous ses yeux, m'ont à la fois étonné et affligé.

« Certes, il m'est difficile de m'expliquer comment il se fait que je ne sois informé de l'urgence des besoins de l'armée qu'au moment même où, sans avoir pris mon autorisation, sans m'en avoir parlé, on décide l'établissement à permanence des piquets de cavalerie dans les communes de votre royaume. Encore si les communes avaient refusé de satisfaire aux réquisitions! Mais, je dois le dire à Votre Majesté, les réquisitions déjà faites pour l'armée seulement s'élèvent à quatre millions, et toutes les communes sont aussi paisibles que si on ne leur eût rien demandé et se sont montrées aussi empressées de fournir que si elles eussent échangé leurs denrées contre de l'argent comptant.

« Sans doute, les réquisitions actuelles marchent plus lentement que les premières; mais cette lenteur a plusieurs causes également puissantes, et qui seront appréciées par Votre Majesté.

« 1° Aucune de mes promesses n'a été remplie; il n'a pas été donné le plus léger à-compte; il n'a pas été versé un seul des bons que mon décret du 25 septembre avait promis aux propriétaires des objets requis. Ces bons sont demeurés inutiles, au moins en grande partie, dans la caisse du payeur général de l'armée.

« 2° Les départements sur lesquels frappent aujourd'hui les réquisitions sont précisément les départements les plus éloignés du quartier général. Leurs denrées ne peuvent donc arriver aussi vite que les autres, et puis elles arrivent nécessairement dans une quantité bien inférieure à celle qu'elles avaient au moment du départ.

« 3° La réquisition exercée sur les charrettes et sur les chevaux ou mulets de transport, enfin, la dégradation des chemins, ont rendu les transports plus difficiles.

« 4° Les réquisitions n'avaient porté d'abord que sur les fourrages, les avoines, etc.; elles portent aujourd'hui sur les grains; elles menacent même de porter sur les bestiaux.

« 5° Et, enfin, les départements n'ont pas seulement satisfait aux réquisitions exercées au profit et au compte de l'armée française, plusieurs ont encore satisfait aux réquisitions exercées au compte du Trésor du royaume, pour l'approvisionnement des places.

« Sans doute, ce qui importe avant tout, et ce que

je veux avant tout, c'est de pourvoir, par tous les moyens, aux besoins de l'armée française; et, à cet égard, je crois avoir multiplié les preuves de ma bonne volonté et de mon respect pour vos intentions.

« Mais, encore une fois, nous n'en serions pas où nous en sommes aujourd'hui si l'administration de l'armée eût été bonne, si seulement elle avait eu la prévoyance de ses besoins, si elle n'avait pas toujours attendu les derniers instants pour me les faire connaître.

« *Votre Majesté le sait, tous les fonds du Trésor italien ont reçu d'elle des assignations spéciales, qu'il n'est pas en mon pouvoir de changer.* Votre Majesté le sait encore, elle ne m'a fait aucun fonds pour subvenir aux réquisitions faites au profit de l'armée; elle a seulement ordonné un fonds extraordinaire pour l'approvisionnement des places, et encore ce fonds sera-t-il insuffisant.

« Le besoin était urgent; il était de mon devoir de sauver à vos peuples d'Italie les réquisitions à main armée.

« J'ai décrété, ce matin, qu'il serait fait à l'armée française une avance de six cent mille francs, imputable sur le crédit de deux millions de livres ouvert à ladite armée, pour le mois de nivôse, sur le Trésor royal de l'Italie.

« Mais, quelques efforts que j'aie faits, il m'a été impossible de réaliser ces six cent mille francs en espèces; ils seront versés demain dans les mains du payeur : deux cent mille *francs* en écus; cent mille francs en bons du Trésor, payables à la fin de novembre; cent cinquante mille francs en bons, payables au 5 décembre prochain, et cent cinquante mille francs payables au 10 du même mois.

« Les six cent mille francs, ainsi payés, partiront demain pour le quartier général, et il m'est impossible de croire que la nature des bons et la brièveté de leur échéance ne donnent pas au commissaire ordonnateur les moyens d'assurer, par des *achats volontaires*, ainsi qu'il l'a voulu, le service de son armée.

« Mais cette mesure ne pouvait ni ne devait être prise seule; il fallait rassurer les départements sur le payement des avances de tous genres qu'ils ont déjà faites.

« Par un autre décret, j'ai établi une commission chargée de liquider, sans délai, les créances des départements pour les denrées fournies, par eux, par réquisition.

« J'ai chargé le conseiller d'État de Brême de requérir du commissaire ordonnateur Joubert, aux termes de mon décret du 25 septembre, la répartition sur les départements qui ont le plus fourni, et à proportion de ce qu'ils ont fourni, d'une somme d'un million de livres au moins, en bons du Trésor, payables en frimaire.

« J'ai chargé les préfets de répartir ces bons, en *légers à-comptes*, aux communes requises, préférablement aux communes les plus pauvres, et dans la proportion des valeurs livrées par elles. J'ai décidé qu'à partir du 6 novembre il ne pourrait plus être fait, dans le royaume, aucune réquisition de denrées que sur un décret de moi et sur la demande qui en serait faite, au moins quinze jours à l'avance, par le commissaire ordonnateur.

« Et cependant, pour assurer à l'armée des ressources plus grandes encore que celles que lui donneront les six cent mille francs d'avance, j'ai ordonné que les réquisitions frappées jusqu'à ce jour, et non encore versées, seraient versées sans délai. (Cinq départements n'ont pas versé; une partie de leurs denrées est en route pour l'armée, le reste y sera bientôt.)

« J'ai déclaré qu'il serait pourvu incessamment aux moyens d'assurer l'entier payement des denrées qui ont été requises, et qui seront reconnues avoir été versées *réellement* dans les magasins de l'armée.

« J'ai composé la commission liquidatrice des conseillers d'État Testi, Bono et Carlotti, et je leur ai donné pour secrétaire Paribelli, membre actuel du conseil d'administration de la guerre.

« Je serai bien heureux, Sire, si j'obtiens la certitude que toutes les mesures que j'ai prises, et qui m'ont été suggérées par l'ambition de remplir toutes vos intentions, ont été jugées dignes de l'approbation de Votre Majesté.

« J'ai l'honneur d'observer à Votre Majesté qu'il s'en faut de beaucoup, sans doute, que ces mesures satisfassent à la volonté énoncée par M. le maréchal Masséna d'assurer tous les besoins de l'armée *pour trois mois*.

« Mais d'abord, si le commissaire ordonnateur ne s'est pas trompé dans ses calculs, les six cent mille francs d'avance assurent tous les services *pour un mois*.

« Les denrées requises non encore versées, et qui le seront bientôt, ajouteront aux richesses de l'armée, et, d'ici au terme de nos ressources, je n'aurai pas à craindre de nouvelles vexations pour vos peuples d'Italie, puisque aucune réquisition ne pourra plus être faite que sur un décret de moi et sur un décret demandé quinze jours à l'avance.

« Cependant, je ne puis le dissimuler à Votre Majesté, si l'armée d'Italie était destinée à demeurer longtemps dans le royaume d'Italie, Votre Majesté aurait à me donner des ordres sur la manière dont elle voudrait que le service fût continué ; elle aurait à donner des ordres au ministre du trésor de l'Empire pour qu'il fût envoyé des fonds extraordinaires en Italie pour subvenir aux besoins des troupes.

« Votre Majesté sait aussi bien que moi que l'armée d'Italie a déjà consommé, par le fait, non-seulement les fonds destinés à la solde pour le mois de frimaire, mais encore, et par mon décret d'aujourd'hui, six cent mille francs sur la solde de nivôse.

« Quant au payement des réquisitions déjà faites, il me semble qu'il sera indispensable de demander aux contribuables une anticipation de cinq deniers par écu d'estime censuaire sur l'imposition foncière de 1806. Deux desdits deniers pourraient alors être exigés avec la quote du mois de novembre prochain, et les trois deniers restants avec la quote de décembre.

« Cette mesure nous donnerait quatre millions de

livres environ, et j'espère qu'elle assurerait le remboursement de toutes les avances de denrées qui nous ont été faites. Provisoirement, les services sont garantis : c'était là l'essentiel, et j'ai cru remplir mon devoir en m'occupant d'assurer le présent et l'avenir, avant de m'occuper d'assurer le payement du passé. »

Pendant les quelques mois qui s'écoulèrent depuis le départ de l'Empereur de Milan pour la France jusqu'au commencement des hostilités sur l'Adige, le prince Eugène reçut à plusieurs reprises, de Napoléon, le conseil de se rendre sur différents points du royaume d'Italie.

Le 4 septembre, il partit de sa capitale pour visiter Peschiera, en passant par la Rocca-d'Anfo et Salo. Il activa les approvisionnements de ces places, revint par Mantoue le 7, en visitant les importants travaux, auxquels il imprima une direction conforme aux volontés de l'Empereur. Il fut de retour à Monza le 9, après avoir vu Pizzighetone.

Le 18 du même mois, il se rendit sur l'Adda afin de surveiller en personne les dispositions ordonnées par Napoléon relativement à la tête de pont du Lech. Il était revenu à Milan trois jours après, le 21.

Le 5 octobre, désireux de s'assurer de l'état de Pavie, dont la fonderie était alors un objet fort important, le prince Eugène se rendit dans cette ville ; puis il fit, le 9 et le 10, la reconnaissance du Simplon, persuadé, comme l'Empereur le lui disait dans ses lettres, qu'il était d'un très-grand intérêt pour lui de bien connaître le pays et les frontières militaires sur lesquelles il pouvait un jour avoir à guider des armées.

Tous ces préparatifs avaient laissé un instant l'espérance au prince, ardent, aimant la guerre, passionné pour la gloire, que Napoléon l'appellerait à un commandement près de lui. A plusieurs reprises, dans ses lettres, il essaya de glisser un mot sur cet objet de sa légitime et noble ambition ; mais bientôt il ne lui fut plus possible d'ignorer les intentions de l'Empereur à son égard. Il adressa aux peuples d'Italie une proclamation des plus énergiques[1].

Napoléon pensait que le vice-roi lui était plus utile en Italie qu'à la grande armée. Il voulait, avant de satisfaire à un désir bien naturel de jeune homme, assurer la défense de son nouveau royaume. Il était dans les habitudes du grand capitaine de faire passer les affaires d'État avant toute autre considération. Sans cette règle de conduite, il n'eût probablement pas enfanté tant de prodiges. Eugène apprit par sa mère les volontés de l'Empereur ; ce dernier avait écrit à l'impératrice Joséphine : *Dès l'instant que je serai tranquille pour l'Italie, je ferai battre Eugène.*

II

Napoléon avait confié le commandement de l'armée d'Italie à Masséna, parce que ce maréchal con-

---

[1] Voir cette proclamation à la Correspondance.

naissait mieux que Jourdan le pays, et qu'il lui croyait plus d'initiative.

Après avoir organisé ses troupes ainsi que nous l'avons indiqué, Masséna s'établit entre Mantoue et Peschiera, sur le Mincio, puis il se rapprocha de l'Adige et de Vérone. Il chercha à gagner du temps pour laisser la possibilité à quelques régiments encore en route de le rejoindre. Il s'étonnait toutefois, et avec raison, de n'avoir pas encore été attaqué à la fin de septembre, ignorant alors l'envahissement de la Bavière par les Autrichiens. Le maréchal avait d'abord pris ses dispositions pour défendre le passage de la ligne de démarcation des possessions italiennes et autrichiennes. Bientôt les instructions de l'Empereur vinrent changer ses résolutions. On lui prescrivait l'offensive.

Napoléon cependant le laissait libre de conclure une convention avec l'archiduc Charles, arrivé à l'armée autrichienne et au quartier général de Padoue le 25 septembre. Le maréchal devait faire la proposition de ne commencer les hostilités de part et d'autre qu'après les avoir dénoncées six jours à l'avance; mais il fallait que cette proposition fût faite prudemment et de vive voix. La grande armée gagnerait ainsi quinze jours et presque autant de marches sur celle d'Italie, ce qui, pour les projets de l'Empereur, avait d'immenses avantages.

L'archiduc Charles, après deux jours de pourparlers, accepta effectivement, le 30 septembre, une convention en vertu de laquelle aucun acte hostile ne pourrait avoir lieu entre les deux armées, sur toute la ligne de l'Adige, qu'après s'être réciproquement prévenus six jours à l'avance et à l'heure de midi.

Tandis que la négociation avait lieu entre le général Solignac et M. de Vincent, Masséna recevait la nouvelle de l'arrivée de l'Empereur à Strasbourg le 25 septembre, du passage du fleuve par la grande armée pour le lendemain, et de la déclaration de guerre à l'Autriche.

Le maréchal s'empressa d'envoyer aussitôt un officier au général Solignac pour rompre les négociations; mais il était trop tard, l'armistice était signé. Masséna profita des quelques jours de répit que lui donnait cette circonstance pour visiter plusieurs places du Mincio.

Le 29 septembre, il reçut une nouvelle dépêche lui annonçant l'arrivée sur le Necker de la grande armée, sa jonction avec les forces des petits États de l'Allemagne, et le départ du Tyrol italien des troupes autrichiennes cantonnées dans cette province. Elles étaient rappelées sur l'Iller. L'Empereur faisait connaître à Masséna qu'après avoir vaincu les Autrichiens et les Russes il se rabattrait sur le prince Charles, et l'engageait à prendre l'offensive.

Le maréchal, en conséquence, rompit la convention le 8 octobre et en informa l'Empereur.

Au moment où le général en chef des troupes françaises en Italie prenait cette résolution, il apprit que le traité de neutralité entre la France et Naples était ratifié, et que le corps d'armée de Saint-Cyr avait ordre d'évacuer le royaume des Deux-Siciles pour se joindre à lui. Cependant, comme Saint-Cyr avait à faire une marche pénible à travers les Abruzzes, dans un pays coupé de torrents et de rivières débordées, pour se porter sur le bas Pô, la jonction ne devait s'opérer qu'un peu plus tard.

Le maréchal établit ses troupes de la manière suivante sur la frontière orientale du royaume d'Italie :

1° La division Seras à Bassolongo, Piovezzano, Affi et Rivoli, avec la brigade Schilt, pour garder Salo, Sabbia et la Rocca-d'Anfo. (Extrême gauche de la ligne.)

2° La division Gardanne à Vérone, en face des Autrichiens établis à Véronette. (Centre.)

3° La division Verdier à Bavolone, Isola-Porcarizza et Valese. (Droite de la ligne.)

4° La division Duhesme à Sommo-Campagna, Sona et Castel-Novo. (Deuxième ligne.)

5° La division Molitor à Villa-Franca et Povegliano. (Deuxième ligne.)

6° La cavalerie légère à la droite de Vérone, sur l'Adige, à Ca-Di-David, San Giovanni et Santa-Maria.

7° Les cuirassiers à Reverbella et Castiglione-Mantovano. (Réserve.)

8° Les dragons à Isola della Scala et Saliszzola. (Deuxième ligne.)

9° Les grenadiers et le parc à Alpo et Povegliano. (Réserve centrale.)

L'archiduc Charles, affaibli de près de cinquante bataillons et vingt-cinq escadrons qu'il avait dû envoyer à l'armée d'Allemagne dès que le mouvement de Napoléon eut été démasqué, disposa ses troupes :

1° L'*aile droite*, général Bellegarde (quarante-quatre bataillons et vingt-quatre escadrons), à Caldiero, Véronette et Saint-Michel, en face du centre de l'armée française, sur la ligne de retraite de Vérone à Vicence et Padoue.

2° L'*extrême droite*, division Vuskassowich (quinze bataillons et quatre escadrons), au pied des montagnes.

3° Le *centre*, général Mitrowski (soixante bataillons et quarante escadrons), à San Gregorio, sur la rive gauche de l'Alphon et derrière les marais situés entre ce petit cours d'eau et l'Adige. Ce centre avait son avant-garde (six bataillons croates et huit escadrons de hussards) à Albaredo.

4° L'*aile gauche*, général Dawidowich (vingt et un bataillons et seize escadrons), à Bevilacqua, près de Porto-Legnago.

Le général Radetski, avec huit bataillons et huit escadrons, occupait Orsi et Saletto, chargé de lier le centre avec la gauche.

Le 18 octobre 1805, les hostilités commencèrent en Italie.

A quatre heures du matin, le pont du vieux château de Vérone fut attaqué. Le génie ayant fait, à l'aide d'un pétard, sauter la traverse qui en barrait le milieu, deux coupures établies par les Autrichiens furent rendues praticables au moyen de planches et de madriers. Vingt-quatre compagnies d'élite de la division Gardanne s'élancèrent sur la rive gauche de l'Adige, précédant la division.

L'ennemi essaya de résister; mais, culbuté et chassé successivement de ses positions après un combat qui se maintint jusqu'au soir, il se replia, ayant perdu quatorze ou quinze cents hommes tués ou blessés, un nombre à peu près égal de prisonniers. Sept bouches à feu et dix-huit caissons restèrent au pouvoir de l'armée française, qui perdit peu de monde.

Le général en chef fit aussitôt travailler à la construction d'une tête de pont sur l'Adige.

Tandis que cette affaire principale avait lieu au centre, la division Verdier, à droite, passait l'Adige en face de Beccacivetta, sur un pont factice construit avec les moulins flottants du fleuve, et poussait jusqu'à Albaredo les généraux Nordmann et Radetski. L'archiduc Charles, trompé par cette fausse attaque, envoya deux fortes colonnes contre la division Verdier, qui se replia sur la rive droite de l'Adige.

Jusqu'au 29, il n'y eut aucun engagement. L'archiduc Charles, qui devait se tenir prêt à battre en retraite pour couvrir Vienne menacée par les opérations de la grande armée, prit position à Caldiero, afin d'y livrer une bataille défensive à Masséna.

Le 29, en effet, dès la pointe du jour, le maréchal le fit atttaquer. A gauche, la division Séras passa l'Adige à Polo; à droite, la division Verdier manœuvra entre Ronco et Albaro; au centre, les divisions Gardanne et Duhesme se déployèrent en avant du vieux château de Vérone, marchèrent pour s'emparer des hauteurs, et tournèrent le château de San Felix.

Les Autrichiens, qui, jusqu'alors, s'étaient maintenus dans Véronette, furent contraints d'évacuer cette position. Les palissades ayant aussitôt été abattues, la division de cavalerie du général Espagne, les grenadiers du général Partouneaux, la réserve de cavalerie du général Mermet, enfin la division Molitor, franchirent le fleuve, traversèrent Véronette et se portèrent sur la grande route que l'ennemi occupait avec ses masses d'infanterie et de cavalerie protégées par quelques batteries. La cavalerie française, soutenue par les grenadiers et la division Molitor, exécuta plusieurs charges brillantes dans l'une desquelles l'escadron des guides du maréchal fit mettre bas les armes à cinq cents hommes.

L'ennemi, culbuté, chassé du village de Saint-Michel, fut poursuivi jusqu'au delà de Saint-Martin, et l'armée française s'établit en position à Vago, sur la ligne de retraite des Autrichiens.

Dans cette première journée, l'ennemi avait été obligé de déployer ses forces et de montrer les troupes dont il disposait encore, et qui s'élevaient à cinquante mille combattants environ ; mais la division Verdier n'avait pu, sur la droite de la ligne de Masséna, franchir l'Adige.

Le 30, le maréchal fit recommencer l'attaque. L'archiduc avait toujours un refuge assuré dans sa belle position défensive de Caldiero, à une petite lieue en arrière de Vago, village où Masséna avait bivaqué après l'affaire du 29. Cette position de

Caldiero était couverte d'ouvrages de campagne. Elle commandait la ligne de retraite de l'ennemi.

Vers les deux heures de l'après-midi, la division Molitor, formant la gauche de la ligne française, commença le feu. La division Gardanne se jeta sur le centre, et celle de Duhesme attaqua sur la droite. Après un combat vif et meurtrier, le village de Caldiero fut emporté et les Autrichiens poursuivis jusque sur les hauteurs. L'archiduc Charles, trop fortement pressé, crut devoir, vers quatre heures et demie, faire avancer ses réserves. Vingt-quatre bataillons de grenadiers et plusieurs régiments de cavalerie se portèrent en avant. L'affaire devint des plus chaudes. La cavalerie française, appuyée par les grenadiers du général Partouneaux, s'engagea, et, malgré l'ardeur de la lutte, les Autrichiens, qui avaient fait jouer plus de trente pièces de position, furent culbutés et rejetés jusqu'au pied de leurs redoutes, d'où ils s'étaient élancés. Trois mille cinq cents prisonniers restèrent aux mains des Français, les pertes furent considérables, surtout du côté de l'ennemi.

La lutte aurait vraisemblablement recommencé le lendemain, si, d'une part, Masséna n'eût voulu attendre l'arrivée de la division Verdier pour avoir sous la main toutes ses forces, et si, d'une autre, l'archiduc, qui avait reçu du comte de Bubna, expédié de Vienne, des nouvelles fâcheuses de l'armée de Mack, n'eût été contraint de faire tous ses préparatifs pour manœuvrer, en Carinthie, de façon à empêcher la jonction de la grande armée française avec celle de Masséna.

Dans ce but, il se décida à se replier.

Le 31 octobre, la division qui avait reçu l'ordre de Masséna d'opérer le passage de l'Adige et de se porter sur Caldiero par Gombione eut un engagement sérieux avec l'ennemi.

Le 1er novembre, l'archiduc commença sa retraite. Il avait fait prévenir de son mouvement le général Hiller et l'archiduc Jean, qui opéraient dans le Tyrol, vers la vallée de la haute Drave. Les Autrichiens se mirent en marche vers les quatre heures du soir, en trois colonnes. La première, de quarante bataillons et trente-deux escadrons (comte de Bellegarde), suivit la chaussée, se dirigeant sur Montecchio-Maggiore, où elle prit position, tandis que les grenadiers, les hussards et l'artillerie de réserve se repliaient sur Olmo, en avant de Vicence. Une arrière-garde de huit bataillons et quatre escadrons, aux ordres du général Hillinger, arrière-garde chargée de masquer la retraite en faisant une démonstration sur Véronette, fut sacrifiée. La deuxième colonne (prince de Reuss), de treize bataillons et huit escadrons, vint s'établir à Albettone, formant le centre le long du canal de Bisatto. La troisième (général Dawidowich), de quatorze bataillons et dix escadrons, se porta à Este sur la gauche.

L'armée ennemie occupait ainsi un vaste demi-cercle en avant de Padoue, couvrant par sa droite Vicence, par sa gauche Venise, par son centre Padoue, et ayant le canal pour ligne de défense.

Après la bataille du 30, ainsi qu'on vient de le voir, une colonne ennemie, forte de cinq mille hommes, commandée par le général Hillinger, fut séparée du corps du général Rosemberg. Elle se trouva coupée de manière à ne pouvoir remonter dans les vallées, ni rejoindre l'armée ennemie.

Masséna, instruit qu'elle s'était portée le 10 sur les hauteurs de Saint-Léonard, envoya un de ses aides de camp pour la sommer de mettre bas les armes. Le général Hillinger, s'apercevant qu'il n'avait pas de troupes devant lui, manifesta l'intention de combattre.

Le 22e régiment d'infanterie légère, conduit par le colonel Gognet, eut ordre de se porter en avant de Véronette; l'ennemi fit un mouvement sur lui et le força de prendre position sous le château de San Felice.

Le général en chef, arrivant sur les lieux, fit marcher quatre bataillons de grenadiers pour cerner entièrement l'ennemi. Le général Charpentier, chef de l'état-major, chargé de ces dispositions, les exécuta de concert avec le général Solignac. Il fut fait une nouvelle sommation à l'ennemi, qui sentit la nécessité de mettre bas les armes.

Une capitulation, signée par l'officier général commandant la colonne autrichienne et par le général Solignac, livra cinq mille prisonniers avec armes et bagages, soixante-dix officiers, un brigadier, un major, un colonel, et quatre-vingts chevaux.

On ne tarda pas à être instruit que l'archiduc avait fait quelques mouvements. De fortes reconnaissances furent poussées sur la ligne. La division des chasseurs à cheval, commandée par le général Espagne, et les voltigeurs de la division Gardanne se mirent à la poursuite des Autrichiens, qui furent harcelés toute la journée du 1ᵉʳ novembre, et auxquels on fit six cents prisonniers.

Masséna s'établit, à la suite de ces diverses opérations, à Montebello, prêt à continuer sa marche offensive.

Après quelques heures de repos à Montebello, l'armée française poursuivit l'ennemi sur Vicence : les portes de la ville avaient été murées; on somma les Autrichiens de l'évacuer. La réponse ayant été négative, il fallut forcer le passage et diriger du canon et des obusiers contre les portes, et malheureusement contre la ville même. On y entra à la pointe du jour. La précipitation avec laquelle la retraite de l'ennemi s'opéra lui avait fait abandonner mille blessés et laisser des magasins à notre disposition; dans la journée, on lui avait fait huit cents prisonniers.

Les Autrichiens s'étaient retirés par le chemin de *Bassano;* l'armée française les y suivit, entamant sans cesse leur arrière-garde. A l'embranchement des routes de Bassano et de Trévise, ils se dirigèrent vers cette dernière ville. Arrivés au village de *Saint-Pierre-Ingu*, il y eut un combat d'arrière-garde. Le corps de troupes ennemi qui occupait ce poste, chargé vigoureusement, l'abandonna, laissant six cents prisonniers et une pièce de canon.

Masséna marcha vers la Brenta. Son avant-garde arriva au moment où l'ennemi tentait de détruire le pont. Il s'engagea, d'une rive à l'autre, une forte canonnade que la nuit fit cesser.

Le maréchal bivaqua sur la rive droite de la rivière. A quatre heures du matin, il fit passer à gué plusieurs régiments de cavalerie avec des voltigeurs en croupe, pendant qu'on réparait le pont. L'armée défila bientôt après et atteignit Citadella assez à temps pour enlever les derniers postes de l'ennemi. A cinq heures du soir, on entrait dans Castelfranco, et les chasseurs occupaient déjà, en avant, Albaredo. Le général en chef crut devoir accorder alors quelques heures de repos aux troupes.

Dans la marche depuis Montebello, l'armée française avait fait plus de dix-huit cents prisonniers.

La droite de Masséna s'était dirigée sur Padoue, où elle arriva le 4 novembre ; la gauche sur Bassano, qu'elle occupa le 5, en sorte que toutes les forces du maréchal, en Italie, convergeaient pour se rapprocher de la Piave.

L'archiduc Charles cependant continuait sa retraite avec assez de précipitation, pour que, dans sa marche sur la Piave, Masséna ne rencontrât que de faibles obstacles. De la Piave au Tagliamento, il ne put joindre les quelques corps de cavalerie laissés en observation, et dont la retraite était calculée de façon à éviter tout engagement.

C'est au Tagliamento seulement, le 24 novembre, que l'ennemi parut vouloir attendre l'armée française. Il avait réuni, sur la rive gauche, six régiments de cavalerie et quatre régiments d'infanterie, et sa contenance faisait présumer qu'il défendrait vivement le passage. Le maréchal n'avait eu d'abord que le dessein de faire reconnaître la position par de la cavalerie. Le général Espagne, commandant la division des chasseurs à cheval, les dragons aux ordres du général Mermet et les cuirassiers aux ordres du général Pully, s'étaient portés sur le fleuve, tandis que les divisions Duhesme et Séras marchaient sur Saint-Vito. Celles des généraux Molitor et Gardanne sur Valvasone.

Le général Espagne avait reçu l'ordre de pousser des reconnaissances; le 21, à la pointe du jour, un escadron qu'il avait fait passer fut chargé par un régiment de cavalerie autrichienne. Il soutint l'attaque avec intrépidité, et donna le temps au général de se porter au-devant de l'ennemi, qui bientôt fut repoussé et mis en fuite. L'artillerie, cependant, s'était mise en position : la canonnade commença d'une rive à l'autre; elle fut très-vive et se prolongea toute la journée. Les Autrichiens avaient fait placer trente pièces de canon derrière une digue; l'armée française n'en avait que dix-huit, et cependant son feu conserva la supériorité. Les divisions d'infanterie arrivèrent vers le soir. Le maréchal, satisfait des avantages qu'il avait obtenus, ne voulut pas effectuer immédiatement le passage; il se contenta de faire ses dispositions pour le lendemain, persuadé qu'il pourrait alors porter des coups plus décisifs. Les divisions étaient réunies à Saint-Vito et à Valvasone : c'est sur ces deux points qu'elles devaient passer le fleuve, tourner et couper l'ennemi. Le prince Charles craignit sans doute d'engager une affaire sérieuse, car il ne jugea pas devoir attendre le jour dans sa position, et, dès minuit, il était en retraite sur Palmanova. L'armée passa le Tagliamento. La rive gauche du fleuve était couverte des cadavres de l'ennemi. Le canon avait fait, la veille, de grands vides dans les rangs autrichiens. Masséna fit poursuivre l'archiduc Charles, espérant le forcer à combattre. Les troupes brûlaient d'en venir aux mains; chaque jour, les nouvelles qu'elles recevaient de la grande armée ajoutaient à leur ardeur et à leur désir de répondre à la confiance de l'Empereur, en faisant une diversion utile aux opérations en Allemagne.

Chaque jour aussi coûtait de nouvelles pertes à l'armée de l'archiduc. Les prisonniers étaient nombreux.

Le maréchal Masséna s'empressa de faire réparer les ponts sur la Piave et le Tagliamento. La température était belle et favorable.

Les Autrichiens, abandonnant les rives du Tagliamento, avaient dirigé leur retraite sur Palmanova. L'ennemi ne chercha point à défendre cette place, où il aurait pu tenir avec avantage, et ce ne fut qu'à plusieurs lieues en arrière que l'on rencontra ses derniers postes. Il s'engagea quelques affaires de peu d'importance.

Le 24 novembre, l'armée française, en deux colonnes, se porta sur l'Isonzo. L'avant-garde, aux ordres du général Espagne, entra deux heures avant la nuit dans Gradisca, où les Autrichiens n'opposèrent qu'une faible résistance. Les chasseurs à cheval remontèrent alors la rive droite du fleuve pour se porter sur Gorizia, et la division Séras s'établit en même temps à Sagrado, sur la rive gauche de l'Isonzo, au-dessous de Gradisca.

Le lendemain, 25 novembre, les divisions Molitor, Gardanne et Partouneaux longèrent la rive droite de l'Isonzo dans le dessein de le passer au-dessous de Gorizia; mais, l'équipage de pont n'étant point encore arrivé, le passage ne put s'effectuer sur ce point.

Les divisions Séras et Duhesme marchaient de leur côté sur Rudia et Savogna, près du confluent de la Vippach et de l'Isonzo. Leurs avant-postes talonnaient l'ennemi. Il y eut un engagement à la suite duquel la cavalerie autrichienne se replia dans le plus grand désordre; son artillerie n'échappa qu'à la faveur de la nuit. On l'avait poussé jusque sous les murs de Gorizia.

Le maréchal fit ses dispositions pour une attaque générale dans la matinée du 26; les Autrichiens ne voulurent pas s'y exposer; ils avaient profité de la nuit pour précipiter leur retraite. Le général Espagne les suivit avec de la cavalerie et de l'infanterie légère, ayant ordre de les chasser devant lui jusqu'à Laybach.

Masséna prit position en avant de l'Isonzo, et s'empara des magasins établis à Udine et à Palmanova.

L'armée conserva quelques jours la position qu'elle avait prise sur la rive gauche de l'Isonzo. L'avant-garde, aux ordres du général Espagne, se porta sur Vipacco, repoussant l'ennemi jusqu'à Gauz. Dans plusieurs charges conduites avec vigueur, il leur fit une centaine de prisonniers. La totalité de leur cavalerie se retirait par la grande route; une partie considérable de leur infanterie prit le chemin de la vallée d'Idria au nord-est, pour gagner celle d'Oberleybach en redescendant vers le sud. Cinq compagnies de voltigeurs français suivirent les Autrichiens dans cette direction, tandis que les avant-postes de l'armée poussaient des reconnaissances sur les retranchements de Prevald (entre Vipacco et Adelsberg), et se dirigeaient vers Laybach.

Le général en chef fit marcher la division Séras sur Trieste. La garnison, à son approche, évacua la place en y abandonnant trois cents blessés. On la suivit sur la route de Laybach en lui enlevant quelques hommes.

Deux régiments de dragons, soutenus par de l'infanterie, se portèrent à la gauche sur la Chiusa de Pletz, que gardaient deux régiments d'infanterie ennemie avec quelque cavalerie. Les Autrichiens abandonnèrent tous leurs postes, et le général de brigade Lacour reçut l'ordre de pénétrer jusqu'à Villach, sur la Drave, au nord, dans la Carinthie, afin de tenter d'ouvrir quelque communication avec la grande armée, dont les mouvements avaient déterminé la retraite de l'archiduc. Un détachement fut aussi dirigé sur Ponteba-Veneta, où l'ennemi, quoique se trouvant en force, n'osa pas l'attendre.

Dans ces divers mouvements, l'armée française avait fait près de quatre cents prisonniers.

Masséna avait laissé vers Padoue le corps de troupes de Saint-Cyr, affaibli, comme nous le dirons tout à l'heure, par des détachements. Ces troupes, venant de Naples, rallièrent devant Venise une des divisions de l'armée, la légion corse et le 2° régiment italien. Saint-Cyr eut ordre d'observer Chiozza et Brondolo, et de se tenir prêt à se porter sur les Russes et les Anglais, s'ils osaient essayer un débarquement dont ils menaçaient les côtes d'Italie, ou à s'opposer à toute tentative sur Venise.

Vers la fin de novembre, le maréchal fut instruit, par divers rapports et spécialement par une lettre du général Vial, ambassadeur de France à Berne, ainsi que par sa correspondance avec le prince Eugène, qu'un corps de l'armée autrichienne, coupé par suite des manœuvres de la grande armée, devait descendre des montagnes du Tyrol. Il calcula que cette colonne, dans sa situation, chercherait soit à traverser la ligne de l'armée pour arriver aux lagunes de Venise et se réunir aux troupes qui occupent cette place, soit à opérer par Feltre et Bellune pour se joindre aux débris de l'armée du prince Charles vers Laybach. Dans la première hypothèse, la position de l'aile droite, qu'il avait laissée pour observer Venise, sous les ordres du général Gouvion Saint-Cyr, lui répondait que ce corps ennemi ne tenterait pas impunément le passage. Pour parer à la seconde hypothèse, il fit occuper les deux Ponteba et la Chiusa autrichienne par plusieurs régiments de cavalerie et d'infanterie, sous les ordres des généraux de brigade Lacour et Lenchantin. Quelque direction que prît la colonne ennemie, la situation de l'armée sur l'Isonzo permettait de détacher à temps des forces suffisantes pour la couper, sans cependant empêcher l'avant-garde de continuer sa marche sur Laybach.

La colonne ennemie, forte d'environ sept mille hommes d'infanterie et douze cents chevaux, commandée par le prince de Rohan, vint, le 23 novembre, se jeter sur Bassano; elle enleva le faible détachement de cent cinquante hommes qui formait la garnison et se dirigea sur Castelfranco. Aussitôt que le général Saint-Cyr en eut avis, il jugea que son but était, en effet, de traverser notre ligne, dont, sans doute, elle ne connaissait pas la force, et il fit ses dispositions en conséquence.

Le maréchal Masséna prit néanmoins des mesures pour faire arriver à marche forcée sur la Piave la division des grenadiers, commandée par le général Partouneaux, deux brigades des divisions Duhesme et Séras, la division des cuirassiers et une brigade de dragons. Les grenadiers devaient remonter la Piave par Bosco-Mantello et tourner la position de Bassano. La division Gardanne, dirigée en même temps sur Venzone, devait renforcer les détachements envoyés aux deux Ponteba pour couper toute retraite à l'ennemi dans le cas où il eût déjà pris la route de Bellune et de Cadore pour gagner Villach (sur la Drave) et rejoindre le prince Charles à Laybach.

Le maréchal laissa le reste des troupes sur l'Isonzo, sous le commandement du général Duhesme, et se porta lui-même sur la Piave pour y diriger les mouvements qu'il avait ordonnés. Le général Saint-Cyr cependant manœuvra pour reconnaître l'ennemi et l'arrêter. Il avait formé une colonne tirée des divisions Reynier, Lecchi et Verdier. Il était lui-même à Campo San Pietro avec le régiment polonais commandé par le général Peyri. Le général Reynier, à Novale, avait ordre de marcher, le 24 novembre, à la pointe du jour, sur Castelfranco.

L'ennemi, arrivé la veille et sentant la difficulté de sa position, prévint l'attaque; il se jeta tête baissée sur la division Reynier, qui le reçut avec la plus grande vigueur et l'eut bientôt culbuté. Il revint plusieurs fois à la charge, se heurtant toujours contre e même écueil. Pendant ce temps, le général Saint-Cyr fit faire au régiment polonais un mouvement pour tourner l'ennemi; ce ne fut plus alors pour celui-ci qu'une déroute jusqu'à Castelfranco, où nos troupes arrivèrent aussitôt que les Autrichiens. Tout ce qui n'avait pas péri ou n'avait pas été pris sur le champ de bataille demanda à capituler. Six mille hommes d'infanterie et mille chevaux restèrent au pouvoir de Saint-Cyr. Le général prince de Rohan[1], commandant ce corps, plusieurs colonels et beaucoup d'officiers furent faits prisonniers; six drapeaux et un étendard, douze pièces de canon, leurs caissons et d'immenses bagages furent les trophées de ce combat.

Le général Gouvion Saint-Cyr avait déployé une grande habileté dans cette opération. Lui-même

[1] Le vice-roi, en apprenant la bravoure que le prince de Rohan avait déployée dans cette affaire; en apprenant qu'il avait été blessé, et forcé de se rendre après s'être comporté de la façon la plus brillante, envoya son propre chirurgien à son ennemi et lui fit dire par un de ses aides de camp qu'après sa guérison il serait libre de se rendre, sur sa parole, en Autriche.

donna de justes éloges à la bravoure et au talent du général de division Reynier. Dans son rapport sur cette brillante affaire, il cite avec honneur les chefs des 10ᵉ et 56ᵉ de ligne, le chef de bataillon Clavel, commandant le bataillon suisse, le chef de brigade Grabinski et les chefs de bataillon Bialowiski et Clopski [1].

Après l'affaire brillante de Castelfranco, dans laquelle Saint-Cyr avait anéanti le corps du prince de Rohan, le maréchal revint à son armée et s'établit sur les bords de l'Isonzo avec toutes ses troupes, à l'exception du corps occupé au blocus de Venise. Masséna n'avait que de difficiles et rares communications avec la grande armée. L'archiduc Charles était beaucoup plus au fait des événements que lui. Le général autrichien ne tarda pas à apprendre la prise de Vienne et la marche de Napoléon sur la Moravie, pour combattre les Austro-Russes. Il s'empressa de courir vers Marbourg, pour opérer sa jonction avec l'archiduc Jean, et présenter ainsi une force encore respectable. Il laissa le comte de Bellegarde, avec quelques divisions, sur la rive gauche de la Save, avec des avant-postes à Ober-Laybach.

Vers la fin de novembre, les deux archiducs opérèrent en effet leur jonction, et marchèrent sur Vienne. Une nouvelle organisation fut donnée aux armées ennemies, réunies en une seule. La droite,

---

[1] Le succès obtenu à Bassano sur le corps du prince de Rohan est dû principalement aux habiles dispositions de Gouvion Saint-Cyr. Cette opération est décrite tout au long dans le récent et excellent ouvrage intitulé la *Vie du maréchal Gouvion Saint-Cyr*, par le baron Gay de Vernon.

de cinquante bataillons et huit escadrons, passa sous le commandement de l'archiduc Jean; la gauche, de cinquante-deux bataillons et vingt-quatre escadrons, sous celui du comte de Bellegarde. Le comte d'Argenteau eut la réserve, de vingt-cinq bataillons et trente-deux escadrons. Les Autrichiens avaient encore environ quatre-vingt mille combattants sous les armes au sud de Vienne.

Le 8, on connut l'armistice signé le 6 en Moravie, et les deux armées cessèrent les hostilités.

Masséna avait pris des espèces de cantonnements; il ne tarda pas à apprendre qu'un débarquement assez sérieux d'Anglo-Russes avait eu lieu, le 19 novembre, dans le golfe de Naples, et que ce débarquement, de dix-neuf à vingt mille hommes, devait se réunir à quarante mille Napolitains. Voici ce qui était arrivé dans le sud de l'Italie.

Dès que la cour de Naples, à la suite de son traité de neutralité avec la France, s'était vue débarrassée du corps d'armée de Gouvion-Saint-Cyr, auquel l'ordre avait été donné de rejoindre Masséna, elle avait renoué ses intrigues et appelé une flotte russe et anglaise mouillée dans les eaux de Corfou.

Le 19 novembre, en effet, douze vaisseaux de guerre, suivis d'un grand nombre de bâtiments de transport, ayant à leur bord une petite armée anglo-russe, de l'artillerie et des équipages, étaient entrés dans le port de Naples.

Le lendemain, 20, tout avait été débarqué et les troupes casernées dans les vastes magasins qui se trouvent entre la ville de Naples et Portici.

L'ambassadeur et le consul de France ayant aussitôt fait descendre les armes de l'Empereur et roi, placées sur leur porte, le gouvernement fit connaître à la Bourse et publier un avis par lequel le roi des Deux-Siciles promettait de garantir dans ses États les propriétés des négociants français, italiens, liguriens, suisses, etc.

Ces nouvelles furent aussitôt apportées à Rome par un courrier napolitain, envoyé à la légation de Naples. Le cardinal Fesch les transmit sur-le-champ (le 23) à M. de Beauharnais, ministre à Florence, et celui-ci se hâta de les annoncer tant au vice-roi qu'à la princesse de Lucques et de Piombino, et au général Verdier, arrêté en Toscane avec cinq mille hommes des troupes de Saint-Cyr, lorsqu'on avait eu connaissance du projet des Russes.

On craignit d'abord que l'intention de l'ennemi fût de se porter sur Ancône; mais Saint-Cyr avait eu le temps d'y jeter le général Montrichard avec deux régiments d'infanterie et un de cavalerie italienne.

On crut aussi, dans le principe, que les Anglo-Russes avaient trente-deux mille hommes; on ne tarda pas à apprendre que le corps débarqué ne s'élevait pas à vingt mille combattants.

Une lettre d'un Anglais, nommé Campbel, interceptée, donna des notions sur les troupes anglaises à Malte (elles ne se montaient qu'à sept mille hommes) et sur les troupes russes disponibles à Corfou) elles n'allaient pas au delà de quatorze mille). Or le corps de débarquement ne pouvait être composé que de la partie valide de ces garnisons.

Le consul français à Ancône fit connaître, en outre, qu'aussitôt après le départ des troupes françaises du royaume de Naples on avait détruit le pont jeté sur le Tronto; qu'on s'était occupé de former des troupes provinciales, à la tête desquelles on mettait les anciens chefs des brigands qu'on avait fait soulever contre les Français; qu'un des plus fameux de ces chefs, le nommé Rhodio, depuis fait marquis, colonel et président de la province de Pouille, avec douze mille ducats de traitement, avait pris le gouvernement des Abruzzes; que, vers le milieu de novembre, un décret, affiché en plusieurs endroits, avait rappelé tous les sujets napolitains sortis du royaume pour aller travailler dans d'autres pays d'Italie; que, dans la Pouille, on avait empoisonné divers individus suspects d'attachement pour les Français, et renfermé dans des couvents des personnes ayant eu des rapports avec eux; enfin, qu'on attendait à Tarenco l'évêque Perelli, un des plus furieux ennemis de la France.

Toutes ces nouvelles arrivèrent à Milan le 24 novembre, ainsi que l'annonce de l'entrée de la grande armée à Vienne.

Le prince Eugène avait appris le débarquement des Anglo-Russes par une lettre de M. Alquier, ambassadeur de France à Rome. Déjà le vice-roi était prévenu de l'embarquement des troupes ennemies, et des ordres avaient été envoyés partout, des mesures prises sur tous les points vulnérables, pour mettre le royaume d'Italie et les possessions françaises à l'abri des tentatives des Anglo-Russes et de l'armée napolitaine.

Toutes ces mesures fort sages, que le prince Eugène n'avait pas hésité à prendre sur lui de prescrire, sont tellement détaillées dans la correspondance du vice-roi, que nous n'en parlerons pas ici. Nous dirons seulement que, comme complément à ces mesures, un décret du 26 novembre prescrivit la formation, à Bologne, d'un camp de gardes nationales. Chacun des quatorze départements du royaume dut y envoyer cinq cents à mille hommes, de manière à obtenir douze mille combattants.

Dans les premiers jours de décembre, deux autres camps, l'un à Modène, l'autre à Reggio, furent ordonnés.

Il est facile de remarquer, dans la correspondance du prince Eugène, à cette époque, un enthousiasme, une activité qui indiquaient l'espoir, chez le vice-roi, de se trouver bientôt à la tête d'une armée et en face de l'ennemi.

Nous croyons que, si l'on voulait sonder les sentiments intimes du jeune prince, on trouverait qu'il bénissait, au fond du cœur, cette levée de boucliers de Naples et ce débarquement surveillé par lui depuis plus d'un mois.

Quoi qu'il en soit, son zèle pour la formation de ces camps fut tel, que, le 15 décembre, ils existaient réellement, et que le vice-roi put en passer l'inspection.

Ces camps furent alors appelés divisions. La première fut constituée à Bologne (général Dombrowsky), la seconde à Modène, la troisième à Reggio. Elles formaient un corps de vingt-cinq mille hommes environ.

Le 16 décembre, le vice-roi, qui était à Bologne depuis le 5 pour l'organisation des gardes nationales du royaume, reçut de M. Alquier la lettre ci-dessous, en date du 12, lettre contenant des renseignements qui lui furent fort utiles :

« Monseigneur, j'apprends de Naples, par une voie très-sûre, que, le 9 décembre, huit mille hommes de troupes russes et anglaises sont partis pour aller prendre des cantonnements à San Germano et dans d'autres lieux qui avoisinent les routes de Naples à Chiéti et à Terracina. Une grande partie des troupes napolitaines s'est déjà portée du côté de Pescare et jusqu'aux confins de l'Abruzze.

« M. de Damas remplit les fonctions de quartier-maître général, sous les ordres de M. de Lascy. Les Anglais restent indépendants sous le commandement du général Craio.

« Le roi vient d'ordonner une levée forcée de dix hommes sur cent, depuis l'âge de dix-huit ans jusqu'à quarante. Cette mesure ne contrariera en rien les levées précédemment ordonnées d'après les bases établies en 1798. Ce recrutement de dix hommes sur cent doit être employé à compléter les régiments.

« On forme, dans la ville de Naples, un corps de garde bourgeoise qui sera porté à dix mille hommes, et qu'on destine à maintenir, sous les ordres du duc d'Ascali, intendant général de la police, la tranquillité dans la capitale et les environs.

« M. de Lascy et le ministre anglais [1] ont promis à la reine que vingt-cinq mille Russes et dix mille Anglais viendraient au secours du royaume de Naples; mais ils ont déclaré positivement qu'il ne fallait pas compter sur ce renfort avant le printemps.

« Le roi a fait revenir de Palerme un million de ducats qu'il y tenait en dépôt On a également retiré huit mille fusils des arsenaux de la Sicile.

« Le chargé d'affaires d'Espagne m'informe que tous les bâtiments français qui se trouvaient dans les différents ports des deux royaumes viennent d'être saisis.

« Les Français établis à Naples, effrayés des dispositions que la cour paraît déterminée à prendre, et trop bien avertis, d'ailleurs, par les leçons sanglantes du passé, se hâtent de sortir du royaume, et déjà un grand nombre d'entre eux vient d'arriver à Rome.

« On sait à Naples, par la voie de mer, que, après le combat de Cadix, le contre-amiral Dumanoir, en se retirant avec les vaisseaux qu'il avait ralliés, a rencontré un convoi anglais chargé de deux régiments d'infanterie destinés pour le royaume de Naples, qu'il s'est emparé de tous les bâtiments et les a conduits dans un port d'Espagne. »

Le 18 décembre, le prince donna ordre à la division de Bologne de se rendre sur l'Adige, près de Vérone, afin de contenir les milices du Tyrol, qui montraient des dispositions hostiles, et laissa celles

---

[1] Acton.

de Modène et de Reggio pour la défense de cette partie de la frontière.

Les choses avaient bien changé d'aspect en quelques jours. On venait d'apprendre en Italie la victoire d'Austerlitz, l'armistice du 6 décembre, et tout faisait croire que ces événements ne tarderaient pas à être suivis d'une paix glorieuse pour la France.

Le prince Eugène fut, une fois encore, obligé de renoncer à ses espérances de guerre. La campagne était terminée. Il éprouva cependant une satisfaction bien vive, en apprenant le 18, par une lettre de l'Empereur, en date du 13, que le commandement de toutes les troupes du royaume d'Italie lui était confié, qu'il était nommé général de division, que les États vénitiens appartenant à l'Autriche allaient être réunis au royaume d'Italie, et que la paix avait été signée à Presbourg.

En effet, de retour à Vienne, après la bataille d'Austerlitz, Napoléon ordonna la dissolution de l'armée de Masséna, dont beaucoup de régiments formèrent le 8ᵉ corps de la grande armée.

Le vice-roi prit, le 24, le commandement de l'armée d'Italie.

CORRESPONDANCE

RELATIVE AU LIVRE III

DE SEPTEMBRE 1805 AU TRAITÉ DE PRESBOURG

« Mon cousin, j'ai reçu l'état que vous m'avez envoyé des jeunes gens de la garde d'honneur et de ceux destinés aux vélites. Allez de l'avant et formez-en les premières compagnies qui vous seront nécessaires pour votre garde dans les circonstances orageuses qui vont se présenter.
Nap. à Eug.
Camp de
Boulogne,
1ᵉʳ septembre
1805.

« Je serai dans peu de jours à Paris. Cet automne sera un automne de grands événements. Poussez l'approvisionnement de Mantoue. J'ai appris avec plaisir que deux mortiers de douze pouces avaient été fondus à Pavie; faites-les partir pour Mantoue. Écrivez au directeur de la fonderie de Turin que vos places ont grand besoin de mortiers et qu'il vous en envoie. Étudiez le pays; les connaissances locales sont des connaissances précieuses qu'on retrouve tôt ou tard.

« Mon armée est ici en grande marche. Continuez cependant à dire que c'est un détachement de trente mille hommes que je fais partir pour garantir mes frontières du Rhin.

« Le général Gassendi se rend en Italie. Donnez-lui toutes les instructions et facilités nécessaires pour l'organisation de l'artillerie des places. Je lui ai donné l'ordre de se rendre près de vous en passant à Milan pour se concerter avec vous sur les opérations dont je l'ai chargé. A l'heure qu'il est, M. le maréchal Jourdan a reçu tous les ordres pour les mouvements de son armée, je ne pense pas que les Autrichiens mettent beaucoup de troupes à Vérone autrichienne; toutefois le maréchal Jourdan en mettra davantage à Vérone française. La désertion que devront craindre les Autrichiens les éloignera de ce point de contact. Quelques chevaux de plus ou de moins à la cavalerie italienne ne feront pas grand'chose.

« Les principales ressources du ministre de la guerre doivent être aujourd'hui employées à bien approvisionner les places. »

Nap. à Eug. Boulogne, 2 septembre 1805.

« Mon cousin, donnez ordre que le prêtre Élie et Scoti soient envoyés dans la citadelle de Fenestrelle, où ils seront tenus en prison et sous la responsabilité du commandant.

« Le maréchal Masséna est parti hier de Paris. Les ordres ont été envoyés à toutes les troupes qui sont à Gênes et à Livourne de se mettre en marche pour se réunir à Brescia. Je serai demain à Paris. L'insolence des Autrichiens sera punie. Il faut encore dissimuler, tenir de bonnes paroles de paix, mais ne rien répondre aux lettres de M. de Bellegarde.

« J'ai fait venir ici le corps italien pour le passer en revue; il est bien habillé, d'une assez bonne tenue; il fait bien les petites manœuvres, mais les généraux ont besoin de s'instruire[1]. »

Eug. à Nap. Monza, 2 septembre 1805.

« Sire, j'ai l'honneur d'adresser à Votre Majesté un rapport qui m'est parvenu hier soir.

« Hier, le maréchal Jourdan m'a communiqué différents ordres du ministre de la guerre : 1° pour envoyer l'équipage de pont à Mantoue; 2° pour réunir à Plaisance l'équipage des pièces de campagne; 3° pour envoyer quelques compagnies d'artillerie italiennes à Mantoue, Peschiera, Legnago et Rocca d'Anfo. J'ai donné les ordres pour l'exécution de ces mesures, de même que pour qu'il soit construit, sans délai, une batterie flottante ou radeau sur le lac d'Idro. J'attendais à cet égard une réponse de Votre Majesté, mais M. le maréchal Jourdan m'a dit positivement que le ministre de la guerre lui avait écrit que vous donniez votre approbation à cette mesure.

« Je reçois à l'instant le courrier et les ordres de Votre Majesté, je vais m'empresser de les faire exécuter; je partirai demain dans la nuit. »

---

[1] Les troupes italiennes étaient alors : partie en France au camp de Boulogne, partie au corps de Gouvion Saint-Cyr dans le royaume de Naples, et partie à Milan et dans quelques villes, en formation.

RAPPORTS JOINTS A LA LETTRE PRÉCÉDENTE

« Naples, 23 août 1805.

« L'armée de Naples est préparée à tous mouvements ; elle n'attend que le signal et l'indication de la route qu'elle doit prendre.

« Le résultat de deux conseils extraordinaires tenus par la cour de Naples a calmé en partie l'extrême agitation de cette capitale. Il a été plus favorable à la France qu'à l'Angleterre ; aussi le ministre anglais n'est point content.

« Un courrier envoyé par l'empereur d'Autriche semble être arrivé hier pour mettre le sceau à ces dispositions favorables. Il a fait savoir que les Français étaient en trop grande force et qu'il fallait beaucoup de prudence et de sang-froid pour se décider à les attaquer.

« Maintenant, si la Prusse persévère dans son système de neutralité, si l'Autriche réfléchit, le roi des Deux-Siciles, pourvu qu'il n'ait point perdu le bon sens, doit se désister de tout engagement et de la déférence servile qu'il a montrée jusqu'à présent pour l'Angleterre. Dans quel abîme la rage, la jalousie et une vengeance mal entendue ne sont-elles point capables de jeter les peuples, et de quels excès n'est point susceptible une cour qui ne se soutient qu'à force de trahisons, de menées sourdes et de déloyauté ! — L'issue prouvera tout.

« Ici tout le monde est tremblant ! Des agitations physiques, politiques et morales. Pour surcroît, le

Vésuve ne cesse de vomir des flammes. Une lave lancée verticalement a cheminé pendant deux heures l'espace de cinq milles, et, après s'être divisée à moitié chemin, s'est jetée par deux routes dans la mer. »

« Rome, 24 août 1805.

« Il semble qu'à Naples les affaires se soient un peu accommodées.

« On ne savait comment payer les sommes qu'on devait aux troupes françaises. La cour, après les malheurs dernièrement soufferts, n'était pas dans le cas de le faire, et, pour pouvoir y réussir, on dit que M. le marquis de Torlonia, qui se trouve ici, lui prête la somme de quatre cent mille ducats.

« Il y a quelques jours qu'on disait qu'on attendait ici, comme passager, Son Excellence le ministre Alquier, qui, momentanément, abandonnait Naples avec son secrétaire de légation. Les autres personnes attachées à la légation y restaient. Dans ce moment, on dit que M. Alquier était arrivé.

« Des rapports du courrier, depuis Rome, la Toscane et toute la route, annoncent que tout est tranquille, et qu'à la menace de guerre paraît avoir succédé un espoir fondé de paix.

« Le Vésuve s'est fait une autre issue, outre celle annoncée; mais, étant plus étroite et les matières volcaniques ne pouvant en sortir, cela cause un fracas continuel accompagné de quelques secousses insensibles. — La dernière éruption a été tellement rapide, qu'il a été impossible à une femme et quatre enfants de se sauver. »

Ces deux rapports et beaucoup d'autres sur toutes les parties de la Péninsule, transmis à l'Empereur par le vice-roi, prouvent que Napoléon était au fait des menées et des intrigues de la cour de Naples.

*Eug. à Nap.
Monza,
4 septembre
1805.*

« Sire, sur la demande de Votre Majesté : *Quelle sera la quantité des approvisionnements versés dans les places à l'époque du 1er vendémiaire*, je m'empresse de lui répondre que, d'après un état que j'ai sous les yeux et signé du ministre de la guerre, la moitié des approvisionnements serait déjà versée, et l'autre moitié le sera, m'assure-t-il, pour le 21 septembre ou 1er vendémiaire. Je l'ai demandée pour le 15 septembre, et, dans la tournée que je vais faire, je presserai les préfets, les fournisseurs, etc.

« Votre Majesté m'ayant écrit de donner sans délai pleine et entière exécution à son décret y relatif, je viens de donner les ordres pour que l'on comprenne les bœufs et les fourrages. Ainsi donc il y a tout lieu de croire que, le 1er vendémiaire, il y aura à Mantoue pour sept mille hommes pendant un an ; à Legnago, pour deux mille hommes pendant six mois ; à Peschiera, pour deux mille hommes pendant six mois, et à la Rocca d'Anfo, pour cinq cents hommes pendant six mois, ainsi que le porte le décret de Votre Majesté.

« Les places fortes sont, quant au travail du génie, bien loin d'être dans l'état qu'on oserait l'espérer ;

la Rocca d'Anfo, surtout, n'est pas encore à l'abri d'un coup de main; les premiers affûts des pièces de dix étaient beaucoup trop grands et trop hauts; on les a renvoyés à l'arsenal de Mantoue, et, par des marches et contre-marches, il n'y a presque rien au fort. — Point de magasins. Les munitions, le biscuit, etc., sont dans le village au bas de la montagne.

« Je monte à l'instant en voiture, et je vais faire la visite scrupuleuse des places, ainsi que me l'a ordonné Votre Majesté. Elle peut être sûre du zèle que je vais porter à la plus prompte exécution de ses ordres, et j'aurai l'honneur de lui rendre compte de tout, successivement.

« Je dois également faire part à Votre Majesté qu'il circule à Milan, depuis quatre à cinq jours, le bruit que le maréchal Masséna vient remplacer le maréchal Jourdan, et que ce dernier passe à l'armée du Rhin. Heureusement que ce bruit est antérieur à la réception de votre lettre; car, n'en ayant ouvert la bouche à âme qui vive, j'aurais pu croire qu'on l'ait lu sur ma figure.

« J'adresse à Votre Majesté deux rapports de Vérone; elle y verra que les Autrichiens ne gardent plus aucune mesure. »

« Mon cousin, au lieu de quatre-vingts chevaux, faites-en acheter cinq cents, afin de pouvoir toujours avoir son affaire en une vingtaine de pièces d'artillerie attelées. Je ne sais comment on peut dire qu'il n'y a pas à Vérone de quoi mettre une pièce en bat- *Nap. à Eug. Saint-Cloud, 5 septembre 1805.*

terie, ni un magasin propre à contenir cent mille rations de biscuit. J'ai donné ordre au maréchal Masséna de faire mettre toutes les pièces en batterie. »

Eug. à Nap.
Peschiera,
5 septembre
1805,
minuit.

« Sire, je suis arrivé depuis une heure et demie dans cette place; j'ai passé toute la soirée d'hier et la matinée d'aujourd'hui à la Rocca d'Anfo; la place n'est point encore en état, mais elle n'est pas aussi mal que je le croyais. J'ai beaucoup engagé le chef de bataillon Liédot à faire cesser pour l'instant les travaux intérieurs et à se fermer promptement. Les approvisionnements seront, sous très-peu, au complet. J'ai rencontré, à mon retour, le reste des munitions, et j'ai vu, à Salo, deux des nouveaux affûts pour les huit pièces de dix qui sont au fort; les six autres ne seront faits que dans six jours. En un mot, le génie n'étant point prêt, l'artillerie n'est point en retard, et j'ose assurer que la Rocca d'Anfo sera, d'aujourd'hui au 10, en état de résister à un vigoureux coup de main, et qu'il y aura huit, et peut-être dix pièces en batterie. Je vais continuer ma tournée; j'aurai l'honneur de rendre compte de Mantoue à Votre Majesté. »

Eug. à Nap.
Mantoue,
7 septembre
1805.

« Sire, je suis arrivé cette nuit à Mantoue, et j'ai déjà visité les fortifications, les travaux d'arsenaux et tous les magasins.

« Le génie a déjà fait quitter, depuis ce matin, tout ce qui était le moins pressé, pour travailler plus particulièrement afin de tout mettre dans le meilleur état de défense. Dans dix jours, Stradella sera capable de résister. Suivant moi, Pietali ne le sera pas avant trois grandes semaines. Le batardeau à écluse est encore pour huit jours entre les mains des maçons. On était occupé au revêtement, et maintenant on va mettre tous les ouvriers aux glacis, aux palissades, à raser le village de Pietali, et à abattre tous les arbres à cinq cents toises de l'ouvrage. Le génie prétend avoir fini le tout pour quinze jours; je le désire, mais j'en doute.

« Toutes les demandes qui me sont faites en argent sont effroyables. Le génie me demandait la totalité de ce qui lui revient pour cette année; mais je ne lui ai accordé que ce qui a été désigné pour le mois de septembre, qui lui sera payé avant le 15. J'ai l'honneur d'adresser à Votre Majesté une lettre du général Chasseloup à cet égard.

« Le général Lacombe Saint-Michel, à qui j'ai cru devoir donner l'autorisation (1° pour le bien du service, 2° sur la demande du maréchal Jourdan) de donner les ordres, et à l'artillerie de campagne, et aux arsenaux, et aux équipages de ponts; le général Lacombe Saint-Michel, dis-je, demande cinq à six cent mille livres pour achat de chevaux, mulets, etc., etc.; l'ordonnateur en chef, trois ou quatre cent mille livres, pour l'établissement de son service. Le ministre de la guerre m'en demande également pour les dépenses extraordinaires des directeurs d'arsenaux, pour les payements successifs qu'il faudra faire à mesure des versements, pour le complet des approvisionnements. Enfin, au milieu de cette foule de demandes, j'ai pris le parti de faire avancer au payeur général de l'armée cinq cent mille livres, qui nous rentreront toujours sur le service ordinaire et extraordinaire de l'armée française. Je crains seulement que cette avance ne suffise pas et que je sois contraint à une autre. J'ai donné, en attendant, les ordres aux divers commandants de place de requérir au besoin ouvriers, matériaux, etc.

« Il manque, à Mantoue, trente-six mille palissades. Il n'y a pas, dans toutes les places fortes du royaume, quatre cents sacs à terre, tandis qu'il en faudrait cinquante mille. Je vous assure, cependant, qu'on va s'en occuper bien sérieusement.

« La place de Legnago, où j'ai été hier tout l'après-midi, est très-avancée : on démolit à force les maisons de la gorge; il manque seulement des logements à l'abri de la bombe. Il y en aura, dans quinze jours, pour six cents hommes.

« Les quatre-vingt-cinq pièces d'artillerie existantes à Legnago sont en batterie, et, comme elles ne sont point suffisantes, j'en ferai porter une douzaine de Mantoue, quand celles qu'on fait venir de la vingt-septième division y seront arrivées. Je ne puis fournir de Pavie que deux mortiers dans huit jours, et ensuite trois pour chaque dix jours. En attendant, le général Lacombe en fait venir dix à douze de Turin par Mantoue.

« Le petit château de Vérone sera à l'abri d'un bon coup de main dans dix jours. A cette époque, les dix-huit bouches à feu seront en batterie.

« Peschiera n'est guère plus avancé que lorsque

Votre Majesté l'a visité. La contrescarpe du fossé de la place n'est pas encore toute hors de l'eau, et les mouvements de terre au dehors, quoique très-considérables, ne sont point encore en état d'être occupés. Le général Chasseloup espère cependant que, dans trois semaines, la redoute extérieure, du côté de Brescia, sera achevée en ouvrage de campagne, n'y ayant déjà de fait que la moitié du revêtement

« Il y aura, sous quinze jours, quatre bâtiments armés sur le lac de Garda; trois autres le seront dix jours après.

« La place de Peschiera est approvisionnée à sept cent cinquante boulets par pièce; Legnago, à cinq cent cinquante; Mantoue, à sept cents environ. Les pièces de douze le sont à huit cents, à cause de vingt-deux mille boulets de onze sabotés. Il ne manque que quelques milliers de poudre, que le général Lacombe Saint-Michel, ou même les poudrières d'Italie, vont compléter très-promptement.

« La première partie des approvisionnements de bouche est versée. Reste la deuxième partie, les bœufs et le fourrage. Votre Majesté peut bien croire que j'ai donné les ordres les plus sévères à cet égard. On requerra même, s'il est nécessaire, afin que tout soit versé au plus tard le 21 septembre.

« Les magasins de Mantoue sont bien tenus et en bon état. On était assez embarrassé à Peschiera. On a fini par placer les vivres dans une église. On va faire quelques blindages pour des magasins à poudre, car ceux existants sont destinés au logement de la troupe. A Legnago, les magasins sont très-beaux et à l'abri de la bombe, quand ils seront finis, ce qui demande environ trois semaines au moins. »

*Eug. à Nap.
Monza,
9 septembre
1805.*

« Sire, j'ai l'honneur de rendre compte à Votre Majesté que j'ai visité, hier matin, Pizzighettone. Rien n'a été changé quant au corps de place; soixante ouvriers travaillent seulement à rehausser la double enceinte et les ouvrages extérieurs, afin de couvrir le revêtement du corps de place. Ce travail sera très-long; mais dans huit jours la partie commencée sera achevée, et on fera fort bien, pour le moment, de n'en point commencer d'autres. Il n'existe pas une seule palissade; il y a des casemates pour deux mille hommes; j'y ai vu cinq mortiers et huit pièces de différents calibres, mais il n'y a pour tout que quatre affûts. Je vais faire presser le travail de l'arsenal pour les affûts, et je ferai verser quinze ou vingt pièces dans cette place, surtout celles de douze et de vingt-quatre qui nous viennent du Piémont.

« Le maréchal Masséna est arrivé avant-hier; il est venu passer avec moi toute la soirée. Son arrivée a fait ici le meilleur effet, d'autant plus que, depuis quelques jours, on n'avait aucune confiance dans Jourdan. Son mouvement précipité sur l'Adige, son quartier général transféré à Valeggio, et ensuite à Villa-Franca, nous donnent, plutôt qu'aux Autrichiens, l'air de commencer les hostilités. Les officiers généraux français, en parlant du maréchal, parlent sur-le-champ de sa mauvaise santé.

« Il y a eu, pendant les cinq jours de mon absence, de grandes alarmes, quoique avec de très-petits sujets; cependant il est vrai que, le maréchal Jourdan renvoyant en France son argenterie, et Charpentier sa femme, chacun a cru voir arriver à Milan les Autrichiens. J'ai prié Masséna de gronder Charpentier sur son peu de confiance dans nos forces.

« J'ai eu le bonheur de faire arrêter deux ou trois espions de l'Autriche; on ramasse les preuves, et le moins qui pourra leur arriver sera d'être jetés dans un cachot.

« Il est à remarquer que l'argent est plus commun à Venise. On présume, avec raison, que l'argent des Anglais et un peu celui des Russes y entrent pour une grande partie. Les fonds sur Londres y ont baissé, vu la grande quantité de billets de banque qui se trouve sur la place.

« J'ai été un peu triste, tous ces derniers jours, de voir les préparatifs d'une guerre qui va sûrement décider le sort du monde, et de rester passif, non dans les préparatifs (car je m'en occupe sans cesse), mais peut-être dans la guerre elle-même. J'ai relu la lettre de Votre Majesté, dans laquelle elle me fait espérer que je la ferai, et que ce sera près d'elle, si les événements le permettent. Votre Majesté sait mieux que moi en quoi je puis le mieux la servir, elle sait aussi que j'ai besoin de m'instruire dans le métier des armes; enfin, elle doit savoir que je serai toujours heureux de lui prouver, d'une manière ou d'autre, mon bien tendre et bien sincère attachement.

« Votre Majesté voudra bien se rappeler que le régiment des dragons de la Reine n'a point reçu d'autre destination que Rimini, où il sera demain ou après demain.

« J'attends aussi, avec une grande impatience, les budgets des différents services et l'ordre de Votre Majesté pour l'argent qui sera nécessaire à l'armée française, ou qu'elle pourrait me demander. »

Eug. à Nap.
Monza,
9 septembre
1805.

« Sire, le journal italien a publié aujourd'hui, très-imprudemment, l'arrivée du maréchal Masséna. Le journaliste n'a pas eu, sans doute, une mauvaise intention; mais enfin il n'a communiqué son petit article à personne, et il l'a rendu public.

« Au reste, il eût été bien difficile de tenir secrète l'arrivée du maréchal; il avait été obligé de donner son nom à l'entrée de la ville, et, une heure après, tout le monde savait qu'il était ici.

« J'ai l'honneur de mettre sous les yeux de Votre Majesté un article qui paraîtra demain dans le journal de Milan, et qui, sans doute, calmera quelques inquiétudes et remplira, je l'espère, du moins en partie, les intentions de Votre Majesté.

« J'ai l'honneur de mettre aussi sous vos yeux un décret que j'ai pris aujourd'hui, qui sera également publié demain, et qui sans doute achèvera de nous faire atteindre le but dans lequel l'article a été rédigé. »

Nap. à Eug.
Saint-Cloud,
10 septembre
1803.

« Mon cousin, j'ai reçu vos lettres des 1er et 2 septembre.

« M. Aldini, qui travaille régulièrement avec moi, vous écrira exactement tous les jours.

« J'ai établi en Italie une contribution de guerre de six millions, que je laisse toute à votre disposition pour compléter l'approvisionnement de vos places. Mon décret du 3 thermidor doit être exécuté dans toute sa teneur. J'ai chargé M. le ministre Dejean de correspondre en grand détail avec vous sur cet objet. Je pense que vous devez prendre des fonds sur cette contribution pour activer soit l'armement des places, soit leur approvisionnement en bois, soit la construction des affûts; c'est surtout Mantoue qu'il faut approvisionner. Je n'ai pas besoin de vous dire combien les moments sont précieux.

« Ne perdez point de vue la fonderie de Pavie, fournissez des fonds, s'il le faut, pour les travaux de la citadelle de Plaisance, et mettez-la dans le meilleur état de défense possible.

« J'ai lieu de croire, et je vous le dis *pour vous seul*, que les hostilités commenceront dans la première quinzaine de vendémiaire (commencement d'octobre).

« Faites-moi connaître la situation de l'armée et l'état des affaires. Par ces dispositions, vous voyez que je réponds à votre lettre du 1er septembre. Pour les détails de l'exécution de mes ordres, écrivez au ministre de la guerre Dejean, ou à M. Aldini, qui me les mettront sous les yeux.

« Faites pour les gardes d'honneur tout ce qui vous plaira.

« Il faudra, pour compléter les trois corps italiens qui sont à Boulogne, mille à douze cents conscrits; tâchez de les leur procurer. »

Eug. à Nap.
Monza,
10 septembre
1805.

« Sire, j'ai l'honneur d'adresser à Votre Majesté l'original d'une lettre adressée au ministre de la guerre par le général Charpentier, chef de l'état-major de l'armée française; je ne pense pas qu'elle soit dictée par le maréchal Masséna, à qui j'avais fait part des intentions de Votre Majesté sur la conduite pacifique que l'on devait feindre de tenir dans votre royaume d'Italie; mais je la crois plutôt dictée par l'ordonnateur en chef. Votre Majesté verra combien cette lettre est inconséquente, et je ne me permettrai que quelques réflexions : 1° toutes ces demandes de réquisitions de bœufs, chevaux, voitures, etc., se font seulement, pendant la guerre, dans un pays conquis, c'est-à-dire en pays ennemi; 2° à moins d'un ordre bien positif de Votre Majesté, je ne puis permettre que toutes les réquisitions de denrées ne soient pas payées exactement, et ne puis souffrir qu'on propose de les faire comprendre dans les contributions, abus qui serait bientôt incalculable; 3° d'ailleurs, l'armée française devrait avoir ses fournisseurs; si ces fournisseurs manquent, elle peut requérir, mais en payant.

« L'argent n'a point manqué à l'armée française, puisque, dans ce moment, tout le service ordinaire du mois de fructidor a été payé, et l'extraordinaire, pour la dette du Piémont, l'a été également, moins cent trente-huit mille francs, que j'ai ordonné de retenir pour solder une partie des réquisitions, quand j'ai vu qu'on ne les payait pas. 4° Je ne permettrai jamais, de mon chef, que les consommations de l'armée française ne payent point les droits à l'entrée des villes, car il y aurait abus; car, si l'armée use pour dix, les entrées seront de trente, et enfin comment priver le Trésor d'une de ses principales branches de revenu? 5° on n'a jamais refusé d'emplacement pour magasins, il faut seulement les demander nominativement ; 6° l'article sixième de la lettre est insignifiant, puisque le décret de Votre Majesté est clair et qu'il a été exécuté sur-le-champ et à la lettre, c'est-à-dire que les bureaux de sorties sont placés, dont deux sur le Pô et un sur la Sésia.

« Maintenant, je dois rendre compte à Votre Majesté de ce qui se passe ici ; premièrement, on n'a point attendu ma réponse, et on ne souffre pas que les denrées payent en entrant à Vérone, Brescia, etc.; deuxièmement, suivant l'ordre venu de Paris, on a évacué les hôpitaux avancés sur Milan et Pavie, mais l'ordonnateur s'est borné d'écrire une lettre au ministre de la guerre, pour lui dire de faire préparer un local, et, le même jour, sont arrivés quatre à cinq cents malades qu'on ne savait où placer; on a encombré l'hôpital militaire et les hôpitaux civils; mais chaque jour il en arrive soixante, quatre-vingts, cent, et ils restent souvent quelques heures au milieu des rues, sans qu'on sache où les placer. Enfin cette dépense, qui ne laisse pas que d'être assez forte, et qui devrait être supportée par l'ordonnateur, a été jusqu'à ce moment à la charge du ministre de la guerre. Votre Majesté jugera mieux que moi combien cela fait mauvais effet, surtout dans une ville où l'on n'a déjà que trop de penchant à être effrayé. D'ailleurs, l'ordonnateur aurait dû laisser un commissaire des guerres ici, chargé de préparer les locaux, ne point faire partir les malades avant que tout soit préparé pour les recevoir. Toute cette conduite, au contraire, est celle de gens qui craignent d'être attaqués d'un moment à l'autre, qui se croient à moitié perdus, et qui ont déjà peut-être eux-mêmes perdu la tête. Il est arrivé aussi que des denrées destinées aux approvisionnements de Mantoue et de Peschiéra ont été arrêtés et retenues pour le service de l'armée; de là viendra peut-être un retard dans l'approvisionnement des places. Comme, vis-à-vis du ministre de la guerre, je ne veux recevoir aucun prétexte pour que les ordres de Votre Majesté ne soient point exécutés, je le fais partir demain matin pour presser les versements des approvisionnements, et je lui ordonne de passer au quartier général du maréchal Masséna, afin de causer avec lui de tout ce dont j'ai l'honneur de rendre compte à Votre Majesté dans cette lettre. »

Nap. à Eug. Saint-Cloud, 11 septembre 1805.

« Mon cousin, j'ai donné des ordres pour former à Gênes une compagnie de cent matelots génois, et de vous les envoyer. Faites ce qui est possible pour avoir la supériorité sur le lac de Garda. J'avais, dans le temps, établi sur le lac Majeur, sur le lac Lugano, sur le lac de Como, une barque armée qui dominait tout le lac; cela ne laissait pas que d'être avantageux. Un officier de confiance instruisait de tout ce qui se passait, soit pour prévenir la contrebande, soit pour empêcher les prisonniers qu'on faisait de s'en aller par les montagnes. Cette mesure n'est pas extrêmement pressée, mais elle doit être utile et doit nécessiter une très-petite dépense.

« Quoique la citadelle de Plaisance ne vous regarde proprement pas, ayez cependant toujours l'œil dessus, et sachez m'instruire si elle est fortifiée, si l'on y fait des travaux, et si on la tient armée et approvisionnée. »

« Mon cousin, le général Miollis a prêté serment, et se rend à Mantoue en qualité de gouverneur. C'est un homme qui défendra bien la place. Faites-lui fournir tout ce qui vous sera possible. *Nap. à Eug. Saint-Cloud, 11 septembre 1805.*

« Envoyez cent hommes de votre bataillon de marine à Mantoue, car, pour la défense du lac, il est nécessaire d'avoir huit à dix bateaux. »

« Sire, j'ai l'honneur d'adresser à Votre Majesté différents rapports qui me sont parvenus depuis la dernière estafette. *Eug. à Nap. Monza, 11 septembre 1805.*

« J'ai eu, ces deux jours-ci, assez de tracas. Plusieurs départements m'ont fait de grandes réclamations. Le mouvement précipité du maréchal Jourdan, entre le Mincio et l'Adige, a nécessité beaucoup de réquisitions de vivres, transports, etc. Rien n'était encore payé. Les préfets m'ont écrit; je leur ai fait écrire, par le ministre de l'intérieur, de tranquilliser les habitants, que tout serait payé, et très-exactement.

« Je pense bien que des réquisitions sont quelquefois nécessaires, mais dans des moments très-urgents seulement.

« L'ordonnateur en chef avait écrit au ministre de la guerre pour lui faire fournir neuf cents chariots et je ne sais combien de chevaux; j'ai fait répondre qu'on ne refuserait point de l'argent, qu'il pouvait en acheter, d'autant qu'il me semblait que, dans aucune armée de Votre Majesté, il n'avait existé neuf cents chariots.

« J'ai d'ailleurs voulu me conformer en tout aux ordres de Votre Majesté, qui me recommande de parler paix et d'y faire croire; ce n'eût pas été, je pense, une bonne manière que de requérir neuf cents chariots et quatre à cinq mille chevaux.

« Le général Lacombe m'ayant fait savoir qu'il avait besoin de trouver des chevaux à louer, je suis parvenu à lui en faire trouver deux cents dans les environs de Pavie. Tout cela s'est fait de bonne volonté, et il n'y a eu aucun mécontentement.

« J'ai envoyé partout presser le versement des approvisionnements. Je continue à penser que tout sera versé le 1er vendémiaire (23 septembre), jour ordonné par le décret de Votre Majesté.

« Quelques propos contre les Français se sont tenus dans la capitale. Je suis aux aguets, et je serai, je vous assure, bien sévère envers les ennemis de Votre Majesté. »

Eug. à Nap.
Monza,
15 septembre
1805.

« Sire, j'ai l'honneur de rendre compte à Votre Majesté que le maréchal Masséna m'a fait la demande de sommes considérables, et, à la manière dont il les demande, cela paraît assez pressé. Avant de lui répondre définitivement, j'ai voulu consulter le ministre du Trésor sur l'état actuel de nos finances et de nos ressources.

« Le résultat est que nous pouvons encore donner deux cent trente mille francs, qui restent dus pour la *corresponcione mensile* de fructidor.

« Nous devons encore, il est vrai, cent trente-huit mille francs sur les neuf cent cinquante mille de la dette du Piémont; mais j'ai pensé qu'il fallait les garder, afin de faire payer, dans les différents départements où se trouve l'armée française, toutes les réquisitions qui y ont été faites et que l'on fait encore sans les payer.

« Non-seulement, après, nous ne devrons plus rien à l'armée française, mais le Trésor se trouvera, pendant quelques jours, dans l'impossibilité de rien avancer. Encore faudra-t-il, pour nous régulariser, que Votre Majesté ait la bonté de porter sur le budget de septembre les neuf cent cinquante mille francs à payer par le Trésor italien pour la dette du Piémont, ainsi que le demandait votre ministre du Trésor français, et ainsi que nous les avons payés, vu l'urgenc .

« Je vais écrire au ministre Barbé-Marbois, pour lui faire part de la situation des choses, pour le prier de nous envoyer l'état des sommes qu'il a avancées pour nous, en France, à la garde royale et à la division italienne, afin que nous les remboursions ici à qui il désignera, ou pour qu'il fasse, enfin, des fonds capables de satisfaire aux demandes énormes que l'on fait, demandes auxquelles je ne pourrai plus répondre, n'ayant reçu aucun ordre de Votre Majesté pour des avances, et le Trésor italien ayant payé tout ce qu'il devait.

« Si Votre Majesté y consentait, on pourrait payer à l'armée française, dans les premiers jours de vendémiaire, ce qui lui revient pour tout le mois. »

<small>Nap. à Eug.
Saint-Cloud,
14 septembre
1805.</small>
« Mon cousin, dès l'instant que vous aurez pourvu aux places de Mantoue, Peschiera, vous devez vous occuper de la place de Pizzighettone, soit sous le rapport de son armement, de son apprivisionnement, soit des travaux de campagne et provisoires à y faire pour la mettre en état de se défendre.

« Je désire, lorsque vous en aurez le temps, que vous visitiez la sortie de l'Adda du lac de Côme, et que vous fassiez travailler tout doucement à faire rétablir la tête du pont de Lecco.

« Vous ne m'avez pas rendu compte que la citadelle de Ferrare ait été démolie; il serait bien malheureux que, n'étant pas armée, elle tombât au pouvoir de l'ennemi; j'imagine que vous n'avez pas oublié un objet aussi important. »

<small>Nap. à Eug.
Saint-Cloud,
14 septembre
1805.</small>
« Mon cousin, je ne tarderai pas à me rendre à Strasbourg; il sera essentiel alors que mes courriers passent par le Simplon et le Saint-Gothard. Il faut donc dès aujourd'hui prendre des mesures pour organiser des relais par le Simplon. Faites-les fournir par les postes de mon royaume d'Italie jusqu'à Brigg, et, depuis Brigg, faites un marché, soit avec les postes d'Italie, soit avec les Suisses, jusqu'à Bâle. Il faudrait avoir des moyens suffisants pour que trois

ou quatre courriers puissent passer par jour; quant au Saint-Gothard, faites préparer des relais jusqu'aux confins du royaume d'Italie.

« Écrivez au général Vial, mon ministre à Berne, pour qu'il fasse les arrangements pour les points de communication, seulement jusqu'à Bâle.

« Je vous laisse le soin de cette affaire, dont les frais seront supportés partie par le royaume d'Italie, partie par la France. Faites tout cela en secret et à petit bruit, et rendez-moi compte des dispositions que vous aurez faites; il me suffit que cela soit prêt au 6 vendémiaire.

« *P. S.* Vous devez me tenir exactement informé de tous les mouvements des régiments autrichiens, avec leurs noms; ainsi vous devez faire tenir un travail là-dessus et m'en envoyer régulièrement le résultat. »

Nap. à Eug.
Saint-Cloud,
14 septembre
1805.

« Mon cousin, j'ai envoyé de France beaucoup de fusils; plus de soixante mille ont passé cet été le mont Cenis, le mont Genèvre, et ont été déposés à Gênes. J'ai ordonné que dix mille soient transportés à Mantoue; faites-vous rendre compte de ce qu'il en est passé à Plaisance. Activez leur arrivée autant qu'il vous sera possible. Écrivez au général Menou et veillez à ce qu'aucun fusil ne reste en route sur le Pô, et que, dans un mouvement rétrograde que ferait l'armée, ils ne tombent point dans les mains de l'ennemi ou des paysans.

« Chargez le général Menou de vous prévenir de leur départ et de la route qu'ils suivront, afin que vous puissiez les faire surveiller par des officiers de gendarmerie italiens qui vous en rendront compte, et que vous soyez à même de lever tous les obstacles et de les faire arriver promptement. — Il ne doit pas y avoir de plaintes sur l'armement de mon armée, puisque j'ai envoyé une si grande quantité de fusils.

« Instruisez, par toutes les occasions possibles, et fréquemment, le cardinal Fesch de la situation des choses.

« Ayez la même attention pour la princesse de Lucques, et, au moindre événement important, envoyez-lui un courrier. »

Nap. à Eug. Saint-Cloud, 16 septembre 1805.

« Mon cousin, je reçois votre lettre du 11 septembre. J'avais chargé M. Maret de vous envoyer copie d'un décret sur une réquisition de trois ou quatre mille voitures que j'ai ordonnée dans les départements de France, et sur la manière de les embrigader. Je pense que vous devez faire la même chose pour le service de mon armée d'Italie; ainsi, si l'on avait besoin de neuf cents voitures, vous en feriez faire la répartition entre les départements qui les fourniront, et qui en seront payés exactement. Vous sentez qu'il est impossible de faire des achats de chevaux et de voitures, il faut six mois pour cela ; les chevaux et les voitures de paysans ont toujours fait dans tous les pays ce service. Je ne puis approuver ce que vous me dites à cette occasion. Il faut parler paix, mais agir guerre. Il ne faut rien épargner pour réunir mon armée et lui faire fournir tout ce dont elle pourrait avoir besoin. Donnez des ordres pour qu'on se concerte avec l'ordonnateur, et qu'on requière des voitures qu'on payera et qu'on embrigadera pour le service de l'armée.

« Vous avez fait louer deux cents chevaux au général Lacombe Saint-Michel. Qu'est-ce que c'est que deux cents chevaux? Si les Autrichiens étaient dans le royaume, ils ne se comporteraient pas avec tant de ménagement ; c'est ce qu'ils font à Venise, c'est ce qu'on a toujours fait. Je ne vois pas pourquoi vous y trouvez de la répugnance; je suis surpris que le ministre de la guerre ne vous ait pas éclairé là-dessus. Dans toutes les circonstances semblables, on a fait des réquisitions de chevaux. Ce n'est pas neuf cents chariots que je prenais lorsque j'étais en Italie, mais deux mille, et ces réquisitions se faisaient en désordre, ce qui était alors vexatoire pour le pays[1]. Il ne faut pas vous épouvanter des cris des Italiens. Ils ne sont jamais contents; mais faites-leur faire cette seule réflexion : comment faisaient les Autrichiens, comment faisaient-ils? Montrez de la vigueur.

« J'apprends avec grand plaisir que mes places sont approvisionnées.

« Le général Miollis, que j'ai nommé gouverneur de la place de Mantoue, doit y être arrivé à l'heure

---

[1] En Italie, en 1796, 1797 et 1800, le général Bonaparte était en pays ennemi ; en 1805, le prince Eugène était vice-roi d'un pays complètement lié à l'empire français, ayant le même souverain, les mêmes intérêts ; en outre, le prince trouvait naturel qu'on fît des réquisitions, mais il trouvait mauvais qu'on ne les *payât* pas.

qu'il est. Envoyez sur Mantoue toute la compagnie des pionniers, des pontonniers d'artillerie qui vous sont inutiles, pour former un fond de garnison.

« Je vous ai écrit que les troupes autrichiennes étaient entrées à Munich. L'Électeur s'est retiré sur Wurtzbourg, où il a rassemblé son armée, forte de vingt-cinq mille hommes. Il est avec moi ainsi que la plupart des petits princes d'Allemagne. Ceci est pour vous seul. Duroc est à Berlin; je suis bien avec la Prusse, mais la Russie lui fait une très-grande peur. Les Russes ne sont pas encore entrés en Gallicie, mais probablement ils y seront à la fin de septembre. Mon armée sera digne de sa réputation et battra ce ramas de recrues, je l'espère. Si vous y étiez contraint, vous vous reploieriez avec tous nos amis sur Alexandrie. Gardez à cet effet votre régiment de dragons, quelques pièces d'artillerie, la gendarmerie d'élite, et tous les gendarmes que vous appelleriez avec vous. Je ne pense pas que cela doive arriver qu'après qu'on aurait évacué l'Adige, le Mincio, l'Oglio et l'Adda; cependant mon intention est que vous restiez à Monza. Arrangez-vous de manière à pouvoir toujours être le maître de la couronne de fer et à l'enlever sans qu'on s'en aperçoive. Enfin, soyez très-certain que, quoique je compte sur l'Italie, son destin est tout entier où je suis.

« Je vous confie que dans quinze jours j'aurai passé le Rhin avec cent quatre-vingt mille hommes. Si jamais mon armée d'Italie était battue, je viendrai à son secours, et je dégagerai Mantoue et les autres places. Faites reconnaître si les voitures peuvent passer par le

Simplon. Vous aurez bien soin que, si quelque département était envahi, les préfets et les administrations aient à se replier en ordre avec les dragons et les Français que je vous ai laissés et quelques pièces d'artillerie ; vous pouvez vous porter, soit sur des points de l'Adda, soit sur tout autre point, pour repousser les troupes légères de l'ennemi et donner le temps à l'armée d'arriver. Vous devez toujours vous retirer avec la décence convenable ; mes grands officiers et les personnes attachées à ma maison doivent vous suivre, sans quoi, à mon retour, je les ferai fusiller comme des traîtres. Vous sentez bien que ce n'est que par une extrême prévoyance que je pense à des choses de cette nature ; car je ne puis penser que l'armée autrichienne puisse lutter contre la mienne, si elle est un peu habilement dirigée. Le jour où vous quitterez Milan, vous ferez une proclamation pour annoncer que je serai de retour avant un mois. Vous ne manquerez pas, du moment où je commencerai ici à donner de la publicité aux affaires, d'en faire de même en Italie.

« *P. S.* Ayez soin que l'argent ne reste pas dans la caisse des départements frontières, mais que le ministre du trésor public le fasse verser à Milan, rapidement et tous les cinq jours.

« Je crois vous avoir écrit d'aller reconnaître la chute de l'Adda dans le lac ; une bonne reconnaissance là peut vous être utile ; poussez-la jusqu'à Pizzighettone.

« Les dépôts des régiments italiens doivent être à Lodi, Pizzighettone. Faites-vous rendre un compte de tous les hommes qui peuvent rejoindre. Établissez une police sévère au pont de l'Adda, pour empêcher qu'on ne puisse revenir de l'armée qu'avec un ordre. Écrivez à M. Moreau de Saint-Méry pour qu'il fasse la même chose à Plaisance. Il faut veiller avec grand soin sur les prisonniers ; dans mes campagnes d'Italie, il s'en échappait un grand nombre par la Suisse. Le service que peuvent vous rendre les gardes nationales de Brescia, de Côme et de Bergame, c'est de garder les portes et d'empêcher qu'aucun prisonnier ne se sauve. Faites-y établir aussi des postes de gendarmerie et préparer des locaux pour les contenir. Il serait convenable que les prisonniers n'entrassent jamais à Milan, mais qu'ils en passassent cependant assez à portée pour que le public puisse les voir. Faites choisir à une demi-lieue de Milan un grand couvent pour leur servir d'étape ; de là on les dirigera sur Pavie, de Pavie sur Alexandrie ; la gendarmerie et la garde nationale les escorteront tant qu'ils seront sur le territoire du royaume. Après cela, c'est l'affaire de la vingt-septième division militaire ; écrivez au général Menou. Il faut aussi que, toutes les fois que des prisonniers arriveront, vous ayez des hommes parlant leur langue pour les interroger sur le nom de leur régiment, le corps d'armée auquel il appartient, sur le temps depuis lequel il est arrivé ; enfin sur les mouvements de l'ennemi. Vous sentez que j'ai besoin d'un contrôle aux exagérations des états-majors, afin de savoir positivement les faits. Ayez toujours un dépôt pour recruter les Polonais ; il pourrait être à Novare. On y enverrait de préférence tous les Polonais. Tout ce qui voudrait prendre de l'engagement dans ce dépôt augmenterait sur-le-champ la légion.

« Je vois par votre lettre du 9 septembre qu'on travaille faiblement à Pizzighettone. Faites-en un des objets de vos soins particuliers de la mettre en bon état. Dans les dispositions que j'ai faites pour la distribution des fonds du mois, j'ai affecté des sommes pour dépenses secrètes au général en chef et à l'ordonnateur pour dépenses imprévues, j'ai mis trois cent mille francs pour les transports; ainsi, dans ma distribution de chaque mois, je ferai payer par mon trésor de France ce qui sera convenable. Toutes les avances qu'a faites le trésor de mon royaume d'Italie doivent être remboursées. J'ai mis des fonds pour faire faire une paire de souliers à chaque régiment; vous devez aussi, sur les fonds d'Italie, avoir de grandes économies. Le corps d'armée que vous avez en France vous coûte peu; celui que vous avez à Naples vous coûte peu; d'ailleurs, la nouvelle imposition de six millions vous donnera encore des moyens. Je pense donc que vous devez faire confectionner cinquante mille paires de souliers avec le moins d'éclat possible, de manière que dans les cas urgents vous puissiez en envoyer à l'armée. Cinquante mille paires de souliers sont un objet de deux à trois mille livres de Milan, et le bien qui en résultera pour l'armée est incalculable; mais ce sont des souliers qu'il faut avoir et non des cartons, comme c'est l'usage en Italie. Portez-y toute votre attention et toute votre sévérité. Faites en sorte d'avoir ce nombre de souliers pour vendémiaire, si toutefois vous pouvez vous flatter de les bien faire faire. J'imagine que la cavalerie a des bottes ; si vous appreniez qu'elle en eût besoin, vous pourriez en faire faire un millier. Quelques bonnes marmites et quelques outils de campement pourront vous être utiles en réserve; faites faire cela avec le moins de bruit possible, sans que les corps le sachent, pour ne point les empêcher de faire faire les leurs, et les autoriser à compter sur cette ressource. A la guerre, c'est de souliers qu'on manque toujours. Je pense aussi que les dépôts à Milan des quatre corps italiens qui sont à l'armée de Naples pourraient leur faire faire des souliers; faites-leur-en faire une paire en gratification et envoyez-les à Ancône, où ces troupes seront fort heureuses de les trouver. »

Eug. à Nap.
Monza,
16 septembre
1805.

« Sire, j'ai l'honneur d'adresser à Votre Majesté les comptes des ministres pour les deux mois passés de juillet et août. Je prendrai la liberté de rappeler à Votre Majesté que nous attendons avec grande impatience les budgets de septembre et octobre; nous aurons besoin de beaucoup d'argent pour le ministère de la guerre; le million quatre cent mille francs fait à peine le tiers de ce qui est nécessaire pour les approvisionnements des places, je serais bien obligé à Votre Majesté d'autoriser encore une pareille somme pour ce mois-ci; le reste pourra se payer dans les deux derniers mois. Les consommations énormes de l'armée française ont fait augmenter de vingt-cinq pour cent toutes les denrées. Je me propose même, quand tout sera versé, de diminuer les marchés des préfets et de les réduire à la mercuriale avec huit ou dix pour cent de gain.

« L'artillerie a également besoin que Votre Majesté m'assigne, pour le besoin courant, la moitié de ce qui lui revient pour l'année, c'est-à-dire la moitié de huit cent mille livres, produits de fonds extraordinaires. J'ai parlé, il y a deux jours, avec le ministre des finances, des fonds extraordinaires dont Votre Majesté aurait peut-être besoin; il me donnera, à la fin de la semaine, deux ou trois projets qui pourraient rapporter huit ou dix millions, qu'on pourrait appeler subventions de guerre, dans le cas qu'elle éclatât. Ceci restera secret ici, et Votre Majesté fera ce qu'elle jugera convenable. »

« Mon cousin, la légion corse, qui vient de Livourne, manque d'habits, et l'on pense que, par ce défaut d'habillement, elle sera hors d'état de faire campagne. Envoyez un officier au colonel de cette légion, du côté de Bologne, si elle n'a point passé cette ville, et prenez des mesures pour qu'il lui soit fourni des moyens d'habillements, soit des dépôts italiens, soit de tout autre, et pour qu'elle soit habillée en huit jours n'importe en quel uniforme. Écrivez dans ce sens au maréchal Masséna; ne perdez pas un seul jour pour cet objet, et, si cette légion était considérée comme incapable de servir, écrivez au maréchal Masséna que, dans ce cas, il vous l'envoie; vous pourriez la mettre à Lodi ou à Cassano,

Nap. à Eug. Saint-Cloud, 18 septembre 1805.

et vous l'auriez mise bientôt en état de faire campagne. Ce serait une excellente réserve pour vous.

« Vous ne m'avez point encore répondu sur la forteresse de Ferrare, ce qui ne laisse point de me donner quelque inquiétude. Si le régiment de la Reine est encore à Rimini, et qu'il n'ait pas été outre, mettez-le à la disposition du maréchal Masséna, et prévenez-le de son itinéraire, pour qu'il en dispose selon ses projets. En le faisant partir le 1er vendémiaire, il peut être le 5 ou le 6 à l'armée. »

Nap. à Eug. Saint-Cloud, 18 septembre 1805.

« Mon cousin, je reçois vos lettres du 15 septembre; la réponse que vous avez faite au cardinal Fesch est très-bien. Pour demain, à neuf heures du soir, j'ai convoqué les ministres du Trésor public et de la guerre, pour prendre les mesures nécessaires pour pourvoir au service de l'armée d'Italie. En attendant, tenez le million qu'ils demandent à la disposition de l'ordonnateur; aidez l'armée de tous vos moyens. Je veillerai à ce que tout ce qui est et sera dû au Trésor de mon royaume d'Italie vous soit payé sur la distribution de chaque mois.

« Je vous ai écrit pour faire faire des souliers. Je crois vous avoir écrit aussi pour que vous ayez toujours à Milan deux à trois cents chevaux d'attelage, afin de pouvoir porter rapidement dix à douze pièces d'artillerie sur les points de l'Adda, ou sur tout autre point où elles seraient nécessaires. Établissez ce dépôt à Monza, cela vous fera une petite réserve. Je désire que vous me teniez bien instruit du mouvement des troupes qui se dirigent du Piémont sur l'Italie, et que vous m'en envoyiez, par chaque estafette, un rapport exact. Faites présent au maréchal Masséna d'une voiture attelée de six chevaux, de quatre chevaux de selle, et de cinquante mille francs que vous prendrez sur ma liste civile, pour qu'il achève promptement de se monter. Vous lui écrirez en même temps une lettre honnête, en mon nom, par laquelle vous lui direz que j'ai ordonné que ce présent lui fût fait en témoignage de mon estime et de ma satisfaction de ses services, que j'espère qu'il y acquerra de nouveaux titres par ceux qu'il me rendra. »

« Sire, je m'empresse d'annoncer à Votre Majesté que, d'après un rapport que j'ai reçu la nuit passée, quatre bastions et trois demi-lunes de la citadelle de Ferrare sont déjà sautés, et le général Bianchi d'Adda, en m'annonçant cette nouvelle, me prévient que deux jours après, c'est-à-dire le 16 septembre, la citadelle de Ferrare devait être entièrement hors de service.

Eug. à Nap. Monza, 18 septembre 1805.

« J'ai l'honneur d'adresser à Votre Majesté le compte du ministre des cultes pour les deux mois passés. Les autres comptes du ministre n'ont pu partir que par la voie ordinaire du courrier, à cause de leur trop grand volume.

« Il y a beaucoup d'ouvriers employés aux travaux de Plaisance. Pour la citadelle, le travail sera long, car on pourrait faire beaucoup de mouvements de terre. On aurait peut-être dû se contenter, avant tout, de rétablir et mettre en état l'ancienne, telle qu'elle était. Quant à la tête du pont, on se contente de réparer l'ancien tracé des Espagnols, de 1744. Ce tracé est un peu étroit et peut souffrir de grands dommages par les moindres crues du fleuve. Les travaux de l'arsenal de Plaisance sont poussés avec la plus grande activité. J'ai écrit déjà au général Lacombe Saint-Michel, pour lui demander l'état des pièces qu'il devait y placer; comme aussi je l'ai prié d'en faire venir du Piémont une assez grande quantité pour que nous puissions promptement armer Pizzighettone.

« Je pousse avec vigueur la confection des affûts des bouches à feu et des mortiers, à Pavie; et je viens d'accorder un secours à la fonderie des projectiles, à Pontévico. Je pars cette nuit pour visiter et suivre la ligne de l'Adda. »

Eug. à Nap. Monza, 18 septembre 1805.

« Sire, j'ai transmis sans délai au ministre de la guerre les ordres que j'avais reçus de Votre Majesté pour l'approvisionnement de Pizzighettone et du fort Urbain.

« Pizzighettone sera approvisionné comme Votre Majesté l'a voulu; mais, à l'égard du fort Urbain, le ministre demande s'il ne conviendrait pas de borner au biscuit l'approvisionnement que vous avez ordonné.

« Je motive cette demande sur l'état de dégradation de cette place, qui est tel, dit-il, qu'on ne peut y placer ni garnison ni magasins, et qu'on doit la considérer comme entièrement ouverte.

« Le génie français n'ayant jamais décidé qu'elle

devait faire partie du système de défense de l'État, il n'a été fait, depuis longtemps, aucune dépense en réparations.

« Il résulte d'un rapport du général Bianchi d'Adda que les casernes et les magasins sont dégarnis de toits et de volets, et qu'une grande brèche, demeurée ouverte, ne permet pas même de consacrer le fort Urbain à la garde des forçats.

« Il était de mon devoir, Sire, de mettre sous vos yeux les observations du ministre de la guerre. Votre Majesté statuera ce qu'elle croira bon et utile, et je me conformerai à tous les ordres qu'elle daignera me donner. »

« Sire, dans une de mes dépêches du 13 de ce mois, j'ai eu l'honneur d'informer Votre Majesté des réquisitions qui avaient été frappées sur vos sujets d'Italie par le commissaire ordonnateur de l'armée française, et des plaintes que j'avais élevées contre ces réquisitions.

Eug. à Nap. Monza, 18 septembre 1805.

« Mes plaintes portaient : 1° sur ce que ces réquisitions avaient été faites sans avoir provoqué mon autorisation spéciale; 2° sur ce qu'on n'avait délivré, pour les objets requis, ni payement, ni promesse de payement.

« Le maréchal Masséna et le commissaire ordonnateur Joubert ont répondu tous deux à mes observations en avouant qu'elles étaient fondées, mais en m'opposant le terrible argument de la nécessité.

« Cet argument, je le savais, et Votre Majesté me rend la justice de croire que je le respecte comme je le dois. Aussi m'est-il permis de rappeler que je ne m'étais pas plaint des réquisitions, mais seulement de la manière dont elles avaient été faites.

« Au reste, cette petite affaire est terminée, et j'ai l'honneur de rendre compte à Votre Majesté des mesures que j'ai cru devoir prendre à cet égard.

« M. le maréchal Masséna m'avait exprimé le désir de me voir un moment aller moi-même à l'armée; il avait pensé que ma présence opérerait quelque bien sur l'esprit de vos sujets italiens, et préviendrait de leur part toute espèce de plainte contre les réquisitions, et, dans le cas où je n'aurais pas jugé devoir me rendre à ce premier vœu, le maréchal en avait exprimé un second, celui de voir un de vos conseillers d'État d'Italie en mission auprès de son quartier général.

« Sur le premier point, j'ai observé que je n'avais pas le droit de me rendre à l'armée sans autorisation expresse de Votre Majesté, et puis, que ma présence dans le but dans lequel elle était désirée, c'est-à-dire dans un but purement administratif, aurait certainement un caractère d'inconvenance : j'ai refusé. — Sur le second point j'ai consenti. J'ai pensé qu'il y aurait profit pour vos sujets italiens à ce que toutes les opérations de l'armée française fussent régularisées par un magistrat italien.

« L'embarras était de trouver un homme convenable, sous tous les rapports, à une mission de cette nature. — Après de longues réflexions, j'ai jeté les yeux sur M. le conseiller d'État de Brême. Il a de l'esprit, de l'activité, et, plus que tout cela, un nom qu'il m'a paru profitable de lier à toutes les opérations actuelles.

« Je dois cette justice à M. de Brême, la mission lui répugnait bien sous quelques rapports; mais il m'a dit franchement qu'il ne laisserait pas échapper cette occasion de donner à Votre Majesté un témoignage non équivoque de son dévouement et de son zèle.

« Les instructions que j'ai données à M. de Brême se réduisent à ceci :

« Pour le passé, — prendre connaissance des réquisitions qui ont déjà été exercées sur les sujets italiens; constater la valeur des objets qui ont été requis; promettre, de ma part, aux propriétaires que les objets requis seront incessamment acquittés.

« Pour l'avenir, — autoriser, sur la demande *écrite* du commissaire ordonnateur de l'armée française, les nouvelles réquisitions qui seraient jugées indispensables; veiller à ce que ces réquisitions s'exercent sans violence, sans rigueur, de gré à gré s'il est possible; enfin, me rendre un compte journalier des objets requis et de leur valeur, afin qu'il soit avisé par moi aux moyens de les faire payer sur les fonds tenus par le trésor royal d'Italie à la disposition de l'armée française.

« M. de Brême sera assisté, dans sa mission, par le commissaire ordonnateur Lecatelli. Ce commissaire sera, si l'on veut, un secrétaire, un agent, un conseil; mais rien ne sera fait qu'au nom du conseiller d'État. — M. de Brême part ce soir; il est chargé par moi d'une lettre d'introduction près le maréchal

Masséna. Il est encore chargé de communiquer ses instructions à M. le maréchal.

« Je désire vivement, Sire, que Votre Majesté soit satisfaite des mesures que j'ai prises, et dont je viens d'avoir l'honneur de lui rendre compte. »

Nap. à Eug.
Saint-Cloud,
20 septembre
1805.

« Mon cousin, faites payer le plus promptement possible la contribution que doit le trésor du royaume d'Italie pour vendémiaire et brumaire, ainsi que un million cent mille francs de lettres de change pour l'argent que le ministre Marbois a avancé aux troupes italiennes qui sont en France. Toutes les réquisitions de blés, fourrages, vin, qui ont été faites pourront être payées en bons, sur la contribution de frimaire; à cet effet, vous feriez signer, par le caissier du trésor, soixante-quatre bons de vingt-cinq mille francs chacun sur le trésor d'Italie, avec le jour où lesdits bons seront payés, et l'ordonnateur de l'armée payera les communes et les départements où l'on fera des réquisitions de comestibles avec ces bons[1]. Les difficultés d'envoyer de l'argent à Milan sont extrêmes; tous les propriétaires entre la Chiesa et l'Adige vont être très-exigeants, et porteront les fourrages et le blé à des prix indéterminés. — Il me paraîtrait convenable que les préfets fissent un règlement ou un tarif pour que le prix des fourrages ne passât pas celui où ils étaient avant la réunion de

---

[1] C'est précisément dans le versement de ces bons, versement qu'on refusait aux communes requises, que gît plus tard la difficulté principale entre le général en chef de l'armée d'Italie et le vice-roi.

l'armée, ou du moins qu'il n'y fût fait qu'une légère augmentation. Je désirerais beaucoup que le numéraire fût réservé pour la solde. Faites, en un mot, tous vos efforts pour que, pendant ces mois de vendémiaire et brumaire, rien ne manque à mon armée d'Italie.

« L'estafette qui devait arriver dans la journée n'est pas encore arrivée ; il est onze heures du soir. »

« Mon cousin, mon intention est que le ministre de la guerre de mon royaume d'Italie tienne à la disposition du général Miollis, gouverneur de Mantoue, une somme de trois mille francs par mois, en forme de gratification et pour dépenses extraordinaires et secrètes. »

Nap. à Eug. Saint-Cloud, 20 septembre 1805.

« Mon cousin, je compte aller, le 1ᵉʳ vendémiaire, au Sénat, et être rendu à l'armée le 3. Les opérations militaires commenceront probablement sur le Rhin le 4. Cependant, jusqu'à ce que vous soyez instruit de mon départ de Paris, ce que vous auriez d'important à me transmettre doit l'être en double à Paris et à Strasbourg. Lorsque vous aurez reçu cette lettre, je pense que vous pourrez faire partir votre premier courrier pour Strasbourg. Je ne doute point qu'à l'heure qu'il est mon armée ne soit réunie entre la Chiesa et l'Adige, que Mantoue ne soit armée et approvisionnée, que son gouverneur, le général Miollis, ne soit arrivé, qu'enfin toute l'artillerie ne soit partie de Plaisance et que mon armée n'en soit abondamment pourvue. J'imagine également que

Nap. à Eug. Saint-Cloud, 21 septembre 1805.

tous les dépôts des corps de l'armée sont au delà de l'Adda, à Cassano, Lodi, Pizzighettone, Codogno. Cela est important sous tous les points de vue; ils ne doivent se porter sur la Chiesa et l'Adige qu'autant que l'armée aurait fait de grands progrès et aurait passé le Tagliamento; faites-moi connaître là-dessus ce qu'il en est.

« Guicciardi doit trouver des hommes qui, de la Valteline, peuvent se rendre dans le Tyrol italien, et des Grisons dans le Tyrol allemand, et ces hommes doivent vous donner des renseignements sur tous les différents mouvements des Autrichiens. »

Eug. à Nap.
Monza,
21 septembre
1805.

« Sire, je me suis empressé d'exécuter les derniers ordres de Votre Majesté, relatifs aux relais à établir de Bâle en Italie par le Simplon et le Saint-Gothard.

« Tout ce qui devait être fait pour l'Italie est fait. Les ordres sont donnés pour le placement des relais jusqu'aux frontières du royaume.

« Pour le reste, j'ai dépêché tout de suite un chef de division du ministère des finances à l'ambassadeur Vial, et j'ai dit à celui-ci, dans une lettre très-détaillée, tout ce que Votre Majesté exigeait de son zèle et de son activité.

« Provisoirement, et comme Brigg appartient à la république du Valais, j'ai chargé mon envoyé de s'arrêter chez le grand bailli, et je lui ai remis, à cet effet, une lettre d'introduction qui ne dit rien de positif, qui laisse tout à dire au porteur.

« Si mon envoyé trouvait dans le Valais un entrepreneur qui voulût se charger du service de Bâle aux frontières du royaume, l'intervention de l'ambassadeur Vial deviendrait à peu près inutile, et nous y gagnerions d'avoir mis dans le secret le moins de personnes possible; mais je n'ose compter sur un succès si prompt.

« Dans tous les cas, puisque Votre Majesté a résolu que la dépense serait à la charge de la France et de l'Italie, j'ai choisi pour envoyé un chef de division du ministère des finances, pour que le marché qui sera fait soit présidé par un homme à Votre Majesté, et par un homme capable.

« J'aurai l'honneur de vous rendre compte du résultat de sa mission, aussitôt qu'il me sera connu. Mon envoyé est parti ce matin, 21 septembre, à six heures. Il a ordre de ne s'arrêter qu'après avoir rempli son but. Il sait que tout doit être conclu et prêt à marcher le 6 vendémiaire (29 septembre), au plus tard. »

« Mon cousin, je reçois votre lettre du 16 septembre. Je vous expédie un courrier extraordinaire pour vous porter ma réponse. Il faut aider l'armée, c'est le premier devoir dans notre position actuelle. Les réquisitions faites aux communes, aux départements, en blé, en vin, en fourrages, en avoine, paille, sont la seule ressource qu'on puisse employer pour nourrir une armée de quatre-vingt mille hommes réunie sur un seul point. En Alsace, quelle que soit la bonne organisation de l'armée, et la facilité de lui faire passer des fonds de Paris, on a pris cette

Nap. à Eug. Saint-Cloud, 22 septembre 1805.

mesure. Tous les prix étaient montés à un tel point, qu'il était impossible, avec beaucoup d'argent, d'y suffire. Lorsqu'on a des magasins formés de longue main, on peut quelquefois éviter la voie des réquisitions; mais partout elles sont indispensables. Les Autrichiens requièrent en Allemagne, ils requièrent dans le pays vénitien, on ne peut pas nourrir autrement de grandes armées. Les réquisitions qui seront faites aux communes, aux départements, seront payées à un prix raisonnable en bons, dont je vous ai parlé dans ma lettre d'avant-hier, que le trésor du royaume d'Italie donnera au trésor de France, en payement de la contribution de frimaire. Vous aurez vu, par ce que vous auront envoyé mon secrétaire d'État et mon ministre Dejean, que j'ai été obligé de prendre, en Alsace, les mesures de requérir les voitures et les chevaux, lesquelles ont été fidèlement et exactement exécutées. Je vous ai déjà écrit sur cet article. La peine contre ceux qui recèlent l'avoine est inutile. Il faut leur ordonner de l'apporter, et ceux qui ne le font pas, il faut la leur prendre. Quant aux magasins, le général en chef doit avoir toute espèce d'autorité. Ordonnez que les établissements publics, quelle que soit l'administration, soient mis à sa disposition lorsqu'ils seront nécessaires. Il ne doit pas y avoir d'entraves pour le Piémont; le blé doit pouvoir y être transporté. Ne croyez pas que ces mesures déplaisent au pays; on crie, mais on ne pense pas ce qu'on dit. On sait bien que, dans toutes les circonstances pareilles, on ne fait pas autrement; que les Autrichiens en font autant chez eux, et en feraient bien davantage dans le royaume d'Italie; et puis on est bien persuadé que, si l'on ne se prête point aux réquisitions, l'armée les fera de force, et que le pays sera bien plus malheureux; et puis votre autorité serait compromise. Pour le bien de l'armée, ayez de la sévérité, frappez des réquisitions dans tous les départements de mon royaume. Écrivez à M. Moreau de Saint-Méry de faire la même chose dans les États de Parme et de Plaisance, soit pour les vivres, soit pour les fourrages, les voitures, les chevaux, les locaux, et tout ce dont on aurait besoin. Ne vous fâchez de rien, ces moments-ci sont des moments de souffrance. Ayez constamment devant vous qu'il faut aider l'armée et lui préparer toute espèce de moyens.

« J'ai permis l'extraction des bœufs du Piémont.

« Faites réunir à petit bruit trois à quatre cent mille rations de biscuits à Pizzighettone; il est des circonstances où ce petit approvisionnement, qui ne doit pas entrer dans l'approvisionnement de la place, pourrait être très-utile à l'armée et éviterait des embarras.

« L'évacuation des hôpitaux a été faite précipitamment, cela arrive souvent. Dans le fait, ils devaient être évacués au delà de l'Adda; mais il y a des hôpitaux à Cassano; à Lodi, Codogno, Pavie, Como, même à Novare, où l'on peut mettre les malades. Si l'hôpital civil de Milan n'est pas suffisant, faites établir un grand hôpital militaire dans lequel vous recevriez les malades de l'armée.

« Je ne puis trop le répéter, ne vous rebutez de

rien, remédiez à tout. Dans tout ceci, je suis surpris d'une chose, c'est que le ministre de la guerre ne vous éclaire pas, lui qui a fait si longtemps la guerre avec nous, et ne vous instruise pas de ce que faisait l'armée française; et jamais, dans ce temps-là, elle n'a été aussi considérable, ni réunie en si grand nombre sur ce point. Ajoutez que nous sommes un peu pressés par les circonstances. Je vous ai écrit d'organiser des attelages de quelques centaines de chevaux d'artillerie. Je vous ai écrit pour des souliers et pour du biscuit. Je ne puis que répéter les mêmes choses. Entrez dans tous les détails; faites-moi connaître quels sont les corps qui ont passé l'Adda pour se rendre à l'armée, leur situation, leur esprit, le nom des généraux qui ont passé, et, en général, tous les détails qui peuvent me faire connaître la situation des choses. J'imagine que vous avez envoyé à l'armée le bataillon de grenadiers de votre garde; si vous ne l'avez fait, faites-le partir une heure après l'arrivée de ma lettre. Des régiments sans grenadiers perdent tout leur nerf, et c'est aujourd'hui surtout qu'ils sont nécessaires.

« Faites-moi connaître si le général Miollis est arrivé à Mantoue. J'imagine que la citadelle de Ferrare a sauté, je n'en entends plus parler, ce qui m'inquiète beaucoup, car je serais fâché qu'elle tombât au pouvoir de l'ennemi. Vous devez tous les jours recevoir de la municipalité de Vérone, et des préfets de Brescia et Mantoue, des rapports par lesquels ils doivent vous faire connaître les choses comme ils les voient; envoyez-moi l'analyse de ces rapports.

« Faites écrire à M. Denon, qui était le 22 fructidor à Vérone, et qui est je ne sais où à présent, que je resterai dans les environs de l'armée jusqu'au 15 vendémiaire, qu'il vienne me joindre à cette époque, que je désire qu'il m'instruise de tout ce qu'il voit et de tout ce qui viendra à sa connaissance, et qu'il vous envoie ses lettres, que vous me ferez passer par l'estafette.

« P. S. *Encouragez Masséna, encouragez les officiers. Soixante mille hommes en Italie, c'est le tiers de plus que je n'ai jamais eu. Les vanteries des Autrichiens ne peuvent tromper de vieux soldats, c'est leur habitude; les Autrichiens n'ont pas soixante-dix mille hommes en Italie, et c'est un ramassis qui ne saurait se mesurer avec mes troupes. Le 4 vendémiaire je serai à Strasbourg. Bessières est parti.* »

Eug. à Nap. Monza, 22 septembre 1805.

« Sire, je n'ai pu avoir l'honneur, ainsi que je le désirais, de répondre à Votre Majesté sur sa dernière lettre. Je ne suis revenu de ma tournée de l'Adda que dans la nuit d'hier, et j'ai passé toute la journée, soit au conseil des ministres, soit à donner les ordres que Votre Majesté m'avait adressés.

« J'ai écrit ce matin à la princesse de Lucques et au cardinal Fesch; je leur ai fait part de la belle situation de votre armée, des bruits de guerre qui circulent, guerre qui paraît inévitable, et je les ai prévenus que je m'empresserai de les informer du moindre événement qui pourrait les intéresser. J'ai écrit au général Menou pour qu'il me prévienne des départs et arrivées des fusils destinés pour Mantoue.

J'ai écrit à Moreau de Saint-Méry pour la surveillance qu'il devait établir le long du Pô. J'ai donné les ordres pour le dépôt des Polonais. Tous les dépôts des corps français ou italiens vont se trouver sur la ligne de l'Adda. On va rétablir la tête du pont de Lecco. Les ordres sont donnés pour les approvisionnements de Vérone et de Pizzighettone. Je m'occupe particulièrement de cette dernière place, et j'attends bientôt quarante pièces de la vingtième division pour son armement. Son approvisionnement sera terminé, suivant vos ordres, au 15 vendémiaire. On va s'occuper, dès demain, d'armer une barque sur chacun des lacs Majeur, Lugano et Côme. Il y a déjà sur le le lac d'Idro deux bâtiments armés chacun d'une pièce. La flottille de Garda est composée de cinq bâtiments, dont un de quatorze pièces de canon. Sous quinze jours il y en aura deux de plus, ce qui fera sept. La flottille de Mantoue sera de six canonnières, dont quatre portant une pièce de douze et deux de trois, et les deux dernières portant une pièce ou un obusier.

« Je vais me faire présenter des modèles de souliers, et, si je les trouve convenables, je ferai confectionner les cinquante mille paires. Enfin, je ne négligerai rien pour exécuter ponctuellement les ordres de Votre Majesté.

« Si je n'ai pas mérité l'approbation de Votre Majesté pour quelques refus que j'aurais faits à l'armée française, je me serai sûrement mal expliqué. Je prends même la liberté d'adresser à Votre Majesté une copie d'une lettre du maréchal Masséna, et elle y verra que j'ai donné presque tout ce qui a été demandé. Le général Lacombe Saint-Michel n'a eu que deux cents chevaux parce qu'il n'a pas désiré davantage. *Je n'ai refusé de réquisitions que lorsqu'on ne parlait pas de payement, et j'ai toujours dit aux maréchaux Jourdan et Masséna que je fournirais à l'armée tout ce qui serait en mon pouvoir, mais que je les priais seulement de faire, avec ce pays-ci, les conditions qu'ils feraient avec un département de France.* J'ai cru ces conditions indispensables, puisqu'elles intéressaient les États de Votre Majesté; le maréchal Masséna a déjà fait donner des à-compte; je ne lui ai jamais rien refusé. Je lui ai écrit pour lui demander le prix qu'il voulait accorder aux voitures de réquisition, la quantité dont il avait besoin et le point où il voulait les réunir. J'attends cette nuit sa réponse, et demain je rendrai le décret. J'ai cru également bien faire, sur la demande réitérée du maréchal, d'envoyer un conseiller d'État près de lui. J'ai choisi M. de Brême, qui, par les instructions que je lui ai données, sera utile au pays et à l'armée française : au pays, parce qu'il empêchera qu'on ne fasse payer les objets trop cher, qu'il veillera scrupuleusement à ce qu'il ne soit commis aucune dilapidation. J'ose croire que Votre Majesté regardera plutôt cette lettre comme un rapport détaillé que comme une justification ; Votre Majesté connaît trop bien mes sentiments. »

« Mon cousin, je reçois votre lettre du 16 septembre. On m'écrit que M. Chasseloup, à Plaisance, fait

Nap. à Eug.
Saint-Cloud,
25 septembre
1805.

des travaux immenses, remue la terre, sans s'occuper des choses essentielles. Parlez-en à Chasseloup et faites-lui sentir combien il est ridicule de ne pas commencer par le plus pressé.

« Je ne puis que vous répéter qu'il faut aider l'armée, qu'il ne faut point s'étonner des réquisitions ni des moyens violents; que tout est bon, pourvu que mon armée ne manque de rien.

« Je vois avec plaisir la mission de M. de Brême; les moments sont urgents.

« Si le fort Urbain est en si mauvais état, faites-le sauter; qu'il ne puisse pas servir à l'ennemi.

« J'apprends avec plaisir que la citadelle de Ferrare n'existe plus. *Je pars pour Strasbourg demain à quatre heures du matin.* » (*Propre main.*)

Eug. à Nap.
Monza,
23 septembre
1805.

« Sire, j'ai reçu ce matin la lettre du premier complémentaire (18 septembre) dont Votre Majesté m'a honoré. J'ai envoyé sur-le-champ un de mes aides de camp près la légion corse pour connaître l'état de son habillement, et j'en ai écrit au maréchal Masséna. Je lui ai également fait part du présent que Sa Majesté avait la bonté de lui faire. Demain la voiture et les chevaux partiront de Milan. J'ai envoyé reconnaître le Simplon. J'ai mis à la disposition du maréchal Masséna le régiment des dragons de la Reine et les quatre pièces de canon qui se trouvent à Rimini.

« J'ai écrit au général Menou pour le prier de me prévenir exactement des passages et mouvements des troupes dans le Piémont, de manière que je puisse savoir les jours de leur départ et de leur arrivée. Dès que j'aurai reçu sa réponse et ses rapports, j'aurai l'honneur d'en informer Votre Majesté.

« Mes dernières lettres répondaient d'avance à Votre Majesté sur la citadelle de Ferrare, qui se trouve entièrement hors de service. »

Eug. à Nap. Monza, 24 septembre 1805.

« Sire, les nouvelles qui m'arrivent de tous côtés aujourd'hui annoncent et confirment l'arrivée à Venise de l'archiduc Charles et celle de l'archiduc Jean dans le Tyrol; le premier ne devant faire qu'une inspection et se rendant, dit-on, ensuite à Wels. Les troupes se renforcent dans le Tyrol, et il en arrive également de nouvelles à Venise.

« Les nouvelles de Bavière qui se sont répandues ici ont réveillé les inquiétudes de guerre. »

Eug. à Nap. Monza, 25 septembre 1805.

« Sire, j'ai l'honneur d'adresser à Votre Majesté l'état des bâtiments de guerre existant sur l'Adriatique et dans les différents lacs. Je joins également deux rapports qui me sont parvenus des bords de l'Adige.

« J'ai reçu ce matin les ordres de Votre Majesté sur la manière de payer les réquisitions en bons à solder en frimaire; j'ai déjà pris les mesures en conséquence. J'espère que l'argent ne manquera pas à l'armée française; car, à mesure qu'il en entre dans le trésor, j'en fais une juste répartition.

« Mon aide de camp revient à l'instant du quartier général; cinq compagnies de la légion corse sont seules en état d'entrer en campagne; le reste du corps est encore à Livourne. J'ai écrit au maréchal pour qu'il veuille bien les faire venir de suite à Cassano, où je les ferai habiller le plus promptement qu'il me sera possible.

« J'attends demain des nouvelles du Simplon ; je sais seulement qu'on y attend des troupes, j'ignore encore leur nombre et quels sont les corps. »

<small>Eug. à Nap. Monza, 26 septembre 1805.</small>
« Sire, j'ai l'honneur de rendre compte à Votre Majesté qu'ayant reçu la lettre dont elle m'a honoré le 21 septembre, j'ai de suite donné les ordres au conseiller d'État Guicciardi sur la police qu'il devrait organiser dans le Tyrol italien et dans le Tyrol allemand.

« Les dépôts de l'armée française sont placés suivant les ordres de Votre Majesté sur la ligne de l'Adda.

« La légion corse va se rendre à Cassano, et je fais venir ici en poste le capitaine d'habillement de ce corps pour présider à la confection de l'habillement, que je me charge de presser autant que possible.

« L'achèvement total des approvisionnements dernièrement ordonnés par Votre Majesté, la confection des affûts de Pizzighettone et les travaux de toutes les places se poussent avec la plus étonnante activité.

« J'ai fait mettre à la disposition du général Chasseloup un extraordinaire de cent mille francs seulement pour la place de Mantoue et trente mille francs pour Pizzighettone; les quatre cent cinquante mille francs accordés au génie pour le mois d'octobre seront payés dans les dix premiers jours de ce mois; enfin, je ne néglige rien pour la prompte et parfaite exécution des ordres de Votre Majesté.

« J'espère avoir vers le 15 octobre une réserve de douze pièces attelées; en outre, je fais préparer un petit équipage de six à huit pièces de montagne. Si Votre Majesté a la bonté de me laisser la légion corse et le régiment de dragons-Napoléon, j'attendrai avec impatience de pouvoir donner à Votre Majesté, avec cette petite réserve, les preuves de mon dévouement, car j'avoue à Votre Majesté que je serais inconsolable et bien honteux de n'avoir rien à faire dans une campagne qui se montre si belle et si glorieuse pour les armes de Votre Majesté.

« Je n'écris point aujourd'hui à Votre Majesté par duplicata à Strasbourg, mais, ainsi qu'elle me l'ordonne, dès que j'aurai quelque chose d'intéressant, je m'empresserai de lui en faire part à Paris par l'estafette et à Strasbourg par courrier extraordinaire. »

Eug. à Nap. Monza, 27 septembre 1805.

« Sire, j'ai reçu ce matin le courrier extraordinaire de Votre Majesté. Je lui renouvelle l'assurance que l'armée ne manque de rien, ou du moins je n'épargne point mes efforts pour cela. Votre Majesté aura vu par ma dernière lettre que ses ordres ont été et sont journellement exécutés.

« Le général Miollis est arrivé il y a huit jours à Mantoue pour prendre le commandement de cette place. Le général Campredon y était arrivé un peu avant, et je suis déjà en correspondance avec tous les deux. Je vais faire confectionner une réserve de biscuits pour Pizzighettone.

« J'ai été un peu tracassé ces jours derniers par les départements, qui demandaient qu'on fixât leurs dépenses pour le trimestre courant. Le ministre de l'intérieur, que j'ai pressé pour remettre les états sous mes yeux, vient enfin de me les donner, et je vais tâcher d'expliquer à Votre Majesté cette affaire de mon mieux et dans le plus grand détail.

« Le produit de l'impôt ordonné par les conseils départementaux était de quatre millions quatre cent quarante-sept mille quatre cent vingt-huit francs. Les deniers additionnels, d'après la loi du 17 juillet de la présente année, sont de trois millions quatre cent soixante-six mille cent soixante-trois francs ; les fonds de caisse, taille judiciaire et produits divers sont évalués à douze cent mille francs. Total de la recette pour le dernier semestre de l'année, neuf millions treize mille cinq cent soixante et onze francs.

« La dépense demandée par les départements pour ce dernier semestre est de six millions cent soixante-quatorze mille livres. De cette manière, il ne resterait pas même les trois millions et demi ordonnés par la loi. J'ai ordonné au ministre de l'intérieur de faire la plus forte réduction qu'il pourrait, et il a réduit les demandes énormes des départements à la somme de quatre millions quatre cent quatre-vingt mille deux cents livres pour les six derniers mois de 1805, ce qui ferait rester une somme de quatre millions cinq cent trente-trois mille trois cent quatre-vingt-onze livres. Économie ordonnée par la loi du 17 juillet, trois millions cinq cent vingt-sept mille livres. Il résultera donc une économie inattendue de seize cent mille trois cent quatre-vingt-onze livres.

« Je sais fort bien que l'intention de Votre Majesté était d'avoir un million et demi, et je l'avais dit au ministre des finances et à celui de l'intérieur. « Sa « Majesté, m'a dit le ministre des finances, avait « basé son travail sur un aperçu des dépenses des « départements pour les six premiers mois de l'an- « née. Cet aperçu était faux, puisque les départe- « ments ont dépensé, dans ces six premiers mois de « l'année, près de deux millions de plus, à cause des « dépenses qu'ils ont faites pendant le séjour de Sa « Majesté dans le royaume. »

« Je supplie donc Votre Majesté de donner son approbation au dernier travail du ministre de l'intérieur, car je l'ai examiné dans le plus grand détail et secrètement avec le ministre des finances. Nous avons vu article par article, et nous n'avons pu qu'approuver ceux rayés par le ministre de l'intérieur et ceux qu'il a jugés indispensables.

« D'après ce dernier travail, il faudrait encore accorder pour le trimestre courant quinze cent soixante-deux mille six cents livres, et autant pour le trimestre de novembre et décembre. Je n'ai pas cru devoir prendre sur moi d'accorder cette somme aux départements avant d'en avoir rendu compte à Votre Majesté; mais pour que les employés civils et les dépenses les plus pressées soient payés, j'ai accordé pour le trimestre courant un à-compte d'*un million*, et j'attendrai les ordres qu'il plaira à Votre Majesté de m'envoyer à cet égard.

« D'après la lettre que Votre Majesté a bien voulu me laisser pour sa garde d'honneur, j'ai cru que j'en pourrais nommer provisoirement les officiers; et je vais le faire. Les officiers pour un premier bataillon de vélites sont déjà nommés. J'ai déjà deux cent cinquante hommes de ce corps, et, si Votre Majesté le trouve bon, je réunirai toute la nouvelle garde royale pour lui faire faire entre mes mains le serment de fidélité à la personne de Votre Majesté.

« Votre Majesté aura la bonté de me mander si je dois lui envoyer l'état des officiers à faire pour remplir les places vacantes dans la ligne, ou si je dois le signer en me réservant cependant d'envoyer tous les trois mois, comme pour les officiers des vélites, les brevets, pour les soumettre à la signature de Votre Majesté.

« J'attends avec grande impatience les nouvelles qui m'apprendront que le service des relais en Suisse est organisé; le nôtre l'est déjà jusqu'au Valais : dès que la personne que j'ai envoyée sera de retour, je commencerai à expédier par Bâle; peut-être Votre Majesté croira-t-elle nécessaire d'établir une estafette sur cette ligne. »

Eug. à Nap.
Monza,
28 septembre
1805.

« Sire, je vous envoie, avec le journal de ce jour, un rapport des bords de l'Adige.

« J'ai donné les ordres pour la démolition du fort Urbain. »

« Mon cousin, je désire que vous fassiez une proclamation pour faire connaître à mes peuples d'Italie que je suis au milieu de l'Allemagne, qu'une guerre injuste m'a été déclarée par l'Autriche, qu'elle s'en repentira; qu'en quelque lieu que je sois, je m'occuperai de leur défense, de leurs intérêts, et qu'ils soient sans inquiétude[1]. »

Nap. à Eug.
Strasbourg,
29 septembre
1805.

[1] Le vice-roi fit immédiatement la proclamation ci-dessous :
« Peuples du royaume d'Italie !
« Le cabinet de Vienne a résolu la guerre contre vous et le peuple français. Il ose dire aujourd'hui que la guerre a été provoquée par la France et par l'Italie; ce ne sera pas à vous qu'il lui sera facile de faire croire cette étrange calomnie. Peuples d'Italie ! vous savez si, depuis cinq mois, l'Autriche a cessé de rassembler sous nos yeux de nouvelles forces, d'approvisionner les places, de menacer vos frontières. Vous savez si l'empereur des Français, roi d'Italie, averti de tous les préparatifs hostiles dont vous étiez si justement alarmés, ne s'est pas, en quelque sorte, obstiné à ne pas croire le cabinet de Vienne injuste et déloyal. Vous savez si, alors même que vous étiez menacés de voir votre territoire envahi, l'Empereur n'a pas refusé d'accueillir vos alarmes, et d'ordonner des dispositions militaires capables de les dissiper; vous savez, enfin, combien de fois il vous est arrivé de vous étonner, de vous inquiéter, de vous plaindre de sa longanimité. Il ne voulait pas croire à la guerre et demandait des explications; il ne rappelait pas ses ambassadeurs; il considérait le séjour de l'ambassadeur de Vienne à Paris comme une preuve que la maison d'Autriche voulait aussi la paix.
« Et voilà que, profitant de cette noble confiance, les armées de la maison d'Autriche envahissent le territoire d'un prince de l'empire, d'un prince coupable d'une faute inexpiable : d'être demeuré fidèle aux traités, d'être demeuré l'allié de l'empereur des Français et roi d'Italie. Napoléon est allé se placer lui-même à la tête de ses armées. Encore quelques instants, et le crime commis sur la Bavière sera vengé; encore quelques efforts, et la paix, si souvent accordée, sera pour longtemps affermie. Peuples d'Italie ! je veillerai, autant qu'il sera en moi, au maintien de vos lois et de vos constitutions.
« Sans doute, il est, pour les peuples les plus vaillamment défendus, des maux inséparables de la guerre; reposez-vous sur mon zèle à remplir mes devoirs; reposez-vous sur mon cœur, sur tous les sentiments

Nap. à Eug.
Strasbourg,
29 septembre 1805.

« Mon cousin, les hostilités ont commencé. Vous avez reçu les *Moniteurs* de Paris des 3 et 4. Les corps d'armée du maréchal Bernadotte et du général Marmont sont à Wurtzbourg, réunis à l'armée bavaroise, forte de vingt-cinq mille hommes. Le corps d'armée du maréchal Davout a passé le Rhin à Manheim; il est aujourd'hui sur le Necker. Le corps d'armée du maréchal Soult a passé le Rhin à Spire, et est aujourd'hui à Heilbronn. Le corps d'armée du maréchal Ney a passé le Rhin vis-à-vis Durlach, et est aujourd'hui à Stuttgard. Le corps d'armée du maréchal Lannes a passé le Rhin à Kehl, et est aujourd'hui à Louisbourg. Ma garde est toute arrivée; elle est forte de huit mille hommes et part demain; le parc a filé. Le prince Murat a rencontré, avec ses dragons, des patrouilles ennemies, elles n'ont fait que des compliments; je n'avais pas encore donné l'ordre de tomber dessus; on ne leur répondra désormais qu'à coups de sabre. Voici mes alliés en Allemagne :

« Les électeurs de Bavière, de Bade, de Wurtem-

---

que je vous ai voués. Peuples d'Italie! j'écarterai de vous tous les maux qu'il me sera possible d'en écarter.

« J'attends de vous du zèle, du dévouement et du courage. Vous savez quelle confiance illimitée vous devez à cette portion de l'armée française, rassemblée en Italie; vous savez quelle confiance est due *au fils chéri de la victoire*, à qui l'Empereur a confié l'honneur de vous défendre.

« Peuples d'Italie! votre roi compte sur vous, reposez-vous sur lui. Il a pour lui le Dieu des armées, toujours terrible aux parjures; il a pour lui sa gloire, son génie, la justice de sa cause, la valeur, la fidélité et l'honneur de ses peuples.

« Nos ennemis seront vaincus!
« EUGÈNE NAPOLÉON. »

berg, et le landgrave de Hesse-Darmstadt ont fait chacun un traité d'alliance avec moi, et m'ont déjà joint avec des corps d'armée assez considérables.

« Faites imprimer dans vos gazettes que je suis arrivé à l'armée; qu'elle est en marche; que déjà l'armée autrichienne fuit; qu'à tant d'arrogance et de présomption ont succédé la peur et le désordre. Ne parlez pas de mes dispositions militaires avec les détails que je viens de vous donner. Dites que la Prusse arme cent mille hommes, qu'elle fait marcher sur les frontières de Russie pour contenir les Russes. Ne parlez point des hostilités commencées, à moins que le maréchal Masséna ne les ait commencées en Italie, afin de ne pas contrarier les dispositions du général en chef.

« J'imagine que vous avez renvoyé les six compagnies de grenadiers que vous aviez à Milan; elles seront très-nécessaires à l'armée; sans elles, les deux régiments feraient deux corps sans âme.

« J'organise un camp volant à Alexandrie. Il sera commandé par le général Menou, et sera composé de trois mille hommes, savoir : de deux bataillons du 67°, de deux bataillons du 5° d'infanterie légère, et de cinq cents hommes de la légion hanovrienne à cheval. Le grand nombre de conscrits que les 67° et 5° régiments doivent recevoir les porteront bientôt, dans le courant de l'hiver, au grand complet de guerre. Mais mon intention est que vous écriviez au général Menou, afin que si vous aviez besoin qu'un détachement de sa colonne mobile se portât sur Novare, Pavie, il pût le faire avec rapidité;

bien entendu qu'il n'y séjournerait pas, et qu'il n'y paraîtrait que pour rétablir l'ordre et faire quelques exemples sévères. »

Eug. à Nap.
Monza,
29 septembre
1805.

« Sire, j'ai l'honneur d'adresser à Votre Majesté un état marquant le nombre et la position des régiments autrichiens en Italie et dans le Tyrol, avec les mouvements survenus depuis le dernier état que j'ai eu l'honneur de vous envoyer[1].

« Je ne cesse de m'occuper des ordres que Votre Majesté m'a donnés. J'ai encore écrit aujourd'hui au général Chasseloup, pour lui accorder des fonds extraordinaires pour les fortifications. Je n'ai pu accorder que moitié de ce qu'il a demandé et moitié dans quinze jours, car le Trésor italien ne suffirait pas aux prodigieuses demandes d'argent que chacun fait; mais que Votre Majesté veuille bien se reposer sur mon zèle; je tâcherai de contenter tout le monde, et assez à temps pour que le service de Votre Majesté soit fait; mais il m'arrive quelquefois de gronder même vos généraux; par exemple, j'ai reçu ce matin, 29 septembre, une lettre datée d'hier, 28 septembre, du général Chasseloup, portant que, si le 1ᵉʳ octobre il n'y avait pas d'argent dans les places, le service allait manquer. Je ne lui ai pas répondu sur le caractère de sa lettre, car ce n'est guère le moment de s'occuper des formes; mais je l'ai réprimandé de ce qu'il me demandait, le 29, de l'argent pour le surlendemain. Je ne l'en ai pas moins prévenu des dis-

---

[1] On trouvera au texte de ce livre le résumé des forces et la position des armées françaises et autrichiennes sur les bords de l'Adige.

positions que j'ai prises à cet égard, qui sont ainsi qu'il suit :

« Le ministre du Trésor public fera payer, dans les cinq premiers jours d'octobre, les quatre cent cinquante mille livres qui reviennent au général pour ledit mois, et, de plus, un extraordinaire de deux cent cinquante mille livres, réparties dans les places dans la proportion suivante :

« Mantoue, cent mille livres; Legnago, quarante mille; Peschiera, cinquante mille; Rocca d'Anfo, vingt mille; Vérone, dix mille; Pizzighettone, trente mille livres. Total, deux cent cinquante mille livres.

« Vers le milieu de ce mois, il sera payé un pareil extraordinaire.

« Le mois de vendémiaire est totalement payé à l'armée française en argent. Sous huit jours, celui de brumaire le sera aussi en argent, et le mois de frimaire en soixante-quatre bons de vingt-cinq mille livres, et à la disposition du payeur général de l'armée, qui doit les toucher demain ou après. Ce n'est pas sans beaucoup de peine que ces payeurs, le service courant et toutes les dépenses extraordinaires ont été soldés. Je dois aussi rendre compte à Votre Majesté que j'ai trouvé dans la chambre de commerce de Milan autant de confiance qu'on pouvait le désirer. Je lui avais fait demander un emprunt de deux millions, à rendre avec les deux derniers millions sur les six accordés par Votre Majesté pour la subvention de guerre, en payant les intérêts de demi pour cent par mois; elle s'est réunie hier matin et a délibéré qu'elle offrirait douze cent mille livres d'argent comptant au gouvernement, et qu'il ne leur en serait payé aucun intérêt. Je l'ai accepté de suite, et je les en ai fait remercier. La vérité est qu'ils n'ont pu donner les deux millions, car leurs caisses sont pleines des papiers Vanderberg, Lenoir, fournisseurs de l'armée française. Ils ont une grande peine à les négocier et ne trouvent plus de débouchés. Je tiens ce fait de plus d'une personne, entre autres du trésorier provisoire de la couronne, à qui j'ai ordonné de se mette au courant de la place de Milan et de m'en rendre compte.

« J'ai toujours oublié de rendre compte à Votre Majesté du départ du bataillon des grenadiers français que j'avais près de moi. Il y a près de quinze jours que je l'ai envoyé au maréchal Masséna. Je pense que Votre Majesté est instruite que les grenadiers de l'armée doivent faire un corps séparé, dont le maréchal Masséna doit confier le commandement au général Solignac.

« Je reçois à l'instant une lettre du général Menou, qui me prévient que le troisième bataillon de sapeurs, resté à Alexandrie, en est parti, depuis l'ordre du maréchal Masséna, pour Brescia, où il arrivera le 7.

« J'ai reçu, ce soir, l'ordre du général Caffarelli, d'adresser les courriers de Votre Majesté à Strasbourg; je pense que cela ne changera rien aux estafettes ordinaires et que, d'après cet ordre, j'enverrai un courrier extraordinaire directement à Strasbourg, pour ce qu'il y aura de pressant. »

« Mon cousin, les hostilités ont commencé ici. Ce soir, une patrouille ennemie de chevau-légers de Rosemberg a été enlevée. Ce sont les premiers prisonniers qui aient été faits. Il n'a cependant été brûlé encore aucune amorce, mais nous marchons à force, et l'ennemi paraît fort déconcerté de la direction, de la rapidité et de la force de nos mouvements. Il y aura probablement beaucoup de nouveau dans la semaine.

Nap. à Eug. Strasbourg, 30 septembre 1805.

« Vous trouverez ci-joint la proclamation qui a été lue à l'ordre du jour. L'empereur d'Autriche est venu à son armée, a tenu grand conseil à Memmingen; mais, voyant que notre armée, au lieu d'être dépourvue, était non-seulement prête à le bien recevoir, mais encore manœuvrait sur ses derrières, il est retourné en diligence à Vienne. Le prince Charles doit être à cette heure en Italie. Il me tarde d'apprendre des nouvelles de ce qu'on fait chez vous. J'ai vu avec plaisir, par vos lettres, que vous fournissiez tout ce qui vous était possible à l'armée. Si vous avez le temps, faites une reconnaissance du lac Majeur jusqu'au pied du Simplon, tant pour savoir si l'on peut le passer que pour en avoir dans la tête la localité vraie. Après celle-là, faites-en une au pied du Saint-Gothard; à votre âge ces reconnaissances se font lestement, et elles restent pour la vie dans la tête. Organisez votre gendarmerie et tous vos moyens pour pouvoir garder tous les prisonniers que ferait votre armée; ayez quelqu'un d'intelligent dans la Valteline, qui vous instruise des mouvements de l'ennemi.

« J'ai donné ordre que la légion corse vienne à l'armée; je ne sais qui m'a dit qu'elle était à Livourne. Il est ridicule qu'elle soit là, quand elle vous serait si utile à Milan, ou à l'armée, ou dans tout autre endroit. Je vous ai écrit de la faire habiller, si c'est le manque d'habits qui l'empêche de marcher; vous seriez fort heureux d'avoir là quinze cents hommes qui tiendraient en respect le pays. Écrivez-en au maréchal, afin que, si on la juge hors d'état de servir à l'armée, on vous l'envoie.

« Du moment que les hostilités seront commencées en Italie, faites connaître les dispositions de la Prusse envers la Russie, l'organisation de la grande armée, divisée en sept corps de cinquante mille hommes chacun, que vous nommerez, la force des troupes fournies par la Bavière, Bade, Hesse-Darmstadt, Wurtemberg, la levée des conscrits en France et toutes espèces de nouvelles qui ne laissent pas d'en imposer aux Italiens, et neutraliser le tas de nouvelles de tout genre que l'ennemi ne manque pas de répandre.

« Faites passer au général Menou, au maréchal, à Moreau de Saint-Méry, à la princesse de Lucques, à l'architrésorier à Gênes, à Rome, l'extrait de ces nouvelles; elles ne sont pas importantes, mais, par leur fraîcheur, elles rassurent mes agents et les mettent à même de démentir les fausses nouvelles. Ayez le soin de faire, de ce que je vous écris, un bulletin que vous intitulerez : *Bulletin des lettres de l'Empereur*, dans lequel vous mettrez tout ce qu'il y aura de nouveau, et vous l'enverrez aux personnes ci-dessus nommées. Mon quartier général sera demain à Louisbourg, sur le Necker. »

« Sire, j'ai l'honneur d'annoncer à Votre Majesté que le *Moniteur*, que je reçois aujourd'hui, sera inséré demain dans le *Journal de Milan*. Quoique le discours de Votre Majesté et ceux des conseillers d'État Regnaud et de Ségur n'aient pas besoin de supplément, j'ai cru de mon devoir d'annoncer à votre peuple italien la perfidie de l'empereur d'Allemagne et de celui de Russie.

Eug. à Nap.
Monza,
30 septembre 1805.

« J'ai recommandé au général Menou de redoubler de surveillance, parce qu'il m'a été rapporté que les malveillants et les partisans du feu roi remuent. Quoique je ne croie pas à ces rapports, il est bon d'être sur ses gardes.

« Je suis de plus en plus content du service de la gendarmerie. »

« Mon cousin, je vois avec plaisir que vous prenez des mesures pour faire venir la légion corse. Il est ridicule, en effet, qu'on me laisse ces deux mille hommes pour des raisons futiles ; activez leur arrivée, et, quand vous les aurez habillés et équipés, quoiqu'il faille du temps pour en faire de bons manœuvriers, ce seront de bons soldats qui feront bien leur service et qui tiendront bien leurs fusils. Je pars à l'instant pour me rendre sur le Necker. Nos grands mouvements sont déjà commencés. Nous avons un très-beau temps, une belle armée, et avant huit jours il se passera du nouveau. Toutes les troupes

Nap. à Eug.
Strasbourg,
1er octobre 1805.

du Tyrol marchent en Bavière. Cela vous dégagera d'autant.

« Faites-moi connaître par la première estafette si les quatre bataillons du 20ᵉ de ligne sont arrivés à l'armée. Un devait débarquer de l'île d'Elbe à Piombino, les trois autres devront débarquer à Gênes ; prenez des informations de détails sur cet objet. »

Eug. à Nap.
Milan,
1ᵉʳ octobre
1805.

« Sire, j'ai l'honneur de mettre sous les yeux de Votre Majesté une proclamation que j'ai cru de mon devoir de publier dans les circonstances actuelles.

« Elle paraîtra demain matin dans le journal officiel, et elle sera publiée dans les deux langues.

« Je n'ai pas cru qu'il fût convenable que le vice-roi prévît qu'il pourrait exister des traîtres et parlât de vengeance.

« J'ai chargé tous les ministres de faire chacun une proclamation et de me les soumettre avant de les publier.

« Je veillerai à ce que celle du directeur général de la police parle la langue qui convient à sa magistrature, et dise ce que je n'ai pas voulu dire moi-même. »

Eug. à Nap.
Milan,
1ᵉʳ octobre
1805.

« Sire, j'ai l'honneur d'adresser à Votre Majesté une copie d'une lettre du général Solignac et un bulletin de Vérone que j'ai reçu ce matin.

« Une lettre du maréchal Masséna, en date du 8 vendémiaire, m'annonce que le même jour, à deux heures après midi, il a été convenu, entre le général Solignac, chargé des pouvoirs du maréchal, et le baron Vincent, chargé des pouvoirs du prince Charles, « qu'aucun acte hostile ne pourra être « exercé entre les deux armées, sur toute l'étendue « du pays qu'elles occupent, qu'après qu'on se sera « réciproquement prévenu six jours d'avance, à da-« ter du jour et de l'heure de l'avertissement. »

« Sire, j'ai l'honneur d'adresser à Votre Majesté, avec le journal de ce jour, différents rapports qui me sont parvenus depuis hier soir. Celui de Vérone paraît mériter l'attention de Votre Majesté. *Eug. à Nap. Monza, 3 octobre 1805.*

« Le courrier qui portera ces dépêches à Votre Majesté arrive cette nuit de Strasbourg; il avait passé par le Saint-Gothard. Je lui ordonne cette fois de retourner à Strasbourg par le Simplon. De cette manière il pourra rendre compte des deux routes et de l'établissement des relais. Dans la lettre dont Votre Majesté m'a honoré, du 7 vendémiaire, elle me recommande de faire une proclamation. Je suis heureux d'avoir prévenu ses volontés, je serai enchanté de les avoir ponctuellement remplies. »

« Mon cousin, l'armée est en grande marche. Les premier et deuxième corps, réunis aux Bavarois, sont partis de Wurtzbourg; les troisième, quatrième, cinquième et sixième sont au delà du Necker. L'ennemi fait des marches et contre-marches, et paraît fort embarrassé. Avant peu de jours, nous en serons aux mains. L'armée n'a perdu personne, ni par les désertions ni par les maladies. *Nap. à Eug. Camp d'Elchingen, 2 octobre 1805.*

« Je serai ce soir à Stuttgard; les armées de Bade et de Wurtemberg se joignent à la mienne. Comme les mouvements sont très-rapides, ne soyez pas étonné si vous êtes quelques jours sans recevoir de nouvelles. Il suffit que vous fassiez mettre dans vos gazettes que l'Empereur est arrivé à Stuttgard, que l'armée a passé le Necker, et a déjà remporté deux grandes victoires. La première, parce qu'elle n'a eu ni malades ni déserteurs, et que, au contraire, beaucoup de conscrits l'ont rejointe; la seconde, c'est que les armées bavaroises, badoises et wurtembergeoises se sont réunies à elle, et que tout le peuple de l'Allemagne est pour nous.

« Transmettez ces nouvelles à Rome, à Gênes, en Piémont, à Lucques, à Florence. »

Nap. à Eug.
Louisbourg,
3 octobre
1805.

« Mon cousin, je ne puis entrer dans les distributions intérieures des dépenses départementales; les circonstances sont trop urgentes, je m'en rapporte à ce que vous ferez. Faites ce qui est convenable pour les vélites et pour les gardes d'honneur; je l'approuverai.

« Nommez dans la ligne tous les officiers que vous jugerez devoir nommer; j'approuve ce que vous ferez. J'approuve que vous ayez fait établir de petits ponts de bois provisoires sur le Simplon.

« Je suis à Louisbourg, mes corps d'armée sont en grands mouvements militaires. L'ennemi paraît un peu décontenancé. Les grands coups vont bientôt se porter. L'électeur de Wurtemberg a réuni ses troupes aux miennes; je suis logé dans son palais.

« J'attends avec impatience des nouvelles de ce qui se fait chez vous. On m'assure que les troupes autrichiennes du Tyrol italien filent sur l'Allemagne, ce qui vous dégagera d'autant.

« Des patrouilles de cavalerie se sont rencontrées, nous avons eu de petits avantages. Nous avons déjà fait huit prisonniers. On m'amène à présent un officier et vingt prisonniers à cheval.

« Le prince Murat, avec ses quatre divisions de dragons, bat les plaines d'Ulm. Il est probable qu'il m'amènera quelque chose. »

« Mon cousin, ma garde vient d'arriver à Louisbourg. J'en pars demain à la pointe du jour ; ma jonction avec la Bavière est faite ; mes sept corps d'armée sont en grande marche. Il est probable que, dans peu de jours, nous aurons quelque événement notable.

Nap. à Eug. Louisbourg, 4 octobre 1805.

« Je me contenterai de vous dire que tout va au mieux.

« Les dernières nouvelles que j'ai de vous sont du 27 ; je les trouve un peu vieilles. »

« Les Autrichiens s'affaiblissent considérablement en Italie. Au combat de Wertingen, douze bataillons de grenadiers ont été défaits, six venaient d'Italie. Je pense que les hostilités ne seront pas encore commencées chez vous, ce qui ne me fait pas de peine. Je ne crains pas d'avoir ici quinze à vingt mille hommes de plus. On n'a jamais vu une armée marcher avec une meilleure volonté, ayant plus d'ardeur et de confiance.

Nap. à Eug. Village de Zuswarhaussen, 18 octobre 1805.

« Vous sentez que je ne puis vous écrire souvent

ni longuement; mais j'ordonne que, de Strasbourg, on vous expédie copie des bulletins qui disent en gros ce qui peut vous mettre au fait des choses.

« Faites mettre vos bulletins dans tous vos journaux. Écrivez à Rome, Gênes, Lucques, en Piémont, au maréchal Masséna.

« P. S. *Je reviens à l'instant même, mon cher Eugène. L'ennemi, que je tiens acculé et cerné dans Ulm, a été battu, défait dans la journée d'hier au soir, sur la rive gauche du Danube, par l'armée de Ney. Tout porte à penser que la partie est perdue.* » (De la propre main de l'Empereur.)

Eug. à Nap.
Monza,
4 octobre
1805.

« Sire, j'ai l'honneur d'adresser à Votre Majesté, avec le journal de ce jour, quelques rapports et bulletins.

« J'ai reçu ce matin la lettre de Votre Majesté, du 8 vendémiaire. J'ai de suite envoyé à Lucques, Gênes, Rome, Turin, Parme, et au quartier général, les bulletins des deux lettres des 7 et 8 vendémiaire, dont m'a honoré Votre Majesté; je continuerai ainsi jusqu'à nouvel ordre.

« Lundi, je compte aller visiter l'arsenal de Pavie. Mardi, je partirai pour le Simplon, et, quelques jours après, pour le Saint-Gothard. Je demande à Votre Majesté la permission de parcourir la Valteline et les vallées de l'Oglio et de la Chiese.

« J'ai envoyé un aide de camp suivre les fusils et munitions partis de Turin et d'Alexandrie. Les fusils sont arrivés à leur destination de Plaisance et Mantoue. Les munitions sont presque toutes parties; il y aura un peu de retard pour le reste, parce que le général Miollis vient de demander tout nouvellement trente bouches à feu de gros calibre pour complément de l'armement de Mantoue.

« Les pièces destinées pour Pizzighettone, que j'avais dit de ne faire partir que dans le dernier envoi, comme étant moins pressées que celles pour l'armée, ou Mantoue, ne partiront qu'à la fin de cette semaine. Je reçois à l'instant une lettre du général Menou, qui me prévient que le 13ᵉ de ligne passe le 14 vendémiaire à Pavie, et continue sa route pour l'armée. Le 20 vendémiaire, arrive à Milan le 25ᵉ régiment de chasseurs. Il n'a point encore d'autre destination. J'en ai écrit au maréchal Masséna, afin que ce corps trouve des ordres à son arrivée en cette ville. »

Eug. à Nap.
Monza,
4 octobre
1805.

« Sire, j'ai l'honneur d'adresser à Votre Majesté les proclamations des ministres des finances, de la justice et de la guerre. Le ministre de la guerre en avait d'abord fait une que je ne trouvais pas assez vive pour les circonstances, et dans laquelle, d'ailleurs, le ministre parlait beaucoup trop de moi. J'ai pensé qu'aujourd'hui il ne fallait parler au peuple d'Italie que de sa cause et de son roi.

« J'ai chargé Méjean de faire une nouvelle proclamation pour le ministre de la guerre. C'est celle-là que j'ai adoptée et que j'ai l'honneur de mettre sous vos yeux. »

Eug. à Nap.
Monza,
5 octobre
1805.

« Sire, j'ai l'honneur d'adresser à Votre Majesté, avec le journal de ce jour, un état de la situation de l'armée autrichienne en Italie et du nombre des régiments qui la composaient au 1ᵉʳ octobre courant, ainsi qu'un bulletin que je reçois à l'instant de Mantoue.

« J'ai l'honneur d'informer Votre Majesté que j'ai déjà commencé de former une petite réserve à Monza. J'ai près de moi six pièces d'artillerie et les deux premiers escadrons des dragons-Napoléon. Dans deux jours, les deux derniers escadrons de ce régiment seront totalement équipés et viendront me joindre avec six autres pièces qui seront attelées en même temps. J'ai confié le commandement de cette réserve au général Dombrowski ; c'est un brave homme, qui était privé de n'être point employé activement et qui n'a d'autre désir que de servir Votre Majesté.

« Je joindrai à cette réserve la légion corse, qui sera bientôt à Cassano. J'ai pris des mesures telles, que, huit jours après son arrivée, ce corps sera armé et habillé. Comme il est composé de tout jeunes gens qu'il faut mener doucement et avec patience, j'irai moi-même les visiter, veiller à leur instruction et à ce qu'il ne leur manque rien. Je joindrai encore à cette réserve la garde impériale, forte de cent soixante hommes, cent gendarmes, deux cent cinquante vélites et cent jeunes gens de la garde d'honneur. Tout cela formera environ trois mille hommes ; tout cela sera prêt et bien prêt en huit jours, et il ne me reste d'autre souhait que de bien servir Votre Majesté avec cette troupe. Je ne parle pas de quatre à cinq cents hommes qu'on pourrait tirer des dépôts qui sont sur l'Adda. Je ne puis encore répondre à Votre Majesté si le 20ᵉ régiment est à l'armée ou s'il est en marche ; j'attends, pour les transmettre à Votre Majesté, les renseignements que j'ai demandés au maréchal *Masséna.* »

« Sire, j'ai l'honneur d'adresser à Votre Majesté les journaux d'hier et d'aujourd'hui, plusieurs rapports ou bulletins, et l'état de la situation de l'armée autrichienne d'après les dernières nouvelles.

Eug. à Nap.
Monza,
7 octobre
1805.

« Des lettres du quartier général m'annoncent que, d'après les ordres du maréchal Masséna, la légion corse s'est dirigée sur Mantoue et ne viendra plus par conséquent sur l'Adda. On me demande leur habillement, ce sera plus gênant; mais je donne l'ordre au ministre de la guerre de l'envoyer dès qu'il sera prêt.

« Voilà mes châteaux en Espagne grandement diminués, et je mets tout mon espoir dans la bonté de Votre Majesté.

« Je remercie de nouveau Votre Majesté de la bonté qu'elle a eue de me donner de ses nouvelles, ainsi que de la permission qu'elle m'accorde de les communiquer à Rome, Lucques, Gênes, etc. »

« Sire, j'étais averti par l'architrésorier qu'un nommé Octigoni, Corse, propriétaire à Rome, était demeuré assez longtemps à Gênes, décoré de l'aigle d'honneur, qu'il n'a jamais *obtenu;* et qu'au moment où la police de Gênes avait ordonné son arrestation, cet homme avait disparu.

Eug. à Nap.
Monza,
7 octobre
1805.

« J'avais donné les ordres nécessaires pour qu'il fût arrêté sur-le-champ, s'il mettait le pied sur le territoire italien; mais toutes les recherches ont été inutiles, et on ne sait ce que cet homme est devenu.

« Il est de fait qu'il était venu avant le couronnement, et qu'il y est demeuré jusqu'au moment où, Votre Majesté étant partie pour Gênes, il a jugé bon de l'y suivre.

« Il avait pris ici le titre d'adjudant-commandant au service de l'armée impériale française. Il avait déclaré qu'il venait de Rome. Il portait l'uniforme français et voyait beaucoup d'officiers français. Il a, dit-on, une mauvaise expression de physionomie; il est plutôt petit que grand; il parle assez bien le français; il est âgé de trente-cinq à trente-six ans.

« J'ai l'honneur de transmettre ces renseignements à Votre Majesté, parce qu'il est possible qu'Octigoni se soit rendu en France, peut-être même à la suite de l'armée de Votre Majesté sur le Rhin.

« Votre Majesté, qui le connaît peut-être, donnera sur le compte de cet individu les ordres qu'elle jugera nécessaires. »

Eug. à Nap. Monza, 7 octobre 1805.

« Sire, un rapport du conseiller d'État, directeur de la police, m'annonce qu'on vient de célébrer à Mantoue, dans un grand festin, l'arrivée du prince Charles.

« Je donne l'ordre de s'assurer des faits, et, s'ils sont vrais, de mettre tout de suite en surveillance tous les convives et d'arrêter sans délai l'un d'eux, l'ex-prince Louis Gonzague.

« Je motive la plus grande sévérité contre celui-ci, sur l'oubli qu'il aurait fait des bontés dont Votre Majesté, à son dernier voyage à Mantoue, a comblé sa famille et lui.

« A l'égard des autres, je ne me bornerai pas à la mise en surveillance, *s'il y a lieu*.

« Mais je voulais d'abord marquer une différence entre les ennemis et les ingrats.

« Je désire que Votre Majesté approuve ce que j'ai fait : j'aurai l'honneur de lui rendre compte des suites. »

Eug. à Nap.
Monza,
7 octobre
1805.

« Sire, une lettre de l'ambassadeur Alquier au conseiller d'État Testi annonce que des renseignements multipliés, déjà transmis à M. de Talleyrand, forcent à croire que nos ennemis travaillent de toutes leurs forces à exciter un soulèvement dans le Piémont. Il paraît qu'on a le projet d'un débarquement entre Gênes et Venise, et que ce débarquement serait commandé par le roi de Sardaigne en personne. Les agents de ce roi, réunis à des Lombards demeurés fidèles aux Autrichiens, fomentent le mouvement qui doit éclater, dit-on, aussitôt que les hostilités seront commencées. « La certitude de ce projet, dit « l'ambassadeur, me paraît démontrée par les espé- « rances qu'annoncent les Piémontais, réunis à Gaëte « auprès du roi de Sardaigne, et que leurs correspon- « dants à Naples ne dissimulent plus. » Si j'en crois mes propres renseignements, un soulèvement dans le Piémont ne sera pas aussi facile à exciter que la lettre de M. Alquier le suppose. Cependant je me suis hâté de donner communication de cette lettre au général Menou, et d'éveiller, sur le projet du roi de Sardaigne, tout son zèle, toute sa surveillance et toute son activité. »

<small>Eug. à Nap.
Monza,
7 octobre
1805.</small>

« Ainsi que Votre Majesté m'en avait fait donner l'ordre par le général Clarke, j'ai chargé le préfet de police de faire arrêter le nommé Defanti et de visiter ses papiers.

« Defanti a été inutilement recherché ; il n'est plus à Milan depuis longtemps ; il paraît qu'il s'est évadé pendant que Votre Majesté était ici, et sur l'ordre qui lui avait été donné de se rendre auprès du général Savary, qui avait demandé à lui parler.

« Voici les renseignements que j'ai pu recueillir sur cet individu.

« Il est né à Roveredo ; il a fait ses études à Inspruck ; il s'est jeté dans la révolution française par spéculation ; il a servi dans nos armées comme espion ; en cette qualité, il a beaucoup intrigué dans la Valteline, à Chiavenna et à Coire.

« Après la guerre, il fut recommandé par les autorités françaises au gouvernement italien, et, sur cette recommandation, il fut chargé deux fois de missions secrètes par feu M. Villa, ministre de l'intérieur ; il s'en acquitta mal, parce qu'il est intrigant, bavard et sans foi.

« Il était sans pain ; le ministre le plaça dans le bureau des passe-ports en qualité d'écrivain ; mais le chef de ce bureau, s'étant aperçu que Defanti mettait une excessive curiosité à savoir tout ce qui se passait au delà de l'Adige, le renvoya.

« Defanti était criblé de dettes. Elles s'élevaient, dit-on, à près de six cent mille livres. Il était poursuivi sans relâche par les huissiers, les saisies et les séquestres. Ses créanciers se lassaient d'attendre la rentrée des prétendues créances que Defanti disait avoir à exercer sur le gouvernement français. Defanti quitta sa famille pendant que Votre Majesté était à Milan. Il n'a plus reparu depuis.

« Depuis son départ, il a écrit trois fois à un nommé Palladini, son ancien camarade de bureau. Ces lettres sont datées, la première de Lugano, la seconde de Chiavenna, et la troisième de Berne. Il y fait espérer qu'il reviendra bientôt avec assez d'argent pour arranger ses affaires.

« S'il revient, il ne sera pas manqué.

« On dit ici que Defanti était l'espion du baron de Moll, commissaire autrichien à Milan. Il est certain que Defanti allait souvent chez le baron de Moll, et que son départ a suivi de près celui du baron. »

Eug. à Nap. Monza, 8 octobre 1805.

« Sire, j'ai l'honneur de rendre compte à Votre Majesté que trois bataillons du 20ᵉ régiment sont arrivés à l'armée. Le maréchal me prévient qu'on lui a bien annoncé le quatrième bataillon, mais qu'il n'en a pas encore eu de nouvelles.

« Je m'empresse de joindre à la présente la copie d'un rapport que je reçois à l'instant de Vérone. J'ai, ce matin, visité l'arsenal de Pavie. J'y ai vu, avec satisfaction, que les travaux sont en pleine activité. Je pars à l'instant pour le Simplon. Je serai absent deux jours. Je ne pourrai demain avoir l'honneur d'écrire à Votre Majesté. »

Eug. à Nap.
Monza,
11 octobre
1805.

« Sire, j'ai l'honneur de rendre compte à Votre Majesté que je suis revenu ce matin de la tournée que j'ai faite au Simplon. La route est aussi belle que je pouvais m'y attendre; dans peu, l'artillerie pourra y passer. Je doute cependant qu'elle soit praticable pendant les fortes neiges. Du reste, l'ouvrage entier est un monument admirable, et bien digne du siècle de Votre Majesté.

« J'ai eu à expédier, dans cette journée, des réponses à toutes les lettres que j'avais reçues pendant ces trois jours d'absence; entre autres plusieurs au maréchal Masséna. La convention qu'il avait faite avec l'archiduc Charles, il m'annonce qu'il l'a rompue, et qu'à compter du 22 vendémiaire ils pourront en venir aux mains; dans sa deuxième lettre, *il me demande des approvisionnements que je me suis empressé de lui accorder*. Je vais former une réserve de vivres pour six semaines, à Brescia, Pizzighettone et Pozzolo. J'espère que Votre Majesté voudra bien approuver cette mesure.

« Dans sa troisième, le maréchal me marque qu'il vient d'arriver de Toulon un lieutenant de vaisseau et plusieurs enseignes, pour prendre le commandement des flottilles des lacs de Garda et de Mantoue. J'ose dire à Votre Majesté que les officiers de sa marine italienne, sans être de grands marins en pleine mer, auraient cependant les talents nécessaires pour ce genre de service. Ils ont, d'ailleurs, la plus grande envie de servir Votre Majesté.

« Je reçois à l'instant une lettre de l'architrésorier, à laquelle était jointe plusieurs bulletins, dont j'envoie un exemplaire à Votre Majesté. Je n'ai pu m'empêcher de m'étonner de la publicité donnée aux lettres de Votre Majesté. Ma réponse, quoique en terme décents et honnêtes, lui dit clairement que les lettres de Votre Majesté, écrites à la hâte et par un souvenir de bonté pour nous, ne devaient pas être imprimées et affichées de cette manière.

« J'ose croire que Votre Majesté approuvera ma démarche, du moins elle aurait la bonté de l'excuser en faveur des sentiments qui l'ont dictée.

« J'envoie à Votre Majesté les journaux de ces trois derniers jours. »

Eug. à Nap. Monza, 12 octobre 1805.

« Sire, j'ai l'honneur d'adresser à Votre Majesté un état de situation et d'organisation de l'armée autrichienne en Italie, organisation qui a été faite par le prince Charles depuis son arrivée à l'armée.

« J'ai l'honneur de demander à Votre Majesté une décision sur l'affaire suivante :

« Le décret de Votre Majesté, en date du 12 septembre, porte, art. 1ᵉʳ : « Les cardinaux nés dans le
« royaume d'Italie et reconnus nationaux qui, *tout*
« *compris*, n'ont pas un revenu de cinquante mille
« livres de Milan, jouiront d'un traitement annuel
« de quinze mille livres, payé par le Trésor de la
« couronne. »

« Votre Majesté a-t-elle voulu entendre dans ces

mots, *tout compris*, les rentes de tout bénéfice quelconque, hors du royaume, ainsi que les revenus patrimoniaux?

« Cette question, adressée par l'intendant de la liste civile au ministre des cultes, m'a été soumise par celui-ci.

« Je n'ai pas cru devoir donner mon opinion, et j'attendrai la décision de Votre Majesté sur cet objet. »

*Eug. à Nap.
Monza,
15 octobre
1805.*

« Sire, j'ai reçu cette nuit, par un courrier de M. Maret et par un autre de M. de Talleyrand, l'heureuse nouvelle de la première victoire de Votre Majesté. J'en ai fait prévenir de suite toutes les autorités. J'en ai lu ce matin le bulletin au conseil d'État, et, demain, il sera dans tous les journaux. Je me suis empressé d'envoyer copie à Lucques, Rome, Gênes, Parme, et au quartier général. L'effet ne pourra en être que très-bon à l'armée d'Italie, comme aussi parmi tous les citoyens. Je dois dire à Votre Majesté que cette belle et grande nouvelle a été accueillie ici avec les plus grandes démonstrations de joie.

« Masséna et son armée vont bouillir d'impatience d'en venir aux mains.

« A compter d'aujourd'hui, à midi, la trêve est rompue, et je ne crois pas qu'on tarde beaucoup à se mesurer. Quant à moi, Votre Majesté rend justice à mon cœur; elle sait quel bonheur m'est réservé chaque fois que je reçois de ses nouvelles. Je parcours les cartes et je m'efforce de suivre, sur le papier, les grands et étonnants mouvements de l'armée de Votre Majesté; mais je conserve toujours le regret d'en être éloigné. »

« Sire, je reçois à l'instant même la lettre dont Votre Majesté m'a honoré, de Zusmerhausen, du 18 vendémiaire. Je ne puis rendre à Votre Majesté tout le plaisir que j'ai éprouvé en y trouvant quelques lignes de sa main. Je la remercie mille fois pour cette marque de bonté, comme pour les ordres qu'elle a donnés à Strasbourg. Je reçois régulièrement des nouvelles de Votre Majesté et de la belle, bonne et grande armée. Rien de tout ce que l'on apprend n'étonne personne, surtout dans ce pays, qui est déjà si habitué à vos victoires.

Eug. à Nap. Monza, 16 octobre 1805.

« Je ne ferai point publier votre dernier bulletin, parce que j'ai déjà donné la plus grande publicité au précédent, qui annonçait déjà la bataille de Wertingen avec la prise de toute la division ennemie. Cette heureuse nouvelle a produit un trop bon effet pour chercher à l'atténuer; je rendrai seulement publics les faits brillants de plusieurs officiers désignés dans le dernier bulletin.

« Tout est parfaitement tranquille ici. A Brescia, on parle de quelques mouvements, en avant, des troupes dans le Tyrol. On annonce quelques pièces de montagne; je n'ai encore rien de positif.

« Jusqu'à cette heure je ne sache point encore que les armées, en Italie, en soient venues aux mains. Je sais que celle de Votre Majesté est bien disposée. »

Eug. à Nap. Milan, 18 octobre 1805.

« Sire, j'ai reçu aujourd'hui, par deux courriers, les quatrième et cinquième bulletins de la grande armée. Je les ai publiés, et ils seront demain dans tous les journaux.

« J'ai reçu aujourd'hui, à cinq heures du soir, la nouvelle que quatre à cinq mille Autrichiens se mettaient en mouvement de *Storo* et *Condino* sur *Bagolino*. Ce serait vouloir tenter de passer le *Maniva*[1], et faire passer des partis dans le *Brescian* par le *val Tombia*. J'en ai écrit de suite au maréchal Masséna, et je pense qu'il prendra quelque mesure à cet égard. Si par hasard le maréchal méprisait ces partis ennemis, et n'envoyait personne de ces côtés, je m'y porterais moi-même.

« Une nouvelle à peu près sûre m'annonce l'arrivée, dans l'État romain, de l'armée française du général Saint-Cyr. Il paraîtrait même que cette armée rentrerait dans le royaume. Je crois devoir rendre compte de cet événement à Votre Majesté, quoique je pense bien que ce mouvement n'aura pu avoir lieu qu'en vertu de ses ordres[2]. Si l'armée du général Saint-Cyr arrive effectivement ici, Votre Majesté voudra bien me faire tenir, par le ministre de la guerre, ses instructions à cet égard.

« Ci-joint le journal de ce jour. »

---

[1] Le Maniva, un des sommets des Alpes Rhétiques, sur la limite des provinces de Brescia et de Bergame, à 8 lieues nord de Brescia.

[2] En effet, après le traité de neutralité conclu entre la France et Naples, traité violé après un si court espace de temps, le corps d'armée du général Gouvion Saint-Cyr avait reçu l'ordre de rallier Masséna.

« Sire, j'ai eu l'honneur de mettre sous les yeux de Votre Majesté, il y a quelques jours, un exemplaire du bulletin imprimé à Gênes, et de l'informer, en même temps, des observations que j'avais pris sur moi d'adresser à ce sujet à Son Altesse Sérénissime l'architrésorier.

« Je ne sais si Votre Majesté a approuvé ces observations; mais Son Altesse Sérénissime me répond aujourd'hui une lettre extrêmement bonne, et, je ne puis le dissimuler à Votre Majesté, je serais véritablement affligé si le compte que j'ai cru devoir vous rendre de cette petite affaire vous portait à adresser à mon voisin des reproches qu'il penserait bien lui avoir été suscités par moi.

« Votre Majesté appréciera les motifs qui dictent cette nouvelle dépêche, et qui m'en font en quelque sorte un devoir; je me confie dans sa bonté. »

Eug. à Nap. Milan. 18 octobre 1805.

« Je reçois à l'instant la lettre que Votre Altesse Sérénissime a eu la bonté de m'écrire, en réponse aux observations que j'avais pris sur moi de lui soumettre à l'occasion du premier bulletin imprimé à Gênes.

« Votre Altesse Sérénissime a sans doute attaché à mes observations plus d'importance que je ne l'aurais voulu. Elle me fait sentir aujourd'hui que, dans le premier moment, je n'avais pas moi-même tout senti, et je la remercie de ce nouveau témoignage de son amitié.

« Au reste, mes réflexions ne s'appliquaient cer-

Eug. à S. A. S. le prince architrésorier de l'Empire. Milan, 18 octobre 1805.

tainement pas aux faits, qu'il est toujours important de publier, mais seulement à quelques expressions confidentielles que je ne croyais pas destinées à être rendues publiques.

« Dans tous les cas, de moi à Votre Altesse Sérénissime, mes réflexions avaient sans doute besoin d'une excuse, mais je le savais, et je ne me suis pas trompé; cette excuse ne pouvait ni vous échapper ni manquer de vous paraître bonne; elle est tout entière dans des sentiments qui nous sont communs à tous deux, et dans les sentiments particuliers d'estime et d'attachement que je vous ai voués. »

Eug. à Nap.
Monza,
18 octobre
1805.

« Sire, un rapport du préfet de Mella, et un autre du capitaine de la gendarmerie de Brescia, m'ont transmis les détails suivants :

« Dans la nuit du 14, beaucoup d'Allemands débarquèrent à Possale. Ils prirent le chemin des vallées de Ledro, de Vestino et de Pont-Caffaro[1]. Dans la même nuit, vingt Autrichiens arrivèrent sur le mont Pavia, et vingt sur le mont Nota. Ils firent reculer nos postes avancés. Le 15, vers midi, quinze Allemands arrivèrent à Mughera, sous Limone; ils se logèrent dans la maison des paysans et obligèrent ceux-ci à les nourrir. Ils se retirèrent ensuite et assurèrent leurs hôtes qu'ils reviendraient le lendemain, *pour ne plus s'en aller.*

---

[1] Pays situés près de la pointe nord du lac d'Idro, entre ce lac et celui de Garda.

« Le 16, après midi, deux mille Allemands arrivèrent à Stazo, et un autre corps, peut-être plus nombreux, à Condino.

« On craint, à Bagolino, que les Autrichiens, ne descendent par ce point.

« J'ai donné connaissance de ces faits au maréchal Masséna; mais j'ai empêché, autant qu'il était en moi, qu'ils fussent connus à Milan.

« J'ai chargé le directeur général de la police de donner l'ordre, au préfet de la Mella, de surveiller tous les mouvements des Autrichiens, et de rendre compte, sans délai et simultanément, au maréchal Masséna et à moi, de tout ce qu'il observerait.

« Provisoirement et pour empêcher, autant que possible, qu'il se formât aucun parti dans l'intérieur qui osât venir au secours des Autrichiens, on a arrêté, à Salo, un nommé Rocco Mora, qui se distingua par ses brigandages et par l'assassinat d'un grand nombre de Français, à l'époque de la première invasion des Austro-Russes. On a également arrêté deux frères de cet individu, connus par les mêmes excès et les mêmes principes. Tous deux ont été également conduits dans les prisons de Salo. Les trois frères avaient été bannis du royaume, et n'y étaient rentrés qu'à la faveur de la loi d'amnistie.

« La ville de Brescia est d'ailleurs extrêmement tranquille, comme toutes les autres communes de votre royaume. »

« Sire, j'ai l'honneur d'adresser à Votre Majesté la copie textuelle d'une lettre du directeur des pos-

Eug. à Nap. Monza, 19 octobre 1805.

tes, à Vérone, à son directeur général à Milan :

« Vérone, 18 oct. 1805, 9 h. du matin.

« Vers les cinq heures du matin, le canon de
« Castel-Vecchio et le débarquement des bateaux
« ont ouvert une route aux Français. L'Adige a été
« passé en un point; toutes les redoutes construites
« vers le château ont été renversées et les Allemands
« obligés de se retirer. Quelques moments après, les
« Français attaquèrent la hauteur de Saint-Léonard
« et s'en emparèrent; on s'y bat encore.

« Masséna commande en personne la bataille;
« cinq cents prisonniers ont déjà été faits; quel-
« ques bombes ont été lancées par les Autrichiens
« dans notre ville, elles ont causé peu de domma-
« ges.

« On dit que les Français ont aussi passé l'Adige à
« Ronco et à Rivoli. On continue à gagner du terrain;
« l'ennemi perd ses redoutes, et j'espère qu'il per-
« dra bientôt la tête. »

« Voilà tout ce que je puis apprendre à Votre
Majesté. Dès que la nouvelle officielle de cette bataille
me sera parvenue, je m'empresserai d'en rendre
compte à Votre Majesté.

« Tout le royaume de Votre Majesté est parfaitement tranquille; on m'annonce même que le corps
ennemi qui s'était avancé vers le Mincio n'y a laissé
que des piquets et s'est retiré. »

<small>Nap. à Eug.
Elchingen,
20 octobre
1805.</small>

« Mon cousin, je vois avec étonnement que M. l'architrésorier a communiqué des lettres que je vous

avais écrites; c'est votre faute, vous deviez lui en envoyer des extraits. Vous ne devez communiquer mes lettres à personne; que cela ne vous arrive plus désormais. »

« Sire, j'ai l'honneur d'adresser à Votre Majesté le premier bulletin de l'armée française en Italie, que le maréchal Masséna m'a adressé cette nuit. Voilà déjà un premier succès; j'espère qu'il ne fait qu'en précéder de plus brillants encore.

« J'ai envoyé copie de ce bulletin à Lucques, Rome, etc., et j'ai l'honneur de l'adresser pareillement au prince Joseph et au prince Louis. »

Eug. à Nap. Monza, 20 octobre 1805.

« Sire, vos ministres en Italie viennent de me remettre leur budget pour les mois de novembre et de décembre. Je n'ose envoyer tous ces papiers à Votre Majesté; elle se trouve trop occupée en ce moment pour pouvoir se livrer à l'examen de tant de pièces. Je me bornerai seulement à mettre sous ses yeux : 1° le revenu du Trésor pendant ces deux mois; 2° le total des demandes de chaque ministre; 3° les sommes que je propose à Votre Majesté d'accorder.

« Le grand juge, ministre de la justice, demande 420,264 livres; le ministre de l'intérieur, 3,373,953; le ministre des finances, 1,273,171; le ministre de la guerre, 9,074,612; le ministre du culte, 53,204; le ministre du Trésor, pour la rétribution nouvelle, liste civile, secrétairerie d'État à Paris, 5,214,353; le ministre des relations extérieures, quoiqu'il ait déjà consommé tout ce qui lui avait été affecté pour

Eug. à Nap. Monza, 21 octobre 1805.

l'année, 80,000. Le total des demandes est donc de 19,493,537 livres.

« Je prierai Votre Majesté de vouloir bien les réduire, ainsi que j'ai l'honneur de lui proposer ci-dessous, en ayant également la bonté de m'autoriser à la répartition de ces sommes :

« Au ministre de la justice, 200,000 livres; au ministre de l'intérieur, 2,000,000; au ministre des finances, 1,200,000; au ministre de la guerre, 6,000,000; au ministre des relations extérieures, 80,000; au ministre des cultes, 53,204; au ministre du Trésor, 5,218,333. Total à peu près égal à la rentrée : 14,751,537 livres.

« Je prie Votre Majesté de vouloir bien me donner ses ordres à cet égard. »

Eug. à Nap. Monza, 25 octobre 1805.

« Sire, Votre Majesté me permettra de lui donner, sur la première affaire du maréchal Masséna, des détails qui peut-être ne sont pas parvenus à sa connaissance; d'ailleurs, je dois l'exacte vérité à Votre Majesté, et je m'acquitterai de ce devoir avec elle sur le présent objet.

« Suivant les rapports qui me sont parvenus sur la première affaire du maréchal, la réussite a été loin d'être ce qu'on se proposait qu'elle fût, car le projet était de surprendre l'ennemi sur le pont de passage, de s'emparer des premières redoutes, d'enlever de vive force la montagne Saint-Léonard, occuper Véronette et pousser les avant-postes jusqu'à Saint-Michel. Le maréchal Masséna l'a effectivement entrepris dans la matinée du 18 octobre; car, à cinq heures du matin, il lança, par le pont du vieux château, un bataillon de la 52°, qui fut bientôt suivi de la première division. J'ignore les noms des différents généraux et des corps qui ont donné. Je sais seulement qu'on a effectivement surpris l'ennemi, qu'on s'est emparé des redoutes, qu'on a attaqué Saint-Léonard; qu'enfin le combat a duré depuis cinq heures du matin jusqu'à six heures du soir, et que cependant nous n'occupions le soir que la seule tête du pont. J'ignore si le maréchal persistera dans son passage sur ce pont; mais voilà l'ennemi averti de ce côté. Je ne commenterai point le rapport du maréchal Masséna. Je ne cherche point à connaître s'il a des projets sur Ronco et autres lieux: je serai satisfait si Votre Majesté daigne approuver la hardiesse que j'ai prise de lui communiquer ces détails: »

« A quatre heures du matin, Sire, j'ai l'honneur de rendre compte à Votre Majesté que j'ai reçu, cette nuit à trois heures du matin, la brillante nouvelle de la défaite totale de l'armée autrichienne. Votre Majesté pourra juger du bonheur que j'éprouve d'apprendre la réussite complète de ses projets.

Eug. à Nap. Monza, 25 octobre 1805.

« Dans une heure, on va tirer le canon à Milan pour annoncer la victoire de la grande armée. Vos sujets italiens vous béniront, Sire, et je vais être bien heureux de me trouver le témoin de leurs transports.

« Cette lettre ne partira qu'à midi, vu que je fais copier deux rapports de Méjean[1]. Je l'avais envoyé

---

[1] Voir ces rapports au texte de ce livre.

au quartier général, pour y lever quelques difficultés, réclamer, ne serait-ce *qu'une dixième partie* de ce qui est dû aux départements, s'entendre cependant avec M. de Brême, pour qu'avant tout le service de l'armée fût fait. J'ai honte du contenu des rapports de Méjean, et, chose bien extraordinaire! c'est que d'autres rapports, qui me sont parvenus de différents côtés s'accordent à dire que Votre Majesté est cruellement trompée par ses employés subalternes, et que, bien malheureusement pour lui, le chef les soutient.

« Oui, Sire, je dois le dire à Votre Majesté, j'ai des notes indignes sur le maréchal X, le général L...., le général C...... et le général S...... Mon devoir est de les éclaircir, et je les éclaircirai. Je saurai l'exacte vérité, et je ne manquerai sûrement pas d'en faire part à Votre Majesté.

« Je serai satisfait si Votre Majesté a la bonté de ne voir dans cette lettre que la preuve des sentiments d'amour et d'attachement qui ne finiront qu'avec ma vie. »

Eug. à Nap.
Monza,
26 octobre
1805.

« Sire, je ne puis trouver de termes pour exprimer à Votre Majesté l'enthousiasme qu'ont éprouvé vos sujets italiens à la publication des brillants succès de la grande armée. Hier, dans Milan, on a été obligé d'envoyer un piquet chez l'imprimeur. Sa porte a été forcée dix fois, et les premiers exemplaires des bulletins ont été vendus jusqu'à deux sequins.

« Quant à moi, je suis au comble de la joie;

Votre Majesté a eu la bonté de promettre à l'Impératrice de me faire servir plus activement son auguste personne. Le jour que j'en recevrai l'ordre, il ne me restera plus rien à désirer.

« L'avant-garde de l'armée de Naples, c'est-à-dire la division Reynier, est entrée depuis peu de jours à Ancône, où elle a pris possession des forts. Le commandant a protesté, mais les forts n'en sont pas moins occupés par les troupes de Votre Majesté.

« D'après les renseignements que je reçois de l'Adige, l'ennemi a réuni ses forces principales à Saint-Bonifacio, Lonigo, Arcole, Albaredo, Cologna, Minerbe et Bevilacqua. Le quartier général du prince Charles est depuis le 22 octobre à San-Gregorio, et le grand parc à Villabella.

« L'armée du maréchal Masséna est toujours concentrée aux environs de Vérone, et placée de manière à pouvoir se porter rapidement sur tous les points. »

« Sire, les besoins de l'armée française, en Italie, étaient devenus bien urgents. Que Votre Majesté soit tranquille ; j'ai pourvu à tous. *Eug. à Nap. Monza, 29 octobre 1805.*

« Votre Majesté lira la longue lettre que j'ai cru devoir lui adresser, avec la certitude que l'armée d'Italie ne manquera de rien, et que les peuples d'Italie, bien tourmentés sans doute par les réquisitions, ont donné ce qu'ils ont pu, et n'ont pas fait entendre une seule plainte. »

« Sire, je m'empresse d'annoncer à Votre Majesté, *Eug. à Nap. Monza,*

30 octobre 1805.

par une lettre que je reçois à l'instant du préfet de l'Adige, que trois divisions ont passé ce matin, à cinq heures, sur le pont de Castel-Vecchio et ont occupé les hauteurs de Vérone. Cette lettre du préfet, écrite très à la hâte, ne me donne aucun autre détail; d'après les termes qu'il emploie, il paraît qu'il n'y avait pas eu d'affaire. Dès que j'aurai de plus grands détails, je m'empresserai de me faire un devoir d'en rendre compte à Votre Majesté.

« J'ai cru bien faire, dans la dernière circonstance, si brillante, d'écrire une circulaire à tous les évêques de votre royaume, pour qu'ils sachent par moi les étonnants succès de Votre Majesté, et je me suis servi de la même lettre pour leur ordonner de faire chanter, dans chaque paroisse de leur diocèse, un *Te Deum* en actions de grâces et des prières pour la continuation des victoires de l'armée française.

« J'ai écrit aujourd'hui une bien longue lettre à Votre Majesté. Je désire que ses moments lui permettent de la lire en entier, et je serai trop heureux de savoir que les mesures que j'ai prises ont mérité son approbation [1].

« Si pourtant l'armée française passe toute de l'autre côté de l'Adige, je regretterai bien les avances que j'ai faites; mais que pouvais-je de moins pour tant de demandes d'argent et des besoins connus si tard. »

---

[1] La lettre relative aux affaires administratives de l'armée du maréchal Masséna.

« Sire, je n'ai point reçu de lettre du maréchal Masséna : il est vraisemblable qu'il est trop occupé pour écrire. N'importe, je n'en donnerai pas moins à Votre Majesté les détails que j'ai reçus sur les dernières opérations de son armée.

Eug. à Nap. Milan, 30 octobre 1805.

« Ces détails m'ont été transmis par un aide de camp du ministre de la guerre, que j'avais envoyé en mission au quartier général.

« Hier, 29, à trois heures du matin, la division du général Gardanne a passé le Pont-Vieux à Vérone et s'est placée vis-à-vis les collines occupées par l'ennemi, en même temps que la division Duhesme défilait le long de l'Adige et tournait les hauteurs. Ce double mouvement nous donna quatre cents prisonniers.

« La division Séras a passé à Bussolingo. Il paraît qu'elle parcourt les montagnes très-vite et qu'elle se dirige vers le Monte-Bello.

« Dans le même temps, M. le maréchal fit sommer le commandant de Véronette d'évacuer la place et le menaça de la brûler s'il s'y refusait.

« M. le colonel Legisfeld s'était rendu de suite à la sommation ; mais on est sûr qu'un aide de camp du prince de Rosemberg le fit balancer un instant, et qu'il s'en fallut de peu qu'il ne le déterminât à tenir bon.

« Enfin, M. Legisfeld accepta en demandant seulement le temps nécessaire. M. le maréchal lui fit répondre qu'il lui accordait vingt-cinq minutes, et que, si la ville n'était pas évacuée au bout de ce temps, il passerait le pont de Vérone, comme on a passé celui de Lodi. Les Autrichiens évacuèrent. Dans un instant toutes les barricades disparurent, l'artillerie légère et trois régiments de cavalerie sortirent par la porte pour se rendre à Saint-Michel. Arrivés là, les Autrichiens essayèrent de s'y soutenir un moment; mais, bientôt déconcertés par une charge vigoureuse exécutée par le chef d'escadron Martique, à la tête de trente ou quarante guides de M. le maréchal, ils prirent la fuite, et nous abandonnèrent quatre cents prisonniers.

« Hier soir, la division des grenadiers était en avant de Saint-Martin, la division Molitor à droite, et la cavalerie en seconde ligne. Le général Gardanne s'arrêtait à Saint-Michel. Les divisions Duhesme et Séras continuaient leur chemin sur les montagnes; le général Verdier passait l'Adige à Ronco.

« De sorte que, dès demain, l'armée se trouvera en ligne et peut-être au pied des retranchements de Monte-Bello. Les deux compagnies de grenadiers de la deuxième demi-brigade de ligne italienne sont à l'armée avec les grenadiers français. »

Eug. à Nap. Monza, 2 novembre 1805.

« Sire, je m'empresse d'adresser à Votre Majesté le bulletin de l'armée d'Italie, que le maréchal Masséna m'a fait passer. Je crois de mon devoir d'y joindre deux rapports qui me sont parvenus sur la même affaire.

« J'ai reçu ce matin une lettre du général Saint-Cyr, qui m'annonce son arrivée dans le royaume d'Italie, et qui me prie de prendre toutes les mesures que je croirai convenables pour satisfaire aux besoins de son armée. Je fais partir cette nuit un ordonnateur qui assurera leurs vivres sur la route, et je vais m'occuper des moyens ultérieurs pour pouvoir à leur subsistance.

« J'ai reçu il y a peu d'instants une lettre de M. de Brême; il ne me donne aucun nouveau détail sur la dernière affaire, et je dois dire pourtant à sa louange qu'il y a été courir dès qu'il a entendu le canon, et qu'il est resté deux heures à pied, parlant et encourageant les soldats de la seconde ligne. Cette conduite est belle et méritait, je crois, d'être connue de Votre Majesté.

« Rien de nouveau dans l'intérieur du royaume. Il y existe la plus grande tranquillité, comme aussi la plus exacte surveillance.

« On m'assure que, pendant que nous attaquions Vérone, la division Verdier fut attaquée à Ferio, et qu'elle repoussa vigoureusement l'ennemi.

« Plusieurs lettres particulières annonçaient ici, depuis quelques jours, que l'armée autrichienne se retirait.

« Plusieurs autres lettres particulières d'hier et d'aujourd'hui assurent que le prince Charles a abandonné l'armée.

« P. S. Je reçois à l'instant le bulletin que m'adresse directement le maréchal Masséna. Je m'empresse d'en joindre une copie à la présente. »

« Sire, je m'empresse d'annoncer à Votre Majesté que, d'après une lettre que je reçois à l'instant, les

Eug: à Nap.
Monza,
1ᵉʳ novembre
1805.

fortes redoutes de Caldiero et de Colognola ont été attaquées et emportées hier matin. Deux mille prisonniers sont le fruit de cette action.

« Le quartier général était hier soir à Montebello, et les avant-postes sous Vicence. Dès que je recevrai les détails de cette affaire, je m'empresserai d'en faire part à Votre Majesté.

« Suivant les nouvelles particulières, il paraît toujours certain que le prince Charles aurait quitté l'armée[1] ; le comte de Bellegarde en aurait, dit-on, le commandement.

« Je crois de mon devoir d'instruire Votre Majesté que le maréchal Masséna a levé dans Véronette une contribution de quatre cent mille livres. Cette somme devait être payée vingt-quatre heures après son entrée dans cette ville.

« Il m'est parvenu un grand nombre de réclamations des propriétaires de Vérone italienne, sujets de Votre Majesté, et qui ont des biens de l'autre côté de l'Adige. Ils demandent de n'être point compris dans la répartition de cette contribution. J'écris demain matin au maréchal et lui envoie toutes ces réclamations.

« J'espère cette nuit recevoir les nouvelles officielles de la dernière affaire. Je fais à chaque instant des vœux pour que l'armée d'Italie s'éloigne à grandes marches de ce royaume, puisque les promesses de Votre Majesté à mon égard doivent se réaliser à cette époque.

---

[1] C'était un faux bruit.

« Je reçois à la minute même une lettre de Son Éminence le cardinal Fesch, en observant que Sa Sainteté n'en a pas, qui réclame du royaume d'Italie un prompt envoi d'argent à l'armée du général Saint-Cyr, et j'attendrai qu'il m'écrive à ce sujet. Dans tous les cas je m'empresse d'en prévenir Votre Majesté, afin qu'elle veuille bien me donner ses ordres. »

COPIE D'UNE LETTRE DU MINISTRE DE LA GUERRE

« 2 nov. 1805, 3 h. du matin.

« Je m'empresse de vous faire passer les nouvelles que je reçois à l'instant par le moyen d'un exprès envoyé par le chef d'escadron Chizzola, commandant la gendarmerie chargée de la police de l'armée.

« Le 30 octobre, on s'est battu avec beaucoup d'acharnement à Caldiero[1]; nous avons perdu du monde, mais on a fait deux mille prisonniers, et on a repris, avant la nuit, toutes les positions qu'on avait précédemment occupées.

« Le même chef d'escadron écrit de Vérone, où il a escorté les prisonniers, que, le 31 au matin, le feu devant Caldiero était terrible, mais que, jusqu'à onze heures, notre armée n'avait pas encore pu s'emparer du poste que l'ennemi défend avec beaucoup de monde.

« La gendarmerie du camp ne peut pas suffire au service de l'escorte des prisonniers dont elle est seule

---

[1] Nous avons lu avec étonnement, dans les *Mémoires du duc de Raguse*, que le maréchal Masséna avait perdu cette bataille de Caldiero.

chargée. Le maréchal Masséna demande un renfort de cent gendarmes, n'ayant aucune troupe disponible pour ce service. Je vais écrire au général Paul Franceschi de faire tous ses efforts pour en augmenter le nombre. Le chef d'escadron Chizzola mande que, s'il avait du monde à sa disposition, il pourrait donner la chasse à quelques détachements croates qui se trouvent dans les montagnes, coupés de l'armée et commettant beaucoup de désordres.

« Notre gendarmerie a toujours été en ligne pendant les affaires des 29 et 30. Le général Charpentier fait un grand éloge de cette arme. »

EXTRAIT D'UN RAPPORT DE VÉRONE.

« Vérone, 2 nov. 1805, 11 h. du soir.

« Un corps d'Autrichiens, fort de quatre à cinq mille hommes, et qui faisait partie de la division du général Rosemberg, était venu, par *Chiusa* et *Monte*, prendre position, hier soir, sur les hauteurs de San Mattia, qui sont à trois milles environ et à la vue de cette ville. Aujourd'hui, à la pointe du jour, ce corps a poussé ses avant-postes jusque sous nos murs. La garnison est sortie aussitôt pour les attaquer, et un détachement de grenadiers, envoyé du quartier général, a cerné la position de l'ennemi. Ce mouvement a parfaitement réussi, et, après une fusillade de trois heures, dans laquelle nous avons perdu peu de monde, les Autrichiens se sont trouvés contraints à capituler et à mettre bas les armes. La troupe, composée de cinq bataillons et demi de Croates, d'un demi-bataillon de Hongrois d'Auffenberg et d'un escadron de hussards, reste prisonnière de guerre. Les officiers, dans le nombre desquels sont le général Hillinger et quatre colonels, retournent dans leurs foyers sur parole.

« Nous avons éprouvé quelques inquiétudes, parce que les Autrichiens avaient fait passer dans des bateaux quelques partis, en divers endroits, sur la rive droite de l'Adige; mais ils se sont tous retirés, et nous sommes maintenant parfaitement tranquilles.

« L'ennemi est en pleine retraite. Le quartier général du maréchal Masséna est ce soir à San Bonifaccio, et les avant-postes français sont au delà de Montebello. »

Eug. à Nap. Monza, 4 novembre 1805.

« Sire, je m'empresse d'avoir l'honneur d'adresser à Votre Majesté le quatrième bulletin de l'armée d'Italie. Le maréchal Masséna doit en ce moment être à Vicence.

« Votre Majesté aura sans doute appris la forte résistance qu'a éprouvée le général Verdier au passage de l'Adige; ce général y a été blessé à l'épaule, et le général de brigade Brun a été tué.

« Il est probable que le prince Charles continuera sa retraite, et ce n'a été que pour la favoriser qu'il a tenu deux jours à Caldiero.

« J'apprends à l'instant que la première colonne de l'armée du général Saint-Cyr arrive aujourd'hui à Bologne, où doivent, dit-on, se réunir ses divisions. J'ignore encore entièrement sur quel point va se diriger cette armée. J'avoue à Votre Majesté un heureux pressentiment que j'ai : c'est qu'il en sera peut-être fait un détachement composé de quelques corps italiens, et le vice-roi de votre royaume d'Italie serait chargé de les conduire au combat sous les yeux de Votre Majesté. — Je puis bien l'assurer que, si ce pressentiment se réalisait, les soldats emploieraient bien leurs jambes afin de joindre la grande armée avant les murs de Vienne. La route du Tyrol est excellente.

« Je prie Votre Majesté de vouloir bien m'excuser si je prends ainsi la liberté de devancer, par mes réflexions, les ordres que j'espère recevoir bientôt; mais Votre Majesté doit aisément comprendre quel ardent désir j'ai de la rejoindre.

« Au reste, je garde ces réflexions tout à fait pour moi ; elles me font passer des moments bien agréables. »

Eug. à Nap. Monza, 6 novembre 1805.

« Sire, je n'ai point reçu aujourd'hui de nouvelles du maréchal Masséna. Les lettres de commerce annoncent cependant que l'armée est entrée hier, à sept heures du matin, à Vicence. Une particularité que je dois dire à Votre Majesté, c'est que les fonds sur Londres ont baissé d'une manière étonnante. La livre sterling, qui valait vingt sous de plus que le louis de France, vaut aujourd'hui deux francs de moins, ce qui fait une différence de trois francs par livre sterling.

« J'ai reçu, il y a environ deux heures, un courrier de M. Alquier, qui m'a apporté la nouvelle que les

Russes de Corfou avaient dû mettre à la voile le 25 octobre[1]. Il croit l'expédition destinée pour Livourne et l'île d'Elbe. Il paraît pourtant que les vents qui avaient régné jusqu'au 1ᵉʳ novembre vers la Sicile auraient empêché la flotte russe de faire du chemin. Ne connaissant point les intentions du général Saint-Cyr, j'ai cru néanmoins que je devais le prévenir de ces nouvelles, et je lui ai envoyé copie de la lettre de M. Alquier, sans cependant me permettre ni ordre ni réflexions. »

« Sire, j'ai l'honneur d'adresser à Votre Majesté le cinquième bulletin de l'armée d'Italie.

Eug. à Nap. Monza, 7 novembre 1805.

« Une chose qu'on m'assure et qui serait digne des Autrichiens, c'est que le prince Charles avait vendu ses magasins de Vicence aux habitants de la ville avant de l'évacuer; dès qu'il en a eu touché l'argent, il a fait piller les magasins par ses soldats[2]. »

« Sire, je m'empresse d'annoncer à Votre Majesté que l'armée française est entrée avant-hier, 7 novembre, à quatre heures du soir, dans Trévise; l'avant-garde de la cavalerie y était dès la veille. Le plus grand découragement est dans l'armée autri-

Eug. à Nap. Monza, 9 novembre 1805.

---

[1] C'était la flotte qui allait débarquer sur les côtes de Naples.
[2] Les Autrichiens ne firent pas piller les magasins. Tout tomba entre les mains de l'armée française, et malheureusement, le maréchal Masséna n'ayant pas pris les précautions nécessaires, une grande partie de ces importants approvisionnements, qui eussent été si utiles à son armée, devint la proie de leurs propres gardiens. Il se commit à cette époque et pendant toute cette campagne, à l'armée d'Italie, une série incroyable d'exactions et de dilapidations.

chienne. Des prisonniers ont assuré que le prince Charles était blessé. Leur retraite continue toujours, mais avec assez d'ordre; car, depuis Montebello, on ne leur a pris qu'un canon. Point de transport, point de caissons, point de bœufs. Cependant, du propre aveu de l'ennemi, il a déjà perdu, seulement en Italie, plus de vingt-quatre mille hommes; car on compte déjà environ quinze mille prisonniers.

« Je dois rendre compte à Votre Majesté que j'ai dirigé sur Paris, il y a environ huit jours, le *Code Napoléon*, traduit en italien et en latin. J'ai bien pensé qu'il serait inconvenant de l'adresser à Votre Majesté en Allemagne, et je l'ai envoyé à Aldini, qui attendra vos ordres afin de savoir si l'intention de Votre Majesté ne serait pas de faire revoir ces deux traductions par des hommes éclairés, à Paris. S'ils éprouvent un peu de retard, le Code ne pourrait pas être en vigueur au 1er janvier 1806; mais il le serait peu après. »

Eug. à Nap.
Monza,
11 novembre
1805.

« Les fêtes commencent à Milan; le ministre de la guerre en a donné une très-belle hier. Votre Majesté pourra en avoir les détails dans le journal ci-joint. Je n'y ai point été, car le genre de la société ne me convenait point. M. de Litta en donnera une dans quelques jours; mais j'éviterai toujours les fêtes. Je suis bien aise de voir les autres s'amuser, et n'en suis point pressé pour moi.

« Cette semaine, c'est ma fête. La ville est venue me proposer une belle réunion, des jeux publics, un bal, etc. J'ai tout refusé; et on se bornera seulement, je crois, à illuminer l'hôtel de ville. Moi, je me réjouirai à ma façon. Je ferai une petite guerre avec le peu de monde que j'ai. Nous passerons deux nuits au bivouac. Cela servira d'instruction aux jeunes gens et aura un but utile. Je fais chaque jour, chaque heure, des vœux ardents pour que ce but soit bientôt utilisé par Votre Majesté pour son service. Il ne pourra le confier à personne qui le fasse avec meilleur cœur et plus sincère attachement. »

Eug. à Nap. Monza, 11 novembre 1805.

« Sire, j'ai l'honneur d'adresser à Votre Majesté l'ordre du jour du maréchal Masséna, et je m'empresse de lui apprendre qu'il paraît, d'après les dernières nouvelles de l'armée d'Italie, que celle du prince Charles se retire à marches forcées : elle s'arrêtera pourtant à l'Isonzo.

« Un aide de camp du ministre de la guerre m'écrit, du quartier général où il reste, qu'un chef de bataillon du 5ᵉ régiment d'infanterie de ligne italienne était arrivé près du maréchal Masséna. Il m'apprend que ces deux régiments, à peine entrés à Ferrare, avaient reçu ordre de retourner à Ancône; mais que, les commandants desdits corps ayant expédié deux officiers supérieurs auprès du maréchal pour demander de faire partie de l'armée qui se trouve sur la Piave, ils avaient obtenu de rester à Ferrare jusqu'à nouvel ordre. J'en écris de suite au général Saint-Cyr, et j'y envoie un aide de camp pour éclaircir cette affaire; car, si les chefs ont reçu l'ordre de se rendre à Ancône, ils sont bien coupables de ne l'avoir pas exécuté. Je pense que le général Saint-Cyr ne sera point assez faible pour ne pas se faire obéir. J'ai cru de mon devoir de faire ces démarches, toujours dans la seule vue de servir Votre Majesté.

« J'ai reçu une lettre du général Chasseloup qui me demande des fonds pour des travaux à faire et à relever à Porto-Legnago. J'ai envoyé de suite trente mille livres qui suffisent, je pense, pour le premier moment; j'aurai bien soin que ce travail ne souffre point par le manque de fonds.

« J'ai oublié de rendre compte à Votre Majesté que, sur la demande de l'architrésorier, j'ai fait arrêter à Milan, il y a cinq à six jours, le nommé C..., adjudant commandant. Suivant les désirs de l'architrésorier, je vais le diriger sur Turin où j'écris qu'on le conduise à Fenestrelles. »

Eug. à Nap. Monza, 13 novembre 1805.

« Sire, je m'empresse d'adresser à Votre Majesté des papiers qui ont été surpris et qui m'ont paru pouvoir être intéressants, principalement la lettre écrite à la reine de Naples par le prince de Marsiconégo, et datée de Berlin. J'ai laissé donner cours à deux autres lettres adressées également à la reine de Naples, et qui étaient écrites par ses agents à Manheim et à Francfort. Il n'y avait point de signature, seulement on racontait les hauts faits de la grande armée en se lamentant sur le sort des Autrichiens. Votre Majesté peut bien penser que d'après les ordres que j'ai donnés on est à l'affût de la suite d'une correspondance qui peut devenir fort intéressante.

« J'ai reçu ce matin une lettre du général Saint-Cyr qui m'annonce son départ de Bologne, et m'apprend que son armée est en marche pour suivre celle du maréchal Masséna. Plusieurs corps ont resté ou rétrogradé à Ancône.

« Le 5ᵉ de ligne italien, dont j'avais annoncé à Votre Majesté les réclamations, s'y est également dirigé.

« Je n'ai point reçu, depuis quatre jours, de nouvelles du maréchal Masséna. Celles de la grande armée commencent à devenir moins fréquentes, et Votre Majesté nous a réellement gâté avec tant et de si bons bulletins. »

Eug. à N. p. Monza. 13 novembre 1805.

« Sire, je m'empresse d'annoncer à Votre Majesté ce que peut-être elle sait déjà : c'est l'arrivée de la flotte russe dans le port de Syracuse, en Sicile; elle porte, assure-t-on, quinze mille hommes, et n'attend que sa jonction avec les troupes de Malte pour se porter sur l'île d'Elbe et Livourne.

« Votre Majesté aura sans doute appris que l'armée du général Saint-Cyr avait presque toute passé l'Adige, d'après les ordres du maréchal Masséna.

« Mon aide de camp, qui est arrivé cette nuit de sa mission de Ferrare, m'a annoncé que les deux régiments italiens n'étaient point dans leur tort; ils s'étaient arrêtés dans cette ville parce qu'ils avaient reçu l'ordre du général Saint-Cyr de se diriger sur Ancône, et le maréchal Masséna leur avait ordonné, de son côté, d'aller joindre promptement l'armée d'Italie; de sorte qu'ils ne savaient à qui obéir. Définitivement, ils sont partis pour Ancône; mais plusieurs autres corps ont déjà passé Padoue. Le général Saint-Cyr s'est rendu lui-même au quartier général du maréchal Masséna pour s'expliquer avec lui, car il prétend n'avoir reçu d'autre ordre du ministre de la guerre, sinon d'occuper Ferrare et Bologne, où il prétend qu'il devait recevoir de nouvelles instructions du ministre de la guerre avant de se mouvoir. Pourtant le maréchal Masséna, tout en ayant fait suivre son armée par celle du général Saint-Cyr, a laissé à Ancône le général Montrichard avec deux régiments d'infanterie et un de cavalerie; et, sur la première nouvelle de l'ambassadeur Alquier, il a envoyé le général Verdier à Florence et a fait arrêter, à Bologne, le 42e de ligne, fort de dix-huit cent onze hommes; le 1er régiment d'infanterie légère, de deux mille trois cent soixante et un hommes; le 7e régiment de dragons, de cinq cent quarante-quatre hommes; artillerie légère, de soixante-quatre hommes; artillerie à pied, de soixante hommes. Total, quatre mille huit cent quarante hommes.

« J'ai cru devoir entrer dans tous ces détails avec Votre Majesté; elle pourra ainsi connaître les ordres donnés, reçus, et apprécier la conduite de chacun, comme je dois aussi rendre compte de la mienne à Votre Majesté. Je m'empresse de la prévenir que j'ai informé le maréchal Masséna des projets des Russes, en le priant de prendre sans délai les mesures qu'il croira convenables. Je ne doute pas qu'il ne renforce de plusieurs corps la division du général Verdier, dans le cas où il ne croira pas devoir rétablir l'armée du général Saint-Cyr comme elle était d'après les derniers ordres du ministre de la guerre; mais, dans le cas où le général Saint-Cyr ne reviendrait pas, et qu'il y eût débarquement ou apparition de flottes avec troupes à bord. Je me rends moi-même à Bologne ou Modène, et je réunirai tout ce qu'il y aura, en Italie et Piémont, en état de tirer un coup de fusil; et, si nous ne culbutons pas l'ennemi, au moins le chemin lui sera disputé pied à pied.

« J'attends pour commencer les mouvements une réponse au courrier que j'ai envoyé au maréchal Masséna. Dans tous les cas, je fais partir demain soir, pour Bologne, six pièces d'artillerie de campagne, avec deux cents coups par pièce.

« Le général Verdier m'a écrit qu'il était pauvre de cette arme. Enfin, je prie Votre Majesté d'être tranquille; il sera fait tout ce que commandera le bien du service. Je prendrai sur moi ce qu'il faudra prendre, et ses bons serviteurs ici sont heureux de voir arriver le moment où ils pourront prouver à Votre Majesté leur zèle et leur sincère attachement.

« Je joins à la présente une lettre que j'ai cru devoir écrire à M. Moreau de Saint-Méry dans les circonstances prescrites. »

Eugène à M. Moreau de Saint-Méry. Milan, 15 novembre 1805.

« J'ai eu connaissance, monsieur Moreau de Saint-Méry, de la bonne organisation des troupes nationales des duchés que vous administrez. Le moment est arrivé où, en utilisant ces troupes pour la défense de leurs foyers, on leur fournira l'occasion de témoigner tout leur attachement à leur Empereur, et leur zèle pour son service. Je vous invite à choisir, dans cette nombreuse garde nationale, un corps d'environ douze mille hommes, à les réunir, et qu'ils soient prêts le plus tôt possible à exécuter les ordres que Sa Majesté pourrait leur faire donner pour couvrir leur pays et y maintenir la paix et le bon ordre. »

<small>Eug. à Nap.
Milan,
16 novembre
1805.</small>
« Sire, j'ai l'honneur d'adresser à Votre Majesté le sixième bulletin de l'armée d'Italie.

« Je joins aussi à la présente une lettre qui a paru intéressante parce qu'il paraît qu'elle contient une lettre adressée au roi de Suède. N'ayant ici personne de confiance qui sache le suédois, je n'en connais pas le contenu; mais j'ai cru prudent de l'adresser à Votre Majesté.

« Je reçois à l'instant les dix-huitième et dix-neuvième bulletins de la grande armée. Votre Majesté nous a tellement habitués à ses grandes marches et à ses victoires, que l'on ne s'étonne plus de rien. L'admiration s'accroît tous les jours. »

<small>Eug. à Nap.
Milan,
19 novembre
1805.</small>
« Sire, je m'empresse de faire part à Votre Majesté que le quartier général du maréchal Masséna était, il y a deux jours, plus loin qu'Udine.

« Les troupes françaises sont entrées à Palmanova sans y trouver la moindre résistance. On espère également que Gradisca ne sera point défendu.

« Il est passé ce soir, à Milan, un second aide de camp du maréchal, se rendant près de Votre Majesté pour lui donner ces nouvelles. J'ai pensé que cette lettre arriverait peut-être avant lui. Je n'ai encore reçu aucune réponse du maréchal Masséna à mes deux courriers. Je sais pourtant que le général Saint-Cyr avait repassé le Tagliamento de sa personne. Toute la partie de ses troupes qui avait passé l'Adige se trouvait à Padoue, Trévise, etc.

« Point de nouvelles de mer depuis ma dernière dépêche.

« J'attends le retour d'un de mes aides de camp, que j'ai envoyé à Parme, pour rendre compte à Votre Majesté de l'organisation de la milice en ce pays.

« J'ai envoyé le conseiller d'État Guastavillani à Bologne, et j'espère beaucoup de sa mission.

« Enfin, je prie Votre Majesté de croire que je ne cesse de veiller à la sûreté de son royaume.

« J'ai écrit hier au général Menou pour qu'il envoie à Gênes un ou deux bataillons, et j'ai écrit également à l'architrésorier, en l'invitant à faire tenir les batteries de toute la côte en bon état.

« Je désire que Votre Majesté ne voie dans cette mesure que l'intention de lui être agréable et de la bien servir. »

Eug. à Nap. Monza, 20 novembre 1805.

« Sire, mon aide de camp est revenu de la mission que je lui ai donnée à Bologne, Parme et Plaisance. Il a trouvé, dans cette dernière ville, la division qu'on a confiée au général Verdier, qui doit se porter sur Livourne. Elle est composée de deux régiments d'infanterie et d'un régiment de dragons. L'artillerie de cette division était dans un tel dénûment, que six pièces de campagne et quelques caissons étaient traînés par des bœufs de réquisition, très-peu de munitions, aucun effet de rechange, enfin, plutôt propres à rentrer dans un dépôt que d'entrer en campagne. J'ai envoyé sur-le-champ cent mulets et quarante chevaux dont je pouvais disposer.

« Le général Verdier m'ayant fait part de ses pressants besoins d'argent, je lui ai envoyé cinquante mille francs par courrier extraordinaire.

« J'ai fourni également les fonds nécessaires à la division de l'artillerie de Plaisance pour la confection des harnachements. Ainsi Votre Majesté peut être tranquille sur cette division ; elle sera nourrie par la Toscane, et j'ai écrit à cet effet au ministre de Votre Majesté à Florence.

« Sur les mauvaises nouvelles que j'ai reçues d'Ancône, j'y ai envoyé ce matin un de mes aides de camp. On a laissé le général Montrichard dans cette place avec deux régiments d'infanterie et un de cavalerie ; on lui a ordonné d'approvisionner et d'armer la place, et on ne lui a laissé aucun moyen pour l'un et l'autre objet. Il n'a pas avec lui une seule pièce de siége. Il n'a pas cinquante livres de poudre à brûler contre un brick qui se présenterait pour entrer dans le port.

« Ayant appris que, d'après les ordres du général Saint-Cyr, on avait restitué à un bâtiment de guerre du roi de Naples, dans le port d'Ancône, douze mortiers, huit grosses pièces et cinquante milliers de poudre que l'armée de Naples avait ramenés de Tarente par mer, j'ai bien vite écrit au général Montrichard de reprendre de suite ces poudres et ces pièces dont il pourra se servir provisoirement à titre d'emprunt. J'ignore si l'ordre arrivera assez à temps pour être exécuté ; au reste, sous deux jours, mon aide de camp reviendra et me rapportera l'état exact de ce qu'il y a et de ce qu'il manque. Votre Majesté veut bien penser que je ne négligerai rien pour pourvoir, autant qu'il me sera possible, aux besoins de cette division.

« J'ai appris seulement d'aujourd'hui, et par une lettre particulière, que le général Saint-Cyr allait établir son quartier général à Padoue, et que le reste de son armée occupait les postes de la terre ferme, en face des lagunes. On dit la garnison de Venise et de ses îles forte de douze mille hommes.

« Je n'ai point encore reçu de nouvelles des flottes russe et anglaise. Il se pourrait bien que l'entrée de Votre Majesté à Vienne, dont nous attendons la nouvelle d'heure en heure, et qui ne tardera pas à leur parvenir, les empêche de venir nous visiter. Je ne néglige cependant aucun des moyens convenables pour les bien recevoir.

« Nos gardes nationales s'organisent. Celles du royaume d'Italie ne vont pas au gré de mes souhaits; mais, en revanche, la milice des duchés de Parme et de Plaisance ne laisse rien à désirer.

« Sous peu de jours, grâce aux soins de M. Moreau de Saint-Méry et à l'enthousiasme pour Votre Majesté, j'aurai à ma disposition douze mille hommes de bonne volonté, dont mille grenadiers, deux cents dragons et deux compagnies de canonniers : le tout bien composé et animé du meilleur esprit.

« Ainsi que j'ai déjà eu l'honneur de l'écrire à Votre Majesté, le conseiller d'État Guastavillani est occupé d'en lever autant dans les départements du Tanaro, du Reno et du Crostolo.

« Je prie Votre Majesté de voir, dans toutes les mesures que j'ai prises, l'ardent désir que j'ai de la bien servir, désir que je conserverai toute ma vie. »

<small>Eug. à Nap.
Monza,
20 novembre
1805.</small>

« J'ai l'honneur d'adresser à Votre Majesté la copie d'une lettre du maréchal Masséna, qui explique les raisons pour lesquelles il a fait venir le général Saint-Cyr et une partie de son armée.

« Je ne change pourtant aucune de mes dispositions précédentes, elles ne peuvent que parfaitement seconder le système de défense des États de Votre Majesté au delà des Alpes.

« Le bulletin que le maréchal Masséna m'envoie annonce les prises de Palmanova, Udine, Gradisca et l'entrée à Gorizia. L'ennemi ne fait résistance nulle part et paraît diriger sa retraite vers la Hongrie en se jetant dans la Croatie.

« Je m'empresse d'adresser à Votre Majesté une lettre que je reçois du cardinal Fesch et qui est à son adresse. »

<small>Eug. à Nap.
Monza,
22 novembre
1805.</small>

« J'ai l'honneur d'envoyer à Votre Majesté le septième bulletin de l'armée d'Italie, dont je vous ai donné l'extrait par ma lettre d'hier.

« M. l'architrésorier m'annonce qu'il a fait toutes les dispositions nécessaires pour mettre toutes les côtes de l'ancien État de Gênes sur le meilleur pied de défense. Il paraît au surplus que les projets de descente dans nos parages s'évanouissent. De nouveaux rapports me disent que les flottes qui ont été aperçues seraient destinées pour Cadix.

« J'attends avec la plus vive impatience la nouvelle de l'entrée de Votre Majesté à Vienne. Je me dispose à la faire proclamer dans tout votre royaume d'Italie avec l'éclat et la pompe que mérite un aussi beau triomphe. Je puis d'avance répondre à Votre Majesté que cette nouvelle sera accueillie avec le plus grand enthousiasme par ses sujets d'Italie. Pour moi, rien ne peut égaler ma joie et mon admiration que le profond respect avec lequel, etc. »

« Sire, j'ai l'honneur d'annoncer à Votre Majesté que ce n'est que ce matin que j'ai appris l'entrée de la grande armée à Vienne, et je l'ai apprise par un officier que m'a envoyé le maréchal Ney avec une lettre datée de Botzen du 29 brumaire. J'ai de suite fait tirer le canon, et l'on publiera d'une manière solennelle l'entrée de Votre Majesté dans la capitale de l'empire d'Allemagne. D'après le rapport de l'officier que m'a envoyé le maréchal Ney, il paraît que le Tyrol est entièrement évacué ; mais que l'archiduc Jean, avec le corps sous ses ordres, chassé de Botzen, Neumarck, etc., s'était dirigé de Trente à la Brenta sur Bassano, ayant l'intention de gagner Venise.

*Eug. à Nap.
Monza,
22 novembre
1805.*

« J'étais prévenu depuis deux jours de ces nouvelles, et j'en avais écrit au général Saint-Cyr, dont le quartier général était à Padoue, en l'invitant d'en faire part au maréchal Masséna. Je ne doute pas que ce dernier n'ait bien surveillé ses derrières, de même que le premier aura sûrement marché de suite à la rencontre de l'ennemi pour lui couper le chemin de Venise, seule retraite qui lui reste, après quoi il ne pourra que se faire battre et capituler.

« Je prends la liberté de demander à Votre Majesté une grande faveur pour ce pays-ci; ce serait de permettre qu'une députation de vos fidèles sujets de ce royaume se rende près de votre auguste personne pour porter à vos pieds le nouvel hommage de leur fidélité, les félicitations des peuples auxquels vos étonnantes victoires viennent d'assurer pour jamais le bonheur et la tranquillité. Si Votre Majesté m'accordait cette grâce, je composerais la députation d'un grand officier de sa couronne, de deux ministres et de trois conseillers d'État.

« J'attendrai avec grande impatience la réponse que Votre Majesté daignera me faire.

« J'adresse cette lettre à Votre Majesté par le retour de l'officier que m'a envoyé le maréchal Ney, dans l'espérance que cette voie sera la plus courte. »

Eugène au général Menou, Milan, 26 novembre 1805.

« Je vous prie, monsieur le général Menou, de faire partir de suite pour Parme la cavalerie de la légion hanovrienne, le 6ᵉ régiment d'infanterie de ligne et le bataillon suisse; je vous remplacerai ces troupes par un régiment des milices du Plaisantin; ce régiment est nombreux et animé d'un bon esprit, il n'est pas totalement armé; je vous invite à le faire armer à son arrivée à Alexandrie, où il se rendra vers le 10 décembre; vous retirerez de Gênes le bataillon du 15ᵉ régiment qui vous rejoindra. La destination de l'expédition anglo-russe est enfin connue, c'est à Naples et dans la Pouille qu'elle a débarqué.

« Sur ce, monsieur le général Menou, je prie Dieu qu'il vous ait en sa sainte garde. »

<small>Eug. à Nap. Milan, 26 novembre 1805.</small>

« J'ai déjà eu l'honneur de rendre compte à Votre Majesté de la demande qui m'avait été faite par les ministres et conseillers d'État de les autoriser à se rendre par députation au quartier général de Votre Majesté pour lui présenter les hommages d'admiration, de reconnaissance et d'amour de tous les peuples de votre royaume d'Italie.

« J'avais cru d'abord devoir attendre les ordres de Votre Majesté pour accueillir cette demande; mais, au moment où elle m'a été faite, les grands bulletins n'étaient pas encore arrivés; ils sont arrivés depuis, et l'impatience d'obtenir la permission de se rendre au quartier général s'est accrue dans la proportion de la joie que les dernières nouvelles ont inspirée.

« Demain, la députation sera nommée : elle sera composée d'un grand dignitaire, de deux ministres, de deux membres du conseil d'État, et je crois aussi de deux membres de la chambre de commerce. J'ai pensé que, dans cette circonstance, Votre Majesté verrait avec plaisir des négociants parmi les députés du royaume d'Italie.

« J'espère que Votre Majesté ne me saura pas mauvais gré d'avoir accueilli, sans avoir attendu ses ordres, le vœu de ses premiers sujets d'Italie. Il m'est démontré à moi que ce vœu est devenu tous les jours plus ardent et plus sincère.

« Je ne parle pas aujourd'hui à Votre Majesté de l'esprit public de Milan, ou plutôt je n'en dis qu'un mot : Votre Majesté en serait contente. »

<small>Eugène à Masséna. Milan, 26 novembre 1805.</small>

« Je m'empresse de vous adresser, monsieur le maréchal, une lettre de M. le cardinal Fesch, qui vous prévient sans doute du débarquement, à Naples, des Anglais et des Russes, au nombre de trente-deux mille hommes, et d'un débarquement d'une autre division dans la Pouille. Je m'empresse également de vous faire part des dispositions que j'ai prises. Je désire qu'elles obtiennent votre approbation, et, dans le cas où l'ordre que j'expédie au lieutenant général Saint-Cyr aurait besoin d'être appuyé de vous, je vous prie de le lui donner le plus tôt possible, car vous voyez que les moments sont précieux.

« 1° J'écris au général Saint-Cyr que, aussitôt qu'il aura terminé avec la division autrichienne du prince de Rohan, et qu'il aura mis à couvert les États vénitiens des entreprises qu'on pourrait tenter de Venise, qu'il se rende à Bologne avec toutes les troupes dont il pourra disposer en infanterie, cavalerie et artillerie.

« 2° Je réunis entre Bologne et Modène les troupes nationales du royaume, celles des États de Parme, Plaisance et Guastalla, en un camp de réserve.

« 3° Je tire de la vingt-septième division la cavalerie de la légion hanovrienne, le 69° régiment d'infanterie de ligne et un bataillon suisse, et les réunis à Parme.

« 4° Je remplace ces troupes, dans la vingt-septième division, par un régiment de milice de Plaisance, fort de près de deux mille à deux mille cinq cents hommes.

« 5° Je fais partir pour Modène la légion corse, et je la remplace, à Mantoue, par un nombre égal de troupes nationales. Mon intention est également de tirer de Peschiera et de Legnago le tiers des troupes de ligne qui s'y trouvent, si la force de la garnison le permet, et de les remplacer par des bataillons nationaux.

« 6° Je fais prendre six mille fusils à Mantoue pour armer les bataillons que je fais former dans tous les départements.

« 7° J'envoie à Modène une division d'artillerie à cheval, et une d'artillerie à pied.

« 8° Suivant le mouvement de l'armée anglo-russe, on pourra tirer une partie de la garnison d'Ancône et de Livourne, et je pense qu'avec ce que le général Saint-Cyr amènera on pourra réunir à peu près trente mille hommes, dont dix à douze mille de troupes de ligne, ce qui, dans le fonds, composera la partie la meilleure et la plus active de cette armée.

« Je me rendrai sous huitaine à Bologne pour activer l'organisation et la réunion de tous ces bataillons dispersés, veiller à leur armement, faire établir les magasins, etc., et j'espère y être bientôt joint par le général Saint-Cyr avec ce qu'il pourra amener de troupes. »

« Sire, je m'empresse d'annoncer à Votre Majesté les nouvelles des flottes russe et anglaise. Je hasarde ces dépêches par un courrier extraordinaire qui traversera le Tyrol ; mais j'en adresse le duplicata à Votre Majesté par l'estafette ordinaire de Strasbourg et de Munich.

« Une lettre de Son Éminence le cardinal Fesch m'annonce qu'une flotte considérable russe et anglaise, composée de douze vaisseaux de guerre et d'un grand nombre de transports, est entrée dans la rade de Naples le 22 brumaire au matin. Le mercredi, 23, l'armée anglo-russe, avec une artillerie et des équipages considérables, a débarqué. Les troupes ont été momentanément placées dans les vastes magasins qui se trouvent entre Naples et Portici. On porte à trente-deux mille hommes la force de cette armée. On assure même qu'une autre division a débarqué dans la Pouille. J'espère bientôt avoir d'autres renseignements et d'autres détails, et je ne manquerai sûrement pas d'en informer Votre Majesté.

« Je vais maintenant lui rendre compte des dispositions que j'ai prises pour la sûreté de son royaume d'Italie, et je serai trop heureux si j'obtiens son approbation.

« 1° J'ai pris le décret dont j'ai l'honneur de joindre ici la copie.

« 2° J'ai écrit au général Saint-Cyr, qui doit avoir maintenant défait la colonne du prince de Rohan, de se rendre à Bologne avec le plus de troupes qu'il lui sera possible;

« 3° Je fais part au maréchal Masséna de mes dispositions en le priant d'en écrire au lieutenant général Saint-Cyr dans le cas où ma lettre ne suffirait point.

« 4° J'ai écrit au général Menou de diriger sur Modène la cavalerie hanovrienne, le 67ᵉ régiment et un bataillon suisse. Je lui laisse le 13ᵉ régiment de ligne et remplace les troupes que je lui prends par un régiment de milice de Plaisance, fort de deux mille hommes, bien composé, et dont il pourra faire usage provisoirement pour les citadelles de Turin et d'Alexandrie.

« 5° J'ai mis en mouvement la réserve d'artillerie de dix-huit pièces que j'avais à Monza et Pavie. Elle est bien attelée et bien servie.

« 6° Je fais marcher le régiment des dragons-Napoléon et je retire de Mantoue la légion corse que je remplace par deux bataillons de garde nationale. Votre Majesté peut être tranquille sur Mantoue, puisque, outre ces deux bataillons de garde nationale, j'ai fait former un bataillon de canonniers de ce département, d'après la demande du général Miollis, et il existe en ce moment dans cette place environ cinq mille hommes des dépôts de tous les corps français et italiens composant l'armée d'Italie.

« 7° Je dirige M. de Brême sur Bologne où je fais établir des magasins pour une armée ;

« 8° J'aurai, du 5 au 15 décembre, une somme de deux millions dans la caisse du payeur de Bologne pour le service de ce corps de réserve.

« Enfin le résultat de toutes mes dispositions sera

d'avoir, au 10 décembre, réunis sur les points de Bologne et de Modène dix mille hommes des milices des États de Parme, quinze mille hommes des gardes nationales du royaume d'Italie, quatre mille hommes de troupes françaises et italiennes. Il faut ajouter à cela quatre mille cinq cents hommes du général Verdier, trois mille cinq cents hommes du général Montrichard et les troupes qu'amènera le lieutenant général Saint-Cyr. Le corps de réserve sera donc de quarante-deux à quarante-quatre mille hommes dont au moins dix-huit mille hommes de troupes de ligne. J'aurai, j'espère, trente pièces d'artillerie bien servies et bien attelées, dont douze seront pour l'artillerie légère. Je partirai moi-même vers le 5 décembre pour aller passer en revue, organiser, armer, et donner, j'espère, un bon esprit à tous ces bataillons de gardes nationales ainsi qu'aux milices des États de Parme.

« J'ai écrit au général Saint-Cyr pour qu'il se rende à Bologne à la même époque à laquelle je m'y trouverais, afin de m'entendre avec lui pour l'organisation des divisions. Je compte former chaque division d'une brigade d'infanterie de ligne, d'une brigade de gardes nationales, d'un régiment de cavalerie et de six bouches à feu. Les généraux de division seront Verdier, Montrichard, Pino, Lecchi et Dombrowski.

« Voilà les dispositions que j'ai cru nécessaires pour le bien du service de Votre Majesté, et, depuis que j'ai reçu la lettre du cardinal Fesch, je n'ai pas perdu un seul instant pour donner les ordres dont je viens d'avoir l'honneur de vous rendre compte.

« Votre Majesté peut bien croire que toutes les têtes sont montées au dernier degré, d'abord par l'enthousiasme pour son auguste personne et par la joie que vient d'occasionner l'arrivée des vingt-deuxième, vingt-troisième, vingt-quatrième et vingt-cinquième bulletins de la grande armée.

« Maintenant je brûle d'impatience de recevoir une réponse de Votre Majesté. Qu'elle veuille bien approuver les mesures que j'ai prises ; qu'elle veuille bien permettre que ce corps de réserve, formé à Bologne, prenne le nom d'armée ; que Votre Majesté veuille bien me désigner qui la commandera ; mais qu'elle soit certaine qu'en attendant ses ordres, tout ce qu'il sera nécessaire de faire sera fait par moi. Tous ceux qui, comme moi, sont sincèrement attachés à Votre Majesté brûlent du désir de l'arrivée des Russes près du royaume, et que l'ordre de Votre Majesté d'aller les joindre leur fournisse l'occasion de prouver à Votre Majesté tout ce qu'ils portent d'amour et de dévouement à son auguste personne.

« Je reçois à l'instant par un courrier extraordinaire la nouvelle que le lieutenant général Saint-Cyr, à la tête de la division Reynier et des corps polonais, a attaqué, près de Castel-Franco, la colonne ennemie sous les ordres du prince de Rohan. Le résultat de cette affaire a été de trois mille prisonniers, parmi lesquels se trouvent plusieurs officiers généraux et officiers supérieurs.

« Le général Saint-Cyr continuait, au départ du

courrier, à poursuivre le prince de Rohan qui s'était échappé avec les débris de sa colonne. »

<small>Eug. à Nap.
Monza,
28 novembre
1805.</small>

« Sire, je profite du passage du courrier de M. Alquier pour donner à Votre Majesté quelques renseignements qu'il vient de m'adresser de Rome et que, sans doute, il donne en plus grand détail dans la dépêche dont le courrier est porteur pour M. de Talleyrand.

« Il résulte de ces renseignements que les Russes débarqués à Naples sont forts de treize mille six cents hommes, plus de cinq mille six cents Anglais débarqués à Castellamare, plus de dix mille Russes débarqués à Tarente, et enfin quarante mille hommes que le roi de Naples s'est engagé à fournir tout de suite.

« Toute l'artillerie napolitaine est déjà en mouvement, et les premières colonnes russes ont dû partir, le 3 frimaire, de Naples, se dirigeant sur les Abruzzes.

« Votre Majesté peut bien penser que je ne perds pas un instant pour prévenir de ces mouvements les généraux Masséna et Saint-Cyr, et que je recommande à ce dernier sa marche.

« Je crois pouvoir assurer à Votre Majesté que nous arriverons assez tôt pour couvrir notre royaume d'Italie, laissant dans Ancône et Livourne les forces nécessaires pour garder les deux points intéressants et même nous mettre en mesure d'aller chercher l'ennemi, si Votre Majesté l'ordonne. »

<small>Eug. à Nap.
Monza,</small>

« Sire, j'ai l'honneur de vous adresser le numéro

du journal dans lequel est inséré l'article qui annonce le débarquement à Naples de l'armée anglo-russe.

[29 novembre 1805.]

« J'ai l'honneur de mettre aussi sous vos yeux la traduction en français de cet article.

« J'ai désiré que la nouvelle fût donnée au public dans des termes un peu vigoureux contre la cour de Naples. J'ai cru qu'il importait d'exciter l'indignation de vos sujets d'Italie, au moment où il pouvait devenir indispensable de faire un appel à leur courage.

« Je désire que Votre Majesté approuve à la fois l'article et les motifs qui l'ont inspiré. »

« Sire, j'ai reçu hier une réponse du lieutenant général Saint-Cyr; il m'annonçait qu'étant sous les ordres du maréchal Masséna il ne pouvait faire aucun mouvement sans son autorisation; qu'ainsi il était obligé d'attendre le retour du courrier que j'avais également envoyé au maréchal Masséna.

[Eug. à Nap. Monza, 2 décembre 1805.]

« Ce matin est arrivé le général Solignac, qui m'a apporté une réponse du maréchal, dont j'ai l'honneur de vous envoyer copie. Votre Majesté verra et appréciera les raisonnements. Je dois dire que plusieurs me paraissent vraisemblables; mais je crois que, pour se tromper moins sur les mouvements de l'ennemi, on doit supposer qu'il fera ce qu'on ferait à sa place, et je ne pensais pas alors qu'il dût rester longtemps à Naples, où il devait trouver tous les moyens que cette perfide cour lui préparait depuis longtemps.

« J'ose toujours espérer que Votre Majesté approuvera les résolutions que j'ai prises; jusqu'à nouvel ordre, je ne discontinuerai point le mouvement de la formation d'un camp de réserve.

« Il ne sera formé provisoirement, que : 1° des milices de Parme; 2° des gardes nationales du royaume, qui formeront, je l'espère, quinze mille hommes; 3° des troupes de ligne, c'est-à-dire du 67° régiment de ligne, un bataillon suisse, la cavalerie hanovrienne, les régiments des dragons-Napoléon, les vélites royaux, etc.

« Enfin je crois toujours que cette formation d'un camp de réserve ne peut faire qu'un bon effet, et dans le royaume, et même en Europe; on verra avec étonnement qu'en quinze jours de temps, à la nouvelle de l'apparition de l'ennemi, vingt-cinq mille hommes de gardes nationales se sont mis en mouvement, et se sont portés sur les frontières pour les défendre.

« Verdier a laissé une bonne garnison à Livourne et a pris position, avec deux régiments à Sienne; Montrichard, à Ancône, après avoir envoyé un régiment en observation à Monceta. Je viens d'envoyer quatre-vingts milliers de poudre à Ancône, qui en manquait.

« Point de nouvelles des Russes. Je viens d'établir des agents et correspondants dans les Abruzzes, afin d'être bien informé de leurs mouvements et direction.

« M. de Brême est parti hier pour former des magasins à Bologne et Modène. Le général d'Adda a établi, d'après mes ordres, le parc d'artillerie du camp de Reggio, et des hôpitaux seront établis à Modène et Parme, si les circonstances l'exigent.

« J'ai à me louer particulièrement des milices de Parme et de Plaisance; plusieurs jeunes gens, qui n'avaient point été commandés, m'ont envoyé réclamer et m'ont prié de les faire appeler.

« De Bologne, Guastavillani m'écrit que la nouvelle du débarquement des Russes est publique, et que cette nouvelle n'a fait qu'augmenter l'empressement de ses concitoyens. Le département de Crostolo fournit seul trois beaux bataillons, dont un de grenadiers; j'aurai bien de la peine à armer tout cela. Je demande tous les fusils des prisonniers autrichiens. J'ai pourtant pris des fusils français à Plaisance; mais, à Mantoue, Miollis, avec sa sévérité ordinaire, m'a tout refusé. Je ferai en sorte de me passer de lui, car il nous jette toujours son serment à la tête. Il est heureux de l'avoir fait; j'en connais dans le cœur desquels il est gravé.

« Je pars mardi soir ou le lendemain pour Bologne. Je profiterai de ce voyage pour bien connaître le pays frontière de ce côté, et Votre Majesté sait combien je serais heureux d'y être employé dans cette circonstance. »

« Sire, je m'empresse d'adresser à Votre Majesté une lettre que je reçois à l'instant du cardinal Fesch. Deux lettres, qu'il m'a fait l'honneur de m'écrire, m'apprennent : 1° que le débarquement de dix mille Russes à Tarente n'est pas vrai; ils sont seulement, à Naples, en total de vingt-deux mille hommes, y com-

Eug. à Nap.
Bologne,
6 décembre
1805.

pris deux à trois mille Albanais; 2° une deuxième lettre de Son Éminence me prie d'avoir des égards pour le pays de Sa Sainteté, que l'armée de trente mille hommes que je commande va traverser, de ne point passer à Rome, etc. Votre Majesté sait bien qu'elle n'a pas donné l'ordre de passer l'Apennin. Il paraît que ce petit camp de réserve fait du bruit; il s'est déjà répandu à Naples que trente mille hommes, français et italiens, marchaient contre eux, et le pape ainsi que le cardinal en paraissent persuadés, puisque ce dernier m'écrit, de très-bonne foi, en réclamant, au nom de Sa Sainteté, pour qu'il n'y ait que quelques officiers supérieurs qui puissent entrer à Rome. Je leur laisse leur crédulité, et je crois devoir laisser répandre un bruit qui ne peut qu'épouvanter les ennemis; ils paraissent vouloir former un camp à Pescara. Le roi a envoyé chercher deux de ses régiments en Sicile. Les Anglais et Russes ne sont point sortis des environs de Naples, seulement les Albanais ont fait un mouvement sur les Abruzzes.

« Une lettre de Florence m'annonce que, sur le bruit d'une nouvelle arrivée de Russes à Naples, il y avait eu dans cette ville un mouvement populaire. Le roi, en présence de la reine, a lui-même passé la revue de l'armée anglo-russe. On fait, en grande hâte, une levée de chevaux pour la cavalerie anglaise.

« Je suis arrivé il y a deux heures à Bologne. J'ai été témoin de l'amour que ce pays porte à Votre Majesté; et elle peut aisément croire au bonheur dont j'ai joui. Dans une heure je reçois toutes les autorités, demain je passe la revue des gardes nationales; elles s'organisent bien, et j'ai vu arriver ici, aujourd'hui, de superbes bataillons de Modène. »

« Mon cousin, j'ai fait toutes les dispositions pour garantir mon royaume d'Italie, les États du pape et le pays de Venise, et fortifier ma grande armée. J'ai ordonné que le maréchal Masséna en commanderait le huitième corps et se rendrait à Laybach; que vous commanderiez le pays vénitien avec une division française et ce que vous pourriez réunir en Italie; que le général Saint-Cyr se porterait avec trente mille hommes pour couvrir l'État romain. Vous aurez été instruit des détails de la bataille d'Austerlitz. Je suis fort content du bon esprit de la garde royale; malheureusement il n'y a que la cavalerie de ma garde qui ait donné; mais elle en avait bonne envie.

Nap. à Eug. Haag, près Wels, 9 décembre 1805.

« Voyez si vous pouvez m'envoyer trois ou quatre cents beaux hommes pour la renforcer; vous les enverriez par Inspruck à Munich, où ils recevront des ordres.

« Votre régiment s'est bien comporté; le colonel a été tué.

« Je désire bien savoir combien de conscrits ont passé les Alpes depuis le 1ᵉʳ vendémiaire pour venir renforcer l'armée d'Italie. Ayez soin que Palmanova soit bien armée et approvisionnée : c'est le principal. En cas d'événements extraordinaires, vous devez jeter des garnisons dans mes places de Mantoue, Legnago et Peschiera. Faites travailler avec la plus grande activité à la tête du pont de Legnago ; cela est très-important.

« *P. S.* L'Impératrice doit être arrivée à l'heure qu'il est à Munich ; j'ai eu des nouvelles de son arrivée à Stuttgard ; elle était très-bien portante. »

<small>Eug. à Nap.
Bologne,
10 décembre
1805.</small>

« Sire, le maréchal Mortier ayant eu la bonté de m'envoyer son aide de camp pour m'apporter la bonne nouvelle de la dernière victoire remportée par Votre Majesté, je profite de son retour pour exprimer à Votre Majesté tout le bonheur que j'ai ressenti en apprenant qu'au milieu de ces dangers et de cette saison elle jouissait de la meilleure santé.

« Je n'ai reçu aucune nouvelle du mouvement des Austro-Russes sur Naples ; ils paraissent ne point avoir quitté cette ville et Gaëte. Suivant les derniers avis, les troupes napolitaines devaient se rassembler à Pescara, et, ainsi que j'ai déjà eu l'honneur d'en informer Votre Majesté, quatre régiments de cette nation s'y portaient à grandes marches. Je m'occupe ici à voir les gardes nationales, dont je suis bien content. Tous ces braves gens sont animés du meilleur esprit. Ce matin j'ai vu les officiers de quatre bataillons, et, cherchant à les encourager, je leur ai dit que probablement le rassemblement ne serait pas long, et que, grâce aux victoires miraculeuses de Votre Majesté, nous aurions probablement bientôt la paix. Ils m'ont tous assuré qu'ils resteraient réunis, aussi longtemps que je le jugerai nécessaire, au service de leur Empereur et Roi et à la tranquillité du pays.

« J'apprends à l'instant même, par un aide de camp du général Verdier, qu'il a reçu l'ordre du maréchal Masséna de quitter la Toscane et de se rendre, avec toutes ses troupes, à Citadella. J'avoue à Votre Majesté que cet ordre m'a assez étonné. Est-ce par ordre supérieur? Est-ce parce que j'étais en correspondance avec M. Verdier? Aurais-je effarouché l'autorité de M. le maréchal? Votre Majesté est à même de savoir le vrai de tout cela. Je ne me permettrai aucune réflexion; je me bornerai à lui annoncer que le général Verdier évacue la Toscane et se rend, avec sa division, près de Trévise. »

<small>Eug. à Nap.
Bologne,
12 décembre
1805.</small>

« Sire, j'ai l'honneur d'adresser à Votre Majesté la copie d'une lettre de M. Alquier et d'une proclamation du roi de Naples.

« Je joins aussi à la présente des lettres interceptées, dont une est en chiffres. Celle adressée par le comte de Mariconoro à la reine de Naples m'a paru devoir mériter l'attention de Votre Majesté. Cette somme d'argent dont il demande à la reine le remboursement; ses lettres extérieures dont il parle; cette expression dont il se sert, « *afin que si j'ai le malheur de périr,* » etc., me le font grandement soupçonner.

« J'ai vu aujourd'hui six bataillons de gardes nationales. Dimanche je passerai la grande revue, et lundi je commencerai à établir leurs cantonnements depuis Rimini jusqu'à Reggio, de manière qu'à Forli, Cesena, Faënza, Imola, Modène et Reggio il y aura deux bataillons. La réserve de huit bataillons sera à Bologne. Si on apprenait des mouvements du côté de Naples, les divers cantonnements s'approcheraient des montagnes et en garderaient les défilés sur les points les plus importants.

« L'artillerie et la troupe de ligne seront réparties.

« Quoique bien impatient de recevoir réponse de Votre Majesté, je la prie de croire que je ne négligerai rien de ce qui sera nécessaire à la sûreté de son royaume d'Italie. »

Nap. à Eug. Schœnbrunn, 13 décembre 1805.

« Mon cousin, témoignez ma satisfaction au conseil d'État et à la municipalité de Milan sur les lettres qu'ils m'ont écrites. Vous avez déjà reçu les dispositions que j'ai faites il y a peu de jours à Brünn; vos gardes nationales vous seront utiles pour garder le corps d'observation qui est devant Venise.

« D'après les renseignements que je reçois, l'ennemi n'a pas débarqué à Naples plus de quinze mille hommes. *Vous commandez seul dans tout mon royaume d'Italie et dans l'État de Venise*[1].

« Il faut laisser lever les contributions, les faire verser dans les caisses, et les tenir à ma disposition. Le corps de Masséna, qui fait le huitième corps de la grande armée, doit se nourrir en Carinthie, en Styrie et dans le comté de Goritz.

« Vous trouverez ci-joint un décret qui nomme M. de Brême mon ministre de l'intérieur; vous me ferez connaître ce que je dois faire pour M. Félici. »

---

[1] Il y a loin de cette disposition à la tutelle militaire du maréchal Jourdan, selon M. Thiers.

« Mon cousin, j'ai reçu votre lettre du 10 décembre. J'aurais désiré que vous m'eussiez envoyé l'état de situation des gardes nationales que vous avez réunies. Vous devez avoir reçu mon ordre qui vous donne le commandement du pays vénitien et de tout mon royaume d'Italie. Je ne sais si vous avez reçu le décret qui vous nomme général de division. Il est inutile de faire aucun éclat de cette nomination, mais vous pouvez en porter les marques.

Nap à Eug. Schœnbrunn, 16 décembre 1805.

« Vos gardes nationales vous serviront bien à faire le service autour de Venise, avec la cavalerie et l'artillerie française que vous avez en réserve. Le mieux, si nous n'occupons pas Venise, est de construire des redoutes dans tous les lieux où l'ennemi pourrait faire des sorties.

« Envoyez quelques bataillons de la garde nationale à Balzamo et à Trente. Conformément aux ordres que vous avez dû recevoir pour maintenir la police dans cette partie du Tyrol, qui se trouvera aussi sous vos ordres, je désire que vous me teniez bien instruit de tout ce qui se passe à l'armée de Naples et de la marche du général Saint-Cyr.

« Faites-moi connaître la force des dépôts qui sont restés en Piémont et en Lombardie; le nombre des conscrits arrivés de France, et aussi la situation et les lieux où se trouvent les différents corps qui composent le camp volant d'Alexandrie.

« Ne désapprovisionnez point la place de Mantoue, l'avenir est encore inconnu; car toute ma force en Italie est dans mon système des places. Je retirerai le maréchal Masséna à moi si les hostilités recommencent. Veillez à ce que Palmanova soit bien armée et approvisionnée.

« Envoyez-moi un état de situation de toutes vos forces et de tout ce qui se trouve en Piémont. Procurez-vous de l'artillerie; faites beaucoup exercer vos nouvelles troupes, en ne les compromettant point. »

<small>Eug. à Nap.
Bologne,
16 décembre
1805.</small>

« Sire, j'ai l'honneur d'adresser à Votre Majesté une lettre de Son Éminence le cardinal Fesch et la copie d'une lettre que j'ai reçue cette nuit de M. Alquier. J'ai passé hier la revue de douze bataillons de la garde nationale et du régiment des dragons Napoléon, formant environ sept mille hommes : c'est la première division. Tous m'ont paru animés du même désir et du meilleur esprit. Je soupire après le moment de les mettre à l'épreuve. Je savais qu'on avait cherché à travailler les deux bataillons de Bologne; je les ai dissous poliment, et je n'en ai formé qu'un des deux. Il sera composé de gens de bonne volonté.

« Une chose qui me coûte beaucoup à dire à Votre Majesté, mais que je ne puis lui taire, ce sont les contrariétés indirectes que j'ai eu à supporter du maréchal Masséna. 1° Il a donné ordre à Verdier d'évacuer la Toscane, mais en le laissant libre d'y rester si la sûreté du royaume l'exigeait; 2° je reçois mille et mille réclamations de l'artillerie pour cinq cent mille cartouches, cinq mille fusils que j'ai fait prendre à Plaisance. Suivant eux, j'ai épuisé les ressources de l'armée d'Italie, qui a été obligée de pourvoir à l'armée de Naples, et cette dernière a apporté tant de munitions à Ferrare, qu'elle y a même laissé quatre cent cinquante mille cartouches, etc.

« On avait de quoi garnir Ancône en passant, et j'ai été obligé d'y envoyer cent milliers de poudre, cent mille cartouches et des munitions confectionnées. On aurait dû laisser au général Verdier autre chose que des bœufs de réquisition pour atteler son artillerie, et j'ai envoyé de suite cent soixante chevaux ou mulets de Plaisance et six pièces d'artillerie, attelées et servies et prises dans ma réserve.

« J'ai reçu dix lettres de l'armée qui me demandent les chevaux que j'ai fait prendre à Plaisance, en disant toujours qu'ils sont indispensables à l'armée, et ils étaient si peu indispensables, que j'ai été obligé d'envoyer de l'argent pour les faire harnacher.

« Je demande pardon à Votre Majesté de l'ennuyer de ces détails ; mais il est essentiel qu'elle sache qui la sert bien. J'ai la hardiesse de croire que Votre Majesté ne doute point du zèle qui m'anime pour son service.

« J'attends avec une bien vive impatience des nouvelles de Votre Majesté. Je crains bien que mon premier courrier, qui a passé par le Tyrol, n'ait été arrêté. J'avais la précaution d'envoyer le double par l'estaffette de Strasbourg, et cependant je suis sans réponse. »

« Mon cousin, je désire que vous m'envoyiez, par _{Nap. à Eug. Schœnbrunn}

le retour du courrier, un mémoire sur l'Istrie et la Dalmatie, qui me fasse connaître la division de ces deux provinces, leur population, les noms et la population des cinquante principales villes ou bourgs, leurs ports et le revenu de chacune de ces provinces, enfin tout ce qui peut me donner une idée précise de la valeur de chacune d'elles. Dandolo doit être en état de vous faire ce travail. »

18 décembre 1805.

Nap. à Eug. Schœnbrunn, 14 décembre 1805.

« Mon cousin, je reçois votre lettre du 12 décembre à dix heures du soir. J'eusse désiré avoir l'état de situation des gardes nationales de mon royaume d'Italie. Vous aurez déjà reçu l'ordre de prendre le commandement de toutes mes troupes dans mon royaume d'Italie et dans le pays de Venise. On doit vous adjoindre une division française pour servir de réserve à toutes mes troupes italiennes.

« Saint-Cyr doit déjà être parti, et, à l'heure qu'il est, avoir, j'espère, dépassé Bologne; son armée sera assez forte; d'ailleurs je la ferai, selon les circonstances, appuyer si cela est nécessaire.

« Portez une partie des gardes nationales du côté de Rimini, pour que mon royaume soit à l'abri d'être entamé par les Cosaques ou par d'autres troupes légères; tenez l'autre partie du côté de Venise. Écrivez au général Menou de faire passer une partie de la réserve de son camp volant devant Venise.

« Renforcez votre corps; ayez beaucoup d'artillerie; faites construire des redoutes. D'ailleurs, le corps autrichien qui est à Venise est compris dans l'armistice et ne peut faire de sorties contre le corps que vous mettrez devant cette ville.

« Je vous recommande Palmanova; car, si les hostilités doivent recommencer, je dégarnirai entièrement Laybach et je ferai venir Masséna sur Vienne. On négocie toujours, mais il faut toujours se tenir sur ses gardes.

« Vous pouvez écrire confidentiellement au cardinal Fesch et à la princesse de Piombino que je me suis arrangé avec la Prusse. *Ce bruit peut même courir, mais sans aucun caractère officiel.* »

Nap. à Eug.
Bologne,
18 décembre
1805.

« Sire, je reçois à l'instant l'ordre de Votre Majesté qui me confie le commandement militaire du royaume d'Italie et de tout le pays vénitien conquis par l'armée française.

« Je n'essayerai pas de vous exprimer, Sire, combien je suis heureux et reconnaissant de ce nouveau témoignage de votre bonté. Votre Majesté connaît mon cœur, elle prendra la peine d'y lire tous les sentiments dont il est rempli.

« Au reste, Sire, je n'ai qu'une manière de vous prouver mes sentiments; j'ose espérer que je ne la laisserai point échapper. Je remplirai mes nouveaux devoirs aussi bien du moins qu'il me sera possible de les remplir.

« J'ai envoyé hier soir un de mes aides de camp à M. le maréchal Masséna, pour préparer avec lui tous les moyens d'exécuter vos ordres. Aussitôt qu'il sera de retour ou qu'il m'aura fait connaître par écrit les intentions de M. le maréchal, je partirai de Bologne pour Padoue.

« Provisoirement, un ordre du jour, que j'ai fait publier ce matin, appelle sur l'Adige les gardes nationales que j'avais rassemblées sous Bologne.

« J'ai dit dans cet ordre du jour que les gardes nationales se montreraient, sans doute, reconnaissantes que la garde du pays vénitien leur fût confiée.

« Cette phrase était, je l'ai cru du moins, bonne à exciter leur zèle ; au fond, elle ne dit que ce que Votre Majesté voudra qu'elle dise.

« Aussitôt que je connaîtrai les corps qui seront mis à ma disposition par M. le maréchal Masséna, je rendrai compte à Votre Majesté et au ministre de la guerre de la situation de ma petite armée.

« J'apprends à l'instant que les corps sous les ordres de M. le général Saint-Cyr sont déjà en mouvement pour se rendre à leur nouvelle destination ; j'ai pris les mesures nécessaires pour éviter que ces corps se rencontrassent sur la route avec les gardes nationales, et j'ai fait assurer leurs vivres. »

Eugène au ministre de la guerre. Bologne, 19 décembre 1805.

« J'ai reçu, monsieur le maréchal ministre de la guerre, votre dépêche, en date du 18 frimaire, qui m'a été apportée par un de mes courriers, et le duplicata que vous avez eu la bonté de m'envoyer par un officier de votre armée. Je vous remercie de cette double attention.

« Les ordres de Sa Majesté seront exécutés aussi bien qu'il dépendra de moi.

« J'ai envoyé tout de suite un de mes aides de

camp auprès de M. le maréchal Masséna pour savoir de lui quels sont les corps qu'il se propose de mettre à ma disposition, et pour prendre connaissance des postes qui étaient occupés par l'armée du général Saint-Cyr.

« En même temps, j'ai dirigé sur l'Adige les gardes nationales du royaume que j'avais rassemblées sous Bologne.

« Aussitôt que mon aide de camp sera de retour ou qu'il m'aura écrit, je me rendrai directement de Bologne à Padoue.

« Je prendrai connaissance par moi-même de la situation des personnes et des choses; et je vous rendrai compte, sans délai, de l'état de ma petite armée.

« Sa Majesté m'ordonne de concourir, autant qu'il sera en moi, à l'exécution des dispositions qu'elle a prescrites pour l'organisation des armées de M. le maréchal Masséna et de M. le général Saint-Cyr.

« Je ne sais trop encore de quelle manière il me sera possible d'intervenir dans l'exécution de ces dispositions; il est vraisemblable que les deux armées seront formées au moment où j'irai moi-même à Padoue. Cependant, monsieur le maréchal, soyez assuré et veuillez assurer Sa Majesté que tout ce qui me sera possible sera fait. »

« Mon cousin, je vous ai déjà fait connaître que je désirais avoir l'état de situation de vos gardes nationales. Tenez-les sur pied. Mon intention est de leur faire occuper Venise, que je vais réunir définitivement à ma couronne de fer. *Nap. à Eug. Schœnbrunn, 22 décembre 1805.*

« Je vous ai demandé des notions claires sur l'Istrie et la Dalmatie.

« Je désire que vous m'envoyiez également un mémoire qui me fasse connaître les domaines nationaux existant dans le pays vénitien, appartenant soit à l'Empereur, soit aux villes, soit à des corporations religieuses.

« *P. S.* Ci-joint une lettre pour M. le cardinal Fesch. »

Nap. à Eug.
Schœnbrunn,
23 décembre
1805.

« Mon cousin, j'ai le projet de réunir Venise à mon royaume d'Italie. Il est nécessaire que vous me fassiez préparer un travail de la division de ce pays en départements.

« J'approuve tout ce que vous me proposez, par votre lettre du 5 décembre, pour les contributions: vous devez considérer le décret comme signé. Dans le moment actuel, il faut de l'argent; mais économisez-le. *Je vous ai chargé du commandement de Venise; ne souffrez point qu'il y soit fait aucun mauvais traitement; que tout s'y fasse avec ordre, que les contributions qu'on y lève soient à mon profit, et versées dans la caisse du payeur de la grande armée, Labouillerie, ou à la caisse d'amortissement*[1]. »

Eug. à Nap.
Padoue,
23 décembre
1805.

« Sire, j'ai reçu, comme je partais de Bologne, la lettre dont m'a honoré Votre Majesté, sous la date

---

[1] Ainsi qu'on le verra plus loin, ces sages recommandations de l'Empereur étaient tardives, le mal avait été fait avant que le prince Eugène eût pu s'y opposer, les États vénitiens n'étant pas alors sous son gouvernement.

du 25 frimaire, et je m'empresse d'y répondre à mon arrivée en cette ville, où je suis depuis deux heures environ. Votre Majesté verse sur moi tant de bontés, que je n'ai plus d'expressions pour lui parler de ma reconnaissance.

« Vos ordres seront ponctuellement exécutés ; j'écris à cet effet en Piémont et dans toutes les places du royaume, afin qu'on m'envoie, et l'état des nouveaux conscrits, et la force des dépôts; quant aux gardes nationales, j'avais eu le bonheur d'en réunir jusqu'à onze mille six cents; mais, si je puis en avoir huit mille de ce côté de l'Adige, je me regarderai heureux, car ils lèvent le pied facilement.

« Le maréchal Masséna m'a laissé onze beaux régiments d'infanterie, les 9e, 10e, 56e, 62e de ligne; en cavalerie, les 14e et 25e de chasseurs; je joins à ce dernier le beau régiment Napoléon; je tire du camp d'Alexandrie un bataillon suisse, le 67e d'infanterie de ligne et les chasseurs hanovriens; je remplacerai ces derniers par deux cents hommes des dépôts de Lodi et Crémone. Ma réserve d'artillerie était de dix-huit bouches à feu, j'espère que sous dix jours elle sera de vingt-quatre.

« J'ai préparé une petite colonne de cinq bataillons de gardes nationales, avec deux pièces de montagne, qui occuperont le Tyrol. J'attendrai pourtant, pour les mettre en mouvement, que j'aie reçu l'ordre de commandement dans cette partie, ordre que Votre Majesté a la bonté de m'annoncer.

« J'ai augmenté, depuis deux mois, le corps des Polonais de dix-sept cents hommes, armés et habillés à neuf. Le régiment à pied, portant trois mille six cents hommes, je suis obligé de le former en quatre bataillons ; ce sera un beau corps, que le général Saint-Cyr aura sous ses ordres.

« Les troupes de cette armée continuent à passer par Rovigo, Ferrare et Bologne. J'ai même eu assez de peine à combiner la marche des gardes nationales de manière à ce qu'elles évitent la route que tient l'armée de Naples; cela retardera de quatre à cinq jours leur arrivée devant Vicence.

« Arrivant à l'instant en cette ville, je ne puis encore rien dire à Votre Majesté de ce pays. Je vais m'occuper de prendre toutes les informations nécessaires, afin de pouvoir bientôt rendre compte à Votre Majesté de sa situation.

« Comme j'allais fermer ma lettre, est arrivé le courrier porteur des dépêches de Votre Majesté, du 27 frimaire; j'écris sur-le-champ à Dandolo, pour l'artillerie de l'Istrie et de la Dalmatie; j'écrirai, à la pointe du jour, à Son Altesse la princesse de Lucques et au cardinal Fesch; enfin, je le répète à Votre Majesté, mon zèle pour son service ne peut être augmenté. Je mettrai tout mon bonheur à ramener, pendant mon séjour parmi les habitants de ce pays, tout le respect et tout l'amour qui sont dus à votre auguste personne. »

Eug. à Nap.
Padoue,
25 décembre
1805.

« Sire, j'ai l'honneur d'adresser à Votre Majesté la copie d'une lettre de M. le lieutenant général Bellegarde, qui était pour le lieutenant général Saint-Cyr, mais que j'ai trouvée ici.

« Je soumets également à Votre Majesté la réponse que j'ai cru devoir lui faire. Ce matin, le général Digonet, commandant les avant-postes, a reçu une lettre de M. Legisfeld, au nom de M. de Bellegarde, sur un poste français qui avait été nouvellement établi à Musile, sur les bords de la Piave. La garnison de Venise tirait beaucoup de denrées de ces côtés. J'ai cru devoir leur refuser leur demande, et j'ai ordonné au général Digonet que mes troupes devaient occuper les États de Venise, et que le poste établi à Musile y resterait. Une chose qui m'a assez étonné, quand le général Saint-Cyr m'a laissé l'état de mes postes et de ceux des Autrichiens, c'est de savoir que ces derniers occupaient Sainte-Anne et Cavanella. Ce dernier lieu est situé en terre ferme, sur la rive gauche de l'Adige. Par ce moyen, ils conserveraient toujours un pied chez nous. Je vais envoyer demain reconnaître les divers postes de notre droite.

« Plusieurs officiers du génie partent également demain pour me rapporter un travail sur la position des redoutes.

« J'irai moi-même ensuite sur les lieux. Les gardes nationales vont arriver ces jours-ci; je vais organiser la division et tous les différents services. J'aurai l'honneur d'en informer de suite Votre Majesté, et de lui envoyer l'état général de la situation de l'armée. »

« Mon cousin, je vous annonce que la paix a été signée à Presbourg, capitale de la Hongrie, ce matin

Nap. à Eug.
Schœnbrunn,
27 décembre
1805.

à cinq heures, entre M. de Talleyrand et MM. le prince de Lichtenstein et le général Giulay. La ville de Venise et ses États, tels qu'ils ont été cédés au traité de Campo-Formio, font partie de mon royaume d'Italie. Vous pouvez annoncer cet article du traité à mon peuple d'Italie.

« Faites annoncer la signature du traité par une salve de soixante coups de canon. »

Nap. à Eug. Schœnbrunn, 27 décembre 1805.

« Mon cousin, vous êtes dans l'indépendance la plus parfaite du maréchal Masséna. Mettez la plus grande activité à vous faire informer de la quotité des contributions qui ont été levées dans toute l'étendue du pays vénitien, et faites-moi connaître l'usage qu'on en fait. J'ai destitué les commissaires des guerres G...... et M......, dont mes sujets d'Italie avaient à se plaindre.

« Portez, dans la recherche des dilapidations qui auraient été commises, la plus grande surveillance et la plus grande rigidité. Venise doit être réunie à mon royaume d'Italie.

« Il faut que le ministre des finances, M. Prina, parcoure le pays et me propose un projet d'organisation de finances à y établir. Il faut également prendre des mesures pour les monnaies et l'établissement des douanes. Enfin il est convenable que vous m'envoyiez un mémoire qui me fasse connaître à combien se montera le revenu du pays vénitien, en y établissant le même système de finances que dans le royaume d'Italie. »

« Mon cousin, je prends des mesures pour arrêter le pillage à l'armée d'Italie : il faut quelques exemples sévères. Je sais gré à M. de Brême de tenir ferme à son poste; il faut, avant tout, être homme d'État. Vous aurez vu, par les bulletins, que je suis à Salzbourg et à Lintz. Quand vous lirez cette lettre, je serai à peu de journées de Vienne. L'armée russe est déjà entamée. Le froid est extrême pour la saison; la terre est couverte de neige. Faites chanter un *Te Deum* dans toutes les églises du royaume, en actions de grâces des victoires que nous avons obtenues; vous pourrez prendre votre temps, au moment où les victoires de l'armée d'Italie seront plus caractérisées.

« Je vous donne le pouvoir de faire la distribution des fonds aux ministres, de me suppléer en tout. Mes occupations deviennent trop considérables. Jusqu'à ce que je sois de retour à Paris, faites tout pour le mieux et comme vous l'entendrez. J'ai reconnu la neutralité du roi de Naples, et fait rappeler le corps du général Saint-Cyr, qui doit déjà être de retour. »

Nap. à Eug.
Haag
près Wels,
5 novembre
1805.

[1] Cette lettre, du 5 novembre, avait été oubliée.

FIN DU PREMIER VOLUME.

ERRATA

Page III, ligne 7, *au lieu de :* dispersés, *lisez :* dans différents endroit.
Page v, ligne 1, *au lieu de :* doutes, *lisez :* dates.
Page IX, ligne 3, *au lieu de :* successivement, *lisez :* simultanément.
Page IX, ligne 7, *au lieu de :* arrive, *lisez :* arriver.
Page 119, ligne 22, *au lieu de :* avril, *lisez :* août.
age 407. La lettre du 18 octobre, de Napoléon, n est pas à sa place chronologique

TABLE DES MATIÈRES

Préface. 1
Géographie politique de l'Italie. 17

LIVRE PREMIER

Naissance et premières années d'Eugène de Beauharnais. — Il est placé près du général Hoche. — Mariage du général Bonaparte avec madame de Beauharnais. — Eugène rejoint le général Bonaparte en Italie (1796). — Sa mission après le traité de Campo-Formio. — Il manque d'être assassiné à Corfou. — Son arrivée à Rome. — Affaire du général Duphot. — Son départ pour l'Égypte (1798). — Campagnes d'Égypte et de Syrie. — Siége de Saint-Jean d'Acre. — Retraite. — Départ pour la France. — Débarquement à Fréjus. — Lyon. — Paris. — 18 brumaire. — Eugène, capitaine des chasseurs à cheval de la garde du premier consul. — Hiver de 1799. — Campagne de 1800. — Marengo (14 juin). — Retour à Paris. — Conspirations. — Affaire du duc d'Enghien. — L'Empire. — Eugène colonel des chasseurs de la garde, puis général de brigade. — Il est créé prince (1805). — Message de l'Empereur au sénat à ce sujet. 27
Correspondance relative au Livre Ier. 95

LIVRE II

§ 1. Constitution donnée à la république italienne en 1802. — Bases fondamentales. — Intrigues en Italie. — Le vice-président Melzi. — Fondation du royaume d'Italie. — Pensée de Napoléon en mettant la couronne d'Italie sur sa tête. — Réunion des consulteurs à Paris, au commencement de 1805. — Bases fondamentales de la constitution du nouveau royaume. — Premier statut constitutionnel (17 mars 1805). — Décrets royaux du 22 mars. — Second statut constitutionnel (29 mars). — Proclamation du premier statut à Milan le 31 mars. — Napoléon se rend à Milan en passant par Lyon. — Nominations résultant du décret du 10 mai. — Cérémonie du sacre (28 mai). — Ouverture du corps législatif (7 juin). — Lecture du troisième statut constitutionnel. — Le 10 juin, Napoléon quitte Milan. 99

§ 2. L'Empereur guide les premiers pas du prince Eugène dans sa nouvelle position. — Belles qualités du vice-roi. — Sa conduite à l'égard de Napoléon et du peuple italien. — Organisations et mesures diverses. — État des esprits dans cette partie de l'Italie. — Réponse du prince à la députation du corps législatif (13 juin). — Le vice-roi reçoit des reproches de l'Empereur pour deux affaires. — Sa douleur d'avoir encouru cette désapprobation. — Personnes placées auprès de lui. — Vers la fin d'août, les administrations du nouveau royaume sont en partie organisées. — Le vice-roi pourvoit l'armée du matériel et organise la défense du royaume. . . 110
Correspondance relative au Livre II. 123

LIVRE III

§ 1. Intentions de l'Empereur relativement à l'Autriche, en 1805. — Il est secondé par les mesures prises par le prince Eugène. — Intrigues de l'Autriche en Italie. — Ses projets. — L'armée, sous Jourdan, se concentre et se rapproche de l'Adige. — Situation politique de la Péninsule en septembre 1805, au moment où Masséna vient prendre le commandement de l'armée. — Composition de l'armée française en Italie. — Composition du corps d'armée de Gouvion Saint-Cyr dans le royaume de Naples. — Composition de l'armée autrichienne réunie sur la rive gauche de l'Adige. — Affaires administratives. — Mission de M. de Brême. — Rapports de M. Méjean. — Bons du Trésor. — Rapport du vice-roi à l'Empereur. — Courses du vice-roi dans le royaume d'Italie. — Son désir d'être appelé à la grande armée. 267
§ 2. Masséna conclut un armistice avec l'archiduc Charles. — Position des armées françaises et autrichiennes sur les deux rives de l'Adige. — Commencement des hostilités le 18 octobre. — Bataille de Caldiero (29 et 30 octobre). — Retraite de l'archiduc sur Vicence (1ᵉʳ novembre). — Passages de la Piave, — du Tagliamento, — de l'Isonzo. — Affaires du prince de Rohan à Castel-Franco. — Positions des armées françaises et autrichiennes d'Italie au commencement de décembre, — armistice (8 décembre). — Débarquement des Anglo-Russes à Naples (19 novembre). — Mesures prises par le prince Eugène. — Lettre de M. Alquier. — Formation des trois camps de Bologne, Modène et Reggio. — Activité du vice-roi. — Paix de Presbourg. 314
Correspondance relative au Livre III. 341

FIN DE LA TABLE DES MATIÈRES.

www.ingramcontent.com/pod-product-compliance
Lightning Source LLC
Chambersburg PA
CBHW071624230426
43669CB00012B/2071